国家社科基金项目“中美贸易博弈背景下我国主要经贸合作国中的‘中国经济形象’研究”（20BXW072）成果

大国博弈中的中国经济形象建构

陈欧阳 / 著

華中師範大學出版社

新出图证（鄂）字 10 号
图书在版编目（CIP）数据

大国博弈中的中国经济形象建构. 陈欧阳著. —武汉：华中师范大学出版社，2025.4. --ISBN 978-7-5769-1006-3

Ⅰ. F12

中国国家版本馆 CIP 数据核字第 20257ZK331 号

大国博弈中的中国经济形象建构

责任编辑：王中宝　**责任校对**：王　炜　**封面设计**：罗明波
编 辑 室：学术出版分社　**电话**：027-67863280
出版发行：华中师范大学出版社有限责任公司
社址：湖北省武汉市洪山区珞喻路 152 号　**邮编**：430079
电话：027-67863246（发行部）　**传真**：027-67863291
网址：http://press.ccnu.edu.cn　**电子邮箱**：press@mail.ccnu.edu.cn
印刷：武汉兴和彩色印务有限公司　**督印**：刘　敏
开本：710 mm×1000 mm　1/16　**印张**：19.5
版次：2025 年 6 月第 1 版　**印次**：2025 年 6 月第 1 次印刷
字数：339 千字　**定价**：78.00 元

欢迎上网查询、购书

前　言

中国经济发展对全球实力分布的影响和美国维护其霸权地位的需求，决定了中美博弈必将是一个深入持久的过程。中美两个全球最大经济体之间的博弈，会对国际经济秩序和交往规则带来深刻影响，中国经济形象海外传播因此面临更为复杂的新形势与新挑战。美国的政策遏制和舆论攻击都会影响国际社会对中国经济的认知；而中国要在美国之外寻求和发展更多元的市场，就必须稳定国际社会特别是主要经贸合作国对中国经济的信心。了解、澄清国际社会对中国经济的误解和偏见，争夺对中国经济的解释权，提升国际社会中的中国经济形象，对中美博弈背景下中国经济的发展和世界经济的稳定都至关重要。

但现有国家经济形象的研究存在“雾里看花”和“盲人摸象”的双重困境：或者将国家经济形象置于国家形象概念中整体论之，因而难以揭示其特殊性；或者将国家经济形象与企业形象、品牌形象等具体载体混为一谈，因而难以形成对经济形象的全面认知。因此，本书聚焦“国家经济形象”这一概念，在厘清概念的基础上，系统、深入地揭示主要经贸合作国对中国经济形象的建构现状及机制，以期在学术层面实现概念框架建构和机制模型建构两大目的，进而在实践层面为有效提升中国经济形象探索一条可行的路径。

具体来说，本书在搭建“国家经济形象”概念框架的基础上，运用国家经济形象的指标体系，系统考察了美国、英国、日本、印度、墨西哥五个经贸合作国的主流媒体对中国经济形象的建构情况，并基于各国建构间的异同，从国际关系视角出发提出并初步检验了国家经济形象建构的国际互动模型。这一设计反映了本研究的三大旨趣。

第一，关系性思维。本书关注的是面对同一个客观中国，不同经贸合作国建构出的中国经济形象的异同，以及这些异同因何产生。世界各国对中国经济形象的建构当然首先与中国自身的经济表现有关，但本书通过对不同国家的比较研究，考察各国建构的差异，进而跳出形象的客体特征，转向从建构主体和建构对象所处的关系网络中寻找“何以如此”的答案。

第二，宏观型取向。本书聚焦中国经济形象的国际媒体建构，不仅是因为媒体建构的拟态环境对真实世界具有强大的影响力，而且是因为中美博弈背景下，各国主流媒体对中国经济形象的建构实践可以成为观察国家意志和国家行为的窗口。

主流媒体的国际报道是服务国家战略、反映国家意志的话语实践，而这一特征在大国博弈背景下必然会表现得更为突出和显著。大国博弈，不仅是经济博弈、科技博弈、政治博弈、军事博弈，也必然伴随着舆论和话语的博弈。对于大国博弈的主要参与国而言，借助国际传播削弱对手国的合法性并为自己争取舆论支持，是重要的博弈手段；对于大国博弈背景下的其他国家而言，其主流媒体在国际事务（特别是与大国博弈相关的国际事务）中的报道，往往会被视为反映该国在大国博弈中的战略立场的风向标，这种风向标效应又会反过来增加其主流媒体在国际新闻报道中的政治压力，强化国际新闻报道的政治特征和国家属性。因此，虽然媒体建构是一个兼具国家属性和组织属性的行为，但在大国博弈的背景下，本书更为强调其国家属性，将其视为一种反映国家意志的国家行为。

第三，国际关系视角。本书引入国际关系视角，强调只有在国际互动中才能准确把握大国博弈背景下国家经济形象建构的战略意义和建构机制；并引入国际关系中包含国际体系、国家、个体的三层次分析框架，考察三个层次的国际互动对中国经济形象国际建构的影响，提出并检验了国家经济形象建构的国际互动模型，从而与已有的从新闻生产、信息互动等微中观层次出发的国家形象生成机制研究形成互补。

在国别上，我们之所以选取美国、英国、印度、日本、墨西哥这五个国家，原因有二：一则，这五个国家均是中国主要经贸合作伙伴，与中国经济交往密切，因此五国主流媒体对中国经济议题的关注度都相对较高，且相关报道会反映并影响中美博弈背景下媒体所属国家对中国经济的认知、态度及战略选择；二则，这五个国家在现有国际格局中处于不同的国际地位，美国是霸权国家、英国是传统守成大国、日本是经济强国、印度是新兴大国、墨西哥是区域性经济依附国，对这五个国家的比较分析，有助于更好地在国际格局和国际互动中理解中国经济形象的国际建构机制。

在章节设计上，本书共分为七章。

第一章为理论研究，系统阐述了国家经济形象研究的时代背景、现实意义、理论视角，并基于研究现状和理论框架提出了本书的研究问题。

第二章为概念研究，基于国家经济的基本内涵和国家形象的主要维度，建构了包含国家经济实力形象、国家经济政策形象、国家经济理念形象三个维度共十一个指标的国家经济形象指标体系，进而为国家经济形象研究提供概念基石和分析工具。

第三到六章为实证研究，通过对美国、英国、印度、日本、墨西哥五国主流媒体涉华经济报道的比较分析，考察中国经济形象国际建构的现状，并从国际格局中的空间占位、国家利益间的关系锁定、民族国家间的情感投射三个层次探讨影响中国经济形象国际建构的机制。

第七章为模型建构和对策思考，基于对五国媒体建构的比较分析，提出国家经济形象建构的国际互动模型，并为中美博弈背景下提升中国经济形象的实践提出路径建议和策略参考。

总体来说，本书中的国际互动模型凸显了关系认知的决定性作用。该模型强调国家经济形象并非一个实体概念，而是一个关系概念；不仅取决于国家自身的经济实力和经济表现，而且在很大程度上取决于国家主体间的关系感知。物质性因素（比如国际格局中的权力分配）固然会影响一国对另一国经济形象的建构，但起到关键性作用的则是观念性因素，即一国对自身与他国之间利益关系的感知。现实主义所关注的国际格局中的权力分配和相对权力位置、自由主义所关注的国内多元主体与利益的博弈，以及普通民众的共同情感，都会通过影响该国对自身与另一国之间利益关系的感知，最终影响该国媒体对另一国经济形象的建构。

对利益关系的认知和判断是影响各国主流媒体建构中国经济形象的关键性因素，而对利益关系的认知和判断又是国内外多元利益在博弈过程中达成的相对共识，具有主观性和可变性。循此逻辑，本书指出，参与利益博弈、沟通利益诉求、调适关系认知的参与式建构应该成为提升中国经济形象的重要路径；而跨国经营的中国企业可以借助市场主体身份、在地化传播优势、良好的形象和关系网络，成为参与式建构的重要主体。

必须承认的是，国家经济形象是一个重要而庞大的课题，即使在本书所限定的研究范式和研究视角之下，仍有很多内容尚不能一一深入触及。一个典型的例子就是我们仅仅聚焦了国家经济形象的媒体建构部分，而未涉及其他社会主体（比如政府、智库、公众等）的建构情况。如前所述，做这样的选择，一是有鉴于主流媒体的建构实践能够成为观察国家意志和国家行为的窗口，二是有鉴于媒体建构的拟态环境对真实世界的强大影响力，三是囿于研究资源和时间精力。但政府、智库、公众等社会主体应该成为后续研究的重要对象。与此同时，本研究所提出的理论模型还有待在更广泛的国家中加以检验。

本书是笔者主持的国家社科基金项目“中美贸易博弈背景下我国主要经贸合作国中的‘中国经济形象’研究”的重要成果。华中师范大学新闻传播学院的学生蒋国亚参与了第二章的写作；彭思文、戴安琪、唐怡、熊杰参与了美国媒体数据的搜集与整理；赵梦真、杨琳、许婧可参与了英国媒体数据的搜集与整理；彭思文、侯越、杜雪莹、赵葳参与了印度媒体数据的搜集与整理；李思蓉、王薪琪参与了日本媒体数据的搜集与整理；孙娆、彭思文参与了墨西哥媒体数据的搜集与整理，并参与了此书审校的大量工作。这些同学的辛苦付出是这本书得以完成的重要基础。

感谢华中师范大学出版社编校人员的审校付出。本书参考了国内外的大量报道和相关研究成果，限于篇幅无法一一赘述，在此一并表示感谢。鉴于作者水平有限，本书中的纰漏之处在所难免，真诚希望专家学者给予批评指正。

陈欧阳

2024 年 9 月于武汉桂子山

目　　录

第一章　国家经济形象研究的时代背景、现实意义与理论视角

随着新兴大国和“全球南方”的群体性崛起，科学技术和人工智能的飞速发展，气候变化、环境污染、恐怖主义、疾病等全球性挑战，我们所熟悉的世界局势似乎突然面临着很多的不确定性。“百年未有之大变局”成为国际交往和国家发展的战略环境，也成为国家经济形象建构与传播的现实背景。在这一现实背景下，中国经济形象的建构与传播面临什么样的时代挑战，又肩负什么样的历史使命？我们又该如何理解和破解中国经济形象建构所面临的实践困局？本章将首先探讨中国经济形象研究的时代背景、现实意义与理论视角，并提出有关国家经济形象建构的几个基本假设。

第一节　从大国崛起到大国博弈：中国经济形象建构的时代背景

贸易、商业与经济利益一直都是世界史的主线。罗马帝国的兴起，源于罗马人对埃及的控制，埃及肥沃的土地与丰富的物产，为罗马提供了重要的经济基础；十字军东征后威尼斯的快速发展，源于威尼斯人对地中海及陆上长途贸易的控制；西欧的崛起，源于大冒险时代后的殖民经济。而威斯特伐利亚会议后，伴随主权国家的出现和现代国际秩序的产生，经济利益、经济形象与国家崛起和大国博弈之间的关系也更加紧密。

一、大国崛起与国家形象

改革开放以来，中国经济快速发展，并于 2010 年一跃成为世界第二大经济体，展现了强大的经济实力和经济活力。也正是从 2010 年开始，中国国家形象日益成为国家战略的重要组成和学术研究的重要议题，这一现象生动地诠释了国家形象研究与国家崛起之间的紧密关系。

首先，国家经济的崛起凸显了国家形象的重要性。随着国家经济的发展和

综合国力的提升，中国日益走进世界舞台的中心，与世界各国的交往越来越频繁紧密，在全球产业链、价值链中的参与越来越广泛深入，在国际事务中也扮演越来越重要的角色。世界各国如何看待中国，中国在国际交往中又应该呈现什么样的国家形象，由此成为重要的时代命题，中国形象的建设与传播也承载着比历史上任何时刻都更加迫切的时代意义。因此，党的十八大以来，以习近平同志为核心的党中央高度重视国家形象的建设与展示工作，就如何建设与国家经济实力和综合国力相匹配的国家形象，做出了一系列重要的工作部署和理论阐述。

其次，国家经济的崛起为国家形象提供了物质基础和传播话语。经济是国家的根本，是国家主权独立和自主发展的基础，是国家强盛、社会和谐、人民幸福的基础，是国家在国际舞台上争取话语权的基础。中国经济的快速发展，为中国国家形象建设提供了最强大有力的物质基础，为中国国家形象的传播提供了最鲜活生动的话语内容，也为广大发展中国家提供了可供借鉴的模式。讲好中国经济发展的故事，建构高质量发展、可持续发展的中国经济形象，有助于增强中国的吸引力和影响力，促进更广泛深入的经贸合作。

与此同时，国家经济的崛起也带来了国家形象的新问题。伴随中国经济的快速发展，国际社会中有关中国“落后”“贫穷”“封闭”之类的刻板印象逐渐失去了舆论空间，而“中国威胁论”之类的论调却呈现甚嚣尘上、取而代之的趋势。当“经济崛起”的事实被捆绑上“不合法的崛起过程”“危险的崛起后果”等负面偏见时，就会催生出“威胁论”等荒唐论调，呈现出现实与认知的冲突，进而影响中国经济发展和国际经贸合作。美国《国防安全战略报告》将中国明确为最主要的“战略竞争对手”；英国新版《安全、防务与发展外交政策评估报告》将中国定位为“划时代挑战”（epoch-defining challenge）；印度越来越将中国界定为一个战略竞争对手，甚至战略威胁①；日本将中国崛起视为“日本危机”的重要源头②。因此，减少世界对中国经济发展的误解，争夺对中国经济议题的解释权，引导国际社会对中国经济发展的认知，成为关乎中国经济发展和国际经贸合作的时代任务。

---

① 冯传禄. 近期中印边境局势及双边关系走向探析［J］. 印度洋经济体研究，2020（6）：1-17.

② 杨伯江. 从尼克松到特朗普：国际战略视角下的两场“冲击”的历史比较与日本因应路径分析［J］. 日本学刊，2019（4）：5-10.

二、大国博弈与国家经济形象

如上所述，正是经济发展和国家实力的提升让国家形象的建设、传播成为重要的时代任务，大国崛起构成了 2010 年后中国国家形象研究和实践的战略背景。但这一情形自 2018 年开始发生了变化。2018 年 3 月特朗普正式签署对华贸易备忘录，中美关系的走势及其影响迅速成为国际焦点，中国国家形象建构（包括国家经济形象建构）的战略环境也从大国崛起转变为中美博弈。因此，在探讨中国经济形象之前，我们有必要先理清大国博弈和国家经济以及国家经济形象之间的关系。

第一，经济利益是大国博弈的起点与战场。自 1648 年《威斯特伐利亚和约》签署以来，形成了以国家利益为核心的国际秩序。《威斯特伐利亚和约》结束了欧洲的三十年战争，也标志着宗教权威的统治走向终结，世俗权威取而代之。国家成为国际体系中平等的参与者，国家利益取代宗教、意识形态成为国家间博弈与平衡的原因与出发点。两次世界大战就是大国为争夺和保护国家利益而发起的大规模军事战争。但是冷战结束后，世界格局发生了深刻变化，全球化浪潮之下，大国间经济深度融合、利益高度依存，以战争形式进行大国博弈的成本进一步提升，大国间战略竞争的方式从领土争夺逐渐转向国家间的利益交换，经济领域的博弈进一步取代军事成为大国间博弈的重要战场。

第二，大国博弈是国家经济形象建构与传播的战略背景。一方面，大国之间的博弈，不仅是贸易战、经济战、技术战、法律战，也是舆论战，会让国家经济形象的建构与传播面临新的环境与挑战；另一方面，国家经济形象的建构与消解也会成为大国博弈的手段，服务于大国博弈的战略目标。为了追求国家利益和国家权力，大国会策略性地建构自身或者他国的国家经济形象，从而为自身行为获取合法性和国际支持。冷战期间美国对德国经济形象的建构过程，就是一个非常典型的案例。

二战后，为彻底打击战后德国，防止德国再次崛起，并在战果瓜分中尽可能多地索取德国资源用于本国发展，美国和英国、法国、苏联一起，坚决要求德国经济去军事化、去工业化。德国的工厂被严重摧毁，德国的工业设备被拆卸、出售，德国作为一个国家的发展权利被剥夺。但是，随着美苏在战后政策协商中出现嫌隙，美国的联盟战略逐渐从二战时的同盟国转向形成与苏联对立的联盟，实力不俗的欧洲老牌资本主义国家成为其联盟成员的首选。而要想拉拢欧洲老牌资本主义国家，美国就必须先处理好德国问题。于是美国借助马歇尔计划增强其在欧洲经济中的影响力，并极力主张将德国（西德）纳入欧洲经济发展的框架。之后，随着美苏冷战愈演愈烈，美国进一步加大对西德经济的干预力度，并致力将西德塑造为战后经济复苏的典范，从而吸引和说服其他欧洲国家加入与苏联对立的美国阵营。与美苏博弈阶段性特征相呼应的是，美国《纽约时报》对德国经济形象的塑造也呈现出明显的阶段性特征。对《纽约时报》1945 年到 1955 年十年内 520 篇报道的分析显示①，美国媒体中的德国经济经历了从战后初期的“敌人经济”（因此必须被遏制和管控），到“拖共同体后腿的差生经济”（因此需要被扶持），再到 50 年代的“盟友经济”的形象转变。由此可见，美苏博弈进程是《纽约时报》建构德国经济形象的重要背景；而《纽约时报》对德国经济形象的建构，也服务于美国在不同博弈阶段的战略需求。

第三，国家经济形象是影响大国博弈进程的软力量。正如汉斯·摩根索所说：“在为生存和权力而进行的斗争中……他人对我们的看法同我们的实际情形一样重要。正是我们在他人‘心境’中的形象，而非我们本来的样子，决定了作为（国际）社会成员的我们到底是‘谁’——哪怕这镜中之像是歪曲的反映。”②因此，博弈大国的国家经济形象会影响世界主要国家对博弈大国的战略态度和行为选择，进而影响博弈中的权力关系和博弈的进程与走向。

三、中美博弈背景下中国经济形象建构与传播的新形势和新挑战

中美博弈是守成国与崛起国之间权力较量的必然结果，当代中美博弈的本质是在美国霸权衰落的历史进程中，美国为维持其全球政治经济首要地位而发起的调整国际利益格局（包括中美利益格局）的外交霸凌行为。中美两个全球最大经济体之间的博弈会对国际经济秩序和交往规则带来深刻影响，中国经济形象的建构与传播因此面临更为复杂的新形势与新挑战。

第一，中国经济形象建构与传播面临更为复杂的国际环境和更为紧迫的时代使命。一方面，美国在行动上对中国经济的遏制打压，在舆论上对中国经济形象的持续扭曲和抹黑，让国际市场对中国经济的态度出现新的复杂化态势。美国在

---

① 相关分析详见本书附录 1：二战后美国媒体中的德国经济形象变迁（1945-1955）。

② 摩根索. 国家间政治：权力斗争与和平［M］. 徐昕，郝望，李保平，译. 简明版. 北京：北京大学出版社，2012：115-116.

全球价值链和产业分工体系中的领先地位决定了相当一部分经济体对美国有高度的市场和安全依赖，中美博弈背景下，世界主要经济体和主要国家在立场选择上面临“沉重的疑虑和顾忌”[①]；另一方面，中国要在美国之外寻求和发展更多元的市场，就必须稳定国际社会特别是中国主要经贸合作国对中国经济的信心，要在提升经济实力的同时，了解、澄清国际社会对中国经济的误解和偏见，争夺对中国经济的解释权与话语权，促进国际市场对中国经济合法性、国际贡献、国际经济治理能力的正确认知。

第二，中国经济形象建构与传播具有保障国家发展和维护国际秩序稳定两个维度的战略意义。一则中国经济形象建构与传播关乎中国经济的发展。中美博弈背景下，建构良好的中国经济形象有助于澄清国际社会对中国经济的误解，稳定国际社会对中国经济的信心，争取世界主要国家和地区，尤其是主要经贸合作国家和地区的支持，保障和促进中国经济的发展和中国对外经贸合作。二则中国经济形象建构与传播关乎国家间博弈走势及国际经济秩序的稳定。国际秩序是各大国之间战略互动、权力分配以及利益协调共同作用的结果，中美两个世界最大经济体之间的博弈会在相当程度上引发其他国家的战略调整，世界主要国家间的互动关系和战略选择反过来又将决定性地影响中美博弈的走势和未来国际秩序的演变进程。因此，争取世界主要国家和地区对中国经济的理解和支持，对稳定国际经济秩序具有重要战略意义。

第二节　奇点与破局：国家经济形象研究的现实意义

在上一节中，我们探讨了在大国博弈背景下中国经济形象建构与传播的时代使命与战略意义，本节我们将进一步论述对国家经济形象开展系统研究的现实意义。

一、撬动中国国家形象建构与传播的实践奇点

2013 年 12 月 30 日，习近平总书记在中共中央政治局第十二次集体学习时强调：“要注重塑造我国的国家形象，重点展示中国历史底蕴深厚、各民族多元一

① 朱锋.“百年大变局”的决定性因素分析［J］. 南京大学学报（哲学·人文科学·社会科学），2019（5）：83-87.

体、文化多样和谐的文明大国形象，政治清明、经济发展、文化繁荣、社会稳定、人民团结、山河秀美的东方大国形象，坚持和平发展、促进共同发展、维护国际公平正义、为人类作出贡献的负责任大国形象，对外更加开放、更加具有亲和力、充满希望、充满活力的社会主义大国形象。”① 这四个“大国形象”不仅指明了中国国家形象建设的具体方向，也体现了中国国家形象建设的迫切要求。

但是中国国家形象建设和传播仍然面临意识形态冲突、制度距离、文化差异等困境。中西方意识形态的差异，使得西方国家惯用意识形态霸权将中国建构为“正统世界之外的异端分子”②；中国与西方国家的制度距离，使得中国的发展道路和政策主张常会遭遇曲解、诋毁和污名化③；东西方的文化差异，使得中国话语的国际传播常会面临文化误读和传播折扣的问题④。

而在中美博弈中，美国更是高举意识形态的大旗，开展价值观外交，并以此巩固其战略联盟；不遗余力地渲染“一带一路”等倡议和中国主张的“威胁论”，以夸大其制度优势、维持其制度霸权；斥巨资进行全球传播格局的重组，将文化认同的认知边界上升为冲突的“前线”⑤。国家间的意识形态偏见、制度距离和文化差异都因被裹挟进博弈进程而遭遇进一步的强化和放大。中国国家形象的建设和传播也因此面临更大的挑战。

在此背景下，经济信息因其客观性更易成为中国对外传播的突破口⑥，经济话语因其公共性更易成为中外交流的话语空间，经济利益因其高度依存性更易成为中外连接的纽带。因此，开展国家经济形象的系统研究，有助于撬动中国国家形象建构与传播的奇点，找到跨越意识形态冲突、制度距离和文化差异的沟通渠道、沟通方式和沟通话语。

---

① 习近平. 习近平谈治国理政：第1卷［M］. 2版. 北京：外文出版社，2018：162.

② 郭明飞，严君. 图绘国家：网络空间国家形象的生成与再塑［J］. 江汉论坛，2022（12）：34-41.

③ 柳建坤，张柏杨，张云亮. 多维“国家距离”视野下的涉华舆情运作机制：基于GDELT新闻大数据的实证分析［J］. 情报杂志，2022，41（9）：79-87.

④ 李彪. 新时代中国国家形象的“传播折扣”与应对［J］. 人民论坛·学术前沿，2023（24）：24-31.

⑤ 姜飞. 国际传播百年未有之大变“局”：利益、边界和秩序的接力［J］. 新闻与写作，2021（10）：5-13.

⑥ 周莉，范天汝. 中国经济形象的全球塑造及其现实影响：基于70个中国主要贸易国的实证研究［J］. 现代传播（中国传媒大学学报），2023，45（3）：74-83.

二、走出“雾里看花”与“盲人摸象”的认知迷局

中国经济形象建构与传播具有保障国家发展和维护国际秩序稳定两个维度的战略意义，国家经济形象的研究有助于撬动中国国家形象建构与传播的实践奇点，但现有国家经济形象的相关研究却存在“雾里看花”和“盲人摸象”的双重迷局。

具体来看，已有国家经济形象的相关探讨呈现出两种取向：一种是将国家经济形象置于“国家形象”概念中整体论之，强调国家经济形象是国家形象的重要组成，从而将国家经济形象的特殊性遮蔽于国家形象的宏观讨论。这一类研究会在调查国家形象公众认知现状时涉及与经济相关的题项，或者在考察媒体中的国家形象时包含对经济议题的分析。另一种则关注国家经济形象的具体载体，强调具体经济交往行为与国家经济形象的关系，比如经济学领域的研究者基于光圈效应和连带效应检验产品形象与企业形象、行业形象、国家品牌形象的关系，不断深化原产国效应研究；公共外交以及企业管理的研究者指出经济交往为国家提供了直接接触海外公众的渠道，强调要提升企业社会责任形象、品牌与产品形象等。

这些已有研究为理解国家经济形象的内涵与现状提供了重要基础，但前一取向将经济形象置于国家形象概念中整体论之，难以揭示经济形象的特殊性；后一取向关注具体要素，难以形成对经济形象的全面认知。对中国经济形象的理解也因缺乏框架指导和系统性研究而处于“雾里看花”和“盲人摸象”的双重困境。因此，我们有必要在“国家形象”概念中细分出“国家经济形象”，并针对国家经济形象开展系统性的研究，以揭示国家经济形象的特殊性与规律性，进而对如何撬动国家形象传播的奇点提供有效的指导。

第三节　国家经济形象研究的理论视角

国家经济形象的建构与传播面临着从大国崛起到大国博弈的战略背景转变，那么，什么样的研究视角才能更深刻地揭示这一战略背景下国家经济形象的本质问题和基本规律呢？这一节我们将在梳理国家形象研究主要视角的基础上，探讨大国博弈背景下国家经济形象研究的视角选择问题。

一、国家形象研究的主要视角

在服务实践的现实需求下，不同领域的研究者从认知心理学、新闻传播学、国际关系学以及市场营销等不同视角出发探讨国家形象问题，形成了大量的研究成果。

从认知心理学视角出发的研究认为形象是人们所持的有关某一对象的信念、观念与印象，是基于信息的接收和处理后形成的主观认知，因此将国家形象视为对国家的一种心理认知，从而将宏观的国家形象置入微观的心理活动中进行考察，揭示国家形象生成过程和作用过程中的心理机制。

基于新闻传播学视角的国家形象研究主要聚焦以下三个问题：一是国家形象的媒体建构。以李普曼“拟态环境”、藤竹晓“拟态环境的环境化”为代表的经典研究，揭示了媒体所建构的信息环境对人类认知和行为的重要影响。媒体通过对象征性事件或信息的选择和加工，建构出不同于客观现实的拟态环境，人的认知和行为往往不是对客观环境及其变化的反应，而是对新闻媒体建构的“拟态环境”的反应。正是从这个意义上，有研究者指出“公众对国家所持有的反映，不过是媒介所提供的拟态环境在其头脑中的映像”①。基于此，相关研究考察了本国媒体与他国媒体对国家形象的自塑与他塑现状，并从新闻生产等路径，探讨了国家形象的媒体建构机制。二是国家形象的公众认知。这部分研究借助受众调查的方式，考察国家形象在不同国家公众心中的认知状况，并依托认知理论、传播效果理论等，揭示国家形象公众认知的生成机制以及大众传播对国家形象认知的影响。三是国家形象的对外传播。这部分研究强调国际传播在提升国家形象方面的重要作用，围绕树立对外传播新观念、建设高信度高质量的对外传播体系、提升对外传播力等现实问题，展开了大量实务型、对策型的探讨。

国际关系领域的研究者从国家权力、国家利益等层面，揭示国家形象的影响和意义，强调国家形象是影响国家之间交往的重要因素，是国家利益的重要内容，也是国家权力的组成部分。该视角对国家形象研究的另一个重大贡献，是为国家形象研究提供了理论范式。研究者将国际关系中的现实主义、自由主义、建构主义范式引入国家形象研究，从而形成了不同的国家形象观。现实主义认为国

---

① 程曼丽. 论“议程设置”在国家形象塑造中的舆论导向作用 [J]. 北京大学学报（哲学社会科学版），2008 (12)：162-168.

家形象来源于国家政治、军事和经济实力等硬权力，国家的硬权力越强，国家形象就越好；自由主义认为国家形象来源于文化、政治制度、意识形态等软权力，国家软权力的吸引力和影响力越强，国家形象就越好；建构主义则认为国家形象来源于观念，是该国在国际社会中与他国互动所产生的观念结果。

从市场营销学视角出发的国家形象研究主要集中于原产国效应和国家品牌两个方面。原产国效应的相关研究关注产品品牌与原产国形象之间的关系，认为“国家是企业最基本的竞争优势，因为它能创造并保持企业的竞争条件”①，围绕原产国效应的作用机制产出了大量的实证研究。国家品牌的研究则把国家视为可以营销的产品，认为可以通过市场营销的方式对国家进行自我设计、包装、推广和维护，以提高国家的知名度和影响力，强调国家品牌是“建构国家形象的最终结果”②，有助于“吸引投资、扩大产品销售范围”。

综上所述，认知心理学、新闻传播学、国际关系、市场营销等不同视角下的大量研究为揭示国家形象的现状、形成机制及影响奠定了坚实的基础。在现状层面，相关研究从公众认知和媒体呈现两个路径对不同国家中的中国形象进行了考察；在形成机制层面，认知心理学聚焦国家形象认知生成中的信息接收与处理机制，新闻传播学聚焦媒体建构中的新闻生产机制，以及受众认知生成中的信息传播机制；在影响层面，国际关系学关注国家形象对国家身份、国家地位、国家软实力的影响，市场营销学关注国家形象对产品品牌和经济活动的影响。但已有视角下的研究亦存在一定的局限：第一，在现状层面，多聚焦单一国家中的国家形象，而相对缺少对多个国家在建构同一对象国的形象时的比较分析；第二，在生成机制层面，虽然有少数研究基于国际关系视角关注了国家间关系、国家利益在国家形象生成中的影响，但对国家形象生成中的国际互动机制尚缺乏深入、系统的讨论。

二、大国博弈背景下国家经济形象研究的视角选择

如上所述，认知心理学、新闻传播学、国际关系学、市场营销学等均为国家经济形象研究提供了充分的理论视角。但在大国博弈的战略背景下，除了认知心

① 波特. 国家竞争优势［M］. 李明轩，邱如美，译. 北京：中信出版社，2012：63.

② 格鲁莎，王丽梅，薛巧珍. 国家品牌：现代条件下国家形象的塑造技巧：以意大利为例［J］. 国际新闻界，2008（11）：13-18.

理学的信息接收与处理机制、新闻传播学的新闻生产和信息传播机制外，我们还需要从国际关系的视角出发，才能深刻把握中国经济形象建构背后国际-国内双重空间中多元权力、利益及观念的博弈。

第一，从国际关系视角出发才能正确把握中国经济形象建构的战略意义。中美博弈背景下中国经济形象的建构与传播，对世界主要国家的对外政策、国家间经济交往以及国际经济秩序的稳定具有战略意义。中美两个世界最大经济体之间的贸易博弈会在相当程度上引发其他国家的战略调整，世界主要国家间的互动关系和战略选择反过来又将决定性地影响中美博弈的走势和未来国际秩序的演变进程。因此，中美博弈背景下，如何界定中国经济发展中取得的成绩和面临的问题，如何解释中国经济发展的意义和影响，将会影响世界主要国家和地区对中国经济的立场态度和战略决策，进而影响国际经济交往和国际经济秩序的稳定。在中美博弈的背景下，我们需要超越公众个体、媒体组织乃至单一国家，而借鉴国际关系视角，在国家经济发展、国家间经济交往以及国际经济秩序和权力体系等维度中，正确把握中国经济形象建构的意义。

第二，从国际关系视角出发才能深刻理解中国经济形象国际建构的过程与机制。中国经济形象的建构与传播，是在国际-国内双重空间的多元行为体的博弈中完成的。在微观层面，媒体如何借助新闻报道参与真实建构，会受到组织内权力、利益和制度观念的影响；在中观层面，主流媒体对他国经济形象的建构，是在国家内部官僚机构和利益集团的权力、利益和偏好的博弈中完成的；而在宏观层面，主流媒体的国际新闻报道常被视为探测一国战略立场的风向标，其生产由此面临更强的国内压力，又因常涉及国家间政治经济利益和意识形态，而成为各国行为主体争夺话语权的重要场域。因此，主流媒体如何借助国际新闻报道建构他国经济形象的问题，早已超出国家地理限制而延伸至国际权力空间，可以成为观察国内权力生态和国家间权力关系的窗口。国际关系的多层次分析，可以帮助我们识别出参与中国经济形象国际建构的多元化主体，揭示中美博弈背景下各层次的互动机制对中国经济形象建构的影响。

第三，从国际关系视角出发有助于探索提升中国经济形象的实践路径。中美博弈背景下错综复杂又变幻莫测的国际关系，让中国经济形象建构面临着新形势与新挑战，深刻揭示各国在建构中国经济形象时的互动机制，理解宏观、微观各层面互动关系和互动方式对中国经济形象建构的影响，有助于发现有效引导中国经济形象国际建构的路径和方法。

第四节 国家经济形象研究的前提假设与研究问题

如上所述，我们认为只有从国际关系的视角出发才能从本质上把握大国博弈中国家经济形象建构的战略意义和互动机制。这一视角的选择暗含着本研究的一个前提假设，也为研究问题的提出奠定了理论基础。

一、国家经济形象研究的前提假设与研究旨趣

（一）前提假设

本书聚焦大国博弈背景下国家经济形象的国际建构，即中美博弈中，其他国家对中国经济形象的建构。更具体地说，是主要经贸合作国主流媒体对中国经济形象的建构。当我们将国家经济形象的国际建构落地到各国主流媒体对中国经济形象的建构时，选择国际关系这一视角展开研究的合理性，还基于一个重要的前提假设，即：大国博弈背景下，一国主流媒体对他国经济形象的建构是反映国家意志的行为，具有国家行为的性质。

首先，主流媒体的国际报道是服务于国家战略、反映国家意志的话语实践。梵·迪克在《作为话语的新闻》中认为，媒介从本质上说就不是一种中立的、懂常识的或者理性的社会事件协调者，而是帮助重构预先制定的意识形态①。媒介政治学强调，大众传播出现以后媒介毋庸置疑地成为政治的一部分，媒介机构成为政治机构，媒介成为政治的工具②。而国际报道的主要目的就是“通过对国际事件的本国解读，为国际事件注入本国的价值倾向和意识形态”③，因此“其生产过程是种族中心主义的、民族主义的、国家中心的”④。大量的研究指出，国际新闻报道的政治渗透和政策依赖相较于国内新闻报道而言会更加严重⑤，会受

① 卢颖生，郭志鹃．媒介话语的意识形态建构：一个批判性的视角［J］．新闻爱好者，2009（16）：10-11.

② 郝家林．媒介政治论：兼谈媒介政治学的研究对象［J］．新视野，2007（6）：83-84.

③ 戴佳，史安斌．“国际新闻”与“全球新闻”概念之辨：兼论国际新闻传播人才培养模式创新［J］．清华大学学报（哲学社会科学版），2014（1）：42-52.

④ 沈国麟．全球民族性：24 小时英语新闻频道网站新闻的比较分析［J］．新闻记者，2017（2）：25-34.

⑤ 甘斯．什么在决定新闻［M］．石琳，李红涛，译．北京：北京大学出版社，2009.

到意识形态、国家利益、外交政策的直接影响①，成为国家利益在国际空间中的延伸②。

而主流媒体国际报道的上述国家属性在大国博弈背景下会表现得更为显著。大国之间的博弈，不仅是经济博弈、科技博弈、政治博弈、军事博弈，也必然伴随着舆论和话语的博弈。一方面，对于大国博弈的主要参与国而言，借助国际传播消解对手国的合法性并为自己争取舆论支持，是重要的博弈手段。在特朗普政府确定对华战略竞争的目标后，美国逐步形成了一套完备的“全政府”对华战略，即通过加强府会合作、军民合作、公私合作、内外合作等途径，全面凝聚战略共识，整合“国家力量的所有工具”，共同服务于对华战略竞争的总目标③。在这一对华战略传播体系中，美国总统、国务卿、情报官员等政客频繁接受媒体采访、积极参加国内研讨会和外交活动并使用社交媒体发表观点，以期引导对华舆论，形成了政客发声、媒体扩音的整套流程④；而美国主流媒体也在涉及国家利益和经济利益的问题上与政府保持一致，双方心照不宣地携手制造舆论、影响民意，推动国家目标和集团目标的实现⑤。另一方面，对于大国博弈背景下的其他国家而言，其主流媒体在国际事务（特别是与大国博弈相关的国际事务）中的报道，会被国际社会视为反映该国在大国博弈中战略立场的风向标。对国际报道的风向标认知，又会反过来进一步增加主流媒体在国际新闻报道中的政治压力，强化国际新闻报道的政治特征和国家属性。

因此，中美博弈背景下各国主流媒体对中国经济形象的建构，就是对博弈参与国经济形象的建构，在很大程度上是能够反映国家意志、具有国家行为属性的实践，需要从国际关系的视角出发加以理解和把握。

（二）研究旨趣

从国际关系视角出发探讨主要经贸合作国主流媒体对中国经济形象的建构，

① 李喜根，刘洋．国际新闻报道研究的理论框架与视角［J］．新闻记者，2013（9）：30-36.

② 赵永华，窦书棋．国际假新闻的三重成因：国家、媒体与文本［J］．新闻春秋，2022（1）：52-58.

③ 陈文鑫．美国“全政府”对华战略探析［J］．现代国际关系，2020（7）：1-7.

④ 王超群，王珂璐．美国涉华战略传播体系：宏观结构、微观运行及中国应对［J］．统一战线学研究，2023，7（5）：65-77.

⑤ 张国庆．媒体话语权：美国媒体如何影响世界［M］．北京：中国人民大学出版社，2012：131.

体现了本研究的两大旨趣。

第一，强调国家经济形象媒体建构的国家属性，进而与侧重组织属性的相关研究形成互补。媒体建构是一个兼具国家属性和组织属性的行为。一方面，如前提假设中所述，大国博弈背景下，一国主流媒体对他国经济形象的建构是反映国家意志的行为，具有国家行为的性质；另一方面，媒体作为一个利益主体和行为组织，也会受到组织利益、组织规范等中观层面因素的影响。强调媒体建构组织属性的研究，倾向从新闻生产机制、新闻职业规范、媒体与政府关系等角度，分析国家形象媒体建构的影响因素和生成机制。本书则强调各国主流媒体建构中国经济形象的国家属性，侧重考察国际体系中多层次互动对媒体建构的影响。

第二，强调国家经济形象的关系属性，进而强调在关系网络中理解国家经济形象的建构机制。长期以来，对国家形象的理解存在现实主义和建构主义的范式差异。现实主义从物质主义视角出发强调国家形象是主体对客体的反映，坚持国家形象的基本事实源于一国内部因素；建构主义则主张国家形象是一个关系型概念，是经由社会交往和互动建构起来，强调主体间的互动对国家形象建构的影响①。主要经贸合作国对中国经济形象的建构当然首先与中国自身的经济表现有关，但本书从国际关系视角出发，比较主要经贸合作国主流媒体对中国经济形象建构的异同，考察国家间不同的互动关系对其主流媒体建构中国经济形象的影响，就是跳出形象的客体特征，转向从建构主体和建构对象所处的关系网络中寻找答案。

二、国际关系的分析框架与本书的研究问题

大国博弈中一国主流媒体对他国经济形象的建构是反映国家意志的行为，具有国家行为的属性，那么这种建构行为就和其他国家行为一样，需要被置于国际关系的框架下进行理解和判断。华尔兹在《人、国家与战争》一书中曾提出了包括国际体系、国家、个人三个层次的国际关系分析框架。这一框架后经戴维·辛格发扬光大，成为国际关系研究者用以分析国际关系议题的经典框架。比如以小约瑟夫·奈为代表的研究者从国际体系、国家、个人三个层次出发，解释了第一

① 张昆，张铁云．“共识”与“共识的程度”：国家形象认知的别种维度［J］．现代传播（中国传媒大学学报），2019，41（6）：68-72.

次世界大战、第二次世界大战以及美苏冷战的发生原因[①]；卡伦·明斯特等人则从国际体系、国家、个人三个层次出发解释了 2003 年美国何以会入侵伊拉克[②]。本书也将借鉴国际关系的三层次分析框架，以期从国际体系、国家、个人三个层面探讨中国经济形象国际建构的影响因素。

体系，是不同的互动单位经某种形式的互动而联结起来的集合，体系及其互动的单位往往以模式化的方式发生反应，形成特定的活动模式[③]。国际体系则是由诸多相互作用的国际行为体组合而成的整体，国际行为体之间的互动亦具有模式化、习惯性的特征。国际关系研究者借用经济学中对市场体系的分析来解释国际体系。经济学认为，在一个理想的市场中，追求利益最大化的公司会让消费者获益；在寡头垄断或者多头垄断的体系中，大的公司会通过减少生产和抬高价格来增加利润。所以当体系结构是已知条件时，经济学家就能够比较容易预测公司会采取什么行动以及谁将获利。受此启发，国际关系学者，尤其是现实主义者（又被称为结构现实主义），强调国际体系结构也可以帮助我们理解体系中的国家行为。现实主义者将国际体系的特征界定为无政府状态，认为在无政府体系中，安全的唯一真正保障源于自助，因此国家会不断地追求权力，而在追求权力的过程中，国家之间不可避免地陷入冲突，不管它们的目标是自保还是征服他国。

国家层次的分析关注国家的内部互动对国家行为的影响，比如国内权力结构、经济体制、社会文化与规范、官僚机构的互动、国内利益集团的博弈等。国家层次的一个基本假设是：正是国家内部的互动决定了国家如何通过战争、外交政策、经济国策、胁迫手段等方式参与国际互动。从国家层次来看，伯罗奔尼撒战争是从埃皮达姆努斯的贵族派和民主派之间的国内冲突开始的；第一次世界大战的爆发源于奥匈帝国和奥斯曼帝国的内部危机以及德国的国内政治形势；冷战的结束则与苏联中央计划经济的失败有直接关联。现实主义者从理性模型出发，认为国家会围绕国家利益和意识形态采取国家行为，因此关注地

① 奈，韦尔奇．理解全球冲突与合作：理论与历史［M］．张小明，译．10 版．上海：上海人民出版社，2018.

② 明斯特，阿雷奎恩-托夫特．国际关系精要［M］．潘中岐，译．7 版．上海：上海人民出版社，2018：73.

③ 明斯特，阿雷奎恩-托夫特．国际关系精要［M］．潘中岐，译．7 版．上海：上海人民出版社，2018：109.

缘政治、国家安全、经济利益、战略资源等因素对国家行为的影响。自由主义则认为不存在单一的或一致的国家利益，所谓的“国家利益”是国家内部（有时候也包括外部）不同集团的利益彼此竞争的结果，因此关注官僚机构、跨国公司等多元化的利益集团如何经过讨价还价进而形成统一行动。马克思主义者认为资本主义国家会与强大的资本家结盟，剥削弱小的、贫穷的、依附的集团或国家，因此关注国际资本主义者（如跨国公司）如何同化国内精英进而影响国家行为。建构主义者认为国家利益是对国内因素和国际规范理念的回应，因此关注国家的战略文化、国家对国际规范的主流诠释如何影响国家行为。

个人层次的分析关注公共和私人个体在国际关系中发挥的作用，主要从两个维度去解释国际问题：一是从个人的特点中寻找答案，比如国家领导人和决策制定者的个性、生活经历等；二是从人的共性中寻找解释，比如人性的不完美、对权力的追求等。国家领导人（领袖）、私人个体和普通大众是个人层次关注的三类个体。国家领导人和位居正式职位的领袖，因为有更多机会参与国际事务，所以在塑造国际关系中能够发挥作用，比如伯利克里在伯罗奔尼撒战争中的作用，希特勒对第二次世界大战爆发及结果的影响，尼克松对中美关系迎来转折的作用，教皇方济各对天主教教会的影响，等等。与国家领导人和领袖相比，私人个体虽然不具有官方角色，但可以凭借环境、资源或策略在国际关系中采取独立行动，并通过社交媒体扩大影响，比如拥有金融资源的个体可以凭借资本优势影响公共政策和国际项目；支持某些特殊事业的个体可以通过有效利用媒体获取公众对某个国际议题的关注，进而推动特殊事业；激进分子甚至可以通过制造抗争性事件获取国际社会的关注。普通大众对国际关系的影响则可以从两种路径展开：一是通过民意和舆论的形式对国家决策者施加压力；二是相对独立地采取行动，进而在国内治理和国际关系领域发挥作用。比如“阿拉伯之春”事件中，一群市民个体通过脸书和 YouTube 组织抗议活动①。

综上所述，体系、国家和个人的三层次框架有助于我们深刻把握国际关系中的各类互动对国家行为的影响。因此，本书将借鉴此框架，在厘清国家经济形象概念的基础上，考察各国主流媒体对中国经济形象的建构现状，然后尝试从体系

① 明斯特，阿雷奎恩-托夫特. 国际关系精要［M］. 潘中岐，译. 7 版. 上海：上海人民出版社，2018：200.

层次的国际格局、国家层次的国家利益以及个人层次的民众情感三个维度，探讨影响国家经济形象建构的原因和机制，即依次回答以下研究问题：（1）国家经济形象是什么？（2）各国主流媒体中的中国经济形象建构现状如何？（3）国际格局是否/如何影响各国主流媒体对中国经济形象的建构？（4）国家利益是否/如何影响各国主流媒体对中国经济形象的建构？（5）国家的民众情感是否/如何影响各国主流媒体对中国经济形象的建构？

第二章　国家经济形象的概念框架

概念是研究的基础，“国家经济形象”内涵外延的模糊性和概念框架的缺失致使对国家经济形象难以形成全面、科学的认知。因此，本章聚焦“国家经济形象”这一概念，以期在国家经济、国家形象等相关研究的基础上，厘清国家经济形象的内涵、外延，搭建国家经济形象的概念框架和指标体系，进而为国家经济形象研究提供概念基石和分析工具。

第一节　国家经济的基本内涵

一、从国民经济、国内经济到国家经济

在经济学领域，与“国家经济”相近的常用概念有“国民经济”“国内经济”。从“国民经济”到“国内经济”再到“国家经济”，概念的变化实则反映了世界经济发展的阶段性特征。

国民经济，即由一国相互联系的所有产业部门所构成的总体[①]，强调以国民作为一国经济活动的核算主体。在20世纪80年代前的民族经济国际化阶段，并无全球性统一市场可言，国际分工与国际贸易中经济行为主体的国籍归属都是比较明确的，一个国家的国内市场与国际市场之间的划分也是比较清晰的。此时，选择国民（即所有常住本国的居民和单位）作为核算主体，将国民利用土地、资本和劳动所创造的货物和服务等都统计在内，就形成了各国在衡量经济发展水平时常用的“国民生产总值”（Gross National Product，GNP）这一概念[②]。但是，这种以国民为核算主体的国家经济统计方法，在20世纪80年代后遭遇了困难。

20世纪80年代后的经济全球化阶段，国家之间的经济交往范围日益广泛、

---

①　顾海兵，齐心. 关于国民经济学学科建设的思考［J］. 经济学动态，2005（4）：69-72.

②　杨昌斌. 正确理解GDP与GNP［J］. 统计研究，1999（7）：8-9.

规模日益庞大，伴随投资自由化和企业出资主体的多国化，国际分工与国际贸易中经济行为主体的国籍归属变得难以界定。因此，以国民为核算主体的“国民经济”概念逐步让位于以地域概念为基础的“国内经济”。“国内经济”包括在一个国家内进行的物质资料的生产、分配、交换和消费①，强调以国土原则来衡量一国经济。1993年世界国民经济核算指标体系取消了国民生产总值（GNP），而改以国内生产总值（Gross Domestic Product，GDP）作为衡量一个国家（或地区）经济运行规模的宏观经济指标。

21世纪以来，伴随经济全球化的进一步深入，各国不仅要处理好国内经济中的多国关系，而且必须处理好一国经济的自主性与其国内经济国际化之间产生的复杂利益关系。因此，研究者们从经济全球化与一国经济自主性共存的角度，提出了“国家经济”概念②。

国家经济是指国内经济中支撑该国经济的自主性，并对该国的国际经济地位和国家经济安全具有重大影响的产业组合③。国家经济与国民经济不同，它可以包含来自国外的经济成分，只要这些经济成分的存在与扩张不损害所在国应有的经济自主性；国家经济与国内经济也不同，它所包含的国内经济——无论是本国的经济成分，还是国外的经济成分，都必须服务于提高该国国际经济地位和保证国家经济安全的需要。

由此可见，从“国民经济”到“国内经济”再到“国家经济”的概念转变，是对不同阶段经济现象的理论回应，反映了当下世界经济发展所面临的核心问题。

二、国家经济的基本构成

由上述“国家经济”概念提出的背景可以得知，“国家经济”概念与“国民经济”“国内经济”有相同之处，均侧重对一国之整体经济的考察；但亦有其特别之处，反映了经济全球化时代对一国经济安全和经济主权的思考，并且强调一国经济对该国国际地位和国际竞争力的战略意义。因此，我们将从经济主权、国

---

① 张圣亮. 应正确看待对外开放与发展民族经济的关系［J］. 河南师范大学学报（哲学社会科学版），1998（5）：103-104.

② 韩小明，刘娟. 试谈经济全球化阶段的“国家经济”［J］. 北京社会科学，2002（3）：99-105.

③ 韩小明. 经济全球化、WTO与“国家经济”［J］. 中国人民大学学报，2002（1）：59-66.

际竞争力以及聚焦整体经济的宏观经济学三个层面，思考国家经济的基本内涵。

（一）经济主权与国家经济

经济主权是国家主权在经济领域的表现，具有对内最高属性和对外独立性。对内最高属性体现为：主权国家有权自主选择自己的经济制度；自主决定自己的经济发展战略；自主立法建立本国国内的市场经济运行规则；自主开发和利用本国的经济资源。对外独立性表现为：主权国家无论是否参与国际经济活动，都有自己的生存权和发展权；主权国家可以决定是否参与国际经济活动；在承担国际经济规则义务的同时，享有平等的权利；国家之间的交往以平等互利为基础，主权国家有权保护自己不受外来经济势力的掠夺和剥削①。

对于任何国家来讲，经济主权都是其经济稳定、健康和持续发展的前提，但是经济全球化中所面临的跨国性问题，给国家经济主权带来了新的挑战。在经济全球化中，世界各国的相互依赖日益加深，国家和国际金融市场越来越难解难分地联系在一起，跨国公司以及生产与消费的国际化使国家控制各自的经济政策变得更为艰难，解决跨国经济问题的合作行动越来越要求国家对它们的主权进行妥协②。

正是在这样的战略背景下，“国家经济”的概念被提了出来，旨在强调对经济主权的维护。就如前一部分所述，国家经济是国内经济中支撑该国经济自主性的经济成分，由此，经济主权、经济自主性为国家经济提供了概念边界，即国内经济中不损害所在国经济自主性、保证所在国经济安全性的成分。

（二）国际竞争力的基本要素

20 世纪 70 年代，伴随一些新兴工业国家和地区的逐渐崛起，原本在国际经济格局中占据统治地位的少数国家开始面临国际竞争中的威胁。在新兴国家思考如何在国际竞争中争取一席之地的时候，既有大国也在思考如何巩固自己在国际竞争中的优势地位，提升国际竞争力成为各国家都必须面对的现实③。

何谓国际竞争力？

世界经济论坛（WEF）提出了国际竞争力的八大因素：一是国际贸易和国

---

① 徐泉. 经济主权原则的发展趋向论析［J］. 现代法学，2005（6）：176-181.

② 明斯特，阿雷奎恩-托夫特. 国际关系精要［M］. 潘中岐，译. 7 版. 上海：上海人民出版社，2018：168.

③ 胡列曲. 国家竞争力与 90 年代以来美国提高国家竞争力的主要经验［J］. 世界经济与政治论坛，2000（2）：11-13.

际金融的开放因素，二是政府预算、税收和管理因素，三是金融市场发展因素，四是运输、通信、能源和服务性基础设施因素，五是技术因素，六是企业组织、企业家、企业创新和风险经营的管理因素，七是劳动力市场及流动性因素，八是法规和政治体制因素①。

瑞士洛桑国际管理学院从更广泛的角度提出了国家国际竞争力的评估模型，并在相当长的时间内运用此模型对世界几十个主要国家和地区的国际竞争力进行评估，在国际上产生了广泛影响。这一模型包含国际竞争力的八大因素：一是国内经济实力，指一国经济力量的整体评估；二是国际化程度，指一国参与国际贸易和投资的程度；三是政府影响，指政府政策对竞争力的有利程度；四是金融实力，指对资本市场和金融服务质量的整体评估；五是基础设施，指资源与制度满足企业基本需求的程度；六是企业管理能力，指企业在创新、获利和应变等方面的表现；七是科技实力，指科学和技术的能力以及在基础和应用研究上的成功程度；八是人力资源，指拥有人力资源的数量和质量②。

世界银行专家亚拉威把影响国家国际竞争力的因素分为两大类。第一大类主要是总体促进国家国际竞争力的环境因素，包括：①总体系统活力，包括一个国家的经济实力及具体表现，短期及中期成长趋势、投资程度及贸易实力；②金融系统活力，包括一个国家的财政实力、公债、外汇储备、利率等；③市场系统活力，包括企业经营重点、销售额、利润率、政府在经济中的参与程度、技术实力和经济的外向程度；④基础设施，包括桥梁、铁路、通信网络、能源系统等实物性基础设施和自然资源、社会与政治系统、稳定程度及经济、组织方面的基础设施；⑤人力资源，包括国民健康水平、教育程度、智力素质及应变能力。第二大类主要是微观的、企业层次的因素，包括：①生产率及灵活性，如管理水平、生产组织方式及员工生产率；②企业内部为生产服务的各种因素，包括对员工的雇佣及培训、内部金融及财务管理、信息处理、产品质量控制、产品设计及研发能力和市场的开发能力③。

除了上述国际机构及专家对国家国际竞争力的相关界定外，国内的一些研究机构和专家也提出了与国际竞争力相关的表述。比如：中国社会科学院世界经济

① 朱春奎．国外竞争力理论研究综述［J］．生产力研究，2004（1）：187-188.

② 赵先进．评国际竞争力理论［J］．经济学动态，1997（11）：64-67.

③ 赵先进．评国际竞争力理论［J］．经济学动态，1997（11）：64-67.

与政治研究所提出了一个综合国力指标体系，认为可以从经济实力、生产效率、物耗水平与产业结构四个方面来衡量经济活动能力；从进出口贸易总额、国际储备总额（外汇与黄金）来衡量对外经济活动能力；另外还包括资源（人力、土地和能源）以及其他能力（科技能力、社会发展程度、军事能力、政府调控能力和外交能力）①。黄硕风则认为经济力是构成国力的七个要素之一，包括经济实力、经济体制、生产力和生产关系、国民生产总值、对外经济关系等②。

上述有关国家国际竞争力的要素模型，虽然各有侧重，但基本都是以市场经济理论为依据，从经济运作的各种客观因素以及体制结构、政策、价值观念等主观因素出发对一国经济进行综合评价③，为“国家经济”概念提供了外延基础。

（三）宏观经济学中的国家经济

相较于研究家庭和企业如何做出决策以及它们如何在市场上相互影响的微观经济学而言，宏观经济学重点考察一国之整体经济现象，比如：为什么一些国家的平均收入高，而另一些国家的平均收入低；为什么一国的生产和就业在一些年份会扩张，而在另一些年份会收缩；政府可以用什么方法来促进收入迅速增长、降低通货膨胀率和稳定就业；一国和世界其他国家之间贸易的不平衡量，等等④。鉴于国家经济在国内经济中支撑着该国经济的自主性，是对该国的国际经济地位和国家经济安全具有重大影响的产业组合，对国家经济的理解应当从宏观经济学的视角展开。

宏观经济学常使用几个重要的数据——国内生产总值（GDP）、消费物价指数（CPI）和失业率来衡量一国之整体经济状况。GDP 作为反映一国收入和支出的指标，可以同时衡量一国经济所生产的物品与服务量，以及一国经济中物品与服务产出的总支出，对整体经济而言，收入等于支出。经济的增长率就是 GDP 的增长率。CPI 作为计算生活费用和观察通货膨胀水平的重要指标，可以衡量普通消费者所购买的物品与服务的总费用。失业率即失业者占劳动力的比例，是衡

---

① 中国社会科学院世界经济与政治研究所《世界主要国家综合国力比较研究》课题组．对中国综合国力的测度和一般分析［J］．中国社会科学，1995（5）：4-19.

② 黄硕风．什么是综合国力［J］．党建，1994（2）：76-77.

③ 王莉．对国际竞争力评价指标体系的理论思考［J］．国际经贸探索，1999（4）：16-19.

④ 曼昆．经济学原理：宏观经济学分册［M］．梁小民，梁砾，译．8 版．北京：北京大学出版社，2020：3.

量宏观经济运行状况的另一个重要指标，失业状况与居民福利和社会稳定之间的关系最为密切。

生产和消费是宏观经济活动的两个方面，供给与需求是宏观经济分析的两个重要部分。在生产领域，生产要素是维系国民经济运行及市场主体生产经营过程所必须具备的基本因素，影响生产率水平。企业是做出供给决策、追求利润最大化的生产主体，运用各种生产要素，向市场提供商品或服务。一个国家的整体经济实力的主要组成部分就是其企业的实力①。从事国民经济中同性质生产的企业构成行业，利益相互联系、具有不同分工的各个相关行业构成产业。在消费领域，家庭在产品与服务上的支出构成是社会再生产中一个不可或缺的重要环节，是一股影响和拉动经济增长的强大动力。影响人们消费行为的因素很多，如家庭收入水平、市场物价水平、利率水平以及兴趣爱好等，但这些因素中有决定意义的是家庭的收入水平。

为了更好地解释一国整体经济的波动，宏观经济学家使用国民经济流量循环模型来考察引起经济水平扩张与收缩的原因。国民经济流量循环模型包括五个重要的部门：作为生产与消费主体的家庭、企业、政府，以及开放经济中的国外部门，和作为经济发展重要媒介的金融体系②。企业和政府借入从家庭流向金融体系的资金。金融体系则在企业、政府、家庭之间发挥着资金流通的中介作用，协调储蓄投资关系、促进企业扩张与国家保持高水平经济增长。而从国内经济主体与国外部门的联系来看，一个开放经济以两种方式和其他经济相互交易：一是在世界产品市场上购买并出售物品与服务，二是在世界金融市场上购买并出售资本性资产（如股票和债券）。

为了更好地指导和协调经济活动，宏观经济学家除了强调市场作为“一只看不见的手”所发挥的调节作用外，亦关注政府如何借助政策发挥宏观调控作用以解决市场失灵的问题。宏观经济政策的目标大体上有四类，即充分就业、价格稳定、经济持续均衡增长，以及国际收支平衡。在宏观经济政策工具中，常用的有需求管理政策、供给管理政策、国际经济政策③。需求管理政策包括货币政策和

---

① 于泳，徐红晖. 国际竞争力问题探析［J］. 商业经济，2004（2）：104-106.

② 哈伯德，奥布赖. 经济学精要［M］. 卢远瞩，译. 5 版. 北京：中国人民大学出版社，2019：402-403.

③ 高鸿业. 西方经济学：宏观部分［M］. 8 版. 北京：中国人民大学出版社，2021：14.

财政政策，政府可以借助需求管理政策对总需求加以管理和调节，使经济大致保持正常状态。供给管理政策包括收入政策和人力政策，政府可以通过对总供给的调节来实现解决通胀和失业的政策目标。在开放经济环境中，各国经济之间存在着日益密切的往来与相互影响，贸易政策是国际贸易增长的一个重要因素，也是国际经济政策的主要内容。

综上所述，宏观经济学为我们提供了衡量一国整体经济发展的主要标准，划分了整体经济的主要领域和重要部门，总结了决定整体经济发展的关键因素，以及协调整体经济活动的政策目标与工具，从而为我们理解“国家经济”的内在构成奠定了基础。

第二节　国家经济形象的概念化界定与解析

在探讨了“国家经济”这一概念后，我们进一步探讨“国家经济形象”这一概念的内涵与外延。

一、国家经济、国家形象与国家经济形象

（一）国家经济与国家经济形象

形象是人们所持有的有关某一对象的信念、观念与印象。相应地，我们也可以说国家经济形象即人们所持有的有关一国经济的信念、观念与印象。国家经济形象与国家经济是实体本源与主观反映的关系。

首先，国家经济是国家经济形象的重要基础。国家经济是国家在经济层面的实际活动和表现，是国家经济形象生成的客观实体。国家经济形象则是国内外公众对一国经济状况和发展方向的认知和评价，国家经济形象的建构情况受到国家经济的影响，但并不等同于国家经济本身，而是评价主体对一国经济实体的认知和反映。

其次，国家经济形象的维度与指标应该能反映对国家经济基本构成要素的系统认知。国家经济的基本构成要素能够体现国家经济的核心特征，直接反映了国家经济在不同经济部门的发展状况。国家经济形象的维度与指标应该能够反映国家经济在各个方面的发展状况并准确呈现这些方面的核心特征。

最后，国家经济与国家经济形象共同影响一国之国际经济交往。国家经济的实际发展状况是国家经济形象产生的基础，同时国家经济形象的建构和呈现也会

影响到外界对国家经济的认知和评价，从而影响到一国在国际经济舞台上的地位和发展前景。一个正面积极的国家经济形象有助于提高国家的声誉，从而推动国家经济发展；反之，一个负面消极的国家经济形象可能会阻碍国家间的合作交流，对经济发展产生阻碍作用。不仅国家经济与国家经济形象之间存在相互作用关系，两者也会共同影响一国之国际经济交往。基于此，国家在重视经济发展的同时，也需要高度重视国家经济形象的建构、传播和维护，以营造良好的经济发展环境，促进国际经贸合作。

（二）国家形象与国家经济形象

国家形象是国家在政治、经济、文化、社会等各个领域的综合表现，包括政治形象、经济形象、文化形象、社会形象等多个方面。国家经济形象作为评价主体对一国经济领域的基本认知，是国家形象的重要构成部分，具有国家形象的基本特征，但又因生成基础的不同而具有自身的特殊性。

第一，国家经济形象是国家形象的重要组成。大量的国家形象研究将国家经济形象置于国家形象概念中整体论之，强调国家经济形象是国家形象的重要组成，因此研究者在调查国家形象公众认知现状时会涉及与经济相关的题项，在考察媒体中的国家形象时会包含对经济议题的分析。国家形象的相关研究可以为国家经济形象的研究提供重要的基础。

第二，国家经济形象是国家形象的特殊维度。经济发展是国家发展的重要支柱，经济利益是国家利益的重要构成，经济交往是国家间交往的重要领域，国家经济形象因经济信息的相对客观性，经济利益的重要性和复杂性，以及经济交往主体和交往形式的多元性而具有特殊性。

因此，国家形象研究既需要关注各维度之间的整体性，也需要深入理解每一个维度的特殊性。在“国家形象”概念中细分出国家经济形象，有助于揭示国家经济形象的特殊性与规律性，深化和拓展国家形象研究，并为国家经济形象的建设提供更有针对性的参考。

二、国家经济形象的基本要素

如前所述，国家经济形象是国家形象的重要组成，具有国家形象的普遍特征，因此国家形象的相关研究可以为国家经济形象的概念研究提供重要基础；与此同时，国家经济是国家经济形象的基础，所以国家经济形象要能系统地反映对国家经济各基本构成要素的认知和态度。下面，我们将在梳理国家形象基本要素的基础上，结合国家经济的基本内涵，界定国家经济形象的构成要素。

有关国家形象的要素构成，相关研究呈现出两种路径：第一种是从国家的构成要素出发，探讨国家形象的构成。比如孙有中认为国家形象包括对政治、经济、社会、文化与地理五个方面的认识和评价①；赵雪波认为国家形象包括常量（地理、人口、历史等）、变量（政体、经济、军事、文化等）以及介于两者之间的要素（如传统等因素）②。第二种是从国家的构成层次出发，探讨国家形象的构成要素。代表性的观点如张昆等将国家形象的基本要素总结概括为物质要素、制度要素和精神要素三个层面。其中，物质要素是支撑国家生存和发展的自然物质基础和各种物质要素的总和，既包括疆域、人口、自然资源，也包括在此基础上形成的国家的经济、科技、军事、体育等综合实力要素，这些因素是国家存在和发展的物质支柱，对国家形象有着极大的制约性。制度要素指国家在政治、经济、文化、军事、科技、外交等方面的规范与准则，是国家和社会发展的保障，通过规范社会行为、维护社会秩序、保障公平正义等方式，为国家和社会的稳定发展提供有力支撑。精神要素是一个国家民族精神和民族性格的象征和表现，反映了各个民族的文化传统、情感态度、思维模式和价值观念等③。

上述物质、制度、精神的三要素结构为国家经济形象的要素构成提供了框架基础。与此同时，国家经济形象还需呼应国家经济的特殊内涵。下面，我们结合国家经济的基本内涵从物质、制度、精神三个层面对国家经济形象的主要构成进行解读。

第一，物质要素的形象。国家经济中的物质要素是指支撑国家经济发展的自然物质基础和各种物质要素的总和，主要表现为一国之经济实力。与国家形象一样，国家经济形象是建立在物质基础之上，没有物质本源，形象就无从谈起。国家的经济实力是国家经济形象的根本支撑，是国家经济形象的决定性因素。

第二，制度要素的形象。制度要素指国家在各个领域的规范和准则，具体到经济领域，即生产、消费、交换和分配过程中的制度规定。经济制度是由政府制

---

① 孙有中. 国家形象的内涵及其功能［J］. 国际论坛，2002（3）：14-21.

② 赵雪波. 关于国家形象等概念的理解［J］. 现代传播（中国传媒大学学报），2006（5）：63-65.

③ 张昆，徐琼. 国家形象刍议［J］. 国际新闻界，2007（3）：11-16.

定的用以调整各种经济主体利益关系、指导经济活动的准则和规则，决定了资源配置的方式和效率，影响着经济增长率和稳定性，对一国经济发展具有指导与规范性作用。经济制度形象反映了认知主体对国家经济制度和政策的指导性和规范性的认知和态度。

第三，精神要素的形象。精神要素集中体现在国家的民族精神和民族性格上，具体到经济领域，即国家经济行为主体从事经济生产中的精神理念与价值追求。从宏观上看，一国经济理念与追求体现出本国政府与政策制定者基于国内外经济形势对本国经济目标、轮廓、战略布局的研判与规划；从微观上看，企业与消费者的生产与消费理念体现出对行业发展的预测与消费偏好，并伴随着国家经济状况与宏观经济理念的发展不断变迁。思想是行动的先导，国家的经济理念对一国经济制度的确立与经济实力的发展具有引领作用，是一国经济形象的重要组成部分。

总体来说，一国软实力的发挥需要基于硬实力水平①，后者是前者的有形载体，前者是后者的无形延伸②。经济制度形象与经济理念形象的建构与发展必须依托于经济实力形象。经济实力既是建构国家形象强大的物质基础，也是塑造良好经济形象的物质保障，影响着经济政策的设置与经济理念的形成。经济政策与经济理念与一定的经济实力水平相适应，并对经济实力的发展具有指引和制约作用。经济实力形象与经济政策形象、经济理念形象共同构成一个相互渗透、有机一体的国家经济形象。

基于上面对国家经济形象三个维度内涵的分析，本研究提出，国家经济形象就是国际主体在互动过程中形成的对一国之经济实力、经济政策、经济理念的认知与态度。

第三节　国家经济形象的维度构思与操作化

所有存在于头脑中的抽象概念只有经过了合适的操作化之后，才能在看得见、摸得着的现实社会中显现出来③。在前述概念阐释的基础上，本节将对“国

① 朱云汉，肖唐镖，黄旻华. 中美两国在东亚区域的影响力：受众视角的实证分析[J]. 政治学研究，2018（3）：39-50.

② 柳红霞. 国际关系理论视野下的国家权力［J］. 当代亚太，2007（2）：24-29.

③ 风笑天. 社会学研究方法［M］. 北京：中国人民大学出版社，2009：94-95.

家经济形象”这一概念三个维度的含义作进一步的解析与操作化。

一、国家经济实力形象

国家经济实力形象指国际主体对一国经济实力水平的认知与评价态度。对应宏观经济学中用以衡量和解释一国之整体经济波动的标准和关键要素，我们可以将经济实力划分为以下几类：一是整体经济的发展规模与速度，二是生产和消费两大领域的经济实力，三是作为协调各领域循环中介的金融系统所反映的实力，四是开放经济下的国际投资与贸易水平和能力。有鉴于此，国家经济实力形象可以操作化为对一国之整体发展规模与速度、生产能力、消费能力、金融实力、国际投资与贸易水平的认知与态度。

其中，国家整体发展规模与速度反映一国经济的整体态势，包括经济增长、通货膨胀、失业等，宏观经济学常用 GDP（国内生产总值）、CPI（消费物价指数）和失业率三个指标加以衡量。

生产能力包括量化生产结果的指标（即供给量）、影响生产率的生产要素水平，和作为主要生产主体的企业以及同性质的企业所构成的行业产业的能力。生产要素指用于生产物品与服务的投入。传统观点认为劳动、土地和资本是三种最重要的生产要素。但随着社会转型和经济发展，一些新型生产要素的重要性逐渐凸显，马歇尔、舒尔茨、罗默、诺斯等经济学者陆续发展了多要素论。党的十九届四中全会根据中国经济发展的现实情况对生产要素的内涵也进行了新的概括和界定，提出了包括劳动、资本、土地、知识、技术、管理和数据七个方面的生产要素，丰富和发展了生产要素的内涵，反映了生产要素的时代性特征①。

消费能力包括消费者愿意并且能够购买某种物品的需求量②，以及决定消费能力的主要因素——消费者收入水平。

金融实力即金融体系的发展水平。一国金融体系由金融市场和金融中介机构组成。金融市场是储蓄者能借以直接向借款者提供资金的金融机构，债券市场和股票市场是最重要的两种金融市场。金融中介机构是储蓄者能借以间接地

---

① 国家发展改革委宏观经济研究院课题组，刘翔峰. 健全要素由市场评价贡献、按贡献决定报酬机制研究 [J]. 宏观经济研究，2021 (9)：5-23.

② 曼昆. 经济学原理：微观经济学分册 [M]. 梁小民，梁砾，译. 8 版. 北京：北京大学出版社，2020：68.

向借款者提供资金的金融机构，商业银行和共同基金是最重要的两类金融中介机构[①]。因此，本研究将金融实力操作化为债券、股票、银行和基金的发展水平与状况。

国际投资与贸易水平反映开放经济下国内经济主体与国外部门的物品与资本的国际流动能力，包括物品与服务的进出口规模、资本净流出与体现国际交易价格的汇率水平[②]。

二、国家经济政策形象

国家经济政策形象指国际主体对一国政府部门实施的各项经济政策的认知与评价。国家经济政策包括需求管理政策、供给管理政策以及开放经济中的对外贸易政策。因此，国家经济政策形象包括对一国之需求管理政策、供给管理政策和对外贸易政策的认知与态度。

在需求管理中，凯恩斯的总需求理论指出财政政策和货币政策是政府的两大宏观经济政策工具，两者通过影响利率、消费、投资进而影响总需求，使就业和国民收入得到调节[③]。财政政策是政府对政府购买和税收总水平的选择，体现为政府收入政策（包括税收和公债）和政府支出政策（包括政府购买和转移支付）。货币政策亦称金融政策，是指中央银行的决策者对货币供给的安排，货币政策工具主要有变动法定准备率、公开市场业务、再贴现率等[④]。其中，变动法定准备率是指中央银行有权决定商业银行和其他存款机构的法定准备率；公开市场业务是指中央银行在金融市场上公开买卖政府债券以控制货币供给和利率的政策行为；再贴现率政策是中央银行对商业银行及其他金融机构的贷款利率。

在供给管理中，政府主要通过收入政策和人力政策调整物价、工资水平与抑

① 曼昆. 经济学原理：宏观经济学分册［M］. 梁小民，梁砾，译. 8 版. 北京：北京大学出版社，2020：76-81.

② 曼昆. 经济学原理：宏观经济学分册［M］. 梁小民，梁砾，译. 8 版. 北京：北京大学出版社，2020：205-206.

③ 曼昆. 经济学原理：宏观经济学分册［M］. 梁小民，梁砾，译. 8 版. 北京：北京大学出版社，2020：271-286.

④ 高鸿业. 西方经济学：宏观部分［M］. 8 版. 北京：中国人民大学出版社，2021：175-177.

制失业。收入政策指对工资与物价加以控制的政策，人力政策则用以改进劳动市场状况，消除劳动市场不完全性①。

在开放经济的条件下，国家借助对外贸易政策调节一国进口或出口的物品与服务数量，以实现国际收支平衡。对外贸易政策具体措施主要包括关税措施和非关税措施。常见的非关税措施是进口配额，即对在国外生产而在国内销售的物品数量的限制，包括针对某种商品的全球配额和针对某个国家的国别配额。其他非关税贸易政策还有进出口许可证、出口补贴、倾销与反倾销等。

三、国家经济理念形象

国家经济理念形象即国际主体对一国经济行为主体用来指导经济活动的精神理念与价值追求的认知与态度。依据经济循环模型，家庭和企业是经济社会中两个最基本的经济部门。在产品市场上，家庭是消费者，企业是生产者；在要素市场上，企业是消费者，家庭是生产者。而倡导积极干预经济的凯恩斯主义经济学家在两部门经济循环模型的基础上，加入了政府部门，强调政府部门可以通过增加政府购买、实施宏观调控政策等方式对经济进行积极干预和引导，由此提出了包含政府、企业、家庭的三部门经济循环模型，政府、企业、家庭是国家经济活动的三类主体②。以此为依据，可以将国家经济理念按照主体划分为一国之国家发展理念、企业文化及经营理念、个人消费理念；与此相应，国家经济理念形象即对一国之国家发展理念、企业文化及经营理念、个人消费理念的认知和态度。

表 2-1 国家经济形象的维度构成

	一级	二级	主要指标
国家经济形象	经济实力形象（物质层面）	整体发展规模与速度	GDP、CPI、失业率
		金融实力	银行、共同基金、债券、股票
		消费能力	需求量、消费者收入水平
		生产能力	供给量、生产要素水平、企业能力、行业/产业能力
		国际投资与贸易水平	进出口规模、国际交易价格

① 高鸿业. 西方经济学：宏观部分［M］. 8版. 北京：中国人民大学出版社，2021：190.

② 鲁志贤. 浅议国民经济收入流量循环模型［J］. 统计教育，1999（3）：32-34.

续表

<table>
<tr><th></th><th>一级</th><th>二级</th><th>主要指标</th></tr>
<tr><td rowspan="10">国家经济形象</td><td rowspan="7">经济政策形象（制度层面）</td><td rowspan="2">需求管理政策</td><td>货币政策（法定准备金率、公开市场业务、贴现政策、基准利率等）</td></tr>
<tr><td>财政政策（政府收入政策-税收/公债、政府支出政策-政府购买/转移支付）</td></tr>
<tr><td rowspan="2">供给管理政策</td><td>收入政策</td></tr>
<tr><td>人力政策</td></tr>
<tr><td rowspan="3">对外贸易政策</td><td>关税政策</td></tr>
<tr><td>非关税政策（进口配额、进出口许可证、出口补贴、倾销与反倾销等）</td></tr>
<tr></tr>
<tr><td rowspan="3">经济理念形象（精神层面）</td><td>国家发展理念</td><td rowspan="3"></td></tr>
<tr><td>企业文化及经营理念</td></tr>
<tr><td>个人消费理念</td></tr>
</table>

第三章　五大经贸合作国主流媒体中的中国经济形象

国家经济形象既是抽象的又是具体的，不同国家和地区中各维度的中国经济形象不可能是完全一致的。本部分运用国家经济形象的概念框架和指标体系对五大经贸合作国主流媒体涉华经济报道中的中国经济形象进行实证考察。

在国别上，我们选取了美国、英国、印度、日本、墨西哥五个国家。选择这五个国家的原因主要有以下两点：第一，这五个国家均是中国主要经贸合作伙伴，与中国经济交往密切，因此五国主流媒体对中国经济议题的关注度都相对较高，且相关报道会反映并影响中美博弈背景下媒体所属国家对中国经济的认知、态度及战略选择；第二，这五个国家在现有国际格局中处于不同的国际地位，美国是霸权国家、英国是传统守成大国、日本是经济强国、印度是与中国类似的新兴大国、墨西哥是区域依附国，对五个国家的比较分析，有助于更好地在国际格局和国际互动中理解中国经济形象的国际建构机制。

在媒体报道上，我们以发行量和影响力为依据，在美、英、印、日、墨五国中分别选择其主流财经媒体《华尔街日报》《金融时报》《经济时报》《日本经济新闻》《金融家报》的涉华经济报道为对象。其中，《华尔街日报》《金融家报》的数据借助道琼斯数据库获取，《金融时报》《经济时报》的数据借助 Lexis-Nexis 数据库获取，《日本经济新闻》的数据借助日经 TELECOM 数据库获取。在检索时间段的设置上，鉴于 2018 年 3 月特朗普正式签署对华贸易备忘录，标志着美国正式发动对华贸易战；2020 年 11 月美国大选，发动中美贸易战的特朗普政府下台，中美关系迎来新的契机，本研究将检索时间段设置为 2018 年 3 月至 2020 年 11 月这一博弈阶段。考虑到财经媒体的报道本就以经济、商业类为主，本研究借助“China”“Chinese”等关键词（日媒检索关键词为“中国”“中”）检索出与中国相关的经济报道，然后经数据清洗和人工整理，最后获得有效样本 5871 篇，其中美国《华尔街日报》1579 篇、英国《金融时报》1589 篇、印度《经济时报》894 篇、《日本经济新闻》1160 篇、墨西哥《金融家报》649 篇。

我们借助内容分析、话语分析等方法，依次考察了五家媒体涉华经济报道的议题、报道框架以及中国经济形象各维度的呈现情况。

在报道议题的类目建构上，首先借助对新闻标题的文本分析分别提炼出各媒体报道的主要议题，然后通过对报道文本的人工精读进行议题类目的检验与调整。新闻标题是一篇新闻报道的统领，浓缩重要事实，凸显新闻价值，确立报道主题①。而五家媒体涉华经济报道的标题多以长句、多句等长文本形式出现，包含的信息较为丰富。因此本研究分别将五大媒体涉华经济报道样本的标题作为语料源，建立五个新闻标题语料库；然后借助语料分析软件提取标题文本的高频词，并以此为基础提炼出各媒体报道的主要议题；最后通过对报道样本的人工精读，对议题类目进行检验，并对报道进行议题编码。

在报道框架的类目建构上，我们借鉴臧国仁有关事件、归因、影响的中层框架类型，结合对报道样本的预研究情况，建构了包括三大类共 21 小类的框架类目（如表 3-1）②。

表 3-1　报道框架类目表

一级类目	二级类目
事件框架	①竞争；②冲突；③发展；④合作；⑤应对；⑥受挫；⑦违约
归因框架	①地缘政治；②外事交流；③政府干预；④企业行为；⑤市场竞争；⑥其他
影响框架	①中方获益；②他方获益；③东道国获益；④共赢；⑤资源争夺；⑥秩序格局破坏；⑦意识形态冲击；⑧利益受损

在考察中国经济形象的呈现情况时，我们使用第二章中提出的“国家经济形象”的指标体系进行各维度的编码与分析。

在数据分析的过程中，本研究先从五国媒体报道中分别抽取 10%的样本让两位培训过的编码员进行预编码，议题、框架、形象三大变量的编码员间信度 Krippendorff's α 取值范围为 0.80—0.89，符合基本要求；对有争议编码进一步讨论直至达成共识后，编码员进行正式编码。在分析软件上，对英语和西班牙语的语料分析我们采用的是 WORDij 3.0③，并借助 Gephi 0.9.2 实现可视化；对日

① 刘宗辉. 新闻标题制作的要领和技巧［J］. 青年记者，2018（33）：56-57.

② 有关报道框架的类目建构与编码说明详见本书附录 2.

③ WORDij 由伊利诺伊大学芝加哥分校 Danowski J. A. 开发，可以有效地实现对英文、西班牙文等文本的分词、词频统计、词对统计等一系列文本分析。

文语料的分析采用的是 KH Coder①。

第一节　美国媒体中的中国经济形象

美国是世界第一大经济体，在全球价值链和产业分工体系中处于领先地位，美国的经济政策、金融市场和贸易活动对全球经济都具有很强的影响力。此外，美国是中国最重要的经贸合作伙伴之一。自中美建交以来，双边经贸关系迅速发展，至 2019 年，中美贸易额已从 1979 年的 25 亿美元增长到 5414 亿美元，增长 215 倍②。

但随着中国经济快速发展并一跃成为世界第二大经济体，美国迅速将中国调整为“战略竞争对手”，单方面挑起对中国的贸易战、科技战、金融战。2018 年 3 月，美国以“保护国家安全”和“解决知识产权”问题为借口，对中国实施“232 措施”和“301 调查”，中国被迫采取反制措施，中美贸易战由此打响并不断升级，中美经贸合作乃至国际经济交往因此面临巨大困境与风险。在此国际局势之下，美国作为经济霸权国、中国重要经贸合作伙伴、中美博弈的对手国，其对中国经济形象的建构，既会折射出国际经济政治关系的现状，也会影响到国际经济政治关系的未来走势。

一、样本构成

在《华尔街日报》2018 年 3 月至 2020 年 11 月的 1579 篇涉华经济报道样本中，2018 年 10 个月共 573 篇，2019 年 12 个月共 554 篇，2020 年 11 个月共 452 篇。

（一）议题构成

《华尔街日报》涉华经济报道标题文本的高频名词（如图 3-1）可以划分为四组关键词群：一是与贸易相关的“trade”“tariff”“deal”“export”等；二是与企业相关的“firm”“company”“business”“Huawei”“giant”“maker”等；三

---

① KH Coder 由日本学者 Higuch Koichi 开发，具有词频统计、词性分析、上下文关键词、关键词检索、相似度计算、摘要生产和可视化等功能。

② 中华人民共和国商务部．2019 年中美贸易投资简况［EB/OL］.（2020-11-06）［2024-12-03］. http://file. mofcom. gov. cn/article/tongjiziliao/fuwzn/ckts/202011/20201103013727. shtml.

是与市场相关的"market" "sale" "price"等；四是与金融相关的"bank" "investor""bond""stock""exchange"等。四组高频关键词群，反映了《华尔街日报》关注的焦点。

图 3-1 《华尔街日报》报道标题 Top 30 高频名词

以此为基础，对数据进行预研究，可以将《华尔街日报》涉华经济报道的议题划分为五类。五大议题按报道数量从高到低排序依次为：中美贸易战（469 篇，29.70%）、中国企业发展（361 篇，22.86%）、产业市场波动（281 篇，17.80%）、金融市场波动（268 篇，16.97%）以及其他（200 篇，12.67%）。

（二）报道框架分析

通过对《华尔街日报》1579 篇涉华经济报道样本的报道框架进行分析可以发现，归因框架是《华尔街日报》涉华经济报道的主导框架，有 792 篇报道采用，占比 50.16%；其次是事件框架，有 656 篇采用，占比 41.55%；再次是影响框架，有 353 篇采用，占比 22.36%①。

第一，以"政府干预"为主的归因框架。归因框架是《华尔街日报》涉华经济报道使用最多的报道框架，进一步结合归因框架中的六类子框架进行具体分析可以发现（如图 3-2)："政府干预"是《华尔街日报》涉华经济报道采用最多的归因子框架，共有 416 篇，占到使用归因框架的报道总量的 52.53%；接下来是"地缘政治"（131 篇，16.54%）、"企业行为"（122 篇，15.40%）和"市场竞

---

① 在具体编码时，我们以报道的主导框架为依据进行编码，大部分报道以一个框架为主导，但亦有少量报道同时采用了几种并重的框架，因此各框架的占比之和有可能略大于或小于 100%。后文不再就此情况做重复说明。

争”（89 篇，11.24%）；“外事交流”及其他类型的归因子框架相对较少（共 4.29%）。由此可见，《华尔街日报》在对涉华经济事件进行归因分析时存在“政治逻辑为主”的建构倾向。比如将日本企业东芝在中国发展受阻的原因归结为中国反垄断监管机构的审核①；强调通用汽车在华发展的疲软是由于中国政府大力支持吉利汽车等本地汽车制造商②。

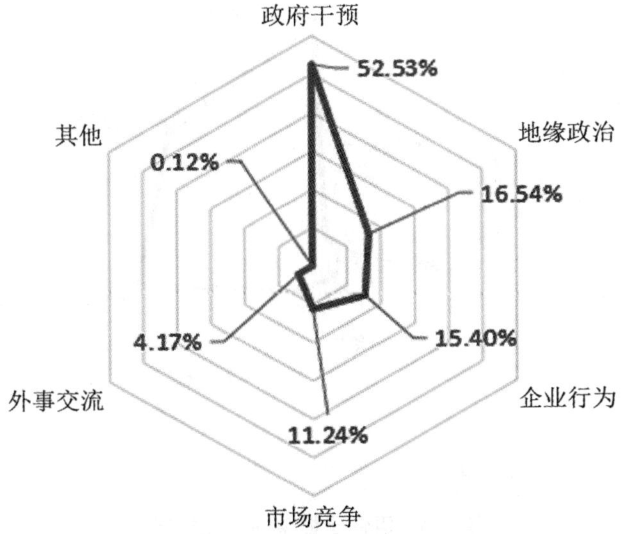

图 3-2　归因子框架的占比情况

第二，以“发展与冲突、受挫共存”为主的事件框架。事件框架是《华尔街日报》在涉华经济报道中所采用的第二大报道框架。进一步对事件框架中的七类子框架进行分析可以发现（如图 3-3），七类子框架的使用频率从高到低依次为：发展框架（205 篇，31.25%）、冲突框架（169 篇，25.76%）、受挫框架（165 篇，25.15%）、应对框架（47 篇，7.16%）、合作框架（37 篇，5.64%）、竞争框架（21 篇，3.20%）、违约框架（12 篇，1.83%）。其中，使用发展框架的报道多聚

① Sale of Toshiba chip unit stalls [N/OL]. The wall street journal，2018-05-09[2024-12-03]. https://gtyiqteemqj8w4qeejyzee77tejqe7ss9elk9-s-a2097. bj. tsgdht. cn/redir/default. aspx?P=sa&an=J000000020180509ee590000v&drn=drn%3aarchive. newsarticle. J000000020180509ee590000v&cat=a&ep=ASE.

② GM aims to reverse slide in China [N/OL]. The wall street journal，2020-07-15[2024-12-03]. https://gtyiqteemqj8w4qeejyzee77tejqe7ss9elk9-s-a2097. bj. tsgdht. cn/redir/default. aspx?P=sa&an=J000000020200715eg7f0000k&drn=drn%3aarchive. newsarticle. J000000020200715eg7f0000k&cat=a&ep=ASE.

焦微观层面中国企业的发展，以及制造业等特定产业的发展态势；使用冲突框架的报道着眼于政府间的争端或摩擦，比如中美两国政府间的关税冲突、中国企业在开展国际贸易业务时与美国政府的冲突等；使用受挫框架的报道多关注中国经济整体态势。

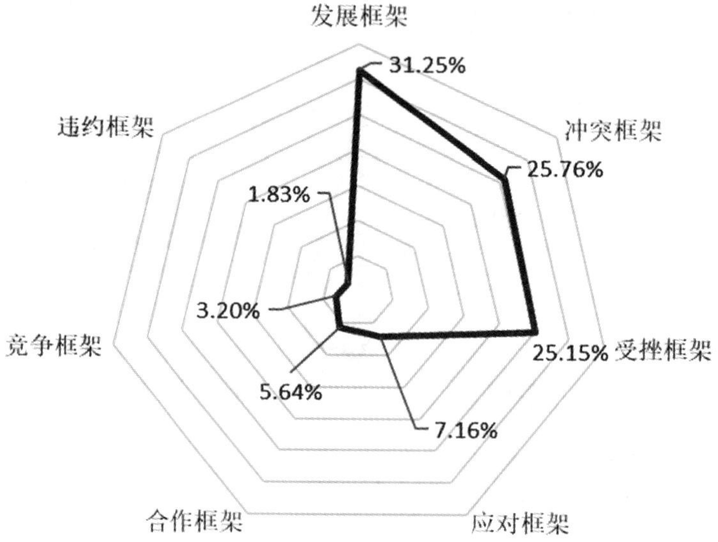

图 3-3　事件子框架的占比情况

第三，以“利益受损”为主的影响框架。在 353 篇使用了影响框架的样本中（如图 3-4），“利益受损”占据绝对优势地位，有 227 篇，占到使用影响框架的报道总量的 64.31％；其次是“中方获益”，有 61 篇，占比 17.28％；“东道国获益”“他方获益”“共赢”等其余子框架的占比均相对较少。借助“利益受损”为主、“中方获益”为辅的影响框架，《华尔街日报》建构出中国经济“整体下行、自我优先”的负面形象。

（三）中国经济形象各维度的占比情况

在《华尔街日报》1579 篇涉华经济报道样本中，涉及“中国经济实力形象”的报道数量最多，占据绝对优势，共有 1257 篇，占样本总量的 79.61％；其次是“中国经济政策形象”，有 665 篇，占比 42.12％；“中国经济理念形象”的报道相对较少，有 342 篇，占比 21.66％①。接下来我们将依次考察各维度形象的建构情况。

① 因为一篇报道可能涉及国家经济形象的多个维度，故各维度占比总和超过 100％。后文不再就此类情况做重复说明。

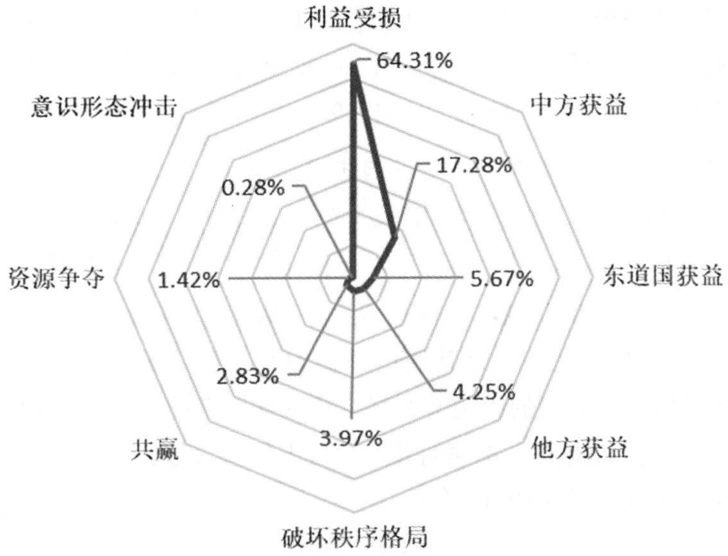

图 3-4　影响子框架的占比情况

二、中国经济实力形象

如前所述，“中国经济实力形象”是《华尔街日报》最为关注、最浓墨重彩建构的维度。具体来看，在“经济实力形象”这一维度中（如图 3-5），涉及“生产能力”的报道数量最多，共有 758 篇报道，占该维度样本总量的 60.30%；其次

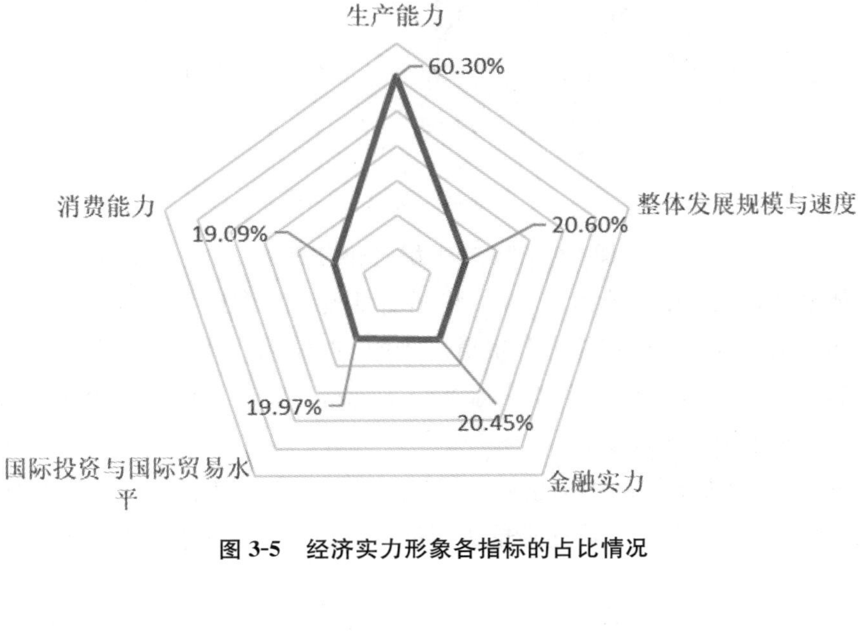

图 3-5　经济实力形象各指标的占比情况

是体现“整体发展规模与速度”（259 篇，20.60%）以及“金融实力”（257 篇，20.45%）的报道；然后是展现中国“国际投资与贸易水平”（251 篇，占比 19.97%）和“消费能力”（240 篇，占比 19.09%）的报道。

（一）“在政府庇护下不稳定发展”的生产能力

在涉及“生产能力”的 758 篇报道中，《华尔街日报》主要使用了归因（392 篇，51.72%）和事件（337 篇，44.46%）两大框架。其中，“政府干预”是其使用最多的归因类型（如图 3-6），有 192 篇，占到使用归因框架的报道总量的 48.98%；“发展”和“受挫”是其使用最多的两个事件子框架（如图 3-7），有 130 篇，占到使用事件框架的报道总量的 38.58%。借助“政府干预”为主的归因框架和“发展与受挫并存”的事件框架，《华尔街日报》建构出“在政府庇护下不稳定发展”的生产能力形象。

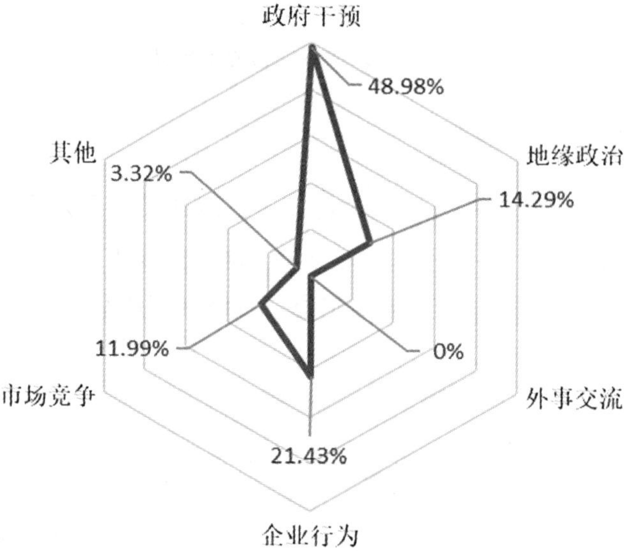

图 3-6 “生产能力”归因子框架

具体来说，在“生产能力”上，《华尔街日报》更多地关注企业能力，相关报道有 505 篇，占到“生产能力”报道总量的 66.62%；其次是产业/行业能力，有 218 篇（28.76%）；对生产要素水平（95 篇，12.53%）和供给量（42 篇，5.54%）的报道则相对较少。

第一，“实力强劲”的中国企业。通过对涉及企业能力的相关报道标题文本的语义网络分析可以发现，在企业能力层面（如图 3-8），《华尔街日报》主要关

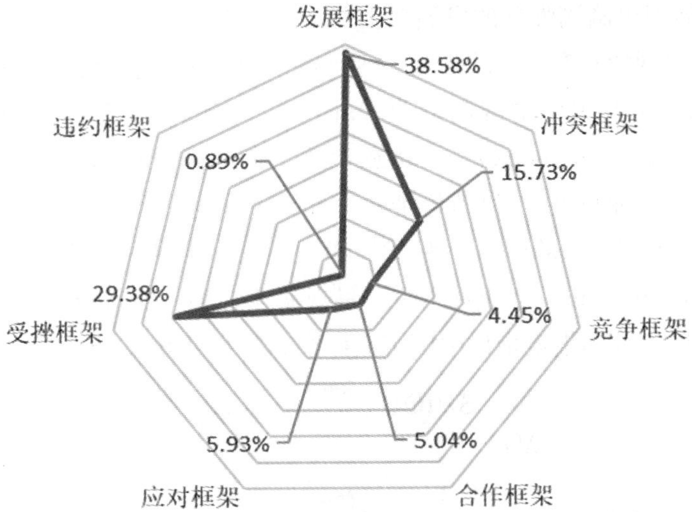

图 3-7 “生产能力”事件子框架

图 3-8 “企业能力”的语义网络图

注以华为（Huawei）为代表的科技制造企业（tech），以及阿里巴巴（Alibaba）、腾讯（Tencent）、抖音（TikTok）、滴滴（Didi）等互联网企业在生产（maker）、融资/上市（IPO、finance）、市场开拓（market、sale）等方面展现的能力，借助“giant”（巨头）“top”（顶流）等关键词，建构出“实力强劲”的中国企业形象。比如关注滴滴的报道将滴滴描述为“全球最大的汽车市场上最大的乘车公司”，指出滴滴正与汽车制造商寻求紧密合作，力争在全球汽车市场占据一席之地，展现出滴滴强劲的发展势头①。

第二，“呈现疲软态势”的行业/产业形象。在行业/产业能力层面（如图 3-9），《华尔街日报》主要关注中国制造业（manufacturing）的采购经理指数（PMI、purchasing manager's index）②，以及汽车（auto、electric vehicle）、房地产（property）等行业的生产和销售能力（market、sales、retail），借助“lowest level（最低水平）”“weakness（疲软）”等关键词，凸显了在贸易战（trade war）以及疫情（coronavirus）双重冲击下“呈现疲软态势”的行业/产业形象。例如，2018 年 12 月 14 日的报道指出中国工业生产和零售业增长降低至 15 年来的最低

图 3-9 “行业/产业能力”的语义网络图

① China's Didi, Volkswagen plan ride-hailing venture; German auto giant also wants to work jointly on robot-taxis [N/OL]. The wall street journal, 2018-04-30[2024-12-03]. https://gtyiqteemqj8w4qeejyzee77tejqe7ss9elk9-s-a2097. bj. tsgdht. cn/redir/default. aspx? P=sa&an=WSJO000020180430ee4u001xh&drn=drn%3aarchive. newsarticle. WSJO000020180430ee4u001xh&cat=a&ep=ASE.

② 采购经理指数，即 PMI（purchasing manager's index），是通过对采购经理的月度调查统计汇总、编制而成的指数，反映了经济的变化趋势。制造业 PMI 指数常被视为监测宏观经济的主要先行指数。

水平①；2019 年 9 月 30 日的报道指出，中美贸易争端对中国制造业造成沉重打击②；2018 年 10 月 13 日的报道强调贸易战对中国汽车市场的打击③；2020 年 5 月 27 日的报道指出中国电动汽车销售陷入困境④。

第三，“四面楚歌”的生产要素水平。《华尔街日报》中涉及生产要素水平的报道相对较少。如图 3-10 所示，相关报道主要关注资本（finance）、技术（tech、technology）、劳动力（workforce、labor）、数据（data）等要素，塑造了“资本存在外逃风险”“技术存在对美依赖”“对劳动密集型产业依赖程度逐渐降低但劳动力成本不断增加”“消费者数据被不断挖掘”的生产要素形象。例如，2018 年 8 月和 11 月的两篇报道均凸显中国资本外逃（capital flight）现象，声称中国政府为防止资本外逃正加紧采取宏观调控举措⑤；2019 年 6 月的两篇报道则分别通

① China's economy flashes new warning signs; industrial production slows and retail sales growth falls to lowest level in more than 15 years [N/OL]. The wall street journal, 2018-12-14 [2024-12-03]. https://gtyiqteemqj8w4qeejyzee77tejqe7ss9elk9-s-a2097.bj.tsgdht.cn/redir/default.aspx?P=sa&an=WSJO000020181214eece001up&drn=drn%3aarchive.newsarticle.WSJO000020181214eece001up&cat=a&ep=ASE.

② China's economy losing steam as trade conflict with U.S. intensifies; manufacturing slowdown boosts likelihood that Beijing will step up economic stimulus measures [N/OL]. The wall street journal, 2018-09-30[2024-12-03]. https://gtyiqteemqj8w4qeejyzee77tejqe7ss9elk9-s-a2097.bj.tsgdht.cn/redir/default.aspx?P=sa&an=WSJO000020180930ee9u0008d&drn=drn%3aarchive.newsarticle.WSJO000020180930ee9u0008d&cat=a&ep=ASE.

③ Chinese auto market heads for rare decline [N/OL]. The wall street journal, 2018-10-13 [2024-12-03]. https://gtyiqteemqj8w4qeejyzee77tejqe7ss9elk9-s-a2097.bj.tsgdht.cn/redir/default.aspx?P=sa&an=J000000020181013eead0002y&drn=drn%3aarchive.newsarticle.J000000020181013eead0002y&cat=a&ep=ASE.

④ Electric-car sales sag in China: government struggles to spark interest as consumers turn more to traditional vehicles [N/OL]. The wall street journal, 2020-05-27 [2024-12-03]. https://gtyiqteemqj8w4qeejyzee77tejqe7ss9elk9-s-a2097.bj.tsgdht.cn/redir/default.aspx?P=sa&an=J000000020200527eg5r00011&drn=drn%3aarchive.newsarticle.J000000020200527eg5r00011&cat=a&ep=ASE.

⑤ China moves to shore up currency [N/OL]. The wall street journal, 2018-08-25 [2024-12-03]. https://gtyiqteemqj8w4qeejyzee77tejqe7ss9elk9-s-a2097.bj.tsgdht.cn/redir/default.aspx?P=sa&an=J000000020180825ee8p0002u&drn=drn%3aarchive.newsarticle.J000000020180825ee8p0002u&cat=a&ep=ASE; How China copes with capital flight[N/OL]. The wall street journal, 2018-11-20[2024-12-03]. https://gtyiqteemqj8w4qeejyzee77tejqe7ss9elk9-s-a2097.bj.tsgdht.cn/redir/default.aspx?P=sa&an=J000000020181120eebk00010&drn=drn%3aarchive.newsarticle.J000000020181120eebk00010&cat=a&ep=ASE.

过对“中国生物技术初创公司寻求从美国最大的制药公司挖走人才以取得技术进展和突破”①，以及“美国商务部采取的出口限制能够有效地禁止中国下一代高性能计算开发商获得美国技术”的解读②，渲染中国对美国的技术依赖；2020 年 3 月 10 日的报道指出，中国对劳动密集型产业依赖程度比以前有所降低，但是劳动力成本逐年增高以致不断有企业将自身供应链转移到中国之外③；2019 年 9 月 22 日的报道指出中国科技公司希望利用消费者数据寻找新的增长型市场④。

第四，“处于困境、努力刺激”的供应能力。《华尔街日报》中涉及供给量的报道仅有 42 篇。如图 3-11 所示，相关报道以对钢铁（steel）供应量的关注为主，另有一些对房地产（property）以及猪肉（pork、swine）供应量的关注。借助“trouble（困境）”“boost（刺激）”等关键词，《华尔街日报》呈现了“处于困境、努力刺激”的供应能力。例如，对钢铁供应量的报道指出，虽然中国钢铁供应量在 2018 年的一月和二月比去年同期增长了近 6%，但这种增长是“不可持续”的⑤；2018 年 9 月有关房地产行业的报道强调中国大陆房地产市场陷入“库

① China biotechs poach U. S. talent [N/OL]. The wall street journal, 2019-06-17 [2024-12-03]. https://gtyiqteemqj8w4qeejyzee77tejqe7ss9elk9-s-a2097. bj. tsgdht. cn/redir/default. aspx?P=sa&an=J000000020190617ef6h0001b&drn=drn%3aarchive. newsarticle. J000000020190617ef6h0001b&cat=a&ep=ASE.

② U. S. restricts technology exports to Chinese supercomputer makers [N/OL]. The wall street journal, 2019-06-22 [2024-12-03]. https://gtyiqteemqj8w4qeejyzee77tejqe7ss9elk9-s-a2097. bj. tsgdht. cn/redir/default. aspx?P=sa&an=J000000020190622ef6m0002v&drn=drn%3aarchive. newsarticle. J000000020190622ef6m0002v&cat=a&ep=ASE.

③ The coronavirus epidemic: China woes pressure companies' profits [N/OL]. The wall street journal, 2020-03-10 [2024-12-03]. https://gtyiqteemqj8w4qeejyzee77tejqe7ss9elk9-s-a2097. bj. tsgdht. cn/redir/default. aspx? P=sa&an=J000000020200310eg3a0000x&drn=drn%3aarchive. newsarticle. J000000020200310eg3a0000x&cat=a&ep=ASE.

④ Chinese tech companies turn to financial services; in search of new growth markets, they hope to leverage their consumer data to sell loans, insurance and more [N/OL]. The wall street journal, 2019-09-22 [2024-12-03]. https://gtyiqteemqj8w4qeejyzee77tejqe7ss9elk9-s-a2097. bj. tsgdht. cn/redir/default. aspx?P=sa&an=WSJO000020190923ef9n000gp&drn=drn%3aarchive. newsarticle. WSJO000020190923ef9n000gp&cat=a&ep=ASE.

⑤ Beijing's smoggy skies obscure China slowdown; China's economy kicked off 2018 strongly, but it doesn't look sustainable [N/OL]. The wall street journal, 2018-03-14 [2024-12-03]. https://gtyiqteemqj8w4qeejyzee77tejqe7ss9elk9-s-a2097. bj. tsgdht. cn/redir/default. aspx?P=sa&an=WSJO000020180314ee3e001rx&drn=drn%3aarchive. newsarticle. WSJO000020180314ee3e001rx&cat=a&ep=ASE.

图 3-10　“生产要素”的语义网络图

图 3-11　“供给能力”的语义网络图

存过多”的危机①；2019 年 3 月 27 日的报道则指出，受猪瘟影响，中国猪肉产

① China's property giants may soon have regrets [N/OL]. The wall street journal, 2019-09-20 [2024-12-03]. https://gtyiqteemqj8w4qeejyzee77tejqe7ss9elk9-s-a2097. bj. tsgdht. cn/redir/default. aspx?P=sa&an=J000000020190920ef9k0000a&drn=drn%3aarchive. newsarticle. J000000020190920ef9k0000a&cat=a&ep=ASE.

量较前一年下降了约30%，猪肉供应面临巨大缺口①。

（二）“受政治影响”的整体经济形象

在259篇涉及“中国整体发展规模与速度”的报道中，《华尔街日报》关注中国消费者物价指数（consumer price index）、采购经理指数（purchasing manager's index）等宏观经济数据（如图3-12）；借助以“政府干预”为主的归因框架（如图3-13）和以“利益受损”为主（如图3-14）的影响框架，以及

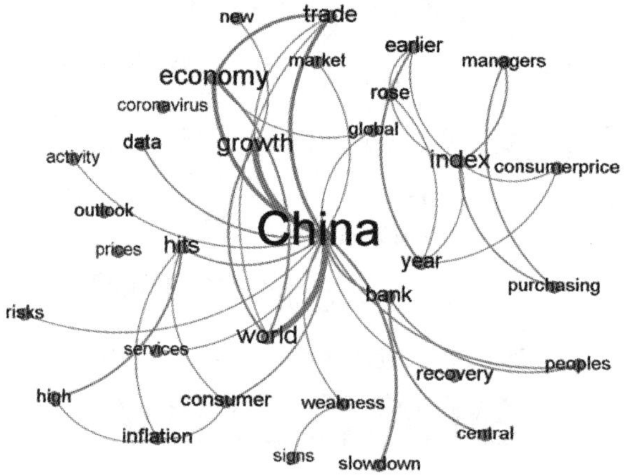

图3-12 “整体发展规模与速度”的语义网络图

“hit（打击）” “risk（风险）” “slowdown（放缓）” “inflation（通货膨胀）” “weakness sign（疲软信号）”等关键词，建构出“深受政治影响、陷入疲软”的整体经济形象。例如，2018年10月1日的报道通过分析GDP数据的变化趋势强调中国整体经济遭受贸易战重创，处于明显的波动中②；又如2019年12月2日的报道指出，香港持续数月的抗议活动对经济造成了严重影响，香港经济呈下行

① U. S. hog futures soar as China continues to fight swine fever; Chinese pork production down roughly 30% from last year as farmers struggle to limit spread of illness in herds [N/OL]. The wall street journal, 2019-03-27 [2024-12-03]. https://gtyiqteemqj8w4qeejyzee77tejqe7ss9elk9-s-a2097.bj.tsgdht.cn/redir/default.aspx?P=sa&an=WSJO000020190327ef3r0025t&drn=drn%3aarchive.newsarticle.WSJO000020190327ef3r0025t&cat=a&ep=ASE.

② Trade fight hits China's economy [N/OL]. The wall street journal, 2018-10-01 [2024-12-03]. https://gtyiqteemqj8w4qeejyzee77tejqe7ss9elk9-s-a2097.bj.tsgdht.cn/redir/default.aspx?P=sa&an=J000000020181001eea100019&drn=drn%3aarchive.newsarticle.J000000020181001eea100019&cat=a&ep=ASE.

态势①。

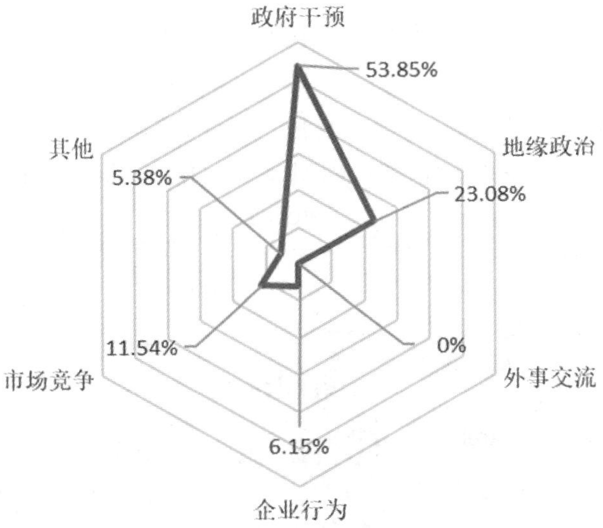

图 3-13　“整体发展规模与速度”归因子框架

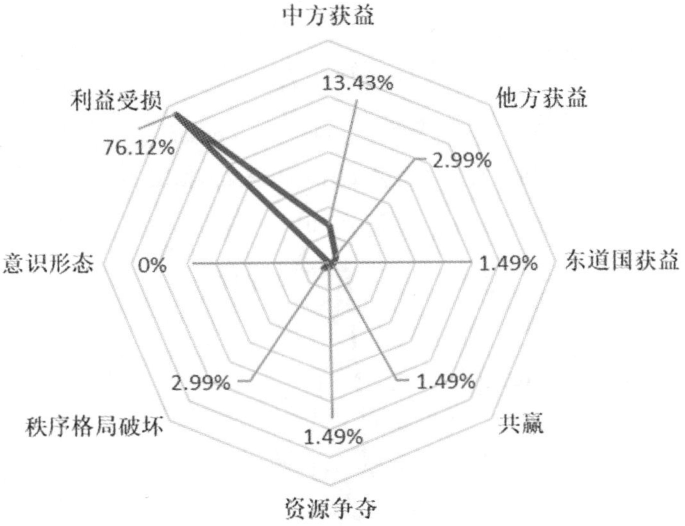

图 3-14　“整体发展规模与速度”影响子框架

① For tourists, Hong Kong loses its magic: months of protests keep visitors away and take a toll on economy; no lines at Disneyland [N/OL]. The wall street journal, 2019-12-02 [2024-12-03]. https://gtyiqteemqj8w4qeejyzee77tejqe7ss9elk9-s-a2097.bj.tsgdht.cn/redir/default.aspx?P=sa&an=J000000020191202efc20000s&drn=drn%3aarchive.newsarticle.J000000020191202efc20000s&cat=a&ep=ASE.

（三）“存在政治风险”的中国金融市场

在涉及“金融实力”的257篇样本中（如图3-15），《华尔街日报》关注央行（central bank）、人民币（yuan）、股票（stock）、基金（fund）、美元债券（dollar bond）、债务（debt）、香港交易所（Hong Kong Exchange）的动态，借助以“政府干预”为主的归因框架（如图3-16）和以“利益受损”为主的影响框

图3-15 “金融实力”的语义网络图

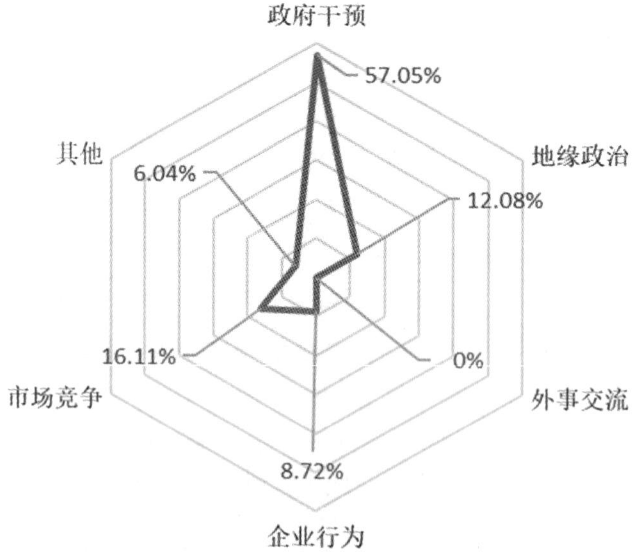

图3-16 “金融实力”归因子框架

架（如图 3-17），以及“hit（打击）”“risk（风险）”“weak（疲软）”“fall（下降）”等关键词，建构出“存在政治风险”的中国金融市场。例如，2018 年 12 月 31 日的报道强调中国债务庞大，且地方政府是中国债务问题的根源①。

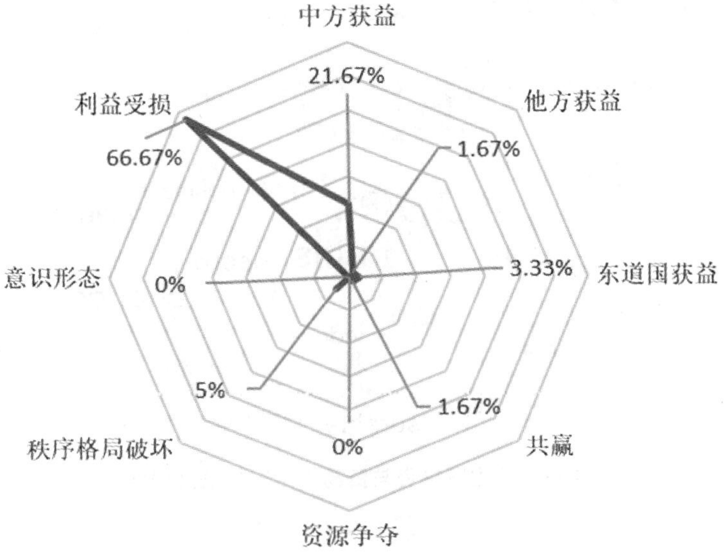

图 3-17　“金融实力”影响子框架

（四）“严重受挫、充满风险”的国际投资与贸易

在涉及“国际投资与贸易水平”的 251 篇样本中（如图 3-18），《华尔街日报》关注中美贸易顺差（trade surplus）、中国出口（exports）、关税（tariffs）等方面的情况，借助以“利益受损”为主的影响框架（如图 3-19）和以“政府干预”为主的归因框架（如图 3-20），以及“lowest level（最低水平）”“worry（担忧）”“hit（打击）”等关键词，建构出“严重受挫、充满风险”的国际投资与贸易形象。

值得注意的是，虽然众所周知，中美贸易战会直接影响中国的国际投资与贸易，但是《华尔街日报》在提及中国的国际投资与贸易时，却将政府干预作为其

① Think local when it comes to China's debt; one of the biggest areas of vulnerability in China's huge debt pile is bonds issued by investment vehicles linked to local governments [N/OL]. The wall street journal, 2018-12-31 [2024-12-03]. https://gtyiqteemqj8w4qeejyzee77tejqe7ss9elk9-s-a2097.bj.tsgdht.cn/redir/default.aspx? P=sa&an=WSJO000020181231eecv0028l&drn=drn%3aarchive.newsarticle.WSJO000020181231eecv0028l&cat=a&ep=ASE.

主要的归因框架，而非地缘政治。美国媒体甩锅中国政府的意图由此可见一斑。

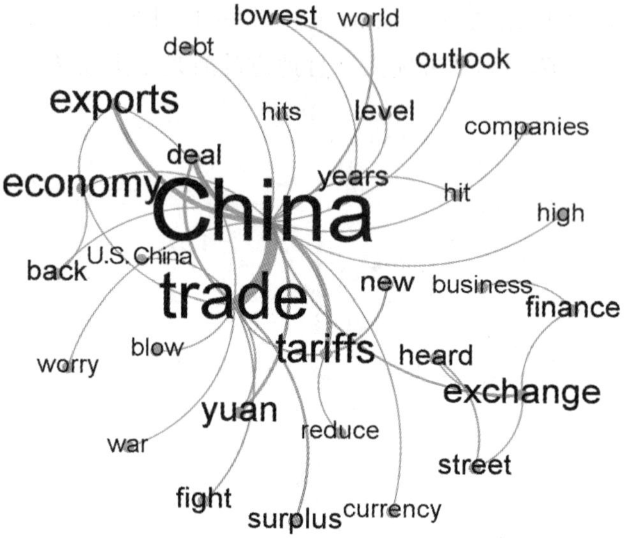

图 3-18 “国际投资与贸易水平”的语义网络图

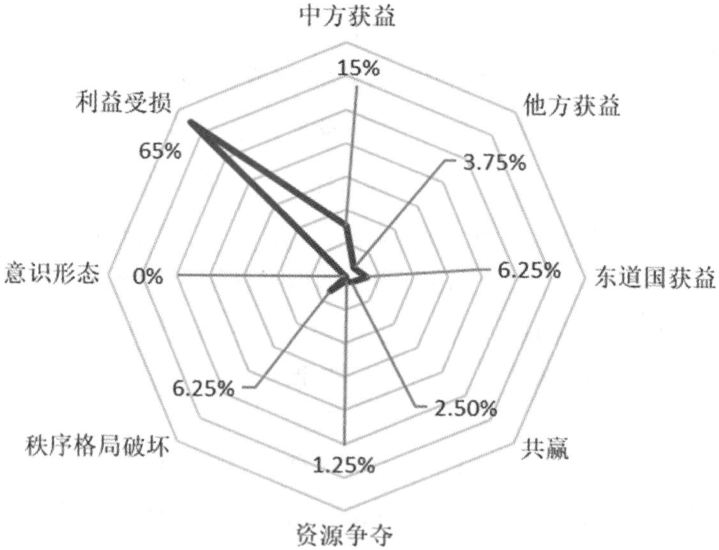

图 3-19 “国际投资与贸易水平”影响子框架

（五）“政府积极干预但仍对全球市场造成冲击”的中国消费能力

在涉及“消费能力”的 240 篇样本中（如图 3-21），《华尔街日报》关注中国在全球奢侈品牌（luxury brands）、汽车（auto、car、electric）、铜矿（copper）等领域的消费情况，借助以“政府干预”为主的归因框架（如图 3-22）和以“利益受损”

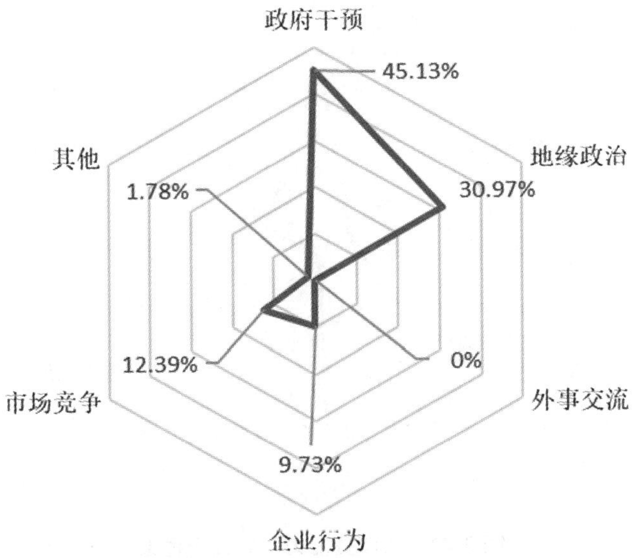

图 3-20　“国际投资与贸易水平”归因子框架

图 3-21　“消费能力”的语义网络图

为主的影响框架（如图 3-23），以及“slump（下跌）”“slowdown（放缓）”“hit（打击）”等关键词，凸显出“政府积极干预但仍对全球造成冲击”的中国消费能力。例如有关铜价的报道指出中国占了全球铜需求的近 45%，强调中国是铜、钢铁、原油的消费大国，在自然资源上具有强大的消费能力，同时又指出中国需

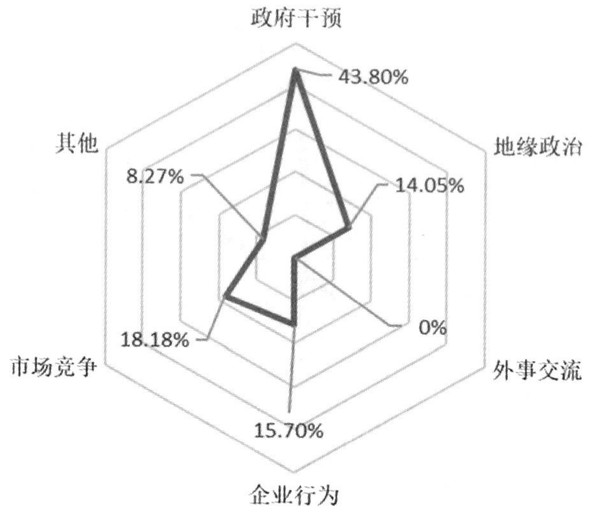

图 3-22 “消费能力”归因子框架

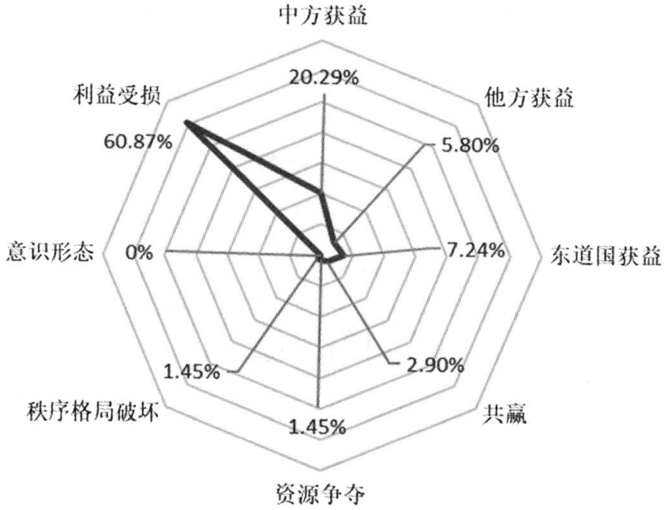

图 3-23 “消费能力”影响子框架

求降低导致全球铜价下跌①；2020 年的一篇报道则指出，疫情之下中国消费能力

① Copper prices fall as U. S. and China step up trade tussle; with China accounting for 45% of copper demand, prospects of trade war dent the price of the metal [N/OL]. The wall street journal, 2018-04-04 [2024-12-03]. https://gtyiqteemqj8w4qeejyzee77tejqe7ss9elk9-s-a2097. bj. tsgdht. cn/redir/default. aspx?P=sa&an=WSJO000020180404ee44003ux&drn=drn%3aarchive. newsarticle. WSJO000020180404ee44003ux&cat=a&ep=ASE.

严重受挫，高度依赖中国的世界奢侈品市场将会因此受到较大冲击①。

三、中国经济政策形象

在“经济政策形象”这一维度，《华尔街日报》重点关注中国政府的“需求管理政策”，相关报道有 376 篇，占该维度样本总量的 56.54%；其次是“对外贸易政策”，有 344 篇，占比达 51.73%；对“供给管理政策”的报道很少，仅有 32 篇，占比 4.81%。

（一）“困境中强势干预”的需求管理政策

在涉及“需求管理政策”的 376 篇报道中，《华尔街日报》借助以“政府干预”为主的归因框架（如图 3-24）和以“受挫”为主的事件框架（如图 3-25），建构出“困境中强势干预”的需求管理政策形象。

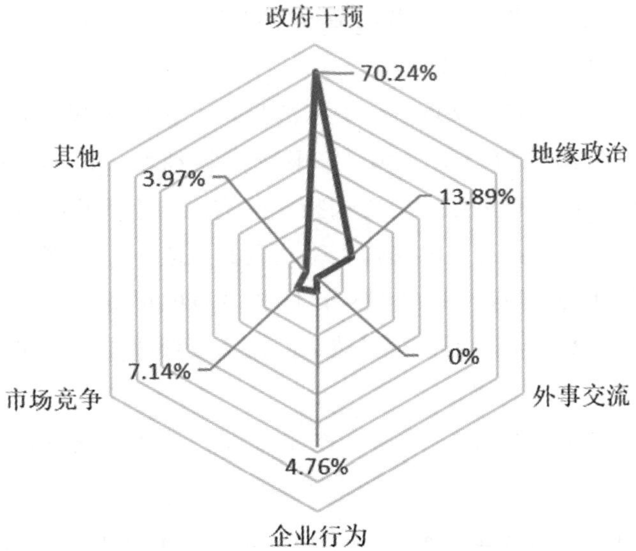

图 3-24　“需求管理政策”归因子框架

具体来看，“货币政策”是《华尔街日报》关注最多的需求管理政策类型，相关报道共有 293 篇，占该维度样本总量的 77.93%；涉及财政政策的报道相对

① Chinese luxury spending is hit [N/OL]. The wall street journal, 2020-01-22 [2024-12-03]. https://gtyiqteemqj8w4qeejyzee77tejqe7ss9elk9-s-a2097.bj.tsgdht.cn/redir/default.aspx?P=sa&an=J000000020200122eg1m0000j&drn=drn%3aarchive.newsarticle.J000000020200122eg1m0000j&cat=a&ep=ASE.

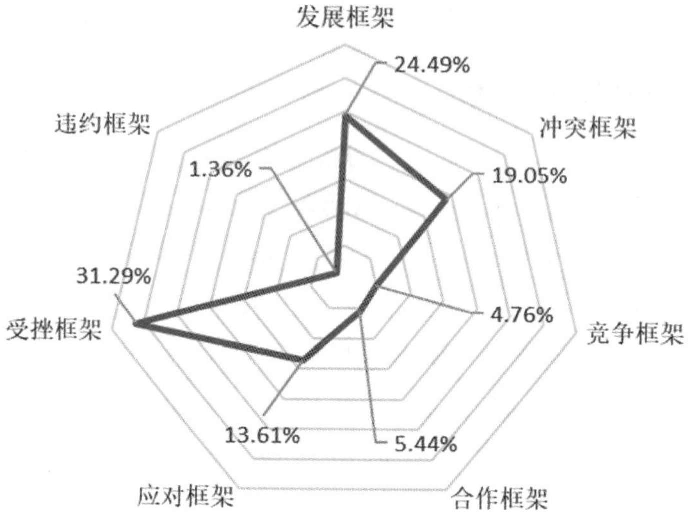

图 3-25 "需求管理政策"事件子框架

较少，共有 145 篇，占比 38.56%。

在货币政策上（如图 3-26），《华尔街日报》关注人民币汇率调整（yuan、dollar、price）、跨境投资（investor）、银行贷款利率（bank、lending、rate）、银行债券（bond）等方面的政策，相关报道建构出"逐步开放但仍然从紧"的中国货币政策形象。例如，有关人民币汇率政策的报道声称"北京对人民币的严格控制引起了国际社会的质疑"①；2018 年 4 月 30 日的报道指出虽然中国货币政策正在逐步开放，但实际上外国公司只被允许在基金管理业务中拥有少数股权，政策仍然从紧②。

在财政政策方面（如图 3-27），《华尔街日报》关注中国政府对高新科技产业

① China is pitting the yuan against the dollar. so far, it's not going to plan. the yuan is languishing in currency-trading rankings, highlighting international skepticism about Beijing's tight control over the renminbi [N/OL]. The wall street journal, 2019-09-16 [2024-12-03]. https://gtyiqteemqj8w4qeejyzee77tejqe7ss9elk9-s-a2097.bj.tsgdht.cn/redir/default.aspx?P=sa&an=WSJO000020190916ef9g0015p&drn=drn%3aarchive.newsarticle.WSJO000020190916ef9g0015p&cat=a&ep=ASE.

② China widens fund access - Beijing eases stricture on foreign money managers' control of local joint ventures [N/OL]. The wall street journal, 2018-04-30 [2024-12-03]. https://gtyiqteemqj8w4qeejyzee77tejqe7ss9elk9-s-a2097.bj.tsgdht.cn/redir/default.aspx?P=sa&an=J000000020180430ee4u0000y&drn=drn%3aarchive.newsarticle.J000000020180430ee4u0000y&cat=a&ep=ASE.

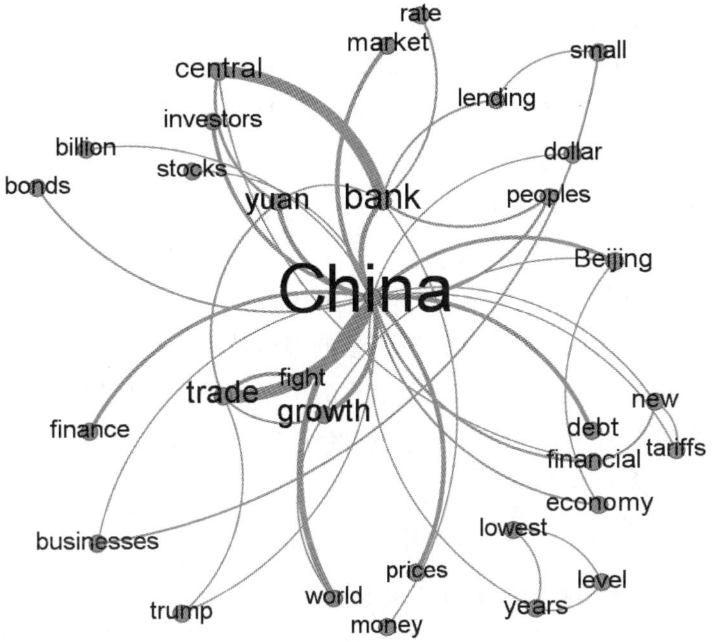

图 3-26　“货币政策”的语义网络图

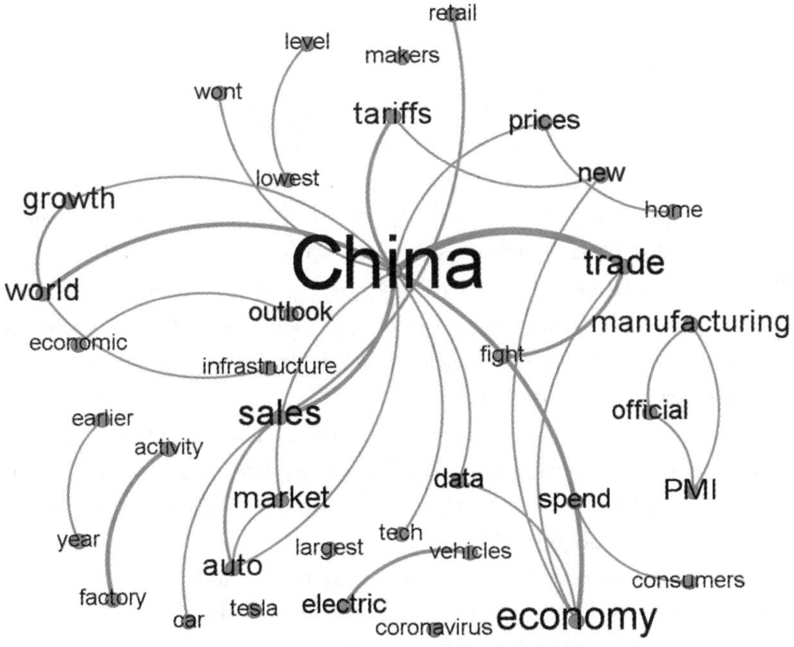

图 3-27　“财政政策”的语义网络图

(tech)、电动汽车行业(electric vehicle、auto、car)、基础设施建设(infrastructure)、制造业(manufacturing)以及新冠疫情背景下中小企业的政策倾斜，建构出扶持型的财政政策形象。例如，对中芯国际的报道指出这家中国大陆最大的集成电路制造商正着力开展半导体技术的研发，得到了中国政府对国有企业的资金支持①；2020 年 10 月 26 日对中国电动汽车行业发展的报道强调中国政府对电动汽车行业的政策性支持②；又如 2020 年 2 月 14 日的报道结合新冠疫情对中国经济各领域的巨大冲击，指出中国政府拨款促进经济发展的政策行为③；2018 年 12 月 27 日对中国钢铁产量的报道认为中国钢铁产量的增长主要得益于中国政府的支持，并声称“成千上万的中国钢铁公司将他们从中央和省级政府获得的补贴列为利润的一部分”，并且得到“免费土地”“政府资本”和“低息贷款”等优惠政策④。

(二)“冲突中忙于应对”的对外贸易政策

在涉及“对外贸易政策”的 344 篇报道样本中，《华尔街日报》借助以“冲突”为主的事件框架(如图 3-28)和以“政府干预”为主的归因框架(如图 3-29)，建构出中美贸易冲突中的“应对型”对外贸易政策形象。

---

① Chinese chip giant prepares to build its war chest during U. S. - China tech battle; SMIC last June delisted from the New York stock exchange after trading there for 15 years [N/OL]. The wall street journal, 2020-05-06 [2024-12-03]. https://gtyiqteemqj8w4qeejyzee77tejqe7ss9elk9-s-a2097.bj.tsgdht.cn/redir/default.aspx?P=sa&an=WSJO000020200506eg56001b9&drn=drn%3aarchive.newsarticle.WSJO000020200506eg56001b9&cat=a&ep=ASE.

② China wants to be world's EV factory [N/OL]. The wall street journal, 2020-10-26 [2024-12-03]. https://gtyiqteemqj8w4qeejyzee77tejqe7ss9elk9-s-a2097.bj.tsgdht.cn/redir/default.aspx?P=sa&an=J000000020201026egaq0001a&drn=drn%3aarchive.newsarticle.J000000020201026egaq0001a&cat=a&ep=ASE.

③ Crisis tests China's usual economic fix [N/OL]. The wall street journal, 2020-02-14 [2024-12-03]. https://gtyiqteemqj8w4qeejyzee77tejqe7ss9elk9-s-a2097.bj.tsgdht.cn/redir/default.aspx?P=sa&an=J000000020200214eg2e00015&drn=drn%3aarchive.newsarticle.J000000020200214eg2e00015&cat=a&ep=ASE.

④ Global steel market now bows to China - led by Baosteel, country's output has grown relentlessly over four decades [N/OL]. The wall street journal, 2018-12-27 [2024-12-03]. https://gtyiqteemqj8w4qeejyzee77tejqe7ss9elk9-s-a2097.bj.tsgdht.cn/redir/default.aspx?P=sa&an=J000000020181227eecr0000f&drn=drn%3aarchive.newsarticle.J000000020181227eecr0000f&cat=a&ep=ASE.

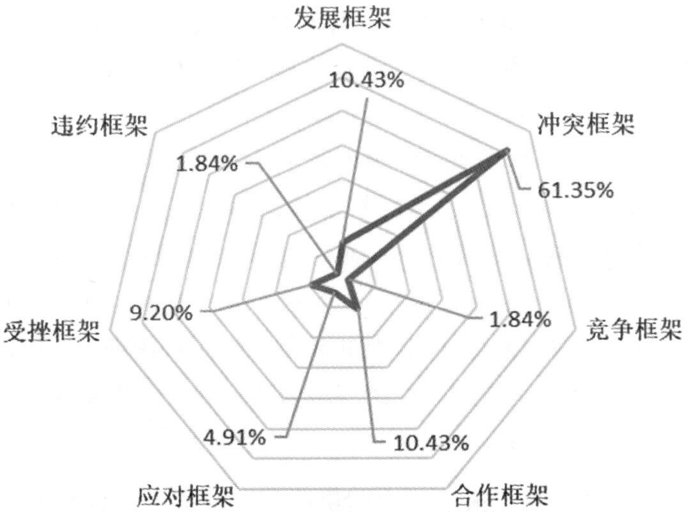

图 3-28　"对外贸易政策"事件子框架

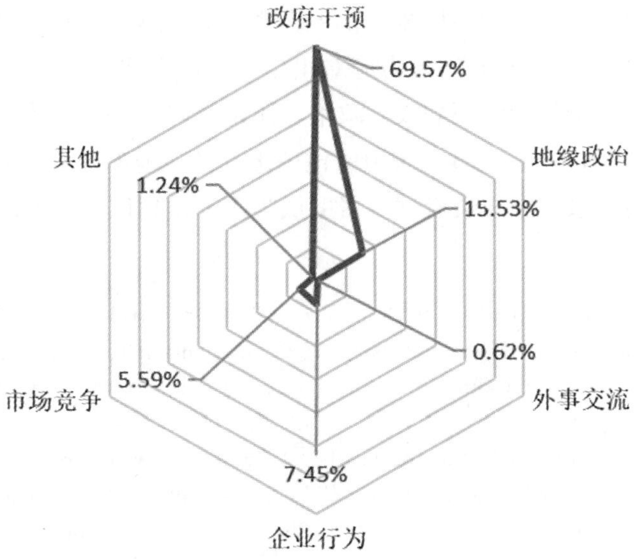

图 3-29　"对外贸易政策"归因子框架

具体来看，《华尔街日报》主要关注中国的关税政策（152 篇）以及进口配额、进出口许可证等其他非关税政策（192 篇）。涉及"关税政策"（tariffs）的报道聚焦中国政府在中美贸易摩擦不断升级过程中出台的关税加征政策，以及中美贸易谈判所促成的关税减缓政策，借助"new""press""back"等动态性的高频词，建构出随贸易博弈进展不断变化的"应对型"关税政策形象。例如，2018 年 4 月 7 日和 2020 年 2 月 7 日的报道，分别关注中国为应对美国提升关税的行为而采取的反制措施①，以及贸易谈判取得阶段性成果后中国削减关税的政策行为②。

对关税以外其他对外贸易政策的报道，主要关注中国政府针对他国企业特别是美国企业（American firms）在华投资的准入门槛，呈现出“虽有所松动但仍显保守”的准入政策形象。例如，2020 年 4 月 10 日的报道指出中国为留住遭受新冠疫情冲击的在华外国企业、保持资金流动而实施了一些帮助性政策③；而 2019 年 3 月 7 日的报道则指出，中国禁止外国人购买在深圳上市的激光企业的更多股份，并强调这对于寻求从中国经济转型中获利的投资者而言是不利的④。

（三）“收效甚微”的供给管理政策

《华尔街日报》涉华经济报道对中国供给管理政策的关注较少，仅有 32 篇，占比 4.81%。其中，“收入政策”的相关报道（20 篇）重点关注新冠疫情背景下中国政府为应对市场萎缩困境所采取的刺激型收入政策；“人力政策”的相关报道（12 篇）则重点关注中国政府为应对出生率、就业等问题而出台的协调型政策举措，且强调无论是刺激型的收入政策，还是协调型的人力政策，都“收效甚微”。比如，2020 年 6 月 11 日的报道关注中国支持“地摊经济”的相关政策，认为这是新冠疫情背景下中国政府试图帮助低收入者找到稳定收入的举措，但强调

---

① China set to counter tariffs [N/OL]. The wall street journal, 2018-04-07 [2024-12-03]. https://gtyiqteemqj8w4qeejyzee77tejqe7ss9elk9-s-a2097. bj. tsgdht. cn/redir/default. aspx? P=sa&an=J000000020180407ee470002k&drn=drn%3aarchive. newsarticle. J000000020180407ee470002k&cat=a&ep=ASE.

② Stocks hit records as China cuts tariffs [N/OL]. The wall street journal, 2020-02-07 [2024-12-03]. https://gtyiqteemqj8w4qeejyzee77tejqe7ss9elk9-s-a2097. bj. tsgdht. cn/redir/default. aspx?P=sa&an=J000000020200207eg2700039&drn=drn%3aarchive. newsarticle. J000000020200207eg2700039&cat=a&ep=ASE.

③ Beijing moves to keep foreign firms [N/OL]. The wall street journal, 2020-04-10 [2024-12-03]. https://gtyiqteemqj8w4qeejyzee77tejqe7ss9elk9-s-a2097. bj. tsgdht. cn/redir/default. aspx?P=sa&an=J000000020200410eg4a0008h&drn=drn%3aarchive. newsarticle. J000000020200410eg4a0008h&cat=a&ep=ASE.

④ China enforces limits on foreign ownership [N/OL]. The wall street journal, 2019-03-07 [2024-12-03]. https://gtyiqteemqj8w4qeejyzee77tejqe7ss9elk9-s-a2097. bj. tsgdht. cn/redir/default. aspx?P=sa&an=J000000020190307ef370000t&drn=drn%3aarchive. newsarticle. J000000020190307ef370000t&cat=a&ep=ASE.

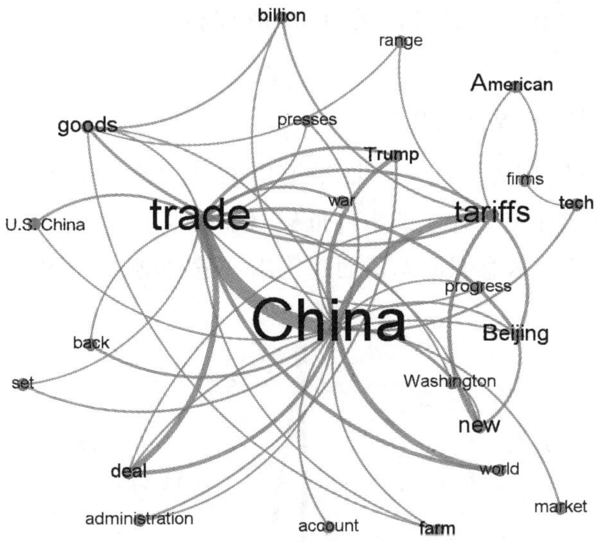

图 3-30　“对外贸易政策”的语义网络图

这种致力于刺激收入的政策在促进整体经济增长方面发挥的效用非常有限①。2020 年 1 月 18 日的报道指出尽管中国政府努力扭转出生率下滑趋势，但相关政策成效不显著，中国的出生率已降至近年来最低水平，而这加剧了中国人口的老龄化和劳动力的萎缩，在未来将使中国国内生产总值的增长率逐年下降②。

四、中国经济理念形象

《华尔街日报》涉及“中国经济理念形象”的报道相对较少，有 342 篇，占总样本量的 21.66%。其中，涉及国家层面发展理念的报道相对较多，共 191 篇，占该维度样本总量的 55.85%；其次是体现企业层面文化及经营理念的相关报

① China lines up behind its street vendors-in a policy reversal, leaders welcome hawkers, amid doubts of boost to economy [N/OL]. The wall street journal, 2020-06-11 [2024-12-03]. https://gtyiqteemqj8w4qeejyzee77tejqe7ss9elk9-s-a2097. bj. tsgdht. cn/redir/default. aspx? P=sa&an=J000000020200611eg6b00014&drn=drn%3aarchive. newsarticle. J000000020200611eg6b00014&cat=a&ep=ASE.

② World news: China's birthrate hits a new low - cultural shift, workplace discrimination and living costs seen as drivers; a shrinking workforce [N/OL]. The wall street journal, 2020-01-18 [2024-12-03]. https://gtyiqteemqj8w4qeejyzee77tejqe7ss9elk9-s-a2097. bj. tsgdht. cn/redir/default. aspx?P=sa&an=J000000020200118eg1i0003f&drn=drn%3aarchive. newsarticle. J000000020200118eg1i0003f&cat=a&ep=ASE.

道，有 109 篇，占比 31.87%；关注消费理念的报道最少，有 66 篇，占比 19.30%。

（一）“危险型”的国家发展理念

涉及“国家发展理念”的 191 篇报道借助以“政府干预”为主的归因框架（如图 3-31）和以“冲突”为主的事件框架（如图 3-32），渲染了中国发展的“政治性”与“冲突性”，从意识形态层面建构出“危险型”的国家发展理念形象。

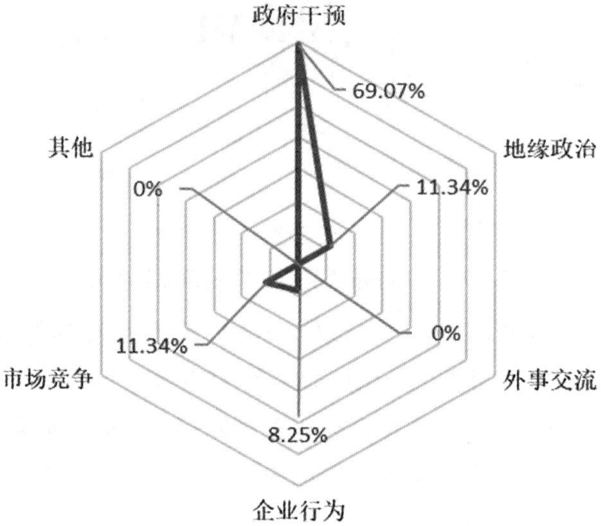

图 3-31 “国家发展理念”归因子框架

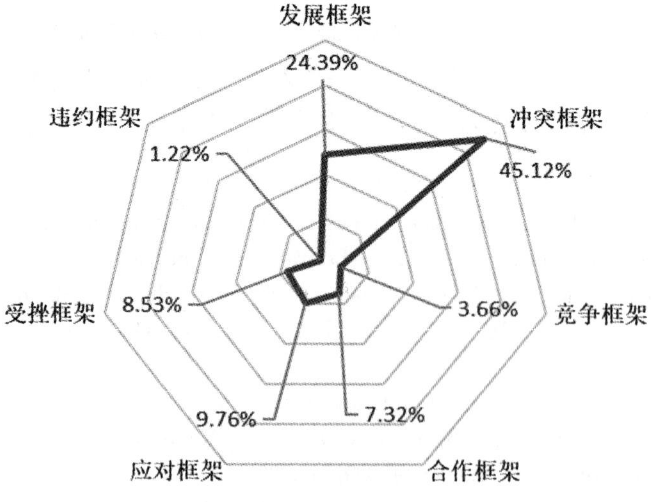

图 3-32 “国家发展理念”事件子框架

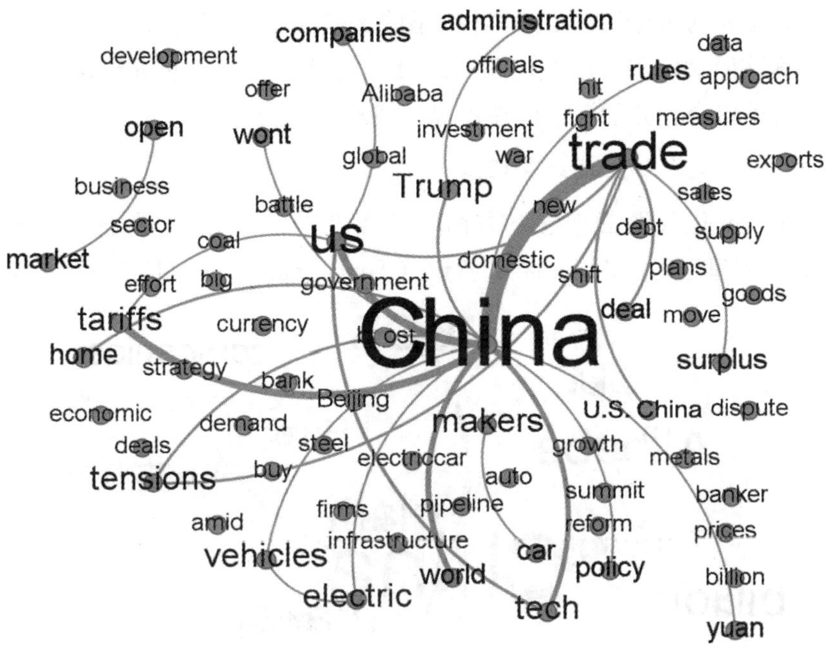

图 3-33　“国家发展理念”的语义网络图

具体来看，《华尔街日报》聚焦中国政府出台的纲领性规划、总结以及中国领导人在国际会议上的发言与倡议，关注中国加快高新科技及高端工业制造产业自主研发的发展理念，却认为其“有实现行业/产业垄断之嫌”；关注中国推动生态可持续发展的理念，却认为其“言行不一”；关注中国脱贫攻坚的理念，却对其评估标准存疑；关注“一带一路”倡议，却抹黑其是为了“实现扩张”。例如，有关“中国制造 2025”的报道将该计划污蔑为中国野心，并声称“需要警惕中国的保护主义”①；有关中国碳排放承诺的报道认为中国在碳排放问题上“还有很长的路要走”，且强调中国在煤炭问题上仍然态度模糊，进而质疑中国保护生态环境的决心②；有关中

① Tackling China's protectionism [N/OL]. The wall street journal, 2018-03-21 [2024-12-03]. https://gtyiqteemqj8w4qeejyzee77tejqe7ss9elk9-s-a2097. bj. tsgdht. cn/redir/default. aspx?P=sa&an=J000000020180321ee3l0000c&drn=drn%3aarchive. newsarticle. J000000020180321ee3l0000c&cat=a&ep=ASE.

② China takes long way to change -the country makes emissions commitment, but is still noncommittal on coal [N/OL]. The wall street journal, 2020-09-25 [2024-12-03]. https://gtyiqteemqj8w4qeejyzee77tejqe7ss9elk9-s-a2097. bj. tsgdht. cn/redir/default. aspx?P=sa&an=J000000020200925eg9p0000n&drn=drn%3aarchive. newsarticle. J000000020200925eg9p0000n&cat=a&ep=ASE.

国脱贫攻坚工程的报道认为中国“将贫困等级设定得过低”①；有关“一带一路”的报道声称该倡议旨在通过融资和基础设施建设“开辟新的贸易路线”，为中国公司扩大海外机会，并加深中国在世界的战略影响力②。

（二）“拼搏型”的企业经营理念

在“企业文化及经营理念”方面（如图 3-34），《华尔街日报》聚焦华为（Huawei）、阿里巴巴（Alibaba）、腾讯（Tencent）、滴滴（Didi）等企业。借助

图 3-34 “企业文化及经营理念”的语义网络图

“企业行为”和“政府干预”并重的归因框架（如图 3-35），以及“发展”为主的事件框架（如图 3-36），相关报道建构出在政治、经济双重困境下“愈挫愈勇”的企业精神。例如，对华为的报道指出，在新冠疫情大流行和美国供应商黑名单的双重困境下华为 2020 年第一季度营收增长大幅放缓，但华为副总裁却态度乐

① China says it has wiped out extreme poverty [N/OL]. The wall street journal, 2020-11-24 [2024-12-03]. https://gtyiqteemqj8w4qeejyzee77tejqe7ss9elk9-s-a2097. bj. tsgdht. cn/redir/default. aspx?P=sa&an=J000000020201124egbo0000w&drn=drn%3aarchive. newsarticle. J000000020201124egbo0000w&cat=a&ep=ASE.

② China's secrecy hides risk to nations in its debt [N/OL]. The wall street journal, 2020-03-31 [2024-12-03]. https://gtyiqteemqj8w4qeejyzee77tejqe7ss9elk9-s-a2097. bj. tsgdht. cn/redir/default. aspx?P=sa&an=J000000020200331eg3v0003c&drn=drn%3aarchive. newsarticle. J000000020200331eg3v0003c&cat=a&ep=ASE.

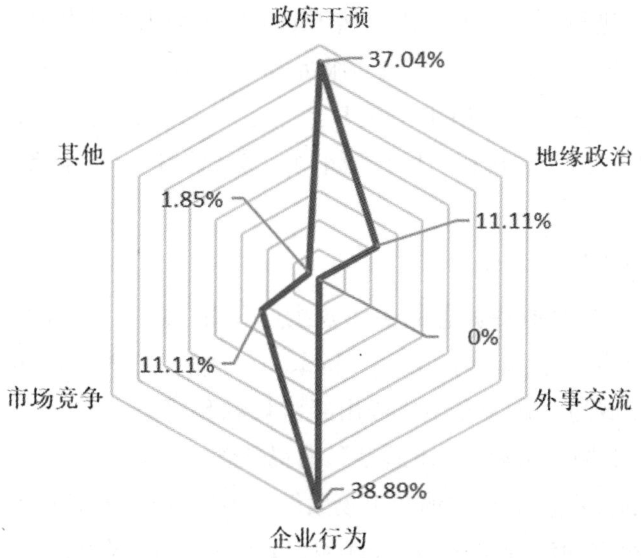

图 3-35　“企业经营理念”的归因子框架

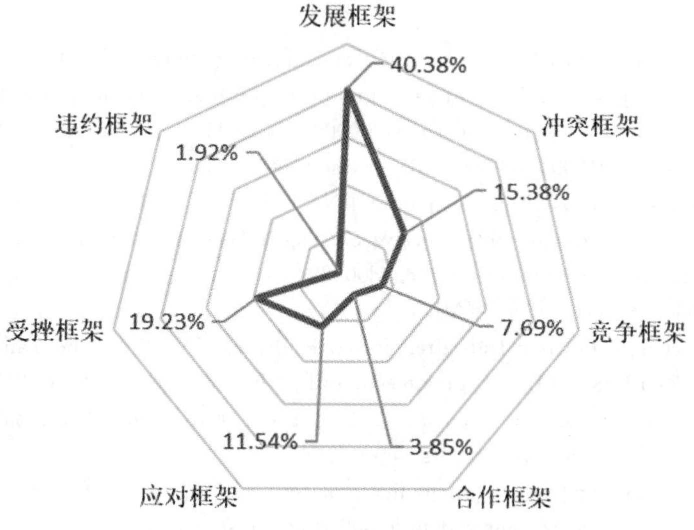

图 3-36　“企业经营理念”的事件子框架

观，认为这是一种正常的弹性表现①；对腾讯的系列报道指出虽然 2018 年中国

① Rise in revenue slows at Huawei [N/OL]. The wall street journal, 2020-04-22 [2024-12-03]. https://gtyiqteemqj8w4qeejyzee77tejqe7ss9elk9-s-a2097.bj.tsgdht.cn/redir/default.aspx?P=sa&an=J000000020200422eg4m0008m&drn=drn%3aarchive.newsarticle.J000000020200422eg4m0008m&cat=a&ep=ASE.

政府对游戏市场进行整顿，但腾讯仍然不断努力，力求提供更优质的游戏产品和服务①，并在2020年第二季度依靠其服务和视频游戏业务的利润超额完成营收计划②；对滴滴的系列报道指出虽然其上市进程乃至整个乘车出行行业发展受阻③，但滴滴出行仍在寻找新的增长型市场，尝试转向金融服务，寻找新的增长领域和利润来源④。

（三）"矛盾型"的消费理念

《华尔街日报》对消费理念的关注较少，仅有66篇。相关报道（如图3-37）聚焦中国消费者在汽车（auto、vehicle）、奢侈品牌（luxury）、零售电商（Alibaba）等领域的消费情况，建构出经济疲软环境下（decline、slide、slump、slowdown）仍然热情不减的"矛盾型"消费理念。例如，2019年2月12日的报道指出，尽管国民经济下滑，消费市场紧缩，但中国年轻消费者对高端美容产品仍然存在相对稳定的消费需求⑤；2020年11月10日的报道指出，新冠疫情后中

① Tencent shuts video game as Beijing crackdown continues [N/OL]. The wall street journal, 2018-09-11 [2024-12-03]. https://gtyiqteemqj8w4qeejyzee77tejqe7ss9elk9-s-a2097.bj.tsgdht.cn/redir/default.aspx?P=sa&an=J000000020180911ee9b0000u&drn=drn%3aarchive.newsarticle.J000000020180911ee9b0000u&cat=a&ep=ASE.

② Tencent's profit is lifted by games [N/OL]. The wall street journal, 2020-08-13 [2024-12-03]. https://gtyiqteemqj8w4qeejyzee77tejqe7ss9elk9-s-a2097.bj.tsgdht.cn/redir/default.aspx?P=sa&an=J000000020200813eg8d00028&drn=drn%3aarchive.newsarticle.J000000020200813eg8d00028&cat=a&ep=ASE.

③ China clamps down on Didi after passenger deaths [N/OL]. The wall street journal, 2018-11-29 [2024-12-03]. https://gtyiqteemqj8w4qeejyzee77tejqe7ss9elk9-s-a2097.bj.tsgdht.cn/redir/default.aspx?P=sa&an=J000000020181129eebt00018&drn=drn%3aarchive.newsarticle.J000000020181129eebt00018&cat=a&ep=ASE.

④ Chinese tech companies turn to financial services; in search of new growth markets, they hope to leverage their consumer data to sell loans, insurance and more [N/OL]. The wall street journal, 2019-09-23 [2024-12-03]. https://gtyiqteemqj8w4qeejyzee77tejqe7ss9elk9-s-a2097.bj.tsgdht.cn/redir/default.aspx?P=sa&an=WSJO000020190923ef9n000gp&drn=drn%3aarchive.newsarticle.WSJO000020190923ef9n000gp&cat=a&ep=ASE.

⑤ Earnings detail China's slowdown - retailers and others catering to Chinese consumers reveal new signs of weakness [N/OL]. The wall street journal, 2019-02-12 [2024-12-03]. https://gtyiqteemqj8w4qeejyzee77tejqe7ss9elk9-s-a2097.bj.tsgdht.cn/redir/default.aspx?P=sa&an=J000000020190212ef2c00018&drn=drn%3aarchive.newsarticle.J000000020190212ef2c00018&cat=a&ep=ASE.

国对豪华车、电动汽车的需求接连四个月持续上涨①。

图 3-37　"消费理念"的语义网络图

综上所述，《华尔街日报》涉华经济报道聚焦中美贸易战、中国企业动态、产业市场动态、金融市场动态等主要议题，借助以"政府干预"为主的归因框架、"发展、冲突与受挫共存"的事件框架，以及以"利益受损"为主的影响框架，建构出"强大但充满政治风险"的中国经济实力形象、"保守且高度干预"的中国经济政策形象，以及"扩张型"的中国经济理念形象，在承认中国经济实力的同时，着力渲染中国经济的"意识形态风险"和"下行危机"。

第二节　英国媒体中的中国经济形象

英国作为欧洲第二大经济体、世界第六大经济体和联合国安理会常任理事国，在世界经济和国际政治中占据着重要的地位。英国伦敦作为全球性的国际金融中心，是世界主要外汇交易市场，吸引了全球范围内的投资者和企业。与此同时，英国是中国在欧洲的第三大贸易伙伴、第二大投资目的地和第三大外贸来源

① Demand in China rises for luxury cars, EVs [N/OL]. The wall street journal, 2020-11-10 [2024-12-03]. https://gtyiqteemqj8w4qeejyzee77tejqe7ss9elk9-s-a2097. bj. tsgdht. cn/redir/default. aspx?P=sa&an=J000000020201110egba00027&drn=drn%3aarchive. newsarticle. J000000020201110egba00027&cat=a&ep=ASE.

地，英国也是最早申请加入亚投行的主要西方国家，是“一带一路”倡议的积极响应者和参与者；而中国则是英国在亚洲的最大贸易伙伴，中英两国的合作关系对两国均具有重要的战略意义。

2016 年英国举行脱欧公投，宣布英国脱离欧盟。英国脱欧一方面给全球经济交往增加了不确定性；另一方面，也让英国未来的发展面临各种挑战和变数。始于 2018 年的中美贸易战，进一步加剧了国际局势及英国处境的复杂性。面对此战略环境，英国作为老牌经济大国、中国重要经贸伙伴以及美国盟友国，其对中国经济的认识、理解与判断，对中国经济形象的建构，既关乎中英未来的经济合作，亦关乎国际秩序的未来走势。

一、样本构成

在英国《金融时报》1589 涉华篇报道样本中，2018 年有 496 篇，2019 年有 631 篇，2020 年有 462 篇。

（一）议题构成

《金融时报》涉华经济报道标题文本的高频名词可以划分为四组关键词群（如图 3-38）：一是与中美互动相关的“China”“U. S. ”“Beijing”“trade”“war”等；二是与金融相关的“fund”“bank”“stock”“bond”“debt”“renminbi”等；三是与企业相关的“Huawei”“Tencent”“Alibaba”“tech”“IPO”等；四是与贸易投资相关的“investor”“investment”“tariff”“deal”“market”等。上述四组高频关键词群，反映了《金融时报》关注的焦点。

图 3-38　报道标题 Top30 高频名词

以此为基础，对数据进行预研究，可以将《金融时报》涉华经济报道的议题划分为五类。五大议题的报道数量从高到低依次为：中国企业动态（433 篇，27.25%）、国际经贸互动（320 篇，20.14%）、中美贸易战（309 篇，19.45%）、金融市场动态（278 篇，17.50%），以及其他（249 篇，15.67%）。

（二）报道框架分析

通过对《金融时报》1589 篇涉华经济报道样本的报道框架进行分析可以发现，“事件框架”是《金融时报》涉华经济报道的主导框架，有 843 篇报道采用，占比 53.05%；其次是“归因框架”，有 754 篇采用，占比 47.45%；最后是“影响框架”，有 310 篇采用，占比 19.51%。

第一，事件框架是《金融时报》涉华经济报道的主导框架，相关报道呈现出“发展和受挫并重”的框架使用特征。《金融时报》中 53.05%的涉华经济报道都采用的事件框架。结合事件框架中的七类子框架进行具体分析可以发现，七类子框架的使用频率从高到低依次为（如图 3-39）：发展框架（254 篇，30.13%）、受挫框架（248 篇，29.42%）、冲突框架（105 篇，12.46%）、应对框架（102 篇，12.10%）、合作框架（98 篇，11.63%）、竞争框架（25 篇，2.97%）、违约框架（11 篇，1.30%）。借助“发展和受挫并重”的事件框架，《金融时报》建构出机会与风险并存的中国经济形象。

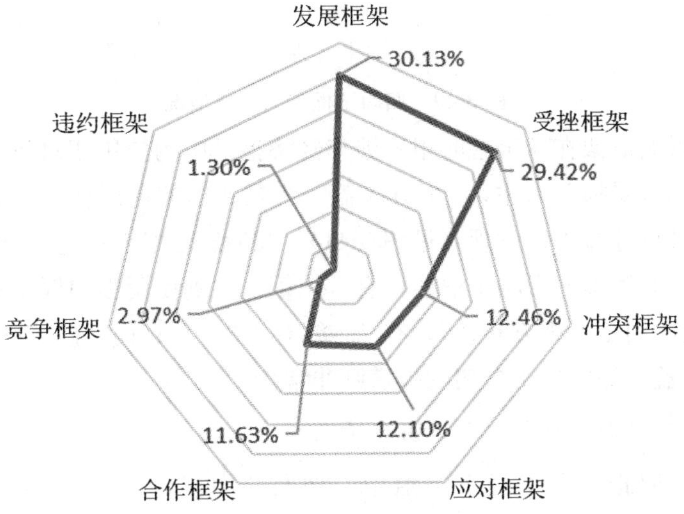

图 3-39　事件子框架的占比情况

第二，归因框架是《金融时报》涉华经济报道采用的第二大报道框架，相关报道呈现出“以政府干预和地缘政治为主”的归因特征。结合归因框架中的六类子框架进行具体分析可以发现（如图 3-40）：“政府干预”是《金融时报》涉华经济报道的主要归因子框架（319 篇，42.31%），其次是“地缘政治”（228 篇，30.24%），然后是“市场竞争”（96 篇，12.73%）和“企业行为”（78 篇，占 10.34%），归因为“外事交流”和其他类型的报道相对较少（共 33 篇，4.38%）。借助“以政府干预和地缘政治为主”的归因框架，《金融时报》呈现出以政治逻辑解读中国经济的倾向。

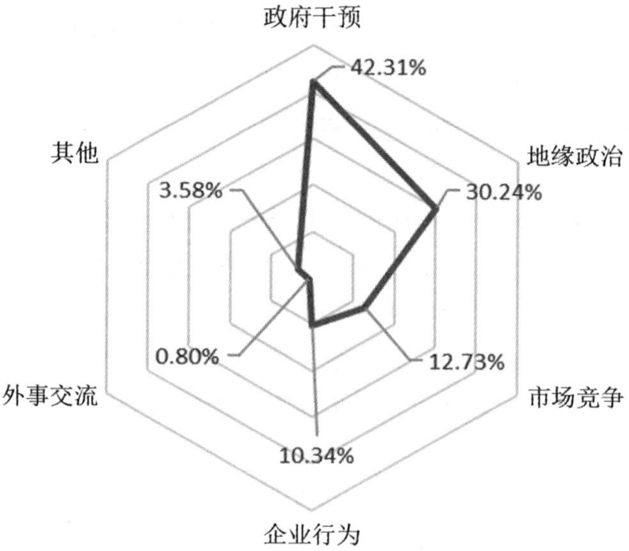

图 3-40 归因子框架的占比情况

第三，影响框架在《金融时报》涉华经济报道中的使用相对较少，相关报道呈现出以“利益受损”为主，“中方获益”为辅的框架使用特征。对影响框架中八类子框架进行分析可以发现（见图 3-41），“利益受损”是《金融时报》涉华经济报道使用相对较多的影响子框架，有 171 篇，占到使用影响框架的报道总量的 55.16%；其次则是“中方获益”，有 71 篇（22.90%）；而“破坏秩序格局”“共赢”“他方获益”等其他子框架的报道则非常少。

（三）中国经济形象各维度的占比情况

在《金融时报》涉华经济报道中，涉及“中国经济实力形象”的报道最多，共计 1254 篇，占样本总量的 78.92%；其次是“中国经济政策形象”，共有 639 篇，占 40.21%；涉及“中国经济理念形象”的报道相对较少，有 329 篇，占比为 20.70%。

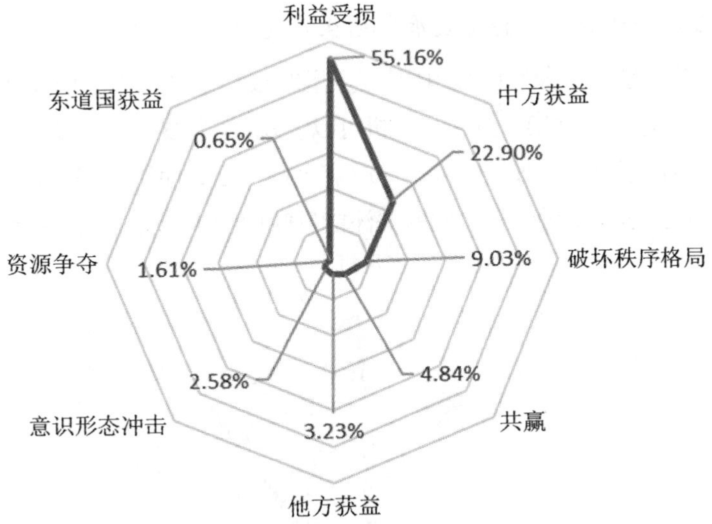

图 3-41　影响子框架的占比情况

二、中国经济实力形象

在“经济实力形象”这一维度中（如图 3-42），体现“生产能力”的报道数量最多，共有 768 篇，占该维度样本总量的 61.24%；其次是体现“金融实力”（359 篇，28.63%）和“国际投资与贸易水平”（253 篇，20.18%）的相关报道；展现中国“整体发展规模与速度”（146 篇，11.64%）以及“消费能力”（144 篇，11.48%）的报道相对较少。

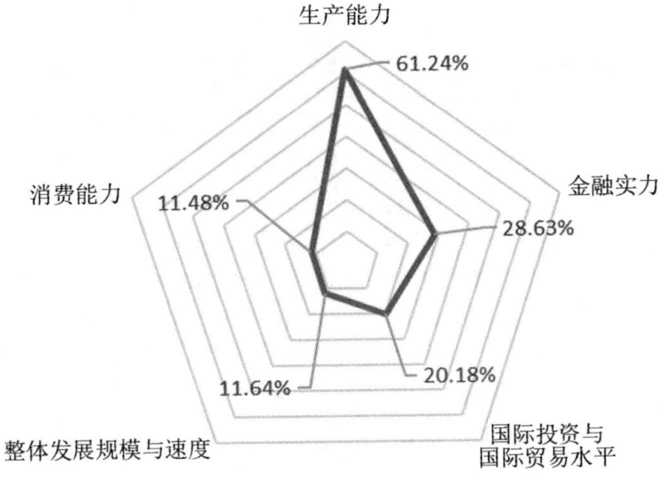

图 3-42　经济实力形象各指标的占比情况

（一）“在政府干预下不稳定发展”的生产能力

在涉及“生产能力形象”的报道中，《金融时报》主要采用了事件（56.51%）和归因（45.96%）这两大框架。进一步分析可以发现，“发展”和“受挫”框架是其使用最多的两类事件子框架（如图 3-43），“政府干预”是其使用最多的归因子框架（如图 3-44）。也就是说，《金融时报》同时关注能反映中国生产能力良好态势的发展性事

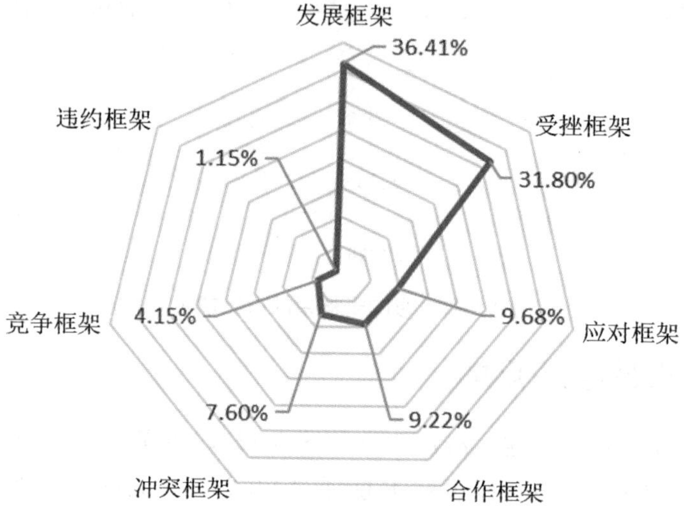

图 3-43　“生产能力”维度事件子框架的占比

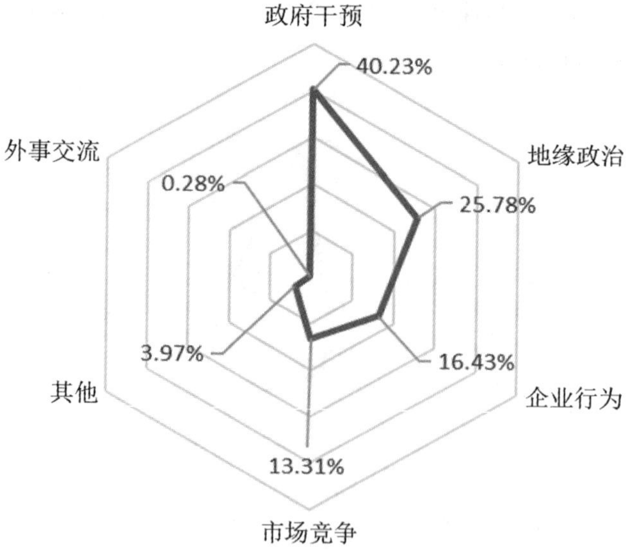

图 3-44　“生产能力”维度归因子框架的占比

件和中国生产能力所遭受的困境，并且强调政府在生产能力水平中扮演的重要角色，建构出“在政府干预下不稳定发展”的生产能力形象。

具体来看，在“生产能力”上，《金融时报》更多地关注企业能力，涉及企业能力的报道有540篇，占到生产能力报道总量的70.31%，其次是行业/产业能力（261篇，33.98%），涉及生产要素水平（72篇，9.38%）和供给量（65篇，8.46%）的报道相对较少。

第一，“强大却被捆住手脚”的中国企业能力。在企业能力层面（如图3-45），《金融时报》主要关注以华为（Huawei）为代表的科技制造企业（technology、tech、telecom、maker）在贸易战（trade war）背景下的生存和发展能力，阿里巴巴

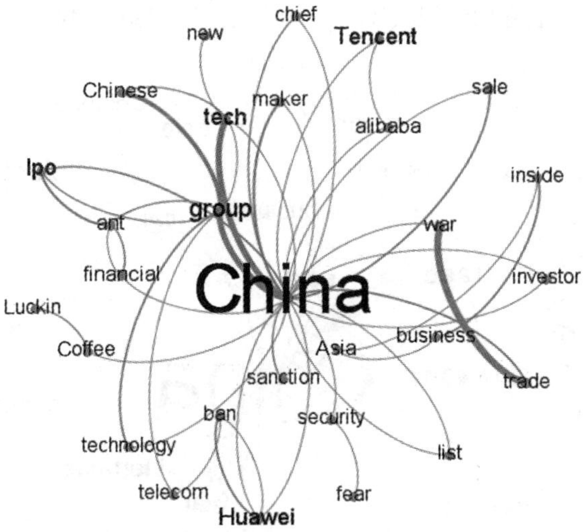

图3-45 “企业能力”的语义网络图

（Alibaba）与腾讯（Tencent）等互联网企业的竞争能力，以及蚂蚁金服（Ant、IPO、financial）等互联网金融企业的融资上市能力。借助“ban（禁止）”“sanction（制裁）”“security（安全）”“fear（担忧）”等高频词，相关报道建构出“强大却被捆住手脚”的中国企业形象。例如，有报道指出蚂蚁金服虽获得高价估值并准备进军海外，但该公司仍面临国家监管审查的巨大压力①。另有报道声称腾讯和阿里巴

① Ant Financial's $150bn valuation belies glaring risks for investors [N/OL]. Financial times，2018-04-18 [2024-12-03]. https://gtyiqteemqj8w4qeejyzee77tejqe7ss9elk9-s-a2097.bj.tsgdht.cn/redir/default.aspx?P=sa&an=FTFT000020180418ee4i0002q&drn=drn%3aarchive.newsarticle.FTFT000020180418ee4i0002q&cat=a&ep=ASE.

巴两家企业“因拒绝分享贷款数据而被中国人民银行吊销公司相关执照”①。值得一提的是，中国本土咖啡品牌瑞幸（Luckin Coffee）也得到了《金融时报》较高的关注，相关报道关注瑞幸公司的市场销量、上市计划，并将其与美国星巴克进行比较，指出瑞幸咖啡已成为中国第二大咖啡品牌和增长最快的咖啡品牌②。

第二，“深受地缘影响”的中国行业形象。在行业/产业能力层面，如图 3-46 所示，《金融时报》主要聚焦中国新能源汽车（electric、vehicle、carmaker）、房地产（property）、芯片（chip）、科技（technology、tech）等产业的发展状况，借助“growth slowdown（增速放缓）”“hit（打击）”“take toll（造成损失）”等高频词，建构出深受贸易战（trade war）影响和打击的中国行业/产业形象。例如，2018 年 12 月 29 日的报道指出，受中美贸易争端的影响，大批工人面临失业

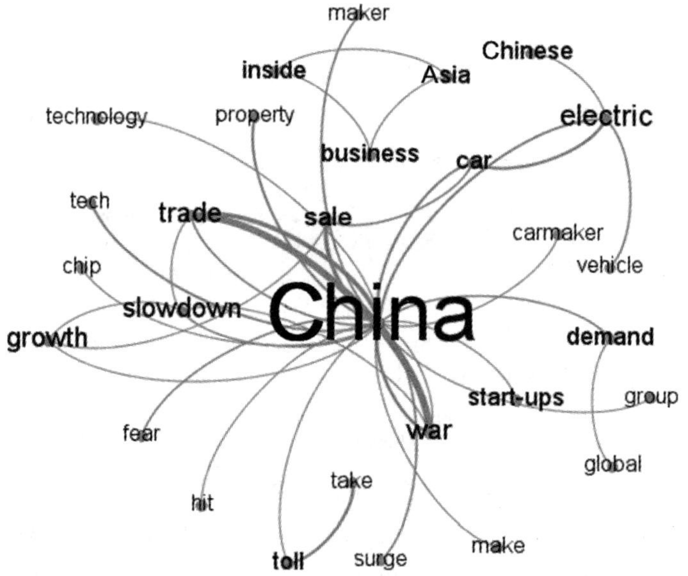

图 3-46 “行业/产业能力”的语义网络图

① Alibaba/Tencent：information insurrection [N/OL]. Financial times，2019-09-20 [2024-12-03]. https://gtyiqteemqj8w4qeejyzee77tejqe7ss9elk9-s-a2097. bj. tsgdht. cn/redir/default. aspx? P=sa&an=FTFT000020190920ef9k000ea&drn=drn%3aarchive. newsarticle. FTFT000020190920ef9k000ea&cat=a&ep=ASE.

② Luckin files for IPO in Starbucks race [N/OL]. Financial times，2019-04-24 [2024-12-03]. https://gtyiqteemqj8w4qeejyzee77tejqe7ss9elk9-s-a2097. bj. tsgdht. cn/redir/default. aspx? P=sa&an=FTFT000020190424ef4o000az&drn=drn%3aarchive. newsarticle. FTFT000020190424ef4o000az&cat=a&ep=ASE.

风险，工厂缺少订单，中国制造业发展速度放缓①；2020 年 3 月 13 日报道指出 2 月份中国汽车销量大幅下降，中国汽车停产造成严重经济损失②。

第三，“丰富”的矿产资源与“仍待突破”的技术水平。涉及生产要素水平的报道相对较少，词语间的共现关系较弱，相关节点多孤立存在，但从对应的语义网络图中仍能看出《金融时报》的关注重点。如图 3-47 所示，稀土（rare、earth）和技术（tech）是被关注较多的生产要素，相关报道建构出“技术水平有所提升但仍存在差距”“自然资源丰富且谋求高度控制权”的形象。例如，报道指出中国在半导体科学和芯片设计方面已经处于前沿水平，但对一些关键技术的突破还面临挑战，强调其整体水平与国际竞争对手相比仍存在差距③；另有报道

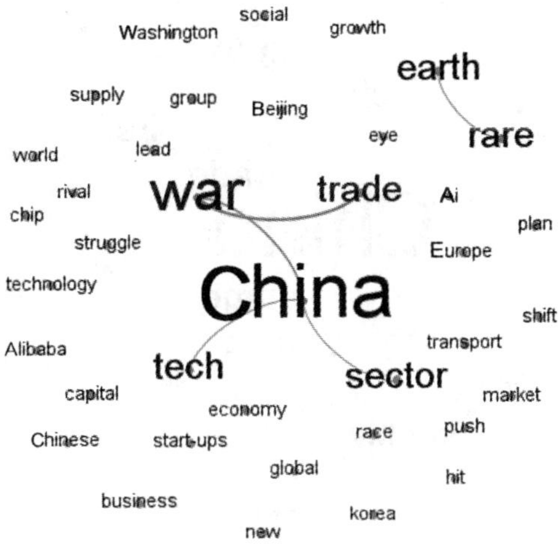

图 3-47　“生产要素水平”的语义网络图

---

① Chinese workers on front line in trade war [N/OL]. Financial times，2018-12-19 [2024-12-03]. https://gtyiqteemqj8w4qeejyzee77tejqe7ss9elk9-s-a2097. bj. tsgdht. cn/redir/default. aspx? P=sa&an=FTFT000020181229eect0008m&drn=drn%3aarchive. newsarticle. FTFT000020181229eect0008m&cat=a&ep=ASE.

② China automakers feel brunt as sales plummet 82% in February year on year [N/OL]. Financial times，2020-03-13 [2024-12-03]. https://gtyiqteemqj8w4qeejyzee77tejqe7ss9elk9-s-a2097. bj. tsgdht. cn/redir/default. aspx? P=sa&an=FTFT000020200313eg3d000an&drn=drn%3aarchive. newsarticle. FTFT000020200313eg3d000an&cat=a&ep=ASE.

③ China struggles to cash in on chipmaking [N/OL]. Financial times，2019-01-23 [2024-12-03]. https://gtyiqteemqj8w4qeejyzee77tejqe7ss9elk9-s-a2097. bj. tsgdht. cn/redir/default. aspx? P=sa&an=FTFT000020190123ef1n000ae&drn=drn%3aarchive. newsarticle. FTFT000020190123ef1n000ae&cat=a&ep=ASE.

指出中国如今控制着全球的稀土矿供应，而美国及其盟友正努力对中国进行“脱钩”①。

第四，“强大但存在中断风险”供给能力形象。《金融时报》对供给能力的关注较少，如图 3-48 显示，相关报道聚焦中国矿产资源（ore、iron）、钢铁产品（steel）在全球供应链（supply）中的重要地位，借助“fear（担忧）”“shift（转移）”等高频词，建构出“强大但存在中断风险”供给能力形象。例如，有报道指出中国是世界上最大的钢铁生产商，中国铁矿石价格飙升冲击了全球其他矿业公司的发展②。

图 3-48 “供给能力”的语义网络图

（二）“潜力与政治风险并存”的金融实力

在涉及“金融实力”这一形象维度的报道中，如图 3-49 所示，《金融时报》聚焦中国在债券市场（bond）、银行（bank）、股票（stock）、基金（fund）等方

① Can the US compete in rare earths [N/OL]. Financial times，2020-09-15 [2024-12-03]. https://gtyiqteemqj8w4qeejyzee77tejqe7ss9elk9-s-a2097. bj. tsgdht. cn/redir/default. aspx?P=sa&an=FTFT000020200915eg9f0006t&drn=drn%3aarchive. newsarticle. FTFT000020200915eg9f0006t&cat=a&ep=ASE.

② China probes abnormal surge in iron ore prices [N/OL]. Financial times，2019-07-06 [2024-12-03]. https://gtyiqteemqj8w4qeejyzee77tejqe7ss9elk9-s-a2097. bj. tsgdht. cn/redir/default. aspx? P=sa&an=FTFT000020190706ef76000gx&drn=drn%3aarchive. newsarticle. FTFT000020190706ef76000gx&cat=a&ep=ASE.

面的实力表现，关注贸易战（trade war）带来的股市动荡，以及不良贷款等问题引发的风险与担忧（fear），并借助以“发展”为主的事件框架（如图 3-50）和“政府干预”为主的归因框架（如图 3-51），建构出一个“具有发展潜力但存在政治风险”的金融实力形象。例如，2019 年 4 月 9 日的报道指出，中国许多城市商业银行和农村金融机构的不良贷款率持续保持较高水平，一些银行甚至存在破产

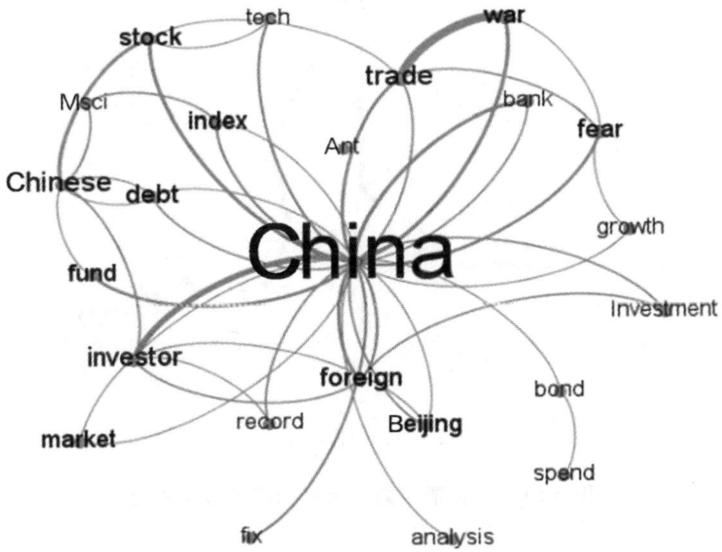

图 3-49　“金融实力”的语义网络图

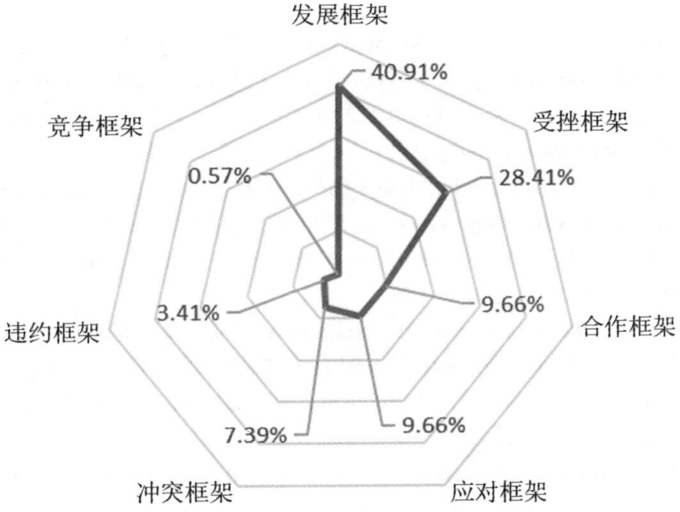

图 3-50　“金融实力”维度事件子框架占比

风险[①]；2019 年 5 月的多篇报道强调，全球投资者涌入中国股市将会面临巨大风险[②]，投资者“应该对中国债券崩盘保持警惕”[③]；2019 年 6 月的报道则指出，“因为对人民币政策的担忧”，中国股市遭遇有史以来最大规模的外资外流[④]。

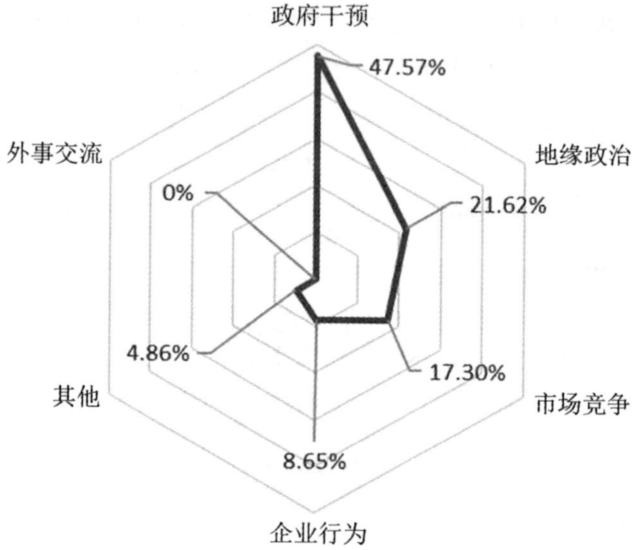

图 3-51 “金融实力”维度归因子框架占比

① Bad loans at small China banks spark fears [N/OL]. Financial times，2019-04-09 [2024-12-03]. https://gtyiqteemqj8w4qeejyzee77tejqe7ss9elk9-s-a2097. bj. tsgdht. cn/redir/default. aspx?P=sa&an=FTFT000020190409ef490008n&drn=drn%3aarchive. newsarticle. FTFT000020190409ef490008n&cat=a&ep=ASE.

② Kangmei's $4bn cash gap highlights China risk [N/OL]. Financial times，2019-05-01 [2024-12-03]. https://gtyiqteemqj8w4qeejyzee77tejqe7ss9elk9-s-a2097. bj. tsgdht. cn/redir/default. aspx?P=sa&an=FTFT000020190501ef510008i&drn=drn%3aarchive. newsarticle. FTFT000020190501ef510008i&cat=a&ep=ASE.

③ Investors still wary of China bond meltdown [N/OL]. Financial times，2019-05-28 [2024-12-03]. https://gtyiqteemqj8w4qeejyzee77tejqe7ss9elk9-s-a2097. bj. tsgdht. cn/redir/default. aspx?P=sa&an=FTFT000020190528ef5s0009f&drn=drn%3aarchive. newsarticle. FTFT000020190528ef5s0009f&cat=a&ep=ASE.

④ Trade war and fears for renminbi spark record outflows from China [N/OL]. Financial times，2019-06-05 [2024-12-03]. https://gtyiqteemqj8w4qeejyzee77tejqe7ss9elk9-s-a2097. bj. tsgdht. cn/redir/default. aspx?P=sa&an=FTFT000020190605ef65000hz&drn=drn%3aarchive. newsarticle. FTFT000020190605ef65000hz&cat=a&ep=ASE.

（三）“深陷地缘困境”的国际投资与贸易

在“国际投资与贸易水平”层面（如图 3-52），《金融时报》关注中美以及中澳贸易争端背景下（trade war、sanction、Australia）中国的进出口规模（export、import）和海外投资状况（foreign investment），且相较于进口而言，《金融时报》更关注中国的出口问题，“export”的点度中心度远高于“import”。与此同时，相关报道借助“地缘政治”为主的归因框架（如图 3-53）和“受挫”

图 3-52　“国际投资与贸易水平”的语义网络图

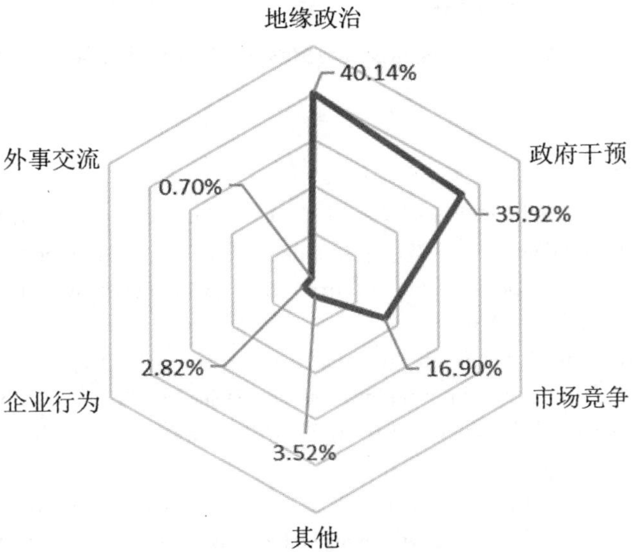

图 3-53　“国际投资与贸易水平”归因子框架

为主的事件框架（如图 3-54），以及“manipulation（操控）” “fear（担忧）” “slowdown（放缓）”等高频词，建构出“深陷地缘风险与困境”的中国投资与贸易形象。例如，2018 年 8 月 4 日的报道指出随着中美争端的进一步升级，贸易关税大幅上升，中国进出口活动受到损害，全球供应链面临冲击①。除此之外，非洲猪瘟（swine fever）对中国进出口的影响也是《金融时报》关注较多的问题，包括非洲猪瘟致使对猪饲料的需求急剧下降，进而导致中国玉米生产遭遇巨大损失②，以及中国为了填补肉类短缺大量进口来自巴西和欧洲的猪肉等③。

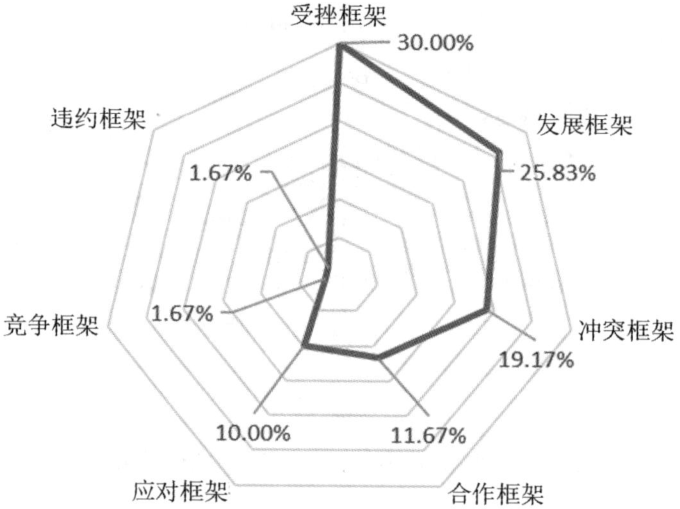

图 3-54 “国际投资与贸易水平”事件子框架

① China targets ＄60bn of US imports [N/OL]. Financial times，2018-08-04 [2024-12-03]. https://gtyiqteemqj8w4qeejyzee77tejqe7ss9elk9-s-a2097. bj. tsgdht. cn/redir/default. aspx?P=sa&an=FTFT000020180804ee840006p&drn=drn%3aarchive. newsarticle. FTFT000020180804ee840006p&cat=a&ep=ASE.

② African swine fever takes toll on China's corn sector [N/OL]. Financial times，2019-10-21 [2024-12-03]. https://gtyiqteemqj8w4qeejyzee77tejqe7ss9elk9-s-a2097. bj. tsgdht. cn/redir/default. aspx?P=sa&an=FTFT000020191021efal00081&drn=drn%3aarchive. newsarticle. FTFT000020191021efal00081&cat=a&ep=ASE.

③ China turns to Brazil and Europe to ease swine fever crisis [N/OL]. Financial times，2019-09-11 [2024-12-03]. https://gtyiqteemqj8w4qeejyzee77tejqe7ss9elk9-s-a2097. bj. tsgdht. cn/redir/default. aspx?P=sa&an=FTFT000020190911ef9b0003m&drn=drn%3aarchive. newsarticle. FTFT000020190911ef9b0003m&cat=a&ep=ASE.

（四）“发展受挫、增速放缓”的整体经济

在涉及“整体发展规模与速度”的报道中（如图 3-55），《金融时报》关注中美贸易战背景下（trade war）中国各类经济指标（index、year rate）的变化及其趋势，借助消极型的高频词（take toll、fall、cut、growth slowdown、fear、loom）和“受挫”为主的事件框架（如图 3-56），凸显了中国整体经济的困境。例如，2020 年 4 月 1 日的报道指出，中国相关制造业指数出现反弹，但经济并未完全复苏且失业率创新高，强调中国整体经济发展仍面临重大挑战①；2020 年 5 月 23 日的报道指出，因美国贸易打压、高失业率等原因，中国经济面临严重衰退，不得不降低国内生产总值的目标②。

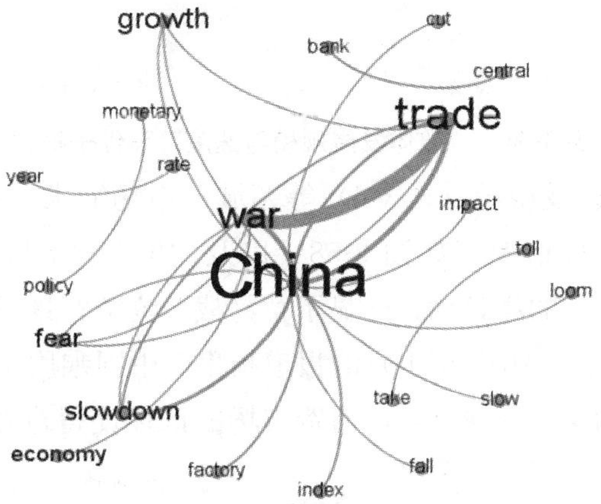

图 3-55　“整体发展规模与速度”语义网络图

（五）“萎缩、降级”的消费能力

《金融时报》对中国“消费能力”的关注较少，相关报道重点关注中国新能源汽车（automobile、car、carmaker）、食品饮料（food、beverage）、铁矿

① Chinese manufacturing index rebounds [N/OL]. Financial times，2020-04-01 [2024-12-03]. https://gtyiqteemqj8w4qeejyzee77tejqe7ss9elk9-s-a2097. bj. tsgdht. cn/redir/default. aspx?P=sa&an=FTFT000020200401eg4100078&drn=drn%3aarchive. newsarticle. FTFT000020200401eg4100078&cat=a&ep=ASE.

② Beijing ditches growth target after economy grinds to halt [N/OL]. Financial times，2020-05-23 [2024-12-03]. https://gtyiqteemqj8w4qeejyzee77tejqe7ss9elk9-s-a2097. bj. tsgdht. cn/redir/default. aspx?P=sa&an=FTFT000020200523eg5n00081&drn=drn%3aarchive. newsarticle. FTFT000020200523eg5n00081&cat=a&ep=ASE.

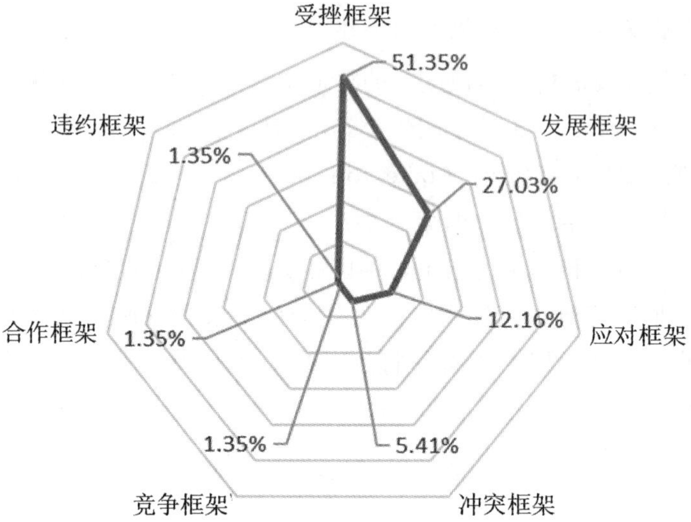

图 3-56 “整体发展规模与速度”事件子框架

(iron、ore、steel) 以及旅游 (travel) 等领域的市场需求 (如图 3-57)，并借助以“受挫”为主的事件框架 (如图 3-58) 以及“hit”“take toll”“slowdown”“fall”“fear”等消极型的高频词，凸显了贸易战及疫情背景下中国市场需求萎缩、能力降级的形象。例如，2019 年 1 月的报道指出，中国乘用车销量自 1990 年以来首次出现逆转，较前一年下降 4%，消费市场的低迷使得汽车制造商面临减产与

图 3-57 “消费能力”的语义网络图

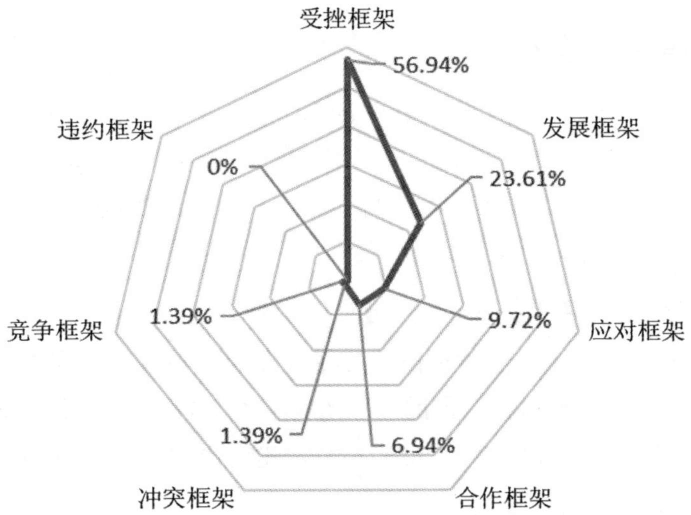

图 3-58　“消费能力”维度事件子框架占比

价格崩溃的问题①；2020 年 2 月的报道指出，受疫情影响，中国工业生产遭遇重创，中国国内石油需求将下滑 25%②；2018 年 11 月的报道指出，全球市值最高的白酒企业中国贵州茅台，已成为国内消费降级的牺牲品，茅台企业收入增长低于预期③；2018 年 7 月的报道则指出，中国消费支出放缓导致股市走低，中国消费贷款虽然在增长，但增速急剧下降④。

---

① Carmakers face cuts and gloom as China sales shift into reverse [N/OL]. Financial times，2019-01-17 [2024-12-03]. https://gtyiqteemqj8w4qeejyzee77tejqe7ss9elk9-s-a2097.bj.tsgdht.cn/redir/default.aspx?P=sa&an=FTFT000020190117ef1h0009j&drn=drn%3aarchive.newsarticle.FTFT000020190117ef1h0009j&cat=a&ep=ASE.

② China braced for 25% slide in domestic oil demand as industrial activity hit [N/OL]. Financial times，2020-02-06 [2024-12-03]. https://gtyiqteemqj8w4qeejyzee77tejqe7ss9elk9-s-a2097.bj.tsgdht.cn/redir/default.aspx?P=sa&an=FTFT000020200206eg2600066&drn=drn%3aarchive.newsarticle.FTFT000020200206eg2600066&cat=a&ep=ASE.

③ Moutai hit by revenue squeeze amid pressure to control prices [N/OL]. Financial times，2018-11-05 [2024-12-03]. https://gtyiqteemqj8w4qeejyzee77tejqe7ss9elk9-s-a2097.bj.tsgdht.cn/redir/default.aspx?P=sa&an=FTFT000020181105eeb500032&drn=drn%3aarchive.newsarticle.FTFT000020181105eeb500032&cat=a&ep=ASE.

④ China's slowdown in consumer spending is driving shares lower [N/OL]. Financial times，2018-07-03 [2024-12-03]. https://gtyiqteemqj8w4qeejyzee77tejqe7ss9elk9-s-a2097.bj.tsgdht.cn/redir/default.aspx?P=sa&an=FTFT000020180703ee730008r&drn=drn%3aarchive.newsarticle.FTFT000020180703ee730008r&cat=a&ep=ASE.

三、中国经济政策形象

在“经济政策形象”这一维度，《金融时报》对“需求管理政策”的关注最多，相关报道共计376篇，占该维度样本总量的58.84%；其次是有关“对外贸易政策”的报道，共有234篇，占比为36.62%；有关“供给管理政策”的报道相对较少，仅有40篇，占比为6.26%。

（一）“积极干预但效力不足”的需求管理政策

“需求管理政策”是《金融时报》关注最多的经济政策。在涉及“需求管理政策”的报道中，《金融时报》借助以“政府干预”为主的归因框架（如图3-59）和以“受挫”为主的事件框架（如图3-60），建构出“积极干预但效力不足”的需求管理政策形象。

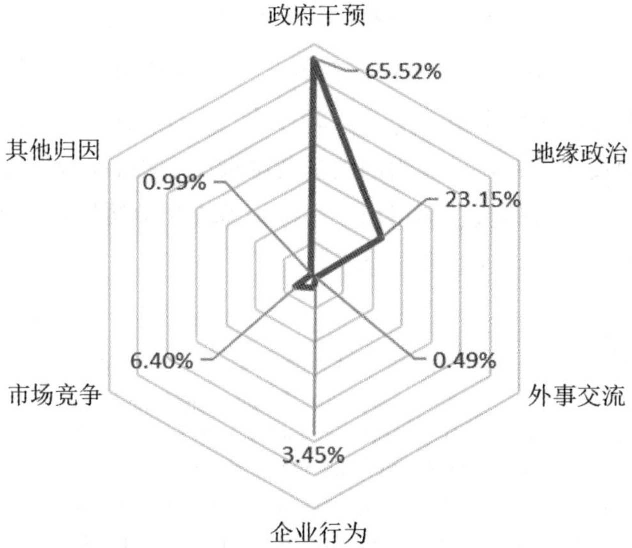

图3-59 “需求管理政策”的归因子框架占比

具体来说，《金融时报》更多关注需求管理政策中的货币政策，相关报道共有278篇，占比达73.94%；其次是有关财政政策的报道，共有140篇，占比37.23%。

第一，“操纵型”的货币政策形象。在“货币政策”上（如图3-61），《金融时报》关注与汇率（renminbi、currency）、利率（rate）等相关的政策，借助“manipulation（操纵）”“cut（下调）”等高频词，建构出“强势干预”的货币政策形象。例如，2018年12月的一篇报道声称“中国的汇率操纵行为影响了全球

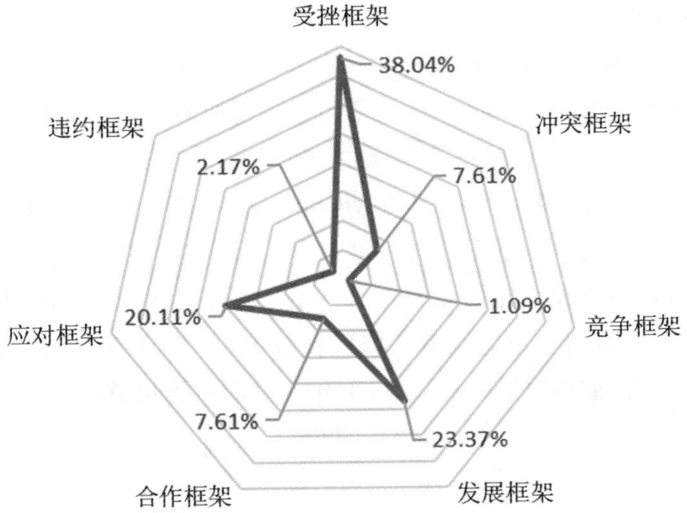

图 3-60　“需求管理政策”的事件子框架占比

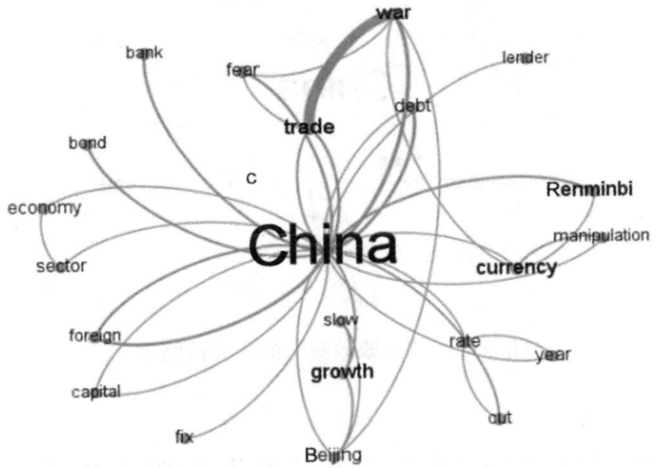

图 3-61　“货币政策”的语义网络图

贸易”，并且“正遭受美方政府的反击”，警告中国“必须结束货币操纵”①；2019 年 8 月的一篇报道关注中国下调基准贷款利率以降低融资成本的政策，认为该政策虽然有助于缓解私营公司所面临的信贷紧缩的经营压力，但也会给企业

① China must end currency manipulation [N/OL]. Financial times，2018-09-12 [2024-12-03]. https://gtyiqteemqj8w4qeejyzee77tejqe7ss9elk9-s-a2097. bj. tsgdht. cn/redir/default. aspx?P= sa&an = FTFT000020180912ee9c0001z&drn = drn% 3aarchive. newsarticle. FTFT000020180912ee9c0001z&cat=a&ep=ASE.

增加诸多不确定性①。

第二，“刺激型”的财政政策形象。在“财政政策”上（如图 3-62），《金融时报》关注中国在房地产（property）等行业的税收政策，在钢铁（steel）、基础设施（infrastructure project）等领域的投资政策，以及汽车行业（electric vehicle、car）的补贴政策，借助“slowdown（放缓）”“fall（下降）”“cut（下调）”“stimulus（刺激）”等高频词，建构出“为应对经济困境而努力干预”的“刺激型”财政政策形象。比如 2018 年 9 月的一篇报道指出，为应对公共养老基金缺口问题，中国政府正考虑调整工资税收政策②；2018 年 12 月的一篇报道重点关注汽车购买补贴政策的影响③；2019 年 1 月的一篇报道指出，为应对经济增

图 3-62 “财政政策”的语义网络图

① China lowers benchmark lending rate in effort to cushion trade war impact [N/OL]. Financial times, 2019-08-21 [2024-12-03]. https://gtyiqteemqj8w4qeejyzee77tejqe7ss9elk9-s-a2097. bj. tsgdht. cn/redir/default. aspx?P=sa&an=FTFT000020190821ef8l0007j&drn=drn%3aarchive. newsarticle. FTFT000020190821ef8l0007j&cat=a&ep=ASE.

② China steps up collection of payroll taxes [N/OL]. Financial times, 2018-09-13 [2024-12-03]. https://gtyiqteemqj8w4qeejyzee77tejqe7ss9elk9-s-a2097. bj. tsgdht. cn/redir/default. aspx?P=sa&an=FTFT000020180913ee9d0001j&drn=drn%3aarchive. newsarticle. FTFT000020180913ee9d0001j&cat=a&ep=ASE.

③ Under the hood Prospect looms of first annual fall in China car sales since 1990s [N/OL]. Financial times, 2018-12-15 [2024-12-03]. https://gtyiqteemqj8w4qeejyzee77tejqe7ss9elk9-s-a2097. bj. tsgdht. cn/redir/default. aspx?P=sa&an=FTFT000020181215eecf000il&drn=drn%3aarchive. newsarticle. FTFT000020181215eecf000il&cat=a&ep=ASE.

速放缓，中国加大其在铁路项目上的投资，投资额将达 1250 亿美元①。

（二）"应对型"的对外贸易政策

在"对外贸易政策"方面（如图 3-63），《金融时报》主要关注与关税战（tariff war）、贸易谈判进展（trade talk）密切相关的关税政策，以及与国内市场需求（market）紧密相连的进出口许可和投资配额。借助"冲突、应对和受挫并存"的事件框架（如图 3-64），《金融时报》建构出一个"在冲突和困境中不断应对调整"的中国对外贸易政策形象。例如，有关关税的报道强调中国对美国加征关税行为的及时应对②；有关中国取消对加拿大猪肉和牛肉的出口禁令的报道，认为这一举动是中国为缓和两国外交关系释放的信号，也是源于中国猪肉市场的需求③；有关中国决定取消废除外国机构投资配额制度，允许基金经理无限制购买股票和债券的报道，强调这一政策调整是中国政府试图缓冲经济低迷与贸易战影响的举措④。

（三）"强硬型"收入政策与"不健全"的人力政策

《金融时报》涉及"供给管理政策"的报道较少，仅有 40 篇。相关报道主要包括两个方面：一是在收入政策上，关注政府为扭转物价上涨等形势而采取的强硬管制措施，展现了"强硬型"的收入政策形象。比如，有报道关注中国政府加快降低癌症药物的成本、下调药物价格的举措，并认为这一举措可能会打击罗

---

① China to spend ＄125bn on railway projects［N/OL］. Financial times，2019-01-07［2024-12-03］. https://gtyiqteemqj8w4qeejyzee77tejqe7ss9elk9-s-a2097. bj. tsgdht. cn/redir/default. aspx?P＝sa&an＝FTFT000020190107ef17000a4&drn＝drn%3aarchive. newsarticle. FTFT000020190107ef17000a4&cat＝a&ep＝ASE.

② Beijing's fighting talk over US trade war sends markets reeling［N/OL］. Financial times，2018-04-05［2024-12-03］. https://gtyiqteemqj8w4qeejyzee77tejqe7ss9elk9-s-a2097. bj. tsgdht. cn/redir/default. aspx?P＝sa&an＝FTFT000020180405ee450007u&drn＝drn%3aarchive. newsarticle. FTFT000020180405ee450007u&cat＝a&ep＝ASE.

③ Beijing ends ban on Canadian pork in sign of diplomatic thaw［N/OL］. Financial times，2019-11-07［2024-12-03］. https://gtyiqteemqj8w4qeejyzee77tejqe7ss9elk9-s-a2097. bj. tsgdht. cn/redir/default. aspx?P＝sa&an＝FTFT000020191107efb70004y&drn＝drn%3aarchive. newsarticle. FTFT000020191107efb70004y&cat＝a&ep＝ASE.

④ China scraps buying limits on approved foreign investors［N/OL］. Financial times，2019-09-11［2024-12-03］. https://gtyiqteemqj8w4qeejyzee77tejqe7ss9elk9-s-a2097. bj. tsgdht. cn/redir/default. aspx?P＝sa&an＝FTFT000020190911ef9b0005c&drn＝drn%3aarchive. newsarticle. FTFT000020190911ef9b0005c&cat＝a&ep＝ASE.

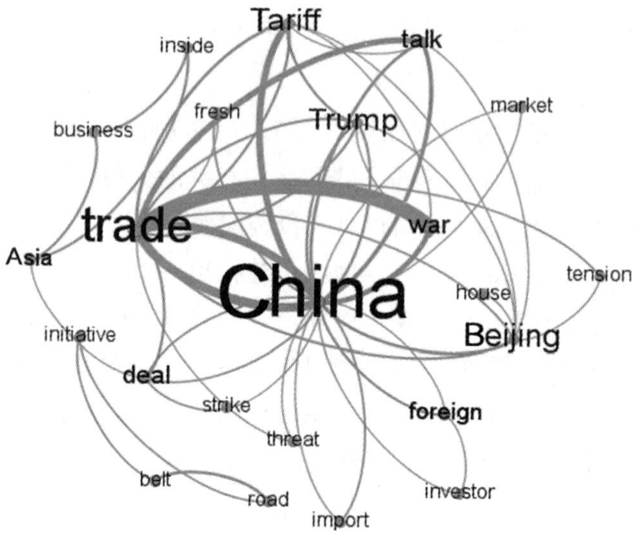

图 3-63　“对外贸易政策”的语义网络图

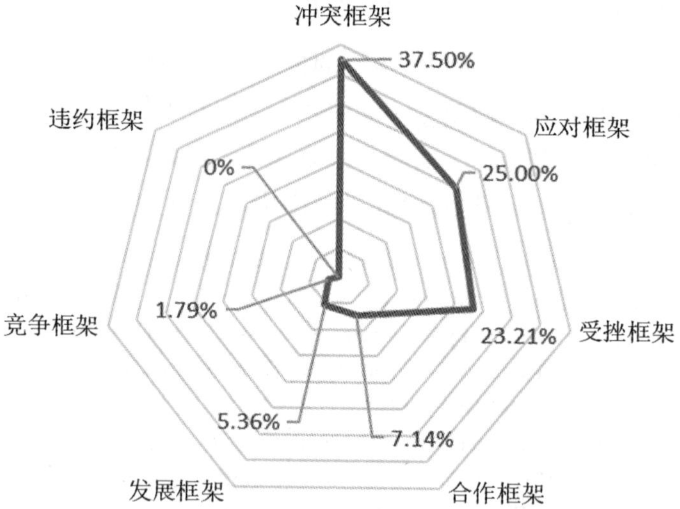

图 3-64　“对外贸易政策”事件子框架占比

氏、诺华等跨国公司在中国的收入①。二是在人力政策上，通过关注特定群体的就业情况，凸显“不完善不健全”的人力政策形象。比如，有报道关注中国农民

① China vows price cuts to cancer drugs [N/OL]. Financial times, 2018-07-10 [2024-12-03]. https://gtyiqteemqj8w4qeejyzee77tejqe7ss9elk9-s-a2097.bj.tsgdht.cn/redir/default.aspx?P=sa&an=FTFT000020180710ee7a0000q&drn=drn%3aarchive.newsarticle.FTFT000020180710ee7a0000q&cat=a&ep=ASE.

工的就业环境，认为“工人生活条件依旧艰苦、恶劣”“政府并没有真正解决工资低和住房难等核心问题”①；另有报道关注苹果公司指控其中国供应商非法雇佣学生的事件，声称中国存在“非法劳工乱象”，并暗示这种现象的发生是中国政府“纵容的结果”②。

四、中国经济理念形象

在“经济理念形象”这一维度，《金融时报》涉及“国家发展理念”的报道最多，共计 190 篇，占该维度样本总量的 57.75%；其次是体现“企业文化及经营理念”的相关报道，共有 110 篇，占比 33.43%；而体现“消费理念”的报道相对较少，仅有 52 篇，占比 15.81%。

（一）“野心勃勃”的国家发展理念

在“国家发展理念”方面，《金融时报》借助“政府干预”为主的归因框架（如图 3-65），解读中国在技术发展（tech、chip）、援建他国基础设施项目（infrastructure project）、参与全球事务（global）、能源开发（gas、coal）、“一带一路”倡议（road、initiative）等经济行为背后所体现的国家理念，借助“pressure（强迫）”“probe（刺探）”“dominance（支配）”“fear（恐惧）”等关键词（如图 3-66），建构出“具有野心和攻击性”的国家发展理念形象。例如，有关中国把“实现核心技术重大突破”列为优先事项的报道，强调“中国急切希望摆脱对外国技术的依赖，实现科技领域的自给自足，进而突破他国的技术限制”③；将中国响应世界卫生组织的倡议、旨在确保新冠疫苗在全球公平分发的

---

① China factories tempt workers with childcare offer [N/OL]. Financial times，2018-09-11 [2024-12-03]. https://gtyiqteemqj8w4qeejyzee77tejqe7ss9elk9-s-a2097. bj. tsgdht. cn/redir/default. aspx? P=sa&an=FTFT000020180911ee9b000fn&drn=drn%3aarchive. newsarticle. FTFT000020180911ee9b000fn&cat=a&ep=ASE.

② Apple probes allegations of illegal labour at China plant [N/OL]. Financial times，2018-10-29 [2024-12-03]. https://gtyiqteemqj8w4qeejyzee77tejqe7ss9elk9-s-a2097. bj. tsgdht. cn/redir/default. aspx? P = sa&an = FTFT000020181029eeat00099&drn = drn%3aarchive. newsarticle. FTFT000020181029eeat00099&cat=a&ep=ASE.

③ China aims for self-sufficiency in tech sectors [N/OL]. Financial times，2020-10-30 [2024-12-03]. https://gtyiqteemqj8w4qeejyzee77tejqe7ss9elk9-s-a2097. bj. tsgdht. cn/redir/default. aspx?P=sa&an=FTFT000020201030egau000dy&drn=drn%3aarchive. newsarticle. FTFT000020201030egau000dy&cat=a&ep=ASE.

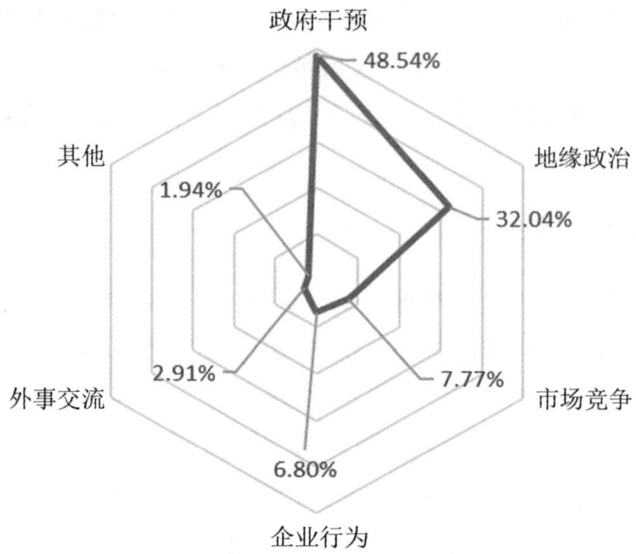

图 3-65 “国家发展理念”的归因子框架占比

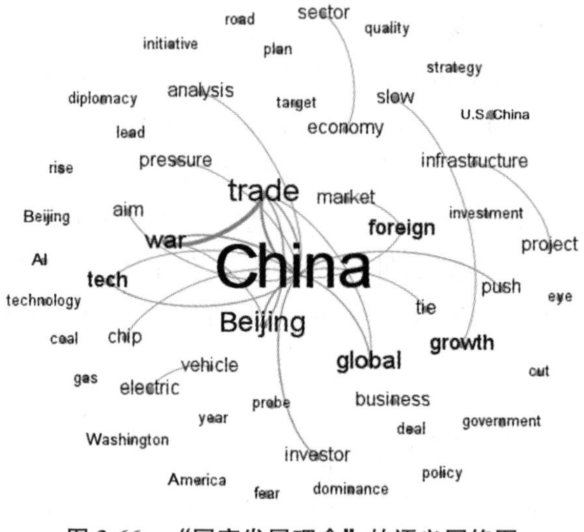

图 3-66 “国家发展理念”的语义网络图

举措，解读为中国“借此扩展地缘政治影响以谋求政治利益”的行为①；将中国

① China has broader aims with vaccine diplomacy [N/OL]. Financial times, 2020-10-13 [2024-12-03]. https://gtyiqteemqj8w4qeejyzee77tejqe7ss9elk9-s-a2097. bj. tsgdht. cn/redir/default. aspx?P=sa&an=FTFT000020201013egad0005y&drn=drn%3aarchive. newsarticle. FTFT000020201013egad0005y&cat=a&ep=ASE.

对斯里兰卡的援建与“债务陷阱”挂钩①。

（二）“奋力进取”的企业发展理念

涉及“企业文化与经营理念”的报道，主要聚焦华为（Huawei）、腾讯（Tencent、WeChat）、阿里巴巴（Alibaba）、字节跳动（Byte Dance）、百度（Baidu）等科技企业和互联网新兴公司（start-ups）在市场拓展（market）、发展战略（strategy、step）、技术研发（technology）等经济活动中展现的企业理念（如图 3-67）。借助以“发展”为主的事件框架（如图 3-68），相关建构出“奋力进取”的企业理念形象。例如，对华为的报道指出，华为负责人在采访中强调了公司的自力更生原则，认为企业在外部压力下更加团结，企业对制造部件的能力

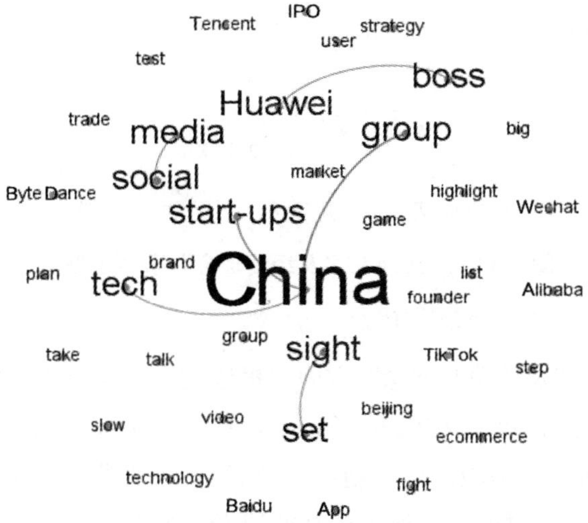

图 3-67　“企业文化及经营理念”语义网络图

有信心②；对短视频社交平台 TikTok 的报道指出，该平台因为担心用户尤其是青少年群体接触到暴力、色情等有害内容，专门组建团队加强内容审核，呈现了

① China is at risk of becoming a colonialist power [N/OL]. Financial times, 2018-09-20 [2024-12-03]. https://gtyiqteemqj8w4qeejyzee77tejqe7ss9elk9-s-a2097.bj.tsgdht.cn/redir/default.aspx?P=sa&an=FTFT000020180920ee9k0008b&drn=drn%3aarchive.newsarticle.FTFT000020180920ee9k0008b&cat=a&ep=ASE.

② Huawei boss plays down promised Trump reprieve [N/OL]. Financial times, 2019-07-03 [2024-12-03]. https://gtyiqteemqj8w4qeejyzee77tejqe7ss9elk9-s-a2097.bj.tsgdht.cn/redir/default.aspx?P=sa&an=FTFT000020190703ef7300072&drn=drn%3aarchive.newsarticle.FTFT000020190703ef7300072&cat=a&ep=ASE.

平台致力于保护用户安全的经营理念①；还有报道认为中国企业家走在很多国家前面，他们可以“孤注一掷”以求生存，并强调中国员工们全心全意为企业发展作贡献②。

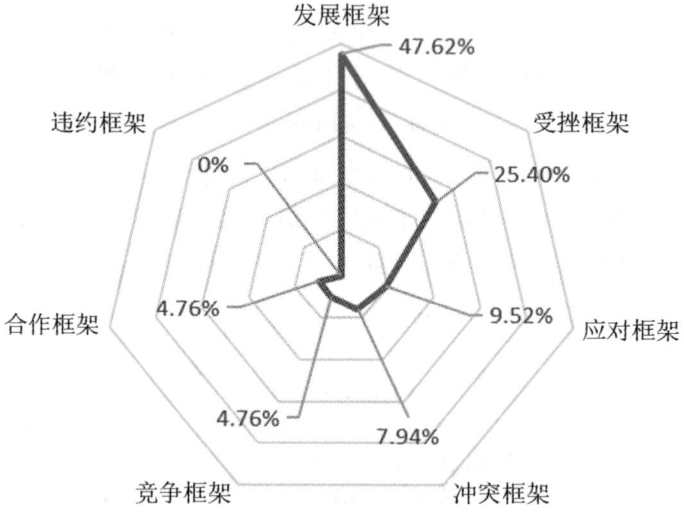

图 3-68 “企业文化及经营理念”事件子框架

（三）“品质转向型”的消费理念

《金融时报》中涉及“消费理念”方面的报道较少，仅有 52 篇。如图 3-69 所示，相关报道多聚焦中国消费者在汽车（automobile、car）、食品（food、pork）以及电商零售（retail）等领域的消费行为，强调这些消费行为背后中国消费者追求品牌的消费倾向，建构了一个日益追求消费体验的“品质转向型”的消费理念形象。例如，有报道指出中国汽车市场有望复苏，尤其是豪华车市场和电动汽车市场的销售量将出现增长，中国消费者追求舒适和低碳环保的意识在不断

① TikTok steps up efforts to protect teenagers from improper content [N/OL]. Financial times, 2019-12-21 [2024-12-03]. https://gtyiqteemqj8w4qeejyzee77tejqe7ss9elk9-s-a2097.bj.tsgdht.cn/redir/default.aspx?P=sa&an=FTFT000020191221efcl000ga&drn=drn%3aarchive.newsarticle.FTFT000020191221efcl000ga&cat=a&ep=ASE.

② Chinese entrepreneurs ‘sacrifice everything’ to stay ahead of US [N/OL]. Financial times, 2020-08-05 [2024-12-03]. https://gtyiqteemqj8w4qeejyzee77tejqe7ss9elk9-s-a2097.bj.tsgdht.cn/redir/default.aspx?P=sa&an=FTFT000020200805eg850006m&drn=drn%3aarchive.newsarticle.FTFT000020200805eg850006m&cat=a&ep=ASE.

提升①；有关食品消费的报道指出，中国消费者对环保型食材有了更多的需求，更环保的植物性猪肉替代品可能会有大的市场空间②；另有报道认为中国中产阶级市场迅速增长且可支配收入不断增加，创建符合中国口味的定制品牌有助于英国传统商品的销售③；对中国年轻群体消费习惯的报道则指出中国用于买车、度假、家庭装修和其他家庭用品的消费贷款较去年增长了近40%，其中年轻群体成为借贷主力，中国年轻消费者一改老一辈保守节俭的消费习惯而倾向采用贷款消费的方式④。

图 3-69　“消费理念”的语义网络图

---

① Carmakers gear up for China sales recovery [N/OL]. Financial times，2019-04-22 [2024-12-03]. https://gtyiqteemqj8w4qeejyzee77tejqe7ss9elk9-s-a2097. bj. tsgdht. cn/redir/default. aspx?P=sa&an=FTFT000020190422ef4m00065&drn=drn%3aarchive. newsarticle. FTFT000020190422ef4m00065&cat=a&ep=ASE.

② Vegan pork maker to exploit China cull [N/OL]. Financial times，2019-05-20 [2024-12-03]. https://gtyiqteemqj8w4qeejyzee77tejqe7ss9elk9-s-a2097. bj. tsgdht. cn/redir/default. aspx?P=sa&an=FTFT000020190520ef5k0006t&drn=drn%3aarchive. newsarticle. FTFT000020190520ef5k0006t&cat=a&ep=ASE.

③ Create bespoke brands that fit Chinese tastes [N/OL]. Financial times，2020-01-31 [2024-12-03]. https://gtyiqteemqj8w4qeejyzee77tejqe7ss9elk9-s-a2097. bj. tsgdht. cn/redir/default. aspx?P=sa&an=FTFT000020200131eg1v0009p&drn=drn%3aarchive. newsarticle. FTFT000020200131eg1v0009p&cat=a&ep=ASE.

④ China's young consumers drive sharp rise in borrowing [N/OL]. Financial times，2018-08-06 [2024-12-03]. https://gtyiqteemqj8w4qeejyzee77tejqe7ss9elk9-s-a2097. bj. tsgdht. cn/redir/default. aspx? P = sa&an = FTFT000020180806ee860002t&drn = drn% 3aarchive. newsarticle. FTFT000020180806ee860002t&cat=a&ep=ASE.

综上所述，《金融时报》涉华经济报道聚焦中国企业动态、国际经贸互动、中美贸易战、金融市场动态等主要议题，借助“发展与受挫共存”的事件框架、“政府干预和地缘冲突并重”的归因框架，以及以“利益受损”为主的影响框架，凸显了“强大但深陷地缘政治困境”的中国经济形象。

第三节　印度媒体中的中国经济形象

印度作为世界第五大经济体，全球增长最快的新兴经济体之一，WTO、G20、金砖国家组织和上合组织等多边国际组织的成员，在世界经济和国际事务中的影响力与日俱增。印度也是中国最重要的经贸合作伙伴之一，2021 年中印双边贸易额首次突破 1000 亿美元，中国成为印度最大贸易伙伴①。

与此同时，中、印作为拥有世界上最多人口的两个相邻国家、亚洲最大的两个发展中国家，两国之间的边界问题、地缘政治利益和影响力角逐也决定了两国关系的复杂性。而美国旨在制衡亚洲的“印太战略”以及中美间的贸易博弈，进一步加剧了中印间关系的不确定性。在此形势下，印度作为新兴大国、中国重要经贸伙伴以及印太地区的主要大国，其对中国经济形象的建构，会反映并影响中印关系乃至区域秩序的未来走向。

一、样本构成

在印度《经济时报》2018 年 3 月至 2020 年 11 月的 894 篇有效样本中，2018 年 10 个月共计 243 篇，2019 年 12 个月共计 272 篇，2020 年 11 个月共计 379 篇。

（一）议题构成

《经济时报》894 篇涉华经济报道的标题文本的高频名词可以划分为三组关键词群（如图 3-70）：一是与国际贸易相关的“trade”“import”“export”“duty”“global”“market”“investment”等；二是与企业相关的“Xiaomi”“Huawei”“TikTok”“company”“firm”等；三是与产业相关的“industry”“steel”等。上述高频词群反映了《经济时报》关注的焦点。

① 此为中方主管部门公布的数据，中印双方因统计口径不同，所公布的贸易额数字有所差异。2022 年美国超过中国成为印度最大贸易伙伴，中国为印度第二大贸易伙伴。

图 3-70　报道标题 Top30 高频实词云

以此为基础，对数据进行预研究，可以将《经济时报》的涉华经济报道议题划分为四类。四大议题按报道数量从高到低排序依次为：企业动态（327 篇，36.58%）、国际贸易往来（332 篇，37.14%）、产业市场动态（169 篇，18.90%）以及其他（66 篇，7.38%）。

（二）报道框架分析

“事件框架”是《经济时报》涉华经济报道使用最多的框架，有 447 篇报道采用，占比 50.00%；其次是“归因框架”，有 390 篇报道采用，占比 43.62% ；最后是“影响框架”，有 205 篇采用，占比 22.93%。

第一，“发展为主，冲突与合作共存”的事件框架。在 447 篇采用事件框架的报道中（如图 3-71），“发展框架”这一子框架的占比最大，共计 160 篇，占到事件框架报道总量的 35.79%；其次是“冲突框架”（95 篇，21.25%）和“合作框架”（79 篇，17.67%）；其他几类框架的使用相对较少。《经济时报》涉华经济报道较为关注中国企业在印度的市场拓展和业务增长，中国制造业的技术突破、产能提升，以及中美贸易冲突和中印间的贸易冲突与合作。

第二，以“政治归因”为主的归因偏向。归因框架是《经济时报》涉华经济报道的第二大框架，共有 390 篇报道采用，占总样本量的 43.62%。而进一步分析可以发现（如图 3-72）：“政府干预”（147 篇，37.69%）和“地缘政治”（128 篇，32.82%）是其主要的归因类型，远远超过“企业行为”（45 篇，11.54%）、“市场竞争”（37 篇，9.49%）等其他归因子框架的使用频次。《经济时报》涉华经济报道呈现出“政治归因为主”的显著特征。

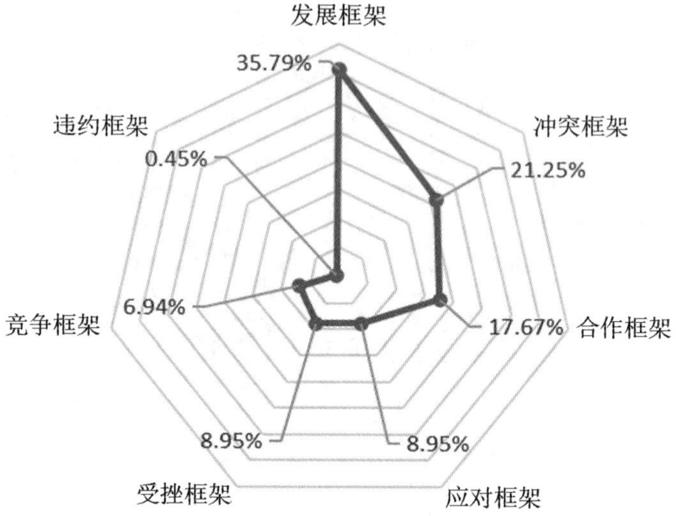

图 3-71 事件子框架的占比情况

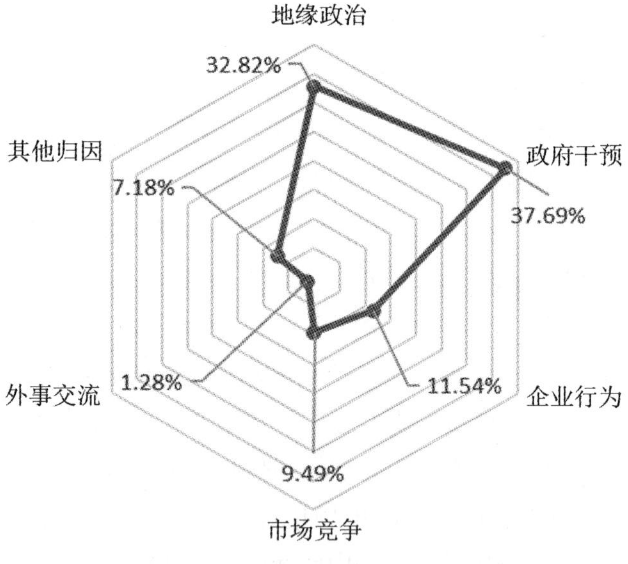

图 3-72 归因子框架的占比情况

第三，以“利益受损”为主、“东道国获益”为辅的影响框架。《经济时报》共有 205 篇报道采用影响框架，占总样本量的 22.93%。进一步对应到影响框架的八个子框架可以发现（如图 3-73）：“利益受损”是《经济时报》涉华经济报道中使用最多的影响子框架，有 103 篇，占影响框架报道的 50.24%；其次是“东道国获益”，有 69 篇，占影响框架报道的 33.67%；而“中方获益” （17 篇，8.29%）、“共赢”（6 篇，2.93%）等其他六个子框架的使用则相对较少。采用

“利益受损”框架的报道侧重强调中美贸易博弈、新冠疫情对各国经济产生的负面影响；采用“东道国获益”框架的报道则强调经济政策以及国际市场的变化对印度经济的积极影响。

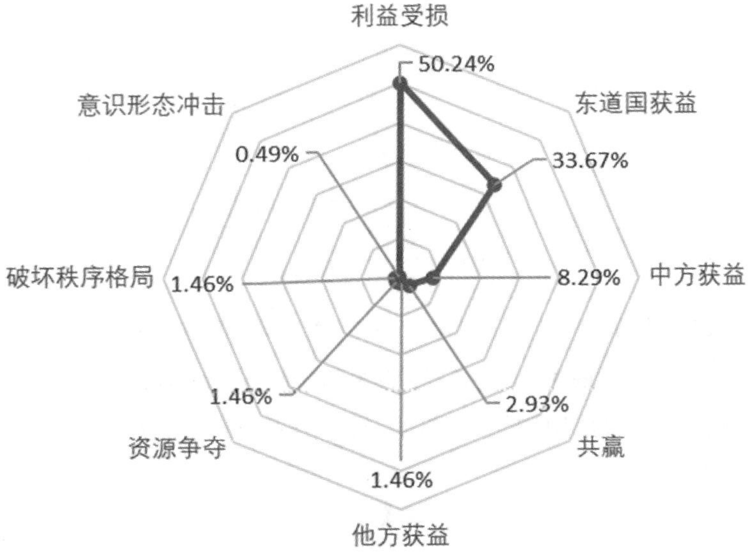

图 3-73　影响子框架的占比情况

（三）中国经济形象各维度的占比情况

在《经济时报》2018 年 3 月至 2020 年 11 月的 894 篇涉华经济报道中，涉及“中国经济实力形象”的报道数量最多，共 550 篇，占样本总量的 61.52%；涉及“中国经济政策形象”（160 篇，17.90%）和“中国经济理念形象”（151 篇，16.89%）的报道都相对较少。《经济时报》体现出关注焦点“单一化”的特点。

二、中国经济实力形象

在“经济实力形象”这一维度中（如图 3-74），“生产能力”是《经济时报》重点关注的指标，相关报道共有 329 篇，占该维度样本总量的 59.82%；“国际投资与贸易水平”（71 篇，12.91%）、“消费能力”（57 篇，10.36%）、“整体发展规模与速度”（51 篇，占比 9.27%）以及“金融实力”（31 篇，占比 5.64%）的报道都相对较少。

（一）“实力强劲但深受地缘政治冲击”的生产能力

在“生产能力”上，《经济时报》借助“发展”为主的事件框架（如图 3-75）

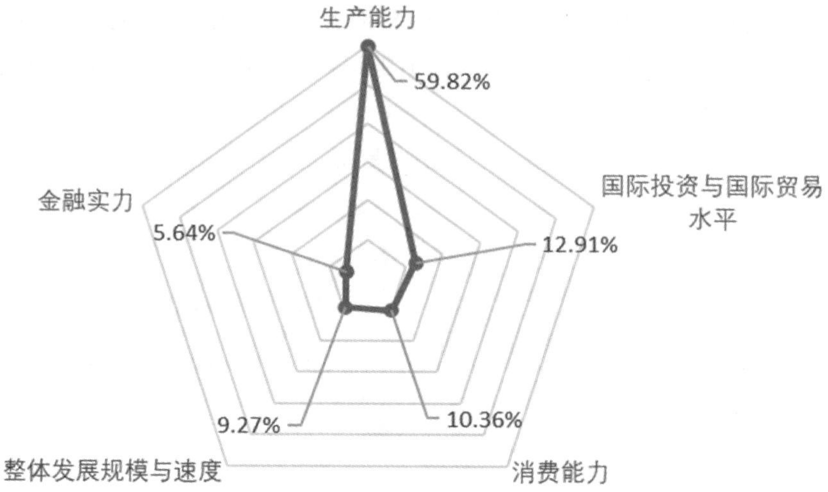

图 3-74 经济实力形象各指标的占比情况

和“地缘政治”为主的归因框架（图 3-76），建构出“实力强劲但受地缘政治冲击”的生产能力。

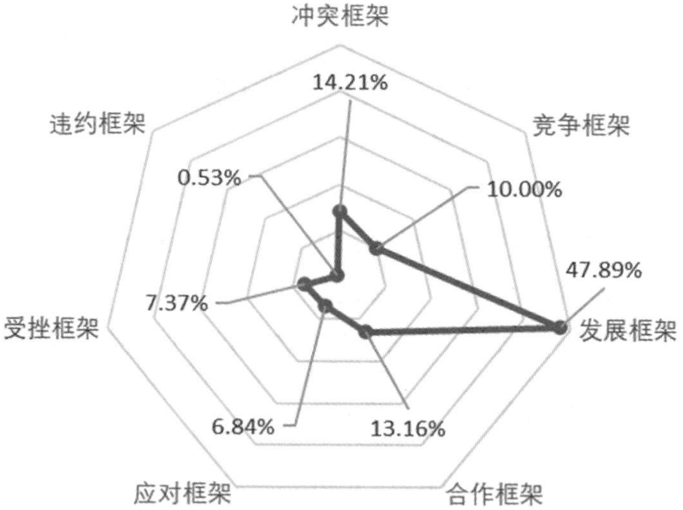

图 3-75 “生产能力”维度事件子框架占比

具体来说，《经济时报》主要关注“生产能力”中的企业能力（215 篇，65.35%），对行业能力（67 篇，20.36%）、供给能力（27 篇，8.21%）和生产要素水平（20 篇，6.08%）等其他能力的报道都相对较少。

第一，“拥有全球竞争力”的中国企业形象。在企业能力层面（如图 3-77），《经济时报》主要聚焦智能手机制造企业（smartphone）以及互联网科技企业在

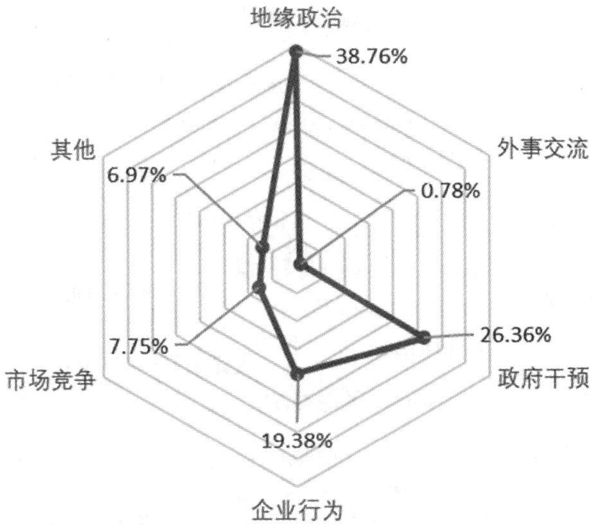

图 3-76　“生产能力”维度归因子框架占比

生产（make）、进出口（import、export）以及投资（invest）等方面的能力，出现频次较高的企业主要有华为（Huawei）、小米（Xiaomi）、OPPO、Vivo、OnePlus、阿里巴巴（Alibaba）、腾讯（Tencent）、抖音（TikTok）等。借助“premium（高级）”“global（全球）”“top（顶级）”等关键词，《经济时报》建构出“拥有全球竞争力”的中国企业形象。例如，有关小米进军电视市场的报道强调小米大胆的市场创新策略①；有关阿里巴巴的报道关注阿里巴巴与印度大公司组建合资企业的进展，以及阿里巴巴在印度的全渠道零售计划②；有关抖音的报道强调 TikTok 的首次安装量在 3 周内即增长了 155%③。

---

① Unboxing Xiaomi: how this Chinese company does what it does in India [N/OL]. The economic times, 2018-03-18 [2024-12-04]. https://gtyiqteemqj8w4qeejyzee77tejqe7ss9elk9-s-a2097. bj. tsgdht. cn/redir/default. aspx? P = sa&an = ECTIM00020180317ee3i0000q&drn = drn%3aarchive. newsarticle. ECTIM00020180317ee3i0000q&cat=a&ep=ASE.

② Alibaba eyes joint venture with big Indian companies; in talks with RIL, tatas, future retail [N/OL]. The economic times, 2018-08-19 [2024-12-04]. https://gtyiqteemqj8w4qeejyzee77tejqe7ss9elk9-s-a2097. bj. tsgdht. cn/redir/default. aspx? P = sa&an = ECTIM00020180818ee8j0001e&drn=drn%3aarchive. newsarticle. ECTIM00020180818ee8j0001e&cat=a&ep=ASE.

③ TikTok rivals see first-time installs grow 155% in 3wks [N/OL]. The economic times, 2020-07-25 [2024-12-04]. https://gtyiqteemqj8w4qeejyzee77tejqe7ss9elk9-s-a2097. bj. tsgdht. cn/redir/default. aspx? P = sa&an = ECTIM00020180818ee8j0001e&drn = drn% 3aarchive. newsarticle. ECTIM00020180818ee8j0001e&cat=a&ep=ASE.

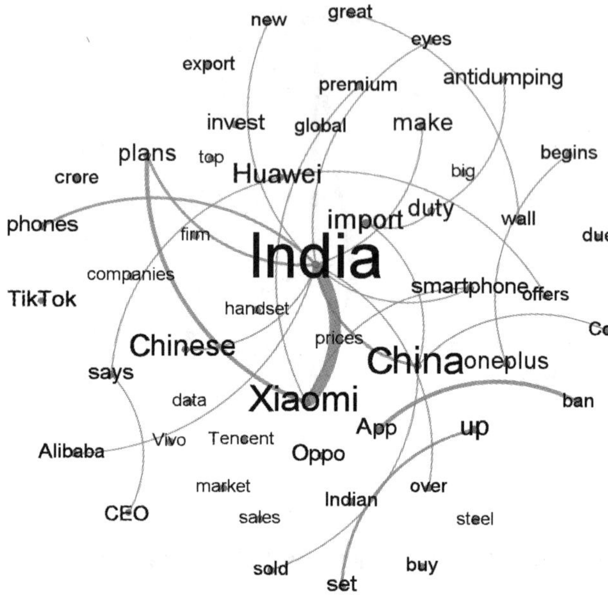

图 3-77 “企业能力”的语义网络图

第二，“实力强劲但受限于地缘政治影响”的产业能力。在行业/产业能力层面（如图 3-78），《经济时报》关注中国在汽车（auto）、磁悬浮列车（maglev、train）、电子电气齿轮（gear）、新能源（solar）、智能手机及互联网科技（smartphone、App）等工业制造业领域的实力，同时聚焦中印边境冲突、印度对华抵制对中国产业发展的影响（boycott、hit、check、anti-dumping），建构出“实力强劲但受限于地缘政治影响”的产业能力形象。例如，2020 年 6 月 11 日的报道指出中国在锂电池、太阳能电池等领域享有近乎垄断的地位①；2020 年 6 月 30 日的报道则指出，随着中印关系的紧张化，印度港口和机场延迟对中国进口货物的清关，以抵制药品、器械等中国产品②。

① View: replacing China imports difficult, yet possible, even in electric vehicles [N/OL]. The economic times, 2020-06-11 [2024-12-04]. https://gtyiqteemqj8w4qeejyzee77tejqe7ss9elk9-s-a2097.bj.tsgdht.cn/redir/default.aspx?P=sa&an=ECTIM00020200610eg6b0000i&drn=drn%3aarchive.newsarticle.ECTIM00020200610eg6b0000i&cat=a&ep=ASE.

② Boycott China: checks on imports to hit drug, devices supply [N/OL]. The economic times, 2020-06-30 [2024-12-04]. https://gtyiqteemqj8w4qeejyzee77tejqe7ss9elk9-s-a2097.bj.tsgdht.cn/redir/default.aspx?P=sa&an=ECTIM00020200701eg6u00013&drn=drn%3aarchive.newsarticle.ECTIM00020200701eg6u00013&cat=a&ep=ASE.

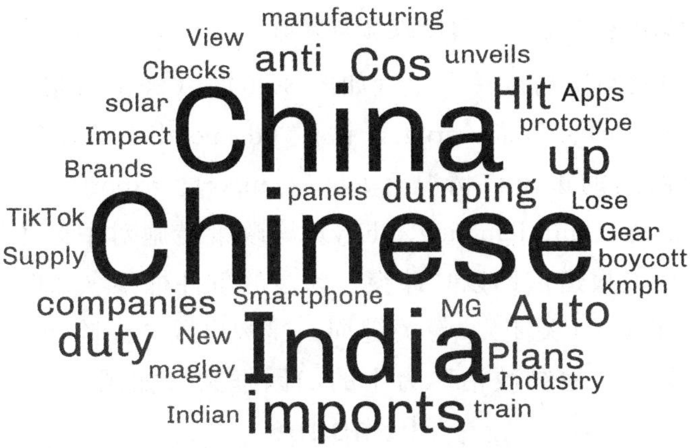

图 3-78　“行业能力”的词云图①

第三，“被忽视”的供给能力和生产要素水平。《经济时报》对供给能力和生产要素水平这两个指标的报道都很少。其中供给能力（如图 3-79）主要关注辣椒（chili）、汽车（motor）等商品的市场需求与价格波动（goods、production 、price、demand 、supply）。借助“rise（上升）”“hit（打击）”“shrink（缩小）”“delay（推迟）”等关键词，《经济时报》呈现了“波动型”的供给能力形象。而在生产要素水平上，《经济时报》则主要关注中国雄厚的资本资源与先进的科技资源。

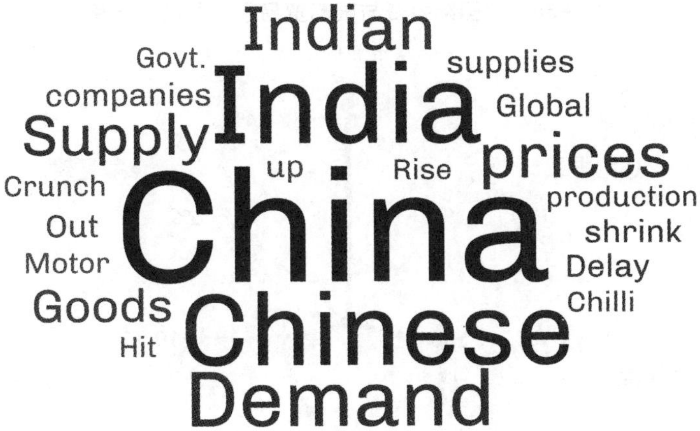

图 3-79　“供给能力”的词云图

① 本书借助语义网络图展现各维度相关报道的高频词和关键话题，但部分指标因报道量很少，且文本中词语共现关系较弱，不适宜使用语义网络图进行呈现。对这部分文本，我们改用为词云图。后文将不再就此情况做重复说明。

（二）“深陷地缘冲突”的国际投资与贸易

在“国际投资与贸易水平”上（如图 3-80），《经济时报》主要关注茶叶（tea）、棉花（cotton）、药品（drug）、钻石（diamond）、太阳能（solar）、电池板（panel）等商品的进出口情况（goods、import、export、trade 、demand），同时关注反倾销税（anti-dumpling、duty）等政策措施对中国国际投资与贸易水平的影响。相关报道借助以“冲突”为主的事件框架（如图 3-81）和“cut（缩减）”“shutdown（关闭）”等关键词，建构出以“深陷地缘冲突、充满风险”的国际投资与“地缘政治”为主的归因框架（如图 3-82），以及“stuck

图 3-80 “国际投资与国际贸易水平”的词云图

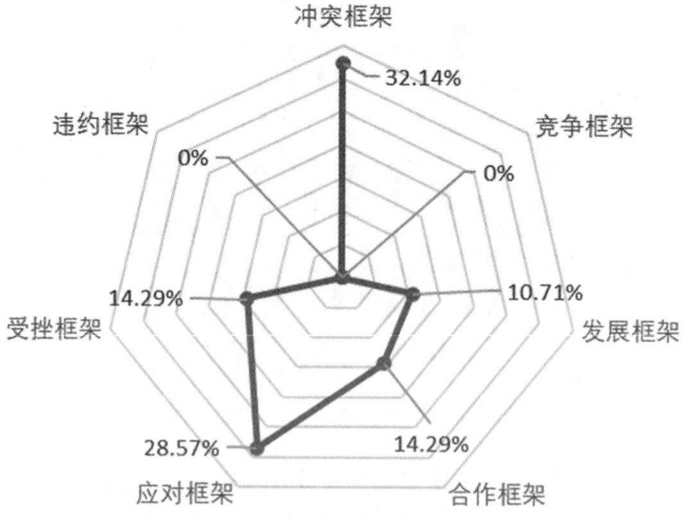

图 3-81 “国际投资与贸易水平”事件子框架

(受阻)”贸易形象。例如，2020 年 6 月 20 日的报道指出印度将加快对中国的反倾销调查①，9 月 10 日的报道指出印度将对从中国进口的铝展开反倾销调查②。

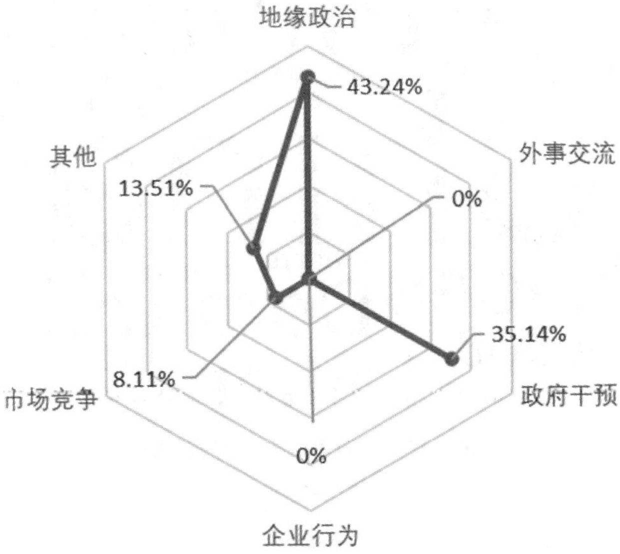

图 3-82　“国际投资与贸易水平”归因子框架

（三）“潜力巨大且对印度有利”的消费能力

在“消费能力”上（如图 3-83），《经济时报》主要关注中国在茶叶（tea）、糖（sugar）、棉花（cotton）、辣椒（chillis）、虾（shrimp）等农副产品以及钻石（diamond）、金属（metal）、石油（oil）、汽车（auto）等领域的市场需求和消费能力，借助以“发展”为主的事件框架（如图 3-84）和以“东道国受益”为主的影响框架（如图 3-85），建构出“潜力大且对印度有利”的消费能力形象。例如，2020 年 7 月 6 日的报道指出中国市场需求较大、消费能力强，是印度增加糖出口

① Faster initiation of anti-dumping probes on China imports soon [N/OL]. The economic times，2020-06-20 [2024-12-04]. https://gtyiqteemqj8w4qeejyzee77tejqe7ss9elk9-s-a2097. bj. tsgdht. cn/redir/default. aspx? P = sa&an = ECTIM00020200619eg6k0001d&drn = drn%3aarchive. newsarticle. ECTIM00020200619eg6k0001d&cat=a&ep=ASE.

② India begins anti-dumping probe on certain aluminum imports from China [N/OL]. The economic times，2020-09-10 [2024-12-04]. https://gtyiqteemqj8w4qeejyzee77tejqe7ss9elk9-s-a2097. bj. tsgdht. cn/redir/default. aspx? P=sa&an=ECTIM00020200619eg6k0001d&drn=drn%3aarchive. newsarticle. ECTIM00020200619eg6k0001d&cat=a&ep=ASE.

的一大机遇①。

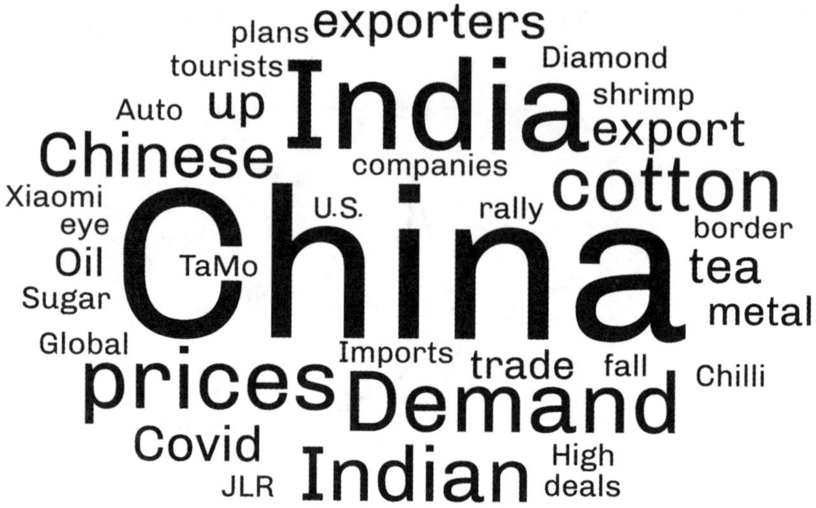

图 3-83 "消费能力"的词云图

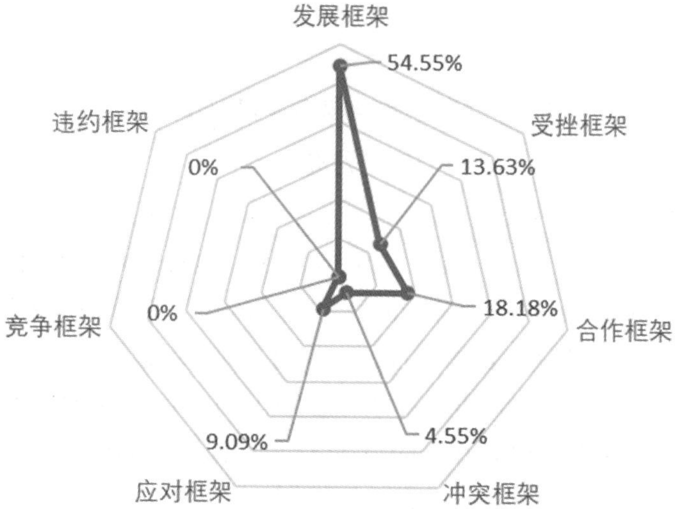

图 3-84 "消费能力"维度的事件子框架

① Sugar exporters eye deals with China, waiting for border tension to ease [N/OL]. The economic times, 2020-07-06 [2024-12-04]. https://gtyiqteemqj8w4qeejyzee77tejqe7ss9elk9-s-a2097.bj.tsgdht.cn/redir/default.aspx?P=sa&an=ECTIM00020200705eg760000e&drn=drn%3aarchive.newsarticle.ECTIM00020200705eg760000e&cat=a&ep=ASE.

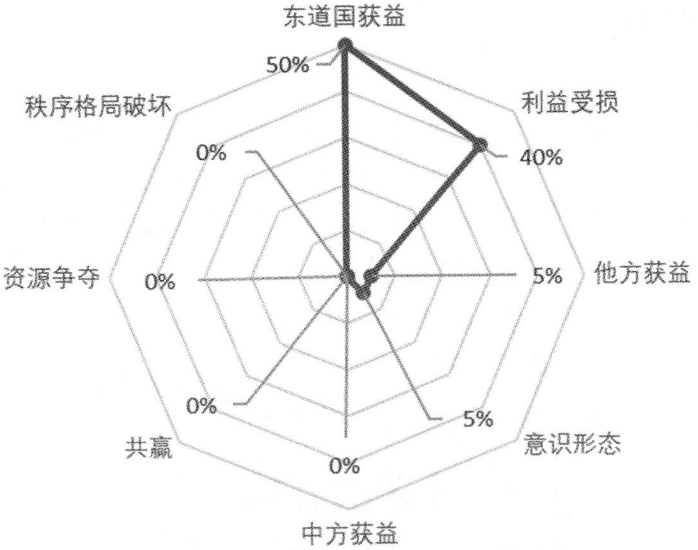

图 3-85　“消费能力”维度的影响子框架

（四）“陷入疲软亟待恢复”的整体发展与“不稳定”的金融实力

《经济时报》中对中国整体发展规模与金融实力两个指标的关注很少，相关报道分别建构出“陷入疲软亟待恢复”的整体发展形象与“不稳定”的金融实力形象。前者比如有报道强调新冠疫情之下中国经济的受损情况①；后者比如有报道关注中美贸易冲突对中国股市的冲击②。

三、中国经济政策形象

在“经济政策形象”这一维度，《经济时报》主要关注中国对外贸易政策，相关报道共计 113 篇，占该维度样本总量的 70.63%；而有关需求管理政策（22 篇，13.75%）、供给管理政策（18 篇，11.25%）及其他政策（7 篇，

① Covid-19 impact: disruption & techcovid-19 ‘China stuff only with data pledge’ [N/OL]. The economic times, 2020-07-08 [2024-12-04]. https://gtyiqteemqj8w4qeejyzee77tejqe7ss9elk9-s-a2097.bj.tsgdht.cn/redir/default.aspx?P=sa&an=ECTDEL0020200708eg7800014&drn=drn%3aarchive.newsarticle.ECTDEL0020200708eg7800014&cat=a&ep=ASE.

② Gold rate today: gold, silver trade lower in morning deals [N/OL]. The economic times, 2018-07-07 [2024-12-04]. https://gtyiqteemqj8w4qeejyzee77tejqe7ss9elk9-s-a2097.bj.tsgdht.cn/redir/default.aspx?P=sa&an=ECTIM00020180706ee770008o&drn=drn%3aarchive.newsarticle.ECTIM00020180706ee770008o&cat=a&ep=ASE.

4.37%）的报道数量都较少。

（一）“应对型”的对外贸易政策

在“对外贸易政策”方面（如图 3-86），《经济时报》涉华经济报道主要关注中国的关税政策，包括中美关税战（trade、war）中的应对性关税政策（tariff）、中印间的反倾销及应对措施（anti-dumping）、RCEP 框架下的关税措施等。借助“冲突”和“合作”并重的事件框架（如图 3-87），以及以“政府干预”为主的归因框架（如图 3-88），相关报道建构出国家政府针对冲突环境不断调整以寻求合

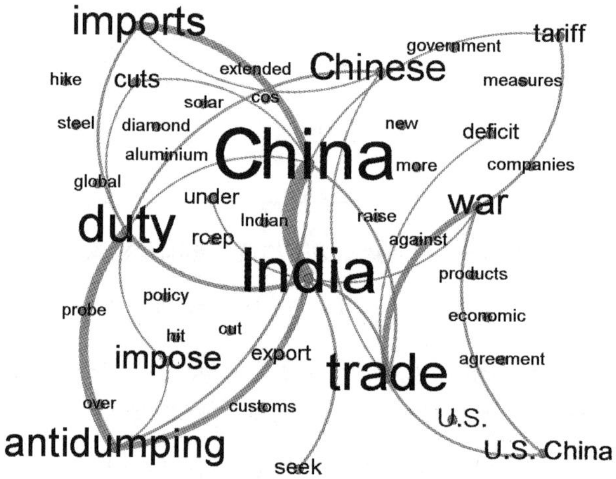

图 3-86 “对外贸易政策”的语义网络图

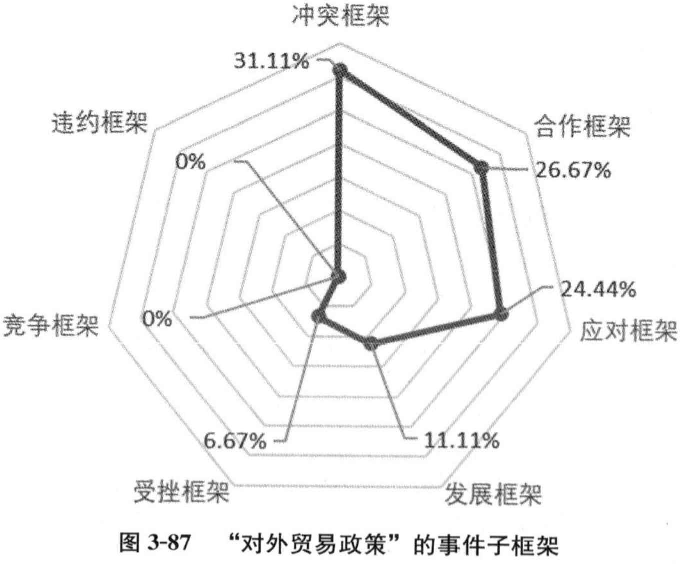

图 3-87 “对外贸易政策”的事件子框架

作的“应对型”对外贸易政策形象。例如，2018 年 6 月 28 日的报道指出，中国为应对中美贸易摩擦的影响，计划降低来自包括印度在内的亚洲国家的至少 8500 种商品的关税①；2018 年 8 月 22 日有关 RCEP 谈判的报道指出印度企业要求政府不要向中国提供任何关税优惠，但中国在原材料和制成品上都拥有有利的关税结构②；2019 年 1 月 24 日的报道指出，由于庞大的出口量以及巨大的贸易额度，中国要求印方削减至少 80%从中国进口的关税③。

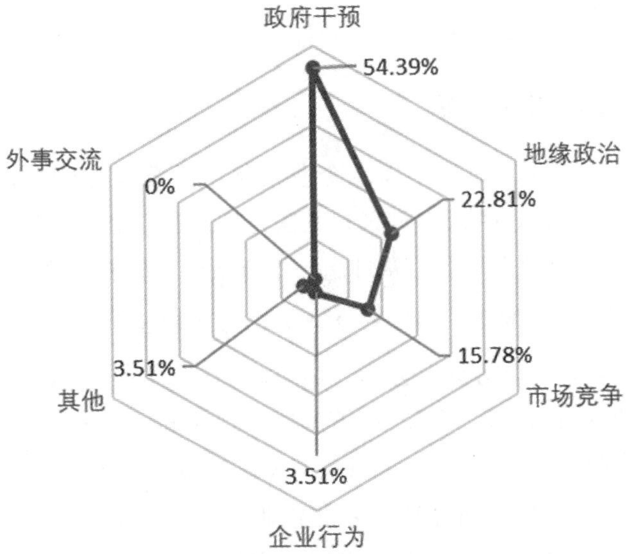

图 3-88　“对外贸易政策”的归因子框架

① Beijing to cut tariffs on Indian soyabean & agricultural products [N/OL]. The economic times, 2018-06-28 [2024-12-04]. https://gtyiqteemqj8w4qeejyzee77tejqe7ss9elk9-s-a2097.bj.tsgdht.cn/redir/default.aspx?P=sa&an=ECTKOL0020180628ee6s0000e&drn=drn%3aarchive.newsarticle.ECTKOL0020180628ee6s0000e&cat=a&ep=ASE.

② Steel cos against tariff sops to China, seek review of all FTAs [N/OL]. The economic times, 2018-08-22 [2024-12-04]. https://gtyiqteemqj8w4qeejyzee77tejqe7ss9elk9-s-a2097.bj.tsgdht.cn/redir/default.aspx? P = sa&an = ECTMUM0020180822ee8m0000e&drn = drn%3aarchive.newsarticle.ECTMUM0020180822ee8m0000e&cat=a&ep=ASE.

③ India kicks off duty cut talks with [N/OL]. The economic times, 2019-01-24 [2024-12-04]. https://gtyiqteemqj8w4qeejyzee77tejqe7ss9elk9-s-a2097.bj.tsgdht.cn/redir/default.aspx?P=sa&an=ECTIM00020190123ef1o0000y&drn=drn%3aarchive.newsarticle.ECTIM00020190123ef1o0000y&cat=a&ep=ASE.

（二）“扶持型”需求管理政策与“管控型”供给管理政策

《经济时报》中涉及需求管理政策和供给管理政策的报道较少，分别只有22篇和18篇。在需求管理政策上，主要关注中国的基金、贷款以及政府扶持政策，刻画出“扶持型”需求管理政策形象。例如，在有关比亚迪的报道中指出该企业在中国政府的扶持下争夺印度订单①。在供给管理政策上，关注中国政府的物价管控政策。比如2020年9月23日的报道指出，中国政府对主要药品原料的价格控制，给印度制药业带来严重冲击②。

四、中国经济理念形象

在“经济理念形象”维度，体现企业文化与经营理念的报道相对较多，共81篇，占该维度样本总量的53.64%；其次是体现国家层面发展理念的报道，有63篇（41.72%）；涉及消费者消费理念的报道最少，仅有4篇（2.65%）。

（一）“因地制宜、敢于创新”的企业文化与经营理念

在“企业文化及经营理念”方面（如图3-89），《经济时报》主要关注中国智能手机制造企业（Huawei、Xiaomi、OnePlus、Honor、smartphone、handset）、互联网科技企业（Tencent、Alibaba、Byte Dance、TikTok）、电器制造业（TCL）在进军印度市场中所体现出来的企业理念，借助“发展”为主的事件框架（如图3-90），塑造出一个“为适应印度市场而大胆创新”的企业经营形象。例如，对小米的报道强调其公司致力于推动用户体验的努力③；对一加（OnePlus）的报道强调该企业将通过产品设计、视听体验和智能连接的创新重新

---

① China's BYD may compete with Indian auto majors for government's electric car order [N/OL]. The economic times，2018-03-29 [2024-12-04]. https://gtyiqteemqj8w4qeejyzee77tejqe7ss9elk9-s-a2097.bj.tsgdht.cn/redir/default.aspx?P=sa&an=ECTIM00020180328ee3t00014&drn=drn%3aarchive.newsarticle.ECTIM00020180328ee3t00014&cat=a&ep=ASE.

② China hikes prices of key drug ingredients [N/OL]. The economic times，2020-09-23 [2024-12-04]. https://gtyiqteemqj8w4qeejyzee77tejqe7ss9elk9-s-a2097.bj.tsgdht.cn/redir/default.aspx?P=sa&an=ECTIM00020200922eg9n0001u&drn=drn%3aarchive.newsarticle.ECTIM00020200922eg9n0001u&cat=a&ep=ASE.

③ Xiaomi to start lending operations in India; to target salaried professionals [N/OL]. The economic times，2018-05-24 [2024-12-04]. https://gtyiqteemqj8w4qeejyzee77tejqe7ss9elk9-s-a2097.bj.tsgdht.cn/redir/default.aspx? P=sa&an=ECTIM00020180523ee5o0002s&drn=drn%3aarchive.newsarticle.ECTIM00020180523ee5o0002s&cat=a&ep=ASE.

定义市场、抢占市场①。

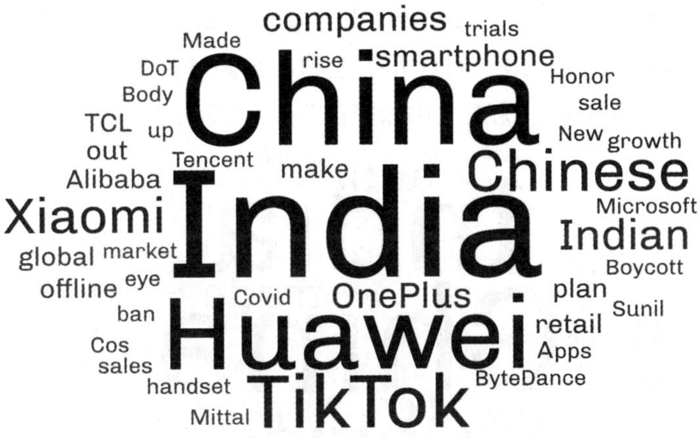

图 3-89　“企业文化经营理念”的词云图

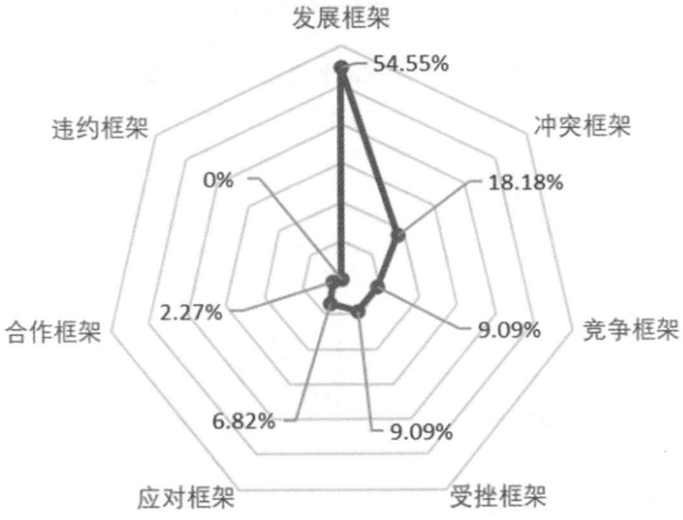

图 3-90　“企业文化经营理念”事件子框架

（二）“兼具开拓性和冲突性”的国家发展理念

如图 3-91 所示，《经济时报》涉及“国家发展理念”的报道在肯定中国改革

① OnePlus India GM vikas agarwal says upcoming smart television will redefine innovation [N/OL]. The economic times, 2019-08-31 [2024-12-04]. https://gtyiqteemqj8w4qeejyzee77tejqe7ss9elk9-s-a2097. bj. tsgdht. cn/redir/default. aspx? P = sa&an = ECTIM00020190830ef8v0000y&drn = drn% 3aarchive. newsarticle. ECTIM00020190830ef8v0000y&cat = a&ep = ASE.

开放理念的同时，扭曲“一带一路”“中巴经济走廊”等国家倡议与合作背后的发展理念（BRI、belt、road、initiative、CPEC、Pakistan），借助以“冲突”为主的事件框架（如图 3-92），建构出“兼具开拓性和冲突破坏性”的国家发展理念。比如对中国改革开放的报道称其为发展中国家的经济发展探索了一条新的道路①；而对

图 3-91　“国家发展理念”的词云图

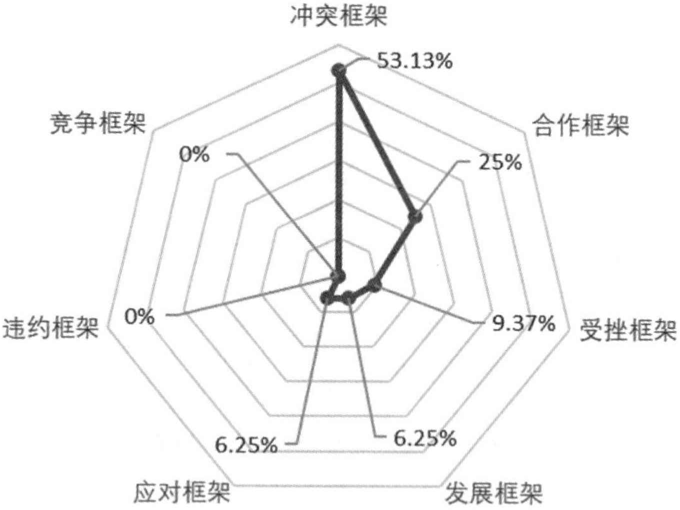

图 3-92　“国家发展理念”的事件子框架

① China's economy: the open road to development [N/OL]. The economic times, 2020-02-29 [2024-12-04]. https://gtyiqteemqj8w4qeejyzee77tejqe7ss9elk9-s-a2097.bj.tsgdht.cn/redir/default.aspx?P=sa&an=ECTIM00020200228eg2t0001j&drn=drn%3aarchive.newsarticle.ECTIM00020200228eg2t0001j&cat=a&ep=ASE.

中巴经济走廊的报道则将巴基斯坦比喻为“中国包围世界的棋子”，声称“中巴经济走廊侵犯了印度主权”①。

（三）“日趋理性化”的消费理念

《经济时报》对“消费理念”的关注较少，仅有 4 篇，通过针对消费者诉求的报道，建构出“日趋理性化”的消费理念。比如 2018 年 9 月 14 日的报道呈现了中国客户对经济型酒店的消费诉求②；2020 年 6 月 18 日的报道指出中国消费者希望手机等电子产品能够“物超所值”③。

综上所述，《经济时报》涉华经济报道聚焦企业动态、国际贸易互动、产业市场动态等议题，尤其关注中国的生产能力、对外贸易政策以及中国企业的经营理念，借助“发展为主，冲突与合作共存”的事件框架、“政府干预和地缘政治并重”的归因框架，以及“利益受损为主，东道国获益为辅”的影响框架，建构了“实力强大但深陷冲突”的中国经济形象，并映射出印度在中美博弈中渔翁得利的经济期待。

第四节　日本媒体中的中国经济形象

日本作为世界四大经济体之一、世界贸易组织的创始成员国之一，在全球经贸领域占据举足轻重的地位。中日是重要近邻，自 1972 年两国恢复邦交以来，双方在经贸领域的互动日益深化，中国连续 12 年为日本第一大贸易伙伴国④。

---

① China's BRI not Delhi's Indo-Pacific vision is an encirclement strategy [N/OL]. The economic times, 2020-06-19 [2024-12-04]. https://gtyiqteemqj8w4qeejyzee77tejqe7ss9elk9-s-a2097. bj. tsgdht. cn/redir/default. aspx? P = sa&an = ECTIM00020200618eg6j0000o&drn = drn%3aarchive. newsarticle. ECTIM00020200618eg6j0000o&cat=a&ep=ASE.

② How Ritesh Agarwal's OYO scaled the great wall of China [N/OL]. The economic times, 2018-09-14 [2024-12-04]. https://gtyiqteemqj8w4qeejyzee77tejqe7ss9elk9-s-a2097. bj. tsgdht. cn/redir/default. aspx? P = sa&an = ECTIM00020180913ee9e00024&drn = drn%3aarchive. newsarticle. ECTIM00020180913ee9e00024&cat=a&ep=ASE.

③ Chinese phones, electronics' sales not hit yet [N/OL]. The economic times, 2020-06-18 [2024-12-04]. https://gtyiqteemqj8w4qeejyzee77tejqe7ss9elk9-s-a2097. bj. tsgdht. cn/redir/default. aspx? P=sa&an=ECTKOL0020200618eg6i0000h&drn=drn%3aarchive. newsarticle. ECTKOL0020200618eg6i0000h&cat=a&ep=ASE.

④ 张季风. 迈向新时代的中日经济关系：机遇与挑战 [J]. 国际论坛，2020，22（3）：19-34.

但自2010年中国超越日本成为世界第二大经济体后，日本频繁在台湾问题、领土问题、历史问题等方面挑起冲突，深刻影响了中日两国的政治经济关系。2016年日本正式确定“自由、开放的印太战略”，一方面通过“以海制陆”对中国形成战略牵制；另一方面以“价值观外交”为主导搭建小多边伙伴关系网①，进一步增加了中日关系的不确定性。与此同时，中美博弈背景下更为复杂的国际环境，使得以外向型经济发展模式为主导的日本面临着经济安全挑战②。在此战略背景下，日本作为经济强国、中国的地缘邻国和重要经贸伙伴、“印太战略”的主要参与国，其对中国经济的认知和判断，关乎中日经济关系乃至国际经济秩序的未来发展。

一、样本构成

在《日本经济新闻》（包括早报和晚报）2018年3月至2020年11月的1160篇涉华经济报道样本中，2018年10个月共385篇，2019年12个月共490篇，2020年11个月共285篇。

（一）议题构成

《日本经济新闻》涉华经济报道标题文本的高频名词（如图3-93）可以划分为四组关键词群：一是与贸易相关的“関税（关税）”“貿易戦争（贸易战争）”

图3-93 报道标题Top30高频名词云

① 葛建华．试析日本的“印太战略”[J]．日本学刊，2018（1）：66-90.

② 朱海燕．日本经济安全保障战略及其对中国的影响[J]．国际问题研究，2022（3）：47-63.

“貿易摩擦（贸易摩擦）”等；二是与市场相关的“市場（市场）”“景況（商业信心）”“物価（价格）”“必要（需要）”等；三是与金融相关的“株（股票）”“人民元”“通貨（货币）”“金利（利率）”等；四是与企业相关的“企業（企业）”“金融（融资）”“債務（债务）”“打擊（损失）”“リスク（风险）”等。四组高频关键词群，反映了《日本经济新闻》的关注焦点。

以此为基础，对数据进行预研究，可以将《日本经济新闻》涉华经济报道的议题划分为五类。五大议题的报道数量从高到低依次为：金融市场动态（512 篇，44.14%）、中美贸易战（234 篇，20.17%）、国际经贸互动（216 篇，18.62%）、中国企业动态（134 篇，11.55%）以及其他（64 篇，5.52%）。

（二）报道框架分析

通过对《日本经济新闻》1160 篇涉华经济报道样本的报道框架进行分析可以发现，“事件框架”是《日本经济新闻》涉华经济报道的主导框架，有 775 篇报道采用，占比 66.81%；其次是“归因框架”，有 308 篇采用，占比 26.55%；最后是“影响框架”，有 189 篇采用，占比 16.29%。

第一，“受挫为主，发展和应对并存”的事件框架。在 775 篇采用事件框架的报道中，七类事件子框架的使用频率从高到低依次为（如图 3-94）：受挫框架（241 篇，31.10%）、发展框架（172 篇，22.19%）、应对框架（157 篇，20.26%）、冲突框架（140 篇，18.06%）、合作框架（48 篇，6.19%）、竞争框架（13 篇，1.68%）、违约框架（4 篇，0.52%）。相较而言，《日本经济新闻》更倾向强调中国经济发展所遭遇的困难与波折，包括各类经济指数下滑、行业经

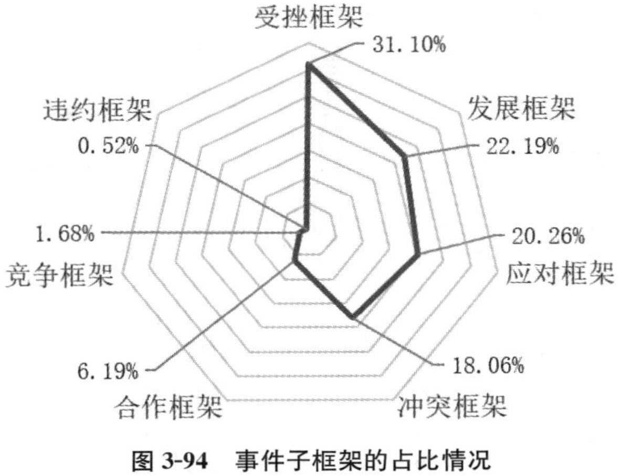

图 3-94　事件子框架的占比情况

济衰退、金融市场困境、进出口贸易受阻等。

第二，“地缘政治为主，市场竞争为辅”的归因框架。在采用归因框架的308篇报道中（如图3-95），“地缘政治”是其使用最多的归因子框架，有98篇，占归因类报道数量的31.82%；其次是“市场竞争”（91篇，29.55%）和“政府干预”（80篇，25.97%）；“企业行为”和“其他”类归因子框架较少，分别为23篇（7.47%）和15篇（4.87%）。《日本经济新闻》在解读经济现象和活动时，体现出兼顾“地缘政治逻辑”和“市场竞争逻辑”的特征。

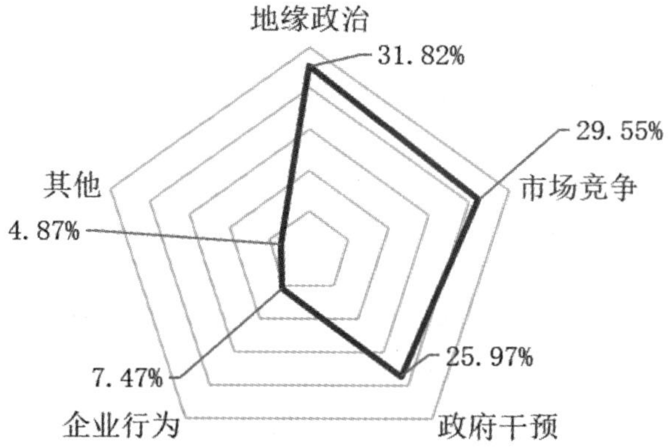

图3-95　归因子框架的占比情况

第三，以“利益受损”为主的影响框架。在采用影响框架的189篇报道中（如图3-96），“利益受损”是其使用最多的影响子框架，有146篇，占影响框架类报道的77.24%，远远超过其他子框架；排名第二的是“他国获益”，有23篇，

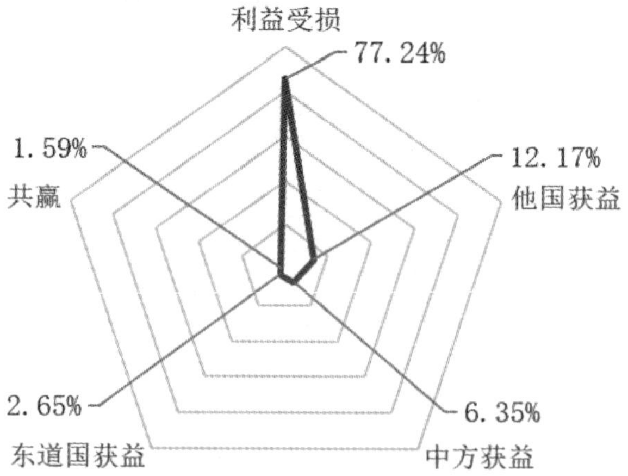

图3-96　影响子框架的占比情况

占影响框架类报道的 12.17%；“中方获益”“东道国获益”“共赢”等子框架的使用相对较少。《日本经济新闻》在强调中美贸易战、新冠疫情的消极性影响的同时，还在一定程度上关注中国以外的国家在产业发展、国际贸易等领域获得的积极影响。例如，2018 年 10 月的报道指出，中美贸易冲突致使对美国的出口中心从中国转移至越南①；2019 年 4 月的报道指出，中美关税战致使摩托车制造商哈雷戴维森的出口基地从美国转移至泰国②；2019 年 8 月的报道指出，受中美贸易战影响，美国最大贸易伙伴由中国转向墨西哥③。

（三）中国经济形象各维度的占比情况

在《日本经济新闻》1160 篇涉华经济报道样本中，涉及“中国经济实力形象”的报道数量最多，共有 998 篇，占样本总量的 86.03%；其次是“中国经济政策形象”，有 574 篇，占比 49.48%；“中国经济理念形象”的报道相对较少，有 419 篇，占比 36.12%。

---

① 対米輸出拠点、中国離れ、日本電産や中国企業も、制裁避け供給網再編 [N/OL]. 日本経済新闻，2018-10-24 [2024-12-06]. https://t21.nikkei.co.jp/g3/ATCD017.do?keyPdf=20181024NKMMM830155709%5CNKM%5C1%5C1%5C001%5C%5C1651%5CY%5C%5C2018%2F1024%2F20181024NKMMM830155709.pdf%5CPDF%5C20181024%5C2f826359&analysisIdentifer=fromSearchArt&analysisPrevActionId=INGST01&chgTabId=105241206145024512ab869a103be9f0f51e20c1f9c7ae3442411219&searchId=S105241206161234512ab869a103be9f0f51e20c1f9c7ae3542452232&async=161241129466105594.

② ハーレー、米からタイ移管、対中輸出拠点、欧州向け、現地生産も、追加関税を回避 [N/OL]. 日本経済新闻，2019-04-24 [2024-12-06]. https://t21.nikkei.co.jp/g3/ATCD017.do?keyPdf=20190424NKEEAF40029776%5CNKE%5C3%5C3%5C001%5C%5C928%5CY%5C%5C 2019%2F0424%2F20190424NKEEAF40029776.pdf%5CPDF%5C20190424%5C963d0fb4&analysisIdentifer=fromSearchArt&analysisPrevActionId=INGST01&chgTabId=105241206145024512ab869a103be9f0f51e20c1f9c7ae3442411219&searchId=S105241206161312512ab869a103be9f0f51e20c1f9c7ae3753354158&async=161319588084396107.

③ 米、対中貿易 13.7%減、1～6 月、最大相手国メキシコに [N/OL]. 日本経済新闻，2019-08-03 [2024-12-06]. https://t21.nikkei.co.jp/g3/ATCD017.do?keyPdf=20190803NKMFF820173947%5CNKM%5C9%5C9%5C001%5C%5C650%5CY%5C%5C2019%2F0803%2F20190803NKMFF820173947.pdf%5CPDF%5C20190803%5C70d57d96&analysisIdentifer=fromSearchArt&analysisPrevActionId=INGST01&chgTabId=105241206145024512ab869a103be9f0f51e20c1f9c7ae3442411219&searchId=S105241206161443512ab869a103be9f0f51e20c1f9c7ae3256416477&async=161451546457449393.

二、中国经济实力形象

在“经济实力形象”这一维度中（如图 3-97），涉及“生产能力”的报道数量最多，共有 487 篇，占该维度样本总量的 48.80%；其次是涉及“整体发展规模与速度”的报道，共有 452 篇，占该维度样本总量的 45.29%；然后是体现“国际投资与贸易水平”（330 篇、33.06%）和“金融实力”（312 篇、31.26%）的报道；最后是体现“消费能力”的报道（242 篇、24.25%）。

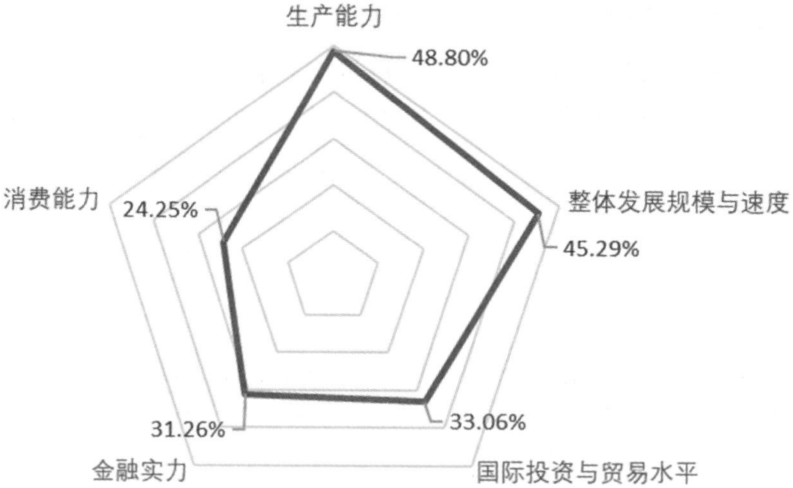

图 3-97　经济实力形象各指标的占比情况

（一）“遭遇困境”的生产能力

在涉及“生产能力”的 487 篇报道中，《日本经济新闻》借助以“受挫”为主的事件框架（如图 3-98）和以“利益受损”为主的影响框架（如图 3-99），凸显了“遭遇困境”的生产能力形象。

具体来看，《日本经济新闻》更多地关注中国的供给能力（213 篇，43.74%），其次是企业能力（163 篇，33.47%）与行业/产业能力（156 篇，32.03%），反映生产要素水平（115 篇，23.61%）的报道则相对较少。

第一，“不稳定”的供给能力。如图 3-100 所示，《日本经济新闻》主要关注中国在钢铁（粗鋼、鉄鋼、アルミ铝）、制造业（製造業、設備）、农产品（豚肉）等领域的供给能力的变化趋势及其对全球供应链的影响（“世界”“生產”），借助“上昇”“下落”“改善”“悪化”等关键词，建构出“不稳定”的供应能力

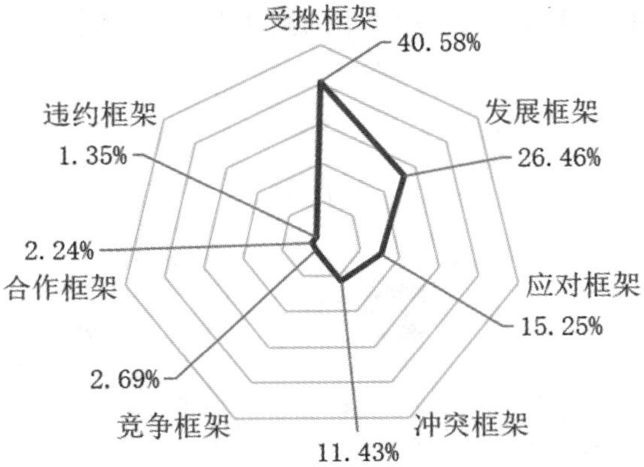

图 3-98　“生产能力”的事件子框架

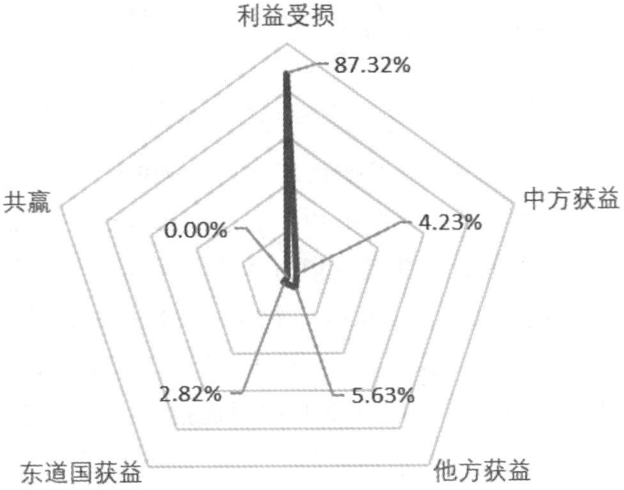

图 3-99　“生产能力”的影响子框架

形象。比如，有关中国 PMI（制造业采购经理人指数）的报道指出，2018 年 3 月中国的 PMI 环比增加 1.2 个百分点①；而 2018 年 7 月的 PMI 环比下降 0.3

① 中国、3 月の景況感改善、4カ月ぶり、貿易好調で［N/OL］. 日本経済新闻，2018-03-31［2024-12-06］. https://t21. nikkei. co. jp/g3/ATCD017. do? keyPdf=20180331NKENNE10025291%5CNKE%5C3%5C3%5C001%5C%5C346%5CY%5C%5C2018%2F0331%2F20180331NKENNE10025291. pdf%5CPDF%5C20180331%5Cbc863435&analysisIdentifer=fromSearchArt&analysisPrevActionId=CMNUF10&chgTabId=105241206145024512ab869a103be9f0f51e20c1f9c7ae3442411219&searchId=S105241206145024512ab869a103be9f0f51e20c1f9c7ae3438538501&async=151309702155227539.

个百分点①；2018 年 9 月的报道声称“中国钢铁供应量过剩，导致全球‘铁寒’”②。

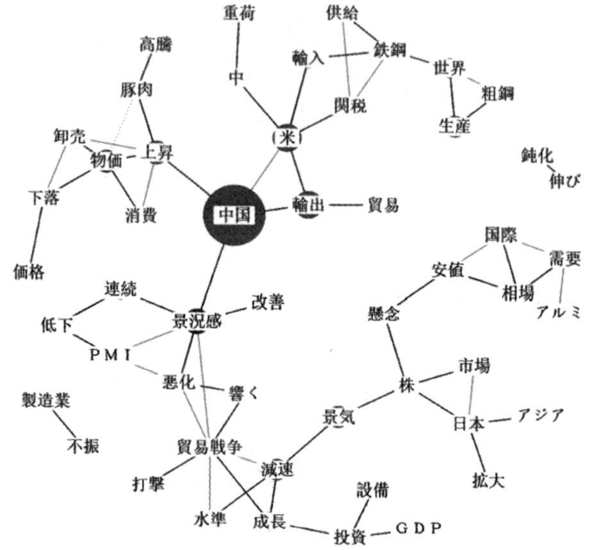

图 3-100 “供给能力”的语义网络图

第二，“实力强劲但存在外部依赖”的企业形象。在企业能力层面（如图 3-101），《日本经济新闻》主要关注华为（ファーウェイ）、半导体（半導体）等中国高端制造企业和新兴企业（新興、ネットハイテク/网络科技）的发展情况，借助“海外”“影響”“輸出”等高频词，建构出“实力强劲但存在外部依赖”的中国企业形象。例如，2018 年 5 月的报道指出，由于美国对中兴通讯实

① 中国景况感 8 月小幅改善［N/OL］. 日本経済新闻，2018-03-31［2024-12-06］. https://t21.nikkei.co.jp/g3/ATCD017.do?keyPdf=20180831NKE9991003300A%5CNKE%5C3%5C3%5C001%5C%5C142%5CY%5C%5C2018%2F0831%2F20180831NKE9991003300A.pdf%5CPDF%5C20180831%5Caabb3d01&analysisIdentifer=fromSearchArt&analysisPrevActionId=INGST01&chgTabId=105241206145024512ab869a103be9f0f51e20c1f9c7ae3442411219&searchId=S105241206151448512ab869a103be9f0f51e20c1f9c7ae3905627303&async=151456031772541988.

② 特集：現場を歩く、景気対策 4 兆元の功罪、中国・西寧、陸の孤島から国際都市へ（リーマン危機 10 年）［N/OL］. 日本経済新闻，2018-09-11［2024-12-06］. https://t21.nikkei.co.jp/g3/ATCD017.do?keyPdf=20180911NKMM1000083230%5CNKM%5C7%5C7%5C001%5C%5C3931%5CY%5C%5C2018%2F0911%2F20180911NKMM1000083230.pdf%5CPDF%5C20180911%5C97810b34&analysisIdentifer=fromSearchArt&analysisPrevActionId=CMNUF10&chgTabId=105241206145024512ab869a103be9f0f51e20c1f9c7ae3442411219&searchId=S105241206151547512ab869a103be9f0f51e20c1f9c7ae3427499849&async=151624138165484145.

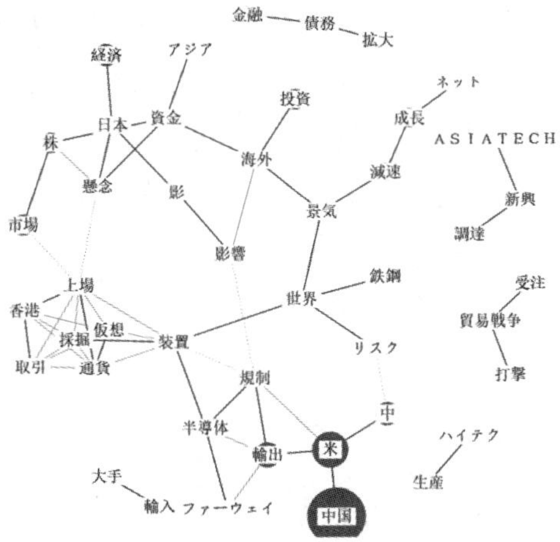

图 3-101　“企业能力及行为”的语义网络图

施制裁，这一家大型国有电信企业正在苦苦挣扎，面临股票交易暂停和股价下跌的困局①；2018 年 12 月的报道指出，中国最大的国有核电企业中国广核集团所运营的“先进核电站”是采用的法国技术②；2019 年 8 月的报道指出，华为采购美国制造的尖端半导体器件变得困难③。

---

① 中国「影の銀行」規制先送り、景気下支えに軸足、対米摩擦の影響、金融にも [N/OL]. 日本経済新闻，2018-05-30 [2024-12-06]. https://t21. nikkei. co. jp/g3/ATCD017. do? keyPdf= 20180530NKMFF290174848%5CNKM%5C9%5C9%5C001%5C%5C1634%5CY%5C%5C2018%2F0530%2F20180530NKMFF290174848. pdf%5CPDF%5C20180530%5C5c372421&analysisIdentifer= fromSearchArt&analysisPrevActionId= INGST01&chgTabId = 105241206145024512ab869a103be9f0f51e20c1f9c7ae3442411219&searchId=S105241206151821512ab869a103be9f0f51e20c1f9c7ae3220166785&async=151835858606645115.

② 最新型原発、中国で稼働、仏から技術、米の輸出規制けん制 [N/OL]. 日本経済新闻，2018-12-15 [2024-12-06]. https://t21. nikkei. co. jp/g3/ATCD017. do? keyPdf = 20180530NKMFF290174848%5CNKM%5C9%5C9%5C001%5C%5C1634%5CY%5C%5C2018%2F0530%2F20180530NKMFF290174848. pdf%5CPDF%5C20180530%5C5c372421&analysisIdentifer = fromSearchArt&analysisPrevActionId = INGST01&chgTabId = 105241206145024512ab869a103be9f0f51e20c1f9c7ae3442411219&searchId = S105241206151821512ab869a103be9f0f51e20c1f9c7ae3220166785&async=151835858606645115.

③ 内需堅調も米中対立が影、日本経済研究センター短期経済予測 [N/OL]. 日本経済新闻，2018-08-23 [2024-12-06]. https://t21. nikkei. co. jp/g3/ATCD017. do? keyPdf = 20190823NKMKE820052684%5CNKM%5C26%5C26%5C001%5C%5C3081%5CY%5C%5C2019%2F0823%2F20190823NKMKE820052684. pdf%5CPDF%5C20190823%5Cc37accde&analysisIdentifer=fromSearchArt&analysisPrevActionId=INGST01&chgTabId=105241206145024512ab869a103be9f0f51e20c1f9c7ae3442411219&searchId = S105241206152010512ab869a103be9f0f51e20c1f9c7ae3052424301&async=152016122068787691.

第三，“深受环境影响”的产业形象。在行业/产业能力层面（如图 3-102），《日本经济新闻》重点关注中国工业制造业（製造業、半導体、工作機械、鉄鋼、アルミ/铝）的实力水平，借助“減速”“悪化”“打撃”等关键词，相关报道建构出深受国际环境和政策环境影响的产业形象。例如，2018 年 12 月的报道声称

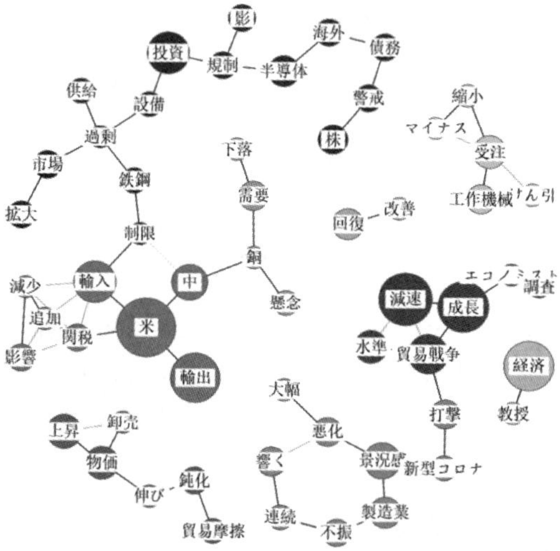

图 3-102 “行业/产业能力”的语义网络图

“中国高科技产业依赖其他国家，因此深受贸易战的影响”①；2019 年 2 月的报道指出，受政府贷款政策的影响，制造业的增长放缓②。

---

① 中国、6.6%成長に減速、現地エコノミスト調査、貿易摩擦警戒、0.3ポイント低下、輸出下振れも [N/OL]. 日本経済新闻，2018-12-15 [2024-12-06]. https://t21.nikkei.co.jp/g3/ATCD017.do?keyPdf=20180704NKM9993015612A%5CNKM%5C10%5C10%5C001%5C%5C2061%5CY%5C%5C2018%2F0704%2F20180704NKM9993015612A.pdf%5CPDF%5C20180704%5Ce96254fa&analysisIdentifer=fromSearchArt&analysisPrevActionId=INGST01&chgTabId=105241206145024512ab869a103be9f0f51e20c1f9c7ae3442411219&searchId=S105241206152324512ab869a103be9f0f51e20c1f9c7ae3463218964&async=152354513604807994.

② 黄信号の中国経済（下）伊藤宏之．ポートランド州立大学教授：目先の対応策、将来に禍根、市場介入やめ元国際化を（経済教室）[N/OL]. 日本経済新闻，2019-2-15 [2024-12-06]. https://t21.nikkei.co.jp/g3/ATCD017.do?keyPdf=20190215NKMKE840070034%5CNKM%5C29%5C29%5C001%5C%5C3008%5CY%5C%5C2019%2F0215%2F20190215NKMKE840070034.pdf%5CPDF%5C20190215%5C184d2442&analysisIdentifer=fromSearchArt&analysisPrevActionId=INGST01&chgTabId=105241206145024512ab869a103be9f0f51e20c1f9c7ae3442411219&searchId=S105241206152917512ab869a103be9f0f51e20c1f9c7ae3189170372&async=152924837802821006.

第四，“尚待提升”的生产要素水平。《日本经济新闻》对中国生产要素水平的关注相对较少，相关报道主要涉及资本、劳动力、技术等要素（如图 3-103），建构出“资本管理不透明、劳动力优势减少、技术水平仍存在差距”的生产要素

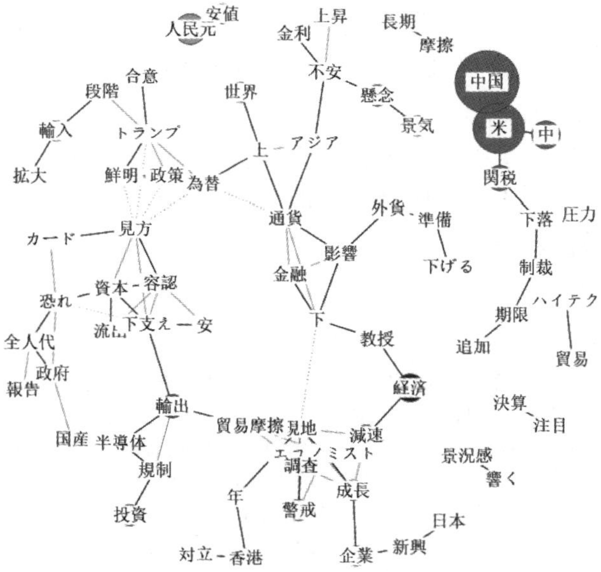

图 3-103　“生产要素”的语义网络图

形象。比如，有报道指出，中国的“资本不真实，存在虚假投资和循环投资的问题”①；“中国的劳动人口正在减少，潜在增长率面临下行压力”②；“农村地区的

① 中国人民銀総裁、「金融グループの規制強化」、経営の透明性向上［N/OL］. 日本経济新闻，2018-03-10［2024-12-06］. https://t21. nikkei. co. jp/g3/ATCD017. do? keyPdf＝20180310NKMEA390177985%5CNKM%5C4%5C4%5C001%5C%5C657%5CY%5C%5C2018%2F0310%2F20180310NKMEA390177985. pdf%5CPDF%5C20180310%5Cb58cb488&analysisIdentifer＝fromSearchArt&analysisPrevActionId＝INGST01&chgTabId＝105241206145024512ab869a103be9f0f51e20c1f9c7ae3442411219&searchId＝S105241206153412512ab869a103be9f0f51e20c1f9c7ae3270127737&async＝153421180095874669.

② 平成日本、中国への警鐘（Deep Insight）［N/OL］. 日本経济新闻，2019-03-29［2024-12-06］. https://t21. nikkei. co. jp/g3/ATCD017. do?keyPdf＝20190329NKM9998011426A%5CNKM%5C9%5C9%5C001%5C%5C2150%5CY%5C%5C2019%2F0329%2F20190329NKM9998011426A. pdf%5CPDF%5C20190329%5Cde8db4c7&analysisIdentifer＝fromSearchArt&analysisPrevActionId＝INGST01&chgTabId＝105241206145024512ab869a103be9f0f51e20c1f9c7ae3442411219&searchId ＝ S105241206153528512ab869a103be9f0f51e20c1f9c7ae3784651532&async＝153536156595080544.

剩余劳动力已经耗尽，工资正在飙升”①；“中国半导体企业与世界其他地区的技术能力差距仍然很大”②。

（二）“增速放缓”的整体经济

在“整体发展规模与速度”层面，《日本经济新闻》借助以“受挫”为主的事件框架（如图 3-104），以及“減速（减速）”“下落”“連続（连续）”“回復（回复）”等关键词（如图 3-105），建构出中美贸易战背景下“增速持续放缓”的整体经济形象。例如，2019 年7 月的报道认为，“美国优先”政策对中国经济造成了重大打击③；2019 年 10 月的报道指出，中国经济连续两个季度增速放缓，7 月至 9 月创下最低水平④。

---

① 中国向け売上比率の高い世界企業、成長鈍化で2 割減益、4～6 月、半導体関連や空運、貿易摩擦響く [N/OL]. 日本経済新闻，2019-09-14 [2024-12-06]. https://t21. nikkei. co. jp/g3/ATCD017. do? keyPdf = 20190914NKMDTA30147003% 5CNKM% 5C13% 5C13% 5C001%5C% 5C1800% 5CY% 5C% 5C2019% 2F0914% 2F20190914NKMDTA30147003. pdf% 5CPDF%5C20190914%5C127fe137&analysisIdentifer=fromSearchArt&analysisPrevActionId=INGST01&chgTabId = 105241206145024512ab869a103be9f0f51e20c1f9c7ae3442411219&searchId=S105241206153555512ab869a103be9f0f51e20c1f9c7ae3452060947&async=153600898563141824.

② 中国半導体、2.2 兆円調達、昨年の2.2 倍、政府系が支援、米に対抗、国産化加速 [N/OL]. 日本経済新闻，2020-07-07 [2024-12-06]. https://t21. nikkei. co. jp/g3/ATCD017. do? keyPdf = 20200707NKMMM860129224% 5CNKM% 5C1% 5C1% 5C001% 5C% 5C1224% 5CY%5C% 5C2020% 2F0707% 2F20200707NKMMM860129224. pdf% 5CPDF% 5C20200707% 5C733bbaa&analysisIdentifer= fromSearchArt&analysisPrevActionId = INGST01&chgTabId = 105241206145024512ab869a103be9f0f51e20c1f9c7ae3442411219&searchId= S105241206153626512ab869a103be9f0f51e20c1f9c7ae3082067101&async=153634972254086693.

③ 米国ファーストのドル不足（十字路） [N/OL]. 日本経済新闻，2019-07-11 [2024-12-06]. https://t21. nikkei. co. jp/g3/ATCD017. do? keyPdf = 20180711NKEENI10030892% 5CNKE% 5C7% 5C7% 5C001% 5C% 5C748% 5CY% 5C% 5C2018% 2F0711% 2F20180711NKEENI10030892. pdf%5CPDF%5C20180711%5C457f9c24&analysisIdentifer=fromSearchArt&analysisPrevActionId = INGST01&chgTabId = 105241206145024512ab869a103be9f0f51e20c1f9c7ae3442411219&searchId = S105241206153715512ab869a103be9f0f51e20c1f9c7ae3178749323&async=153721986377614397.

④ 中国成長、2 期連続減速、7～9 月、6.0%、最低を更新、貿易戦争の長期化響く [N/OL]. 日本経済新闻，2019-10-18 [2024-12-06]. https://t21. nikkei. co. jp/g3/ATCD017. do? keyPdf = 20191018NKEMM080028251% 5CNKE% 5C1% 5C1% 5C001% 5C% 5C1088% 5CY%5C% 5C2019% 2F1018% 2F20191018NKEMM080028251. pdf% 5CPDF% 5C20191018% 5C4fbb8cf&analysisIdentifer = fromSearchArt&analysisPrevActionId = INGST01&chgTabId = 105241206145024512ab869a103be9f0f51e20c1f9c7ae3442411219&searchId= S105241206153813512ab869a103be9f0f51e20c1f9c7ae3004608936&async=153820765436091615.

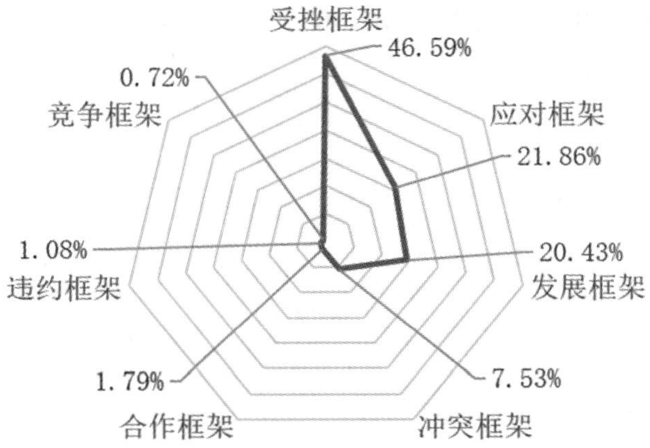

图 3-104　“整体发展规模与速度”事件子框架

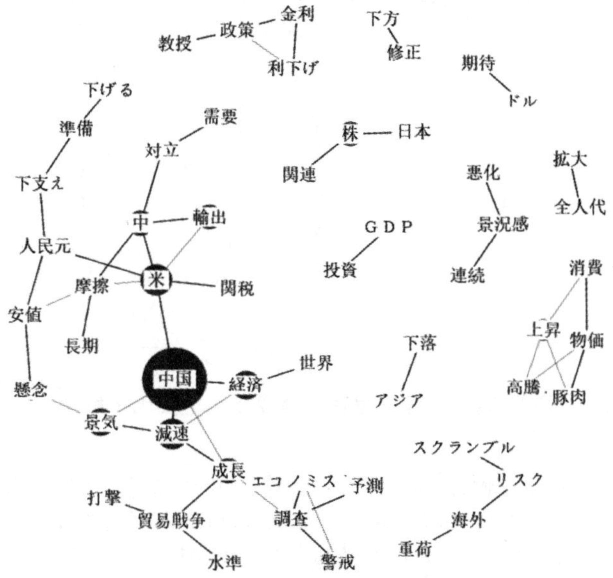

图 3-105　“整体发展规模与速度”语义网络图

（三）“优势正在减弱”的国际投资与贸易

在“国际投资与贸易水平”层面，《日本经济新闻》主要关注中国的进出口网络和规模，借助以“受挫”为主的事件框架（如图 3-106），以及“地缘政治与市场竞争并重”的归因框架（如图 3-107），建构出“规模大网络广”，但在中美贸易战和市场竞争双重影响下“优势正在逐渐减弱”的国际投资与贸易形象。例如，有报道指出，贸易战背景下，中国作为生产和出口中心的主导地位将下降①；中国是世界上最大的出口国，但“生产基地正在加速向邻国转移”②。

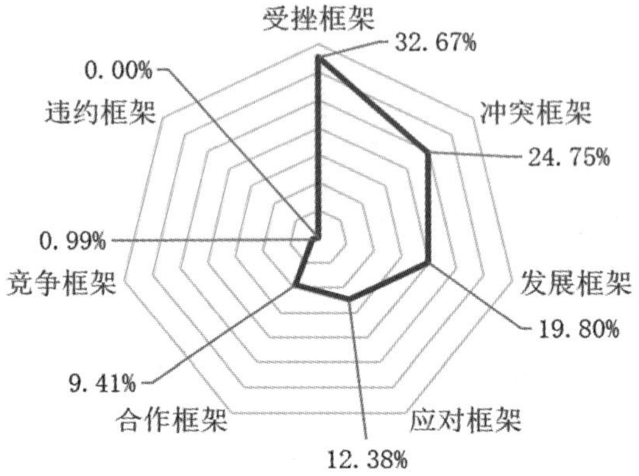

图 3-106“国际投资与贸易水平”事件子框架

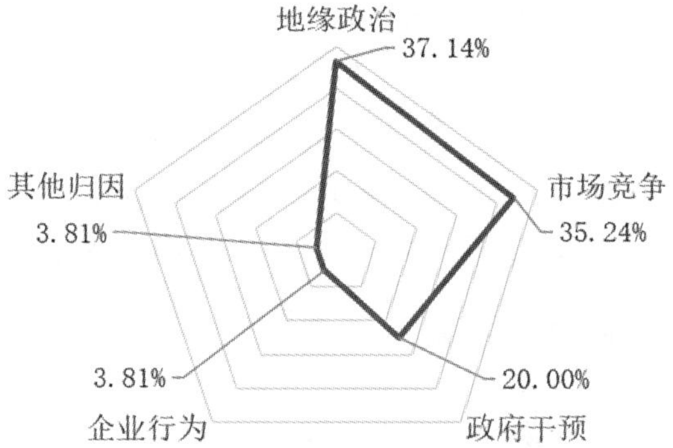

图 3-107 “国际投资与贸易水平”归因子框架

---

① 貿易戦争、市場は米優勢、株・ドル高値圏、中国は資本流出懸念も [N/OL]. 日本経済新闻，2019-05-21 [2024-12-06]. https://t21.nikkei.co.jp/g3/ATCD017.do?keyPdf=20190521NKMFF100127489%5CNKM%5C8%5C8%5C001%5C%5C1247%5CY%5C%5C2019%2F0521%2F20190521NKMFF100127489.pdf%5CPDF%5C20190521%5C69297dc7&analysisIdentifer=fromSearchArt&analysisPrevActionId=INGST01&chgTabId=105241206145024512ab869a103be9f0f51e20c1f9c7ae3442411219&searchId=S105241206153850512ab869a103be9f0f51e20c1f9c7ae3650451561&async=153856397765873574.

② 米中摩擦、衣料大国に恩恵、バングラデシュやベトナム、拠点シフトで輸出増 [N/OL]. 日本経済新闻，2018-12-13 [2024-12-06]. https://t21.nikkei.co.jp/g3/ATCD017.do?keyPdf=20181213NKMFF120145578%5CNKM%5C8%5C8%5C001%5C%5C1349%5CY%5C%5C2018%2F1213%2F20181213NKMFF120145578.pdf%5CPDF%5C20181213%5C41d2124c&analysisIdentifer=fromSearchArt&analysisPrevActionId=INGST01&chgTabId=105241206145024512ab869a103be9f0f51e20c1f9c7ae3442411219&searchId=S105241206153918512ab869a103be9f0f51e20c1f9c7ae3934199996&async=153930586829653416.

（四）"严重受挫"的金融实力

在"金融实力"层面，《日本经济新闻》关注人民币汇率（人民元）、外币储备（外貨、準備）、股票市场（株）等领域的动态，借助以"受挫"为主的事件框架（如图 3-108），以及"下落""安（下跌）""安値（降价）""続落（连续下跌）""減速""反発（反弹）""売る（卖出）"等高频词（如图 3-109），建构出"严重受挫"的金融实力形象。例如，2018 年 6 月的报道指出，不仅人民币贬值，中国的股市也纷纷下跌，债券市场频现债务违约现象①；2019 年 4 月的报道指出，在全球股市中，中国内地和香港股市的跌幅尤为明显②。

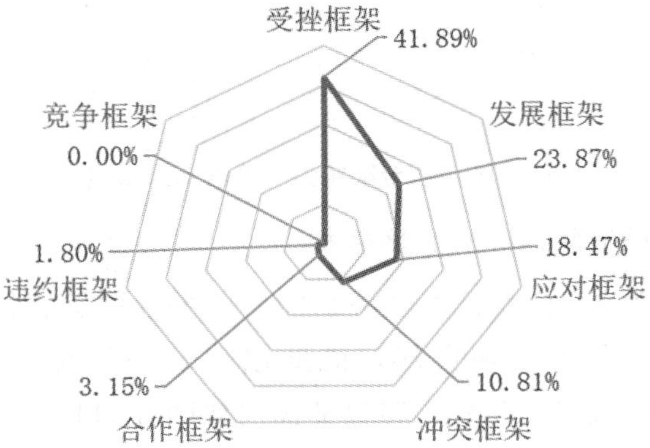

图 3-108　"金融实力"事件子框架占比

① 中国、景気配慮に傾斜、国有企業の債務 17 兆円株式化、銀行貸し出し余地拡大［N/OL］. 日本経済新闻，2018-06-26［2024-12-06］. https://t21.nikkei.co.jp/g3/ATCD017.do?keyPdf=20180626NKMEA250160576%5CNKM%5C3%5C3%5C001%5C%5C1466%5CY%5C%5C2018%2F0626%2F20180626NKMEA250160576.pdf%5CPDF%5C20180626%5C556ba307&analysisIdentifer=fromSearchArt&analysisPrevActionId=INGST01&chgTabId=105241206145024512ab869a103be9f0f51e20c1f9c7ae3442411219&searchId=S105241206153959512ab869a103be9f0f51e20c1f9c7ae3500208587&async=154005603289276933.

② 中国経済の「底入れ」に難題［N/OL］. 日本経済新闻，2019-04-18［2024-12-06］. https://t21.nikkei.co.jp/g3/ATCD017.do?keyPdf=20190418NKMEA170151520%5CNKM%5C2%5C2%5C001%5C%5C787%5CY%5C%5C2019%2F0418%2F20190418NKMEA170151520.pdf%5CPDF%5C20190418%5C92f2c91c&analysisIdentifer=fromSearchArt&analysisPrevActionId=INGST01&chgTabId=105241206145024512ab869a103be9f0f51e20c1f9c7ae3442411219&searchId=S105241206154021512ab869a103be9f0f51e20c1f9c7ae3057220560&async=154027299730468557.

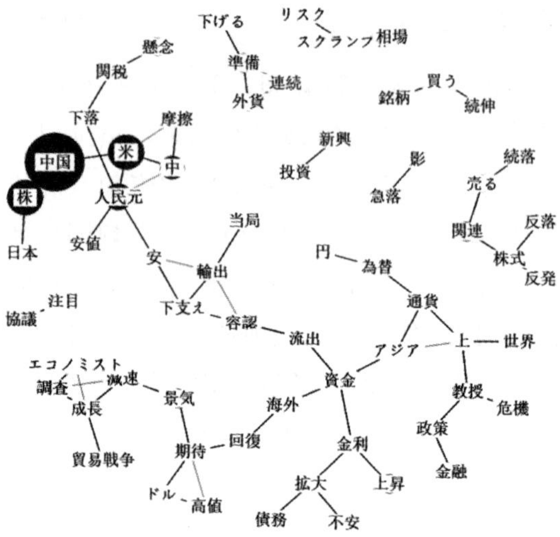

图 3-109　“金融实力”的语义网络图

（五）“强大但逐渐降低”的消费能力

在“消费能力”层面，《日本经济新闻》既关注中国在国际市场的消费能力，也关注中国国内的消费市场，借助以“受挫”为主的事件框架（如图 3-110），以及“需要”“下落”等关键词（如图 3-111），建构出“强大但逐渐减弱”的消费形象。例如，在外需方面，有报道指出，中国对天然橡胶这一

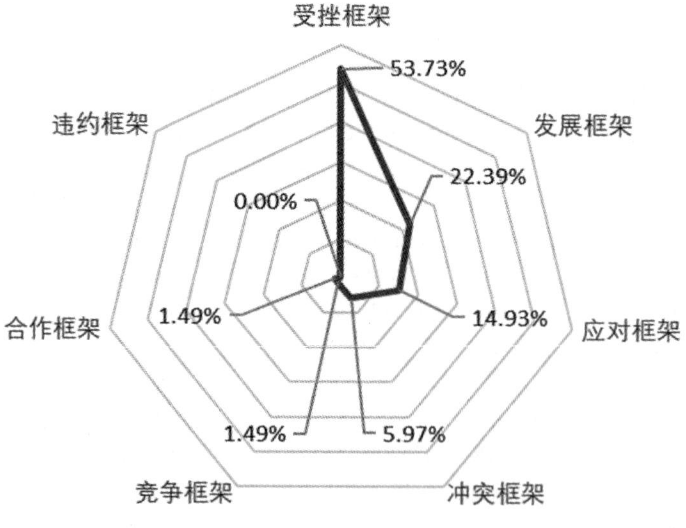

图 3-110　“消费能力”事件子框架占比

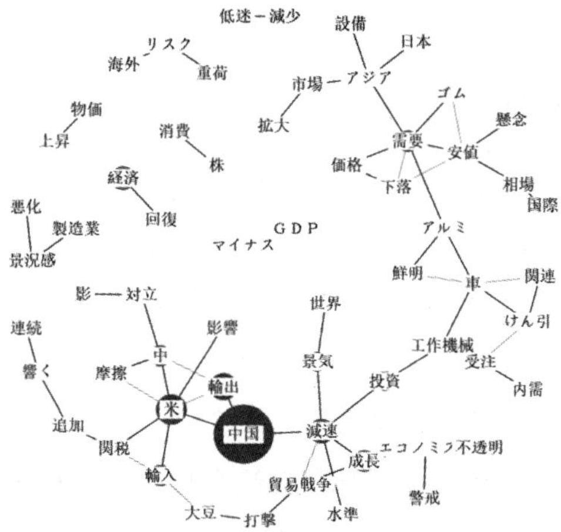

图 3-111　“消费能力”的语义网络图

汽车轮胎主要原料的需求占世界需求量的40%，但这一需求正在减弱①；中国是世界上最大的铜消费国，但中国的铜产品进口量正在下降②。在内需方面，有报道指出，中国的汽车和智能手机的销量都陷入低迷③；中国零售总额整体放

① 米中対立1年揺れる商品相場（9）天然ゴム：中国でタイヤ需要陰り、産地が輸出減、効果未知数［N/OL］. 日本経済新闻，2019-04-12［2024-12-06］. https://t21.nikkei.co.jp/g3/ATCD017.do?keyPdf=20190412NKMQM810107545%5CNKM%5C18%5C18%5C001%5C%5C998%5CY%5C%5C2019%2F0412%2F20190412NKMQM810107545.pdf%5CPDF%5C20190412%5Cd3d64e05&analysisIdentifer=fromSearchArt&analysisPrevActionId=INGST01&chgTabId=105241206145024512ab869a103be9f0f51e20c1f9c7ae3442411219&searchId=S105241206154058512ab869a103be9f0f51e20c1f9c7ae3352529606&async=154114617547082165.

② 中国、銅製品の輸入減、「鉱石」は増加、スクラップ減少分補う、米中対立の長期化に備えか［N/OL］. 日本経済新闻，2019-06-13［2024-12-06］. https://t21.nikkei.co.jp/g3/ATCD017.do?keyPdf=20190613NKMQM820113887%5CNKM%5C22%5C22%5C001%5C%5C1334%5CY%5C%5C2019%2F0613%2F20190613NKMQM820113887.pdf%5CPDF%5C20190613%5Cc8f845cf&analysisIdentifer=fromSearchArt&analysisPrevActionId=INGST01&chgTabId=105241206145024512ab869a103be9f0f51e20c1f9c7ae3442411219&searchId=S105241206154139512ab869a103be9f0f51e20c1f9c7ae3748075263&async=154146108357382618.

③ 中国成長、2期連続減速、7-9月、6.0%、最低を更新、貿易戦争の長期化響く［N/OL］. 日本経済新闻，2019-10-18［2024-12-06］. https://t21.nikkei.co.jp/g3/ATCD017.do?keyPdf=20191018NKEMM080028251%5CNKE%5C1%5C1%5C001%5C%5C1088%5CY%5C%5C2019%2F1018%2F20191018NKEMM080028251.pdf%5CPDF%5C20191018%5C4fbb8cf&analysisIdentifer=fromSearchArt&analysisPrevActionId=INGST01&chgTabId=105241206145024512ab869a103be9f0f51e20c1f9c7ae3442411219&searchId=S105241206154210512ab869a103be9f0f51e20c1f9c7ae3489778529&async=154216205100697474.

缓，消费不旺盛①。

三、中国经济政策形象

在“经济政策形象”这一维度，《日本经济新闻》重点关注中国的货币政策、财政政策等“需求管理政策”，相关报道有 314 篇，占该维度样本总量的 54.70%；其次是“对外贸易政策”，共有 222 篇，占该维度样本总量的 38.68%；对“供给管理政策”的报道相对较少，共有 183 篇，占比 31.88%。

（一）“极力干预”的需求管理政策

在“需求管理政策”上，涉及财政政策和货币政策的报道量基本相当，分别有 190 篇（60.51%）和 188 篇（59.87%）。相关报道借助“应对”和“受挫”并重的事件框架（如图 3-112），建构出“积极干预以应对经济困境”的需求管理政策形象。

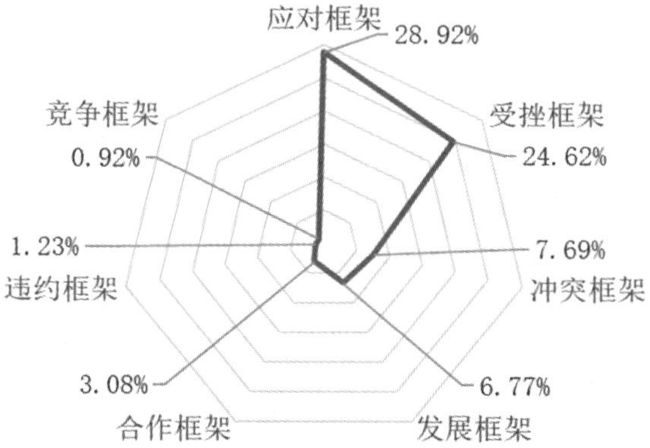

图 3-112 “需求管理政策”的事件子框架

第一，“刺激型”的财政政策。在财政政策方面（如图 3-113），《日本经济新闻》重点关注在企业债务扩大（債務、拡大）、经济增长和投资减速（成長、投

① 世界景気持続成長を問う（2）中国、再び減速基調：高成長に内憂外患［N/OL］. 日本経済新闻，2018-07-26［2024-12-06］. https://t21.nikkei.co.jp/g3/ATCD017.do?keyPdf=20180726NKMMM850150014%5CNKM%5C1%5C1%5C001%5C%5C1303%5CY%5C%5C2018%2F0726%2F20180726NKMMM850150014.pdf%5CPDF%5C20180726%5C507a49b4&analysisIdentifer=fromSearchArt&analysisPrevActionId=INGST01&chgTabId=105241206145024512ab869a103be9f0f51e20c1f9c7ae3442411219&searchId=S105241206154254512ab869a103be9f0f51e20c1f9c7ae3140387995&async=154301263872985552.

資、減速）等背景下中国政府采取的税收及财政支出等刺激型措施（刺激、下支え/支撑），相关报道建构出“刺激型”的财政政策形象，例如，2018 年 11 月的报道援引李克强总理的发言“我们将实施积极的财政政策为经济提供支持，包括进一步减税等”①。

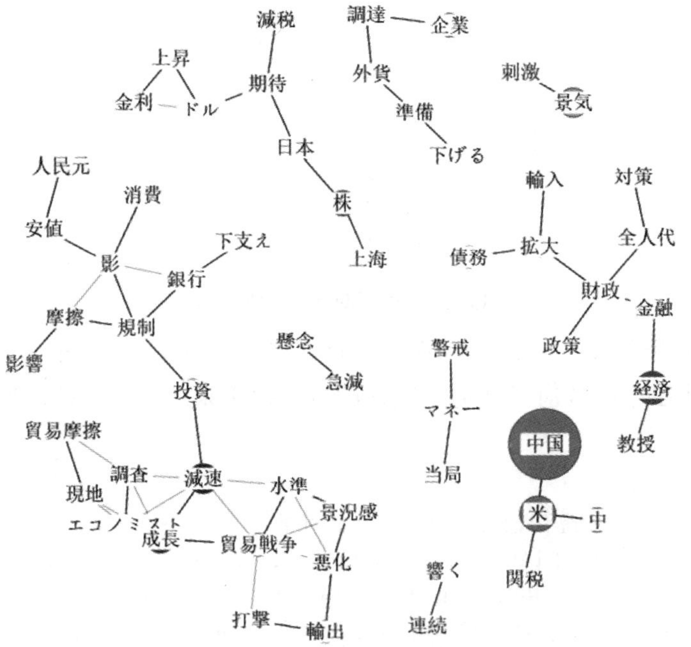

图 3-113　“财政政策”的语义网络图

第二，“调整型”的货币政策。在货币政策上（如图 3-114），《日本经济新闻》关注中国政府在支持企业债券市场［“企業（企业）”“金利（利率）”“利下げ降息（降息）”］、降低存款准备金率［“預金（预金）”“準備（准备）”“下げる”（降低）］、提高货币利率（“人民元”）等方面的系列政策，相关报道建构出“调整型”货币政策形象。2018 年 6 月的报道指出，中国政府决定“通过降低存款准备金率，

① 「中国経済に下押し圧力」、李首相、財政政策で支えを強調［N/OL］. 日本経済新闻，2018-11-07［2024-12-06］. https://t21. nikkei. co. jp/g3/ATCD017. do? keyPdf＝20181107NKMFF160139684％5CNKM％5C8％5C8％5C001％5C％5C773％5CY％5C％5C2018％2F1107％2F20181107NKMFF160139684. pdf％5CPDF％5C20181107％5Cb8b70fb&analysisIdentifer＝fromSearchArt&analysisPrevActionId＝INGST01&chgTabId＝105241206145024512ab869a103be9f0f51e20c1f9c7ae3442411219&searchId＝S105241206154336512ab869a103be9f0f51e20c1f9c7ae3157813359&async＝1543485260479674 56.

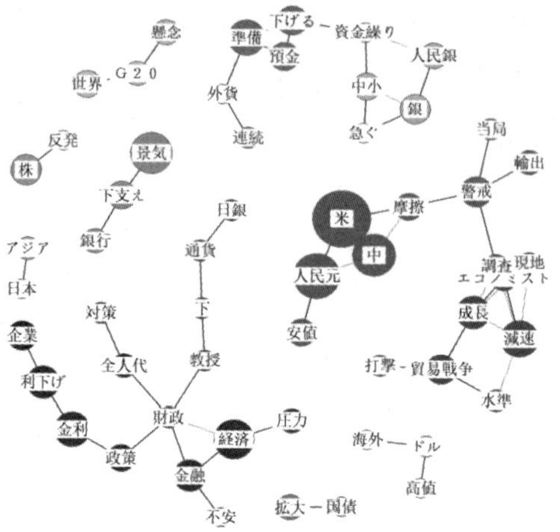

图 3-114 “货币政策”的语义网络图

降低抵押门槛等方式，刺激中小微企业的贷款能力”①；2018 年 10 月和 2019 年 7 月的报道指出中国政府可能通过宽松的货币政策来应对贸易战的风险②③。

① 中国、膨らむ債務不履行：人民銀、社債市場下支え、下位格付けでも担保に [N/OL]. 日本経済新闻，2018-06-22 [2024-12-06]. https://t21. nikkei. co. jp/g3/ATCD017. do?keyPdf=20180622NKMFF210164848%5CNKM%5C9%5C9%5C001%5C%5C536%5CY%5C%5C2018%2F0622%2F20180622NKMFF210164848. pdf%5CPDF%5C20180622%5C41521eb8&analysisIdentifer=fromSearchArt&analysisPrevActionId=INGST01&chgTabId=105241206145024512ab869a103be9f0f51e20c1f9c7ae3442411219&searchId=S105241206154411512ab869a103be9f0f51e20c1f9c7ae3801008403&async=154418818740025201.

② 中国、はや貿易戦争の風圧、7～9 月、6.5%成長に減速、生産・投資、落ち込み [N/OL]. 日本経済新闻，2018-10-20 [2024-12-06]. https://t21. nikkei. co. jp/g3/ATCD017. do? keyPdf=20181020NKMEA290166502%5CNKM%5C3%5C3%5C001%5C%5C1725%5CY%5C%5C2018%2F1020%2F20181020NKMEA290166502. pdf%5CPDF%5C20181020%5Cf082cc23&analysisIdentifer=fromSearchArt&analysisPrevActionId=INGST01&chgTabId=105241206145024512ab869a103be9f0f51e20c1f9c7ae3442411219&searchId=S105241206154446512ab869a103be9f0f51e20c1f9c7ae3987912765&async=154453875430571624.

③ G20 後の世界（上）内向く米中、危うい休戦 [N/OL]. 日本経済新闻，2019-07-01 [2024-12-06]. https://t21. nikkei. co. jp/g3/ATCD017. do? keyPdf=20190701NKMMM800063451%5CNKM%5C1%5C1%5C001%5C%5C1318%5CY%5C%5C2019%2F0701%2F20190701NKMMM800063451. pdf%5CPDF%5C20190701%5Ce194cac5&analysisIdentifer=fromSearchArt&analysisPrevActionId=INGST01&chgTabId=105241206145024512ab869a103be9f0f51e20c1f9c7ae3442411219&searchId=S105241206154520512ab869a103be9f0f51e20c1f9c7ae3237243091&async=154530519537563638.

（二）“针锋相对”的对外贸易政策

在“对外贸易政策”方面，《日本经济新闻》既关注中国的关税政策（127 篇、52.92%），也关注进口配额、非关税壁垒、反倾销等非关税政策（113 篇、47.08%），借助以“冲突”为主的事件框架（如图 3-115），相关报道建构出在中美贸易战中“强力反击”的对外贸易政策形象。

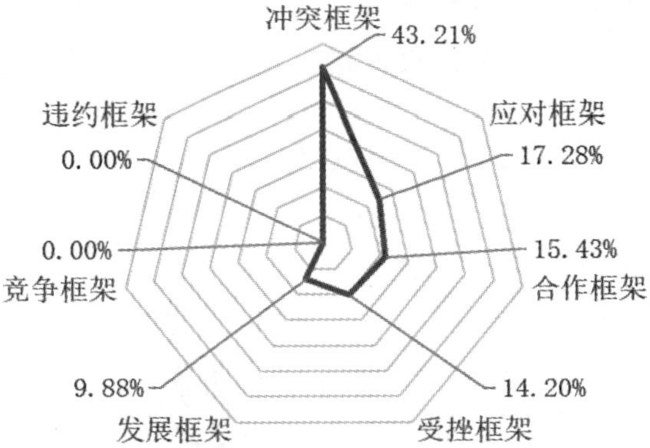

图 3-115　“对外贸易政策”的事件子框架占比

第一，“强力反击”的关税政策。在关税政策上，相关报道实时关注中国加征和降低关税的举措，借助“追加”“報復（报复）”等关键词（如图 3-116），建

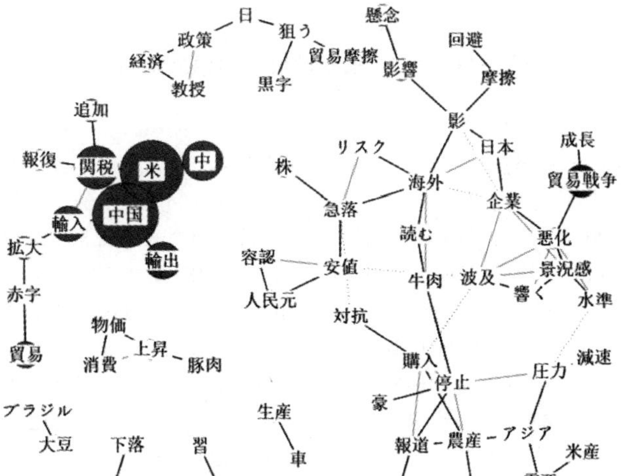

图 3-116　“关税政策”的语义网络图

构出“对美强力反击”的关税政策形象。比如，2018 年 7 月的报道指出特朗普征收的所谓“惩罚性”的关税，引发了中国的“报复性”关税政策①；2018 年 12 月的报道指出，为了保护国内工业，“中国将征收高额进口关税”②。

第二，“针锋相对”的非关税政策。在非关税政策方面，相关报道关注非关税壁垒、出口补贴、进出口商品检验、反倾销等政策，借助“対立（对立）”“報復（报复）”“狙う（瞄准）”等高频词（如图 3-117），建构出与美国“针锋相对”的政策形象。比如 2018 年 3 月的报道指出，中国调查涉嫌不公平销售和无补贴

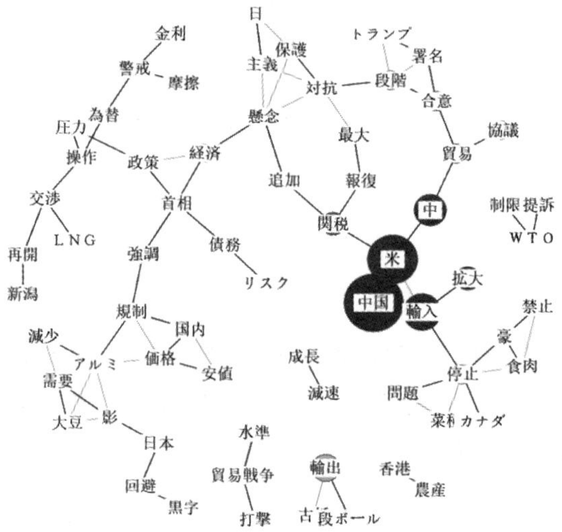

图 3-117 “非关税政策”的语义网络图

① 「貿易戦争」と米経済——米ハーバード大教授ケネス・ロゴフ氏、3%成長持続に冷や水［N/OL］. 日本経済新闻，2018-07-10［2024-12-06］. https://t21. nikkei. co. jp/g3/ATCD017. do? keyPdf=20180710NKMEE890156383%5CNKM%5C5%5C5%5C001%5C%5C1305%5CY%5C%5C2018%2F0710%2F20180710NKMEE890156383. pdf%5CPDF%5C20180710%5Cb97523ae&analysisIdentifer=fromSearchArt&analysisPrevActionId=INGST01&chgTabId=105241206145024512ab869a103be9f0f51e20c1f9c7ae3442411219&searchId=S105241206154601512ab869a103be9f0f51e20c1f9c7ae3890272041&async=154621390942157580.

② 「中国のハイテク政策危険」、ナバロ補佐官に聞く、日米貿易にも不満［N/OL］. 日本経済新闻，2018-12-23［2024-12-06］. https://t21. nikkei. co. jp/g3/ATCD017. do? keyPdf=20181223NKM9992007890A%5CNKM%5C3%5C3%5C001%5C%5C1712%5CY%5C%5C2018%2F1223%2F20181223NKM9992007890A. pdf%5CPDF%5C20181223%5Cd1da09d9&analysisIdentifer=fromSearchArt&analysisPrevActionId=INGST01&chgTabId=105241206145024512ab869a103be9f0f51e20c1f9c7ae3442411219&searchId=S105241206154716512ab869a103be9f0f51e20c1f9c7ae3349209265&async=154722660050237383.

的美国大豆，并于1月收紧了对美国大豆的检疫①。

（三）“成效不佳”的供给管理政策

在“供给管理政策”方面，《日本经济新闻》相对更多地关注收入政策（133篇，64.56%），涉及人力政策的报道相对较少（73篇，35.44%），相关报道借助以“受挫型”为主的事件框架（如图3-118），建构出“成效不佳”的供给管理政策形象。

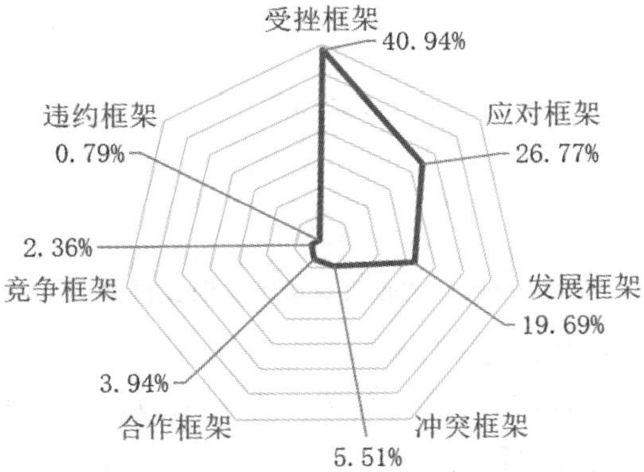

图3-118　“供给管理政策”的事件子框架占比

第一，“偏重经济增长而忽视公平”的收入政策。在收入政策上，相关报道主要关注中国的工资水平以及物价管制，借助“物価（物价）”“高騰（高腾）”“上昇（上升）”等高频词（如图3-119），建构出“偏重经济增长而忽视公平”的中国收入政策形象。例如，有报道指出中国房价持续上涨，进入“泡沫期”，中国家庭面临沉重的债务②；另有报道声称中国的经济政策“没有帮助处于贫困地

① 輸入制限阻止へ米に圧力、EU、WTO提訴準備、中国、農産品に照準か［N/OL］.日本経済新闻，2018-03-08［2024-12-06］. https://t21.nikkei.co.jp/g3/ATCD017.do?keyPdf=20180308NKMFF170158290%5CNKM%5C8%5C8%5C001%5C%5C1397%5CY%5C%5C2018%2F0308%2F20180308NKMFF170158290.pdf%5CPDF%5C20180308%5C36d223d&analysisIdentifer=fromSearchArt&analysisPrevActionId=INGST01&chgTabId=105241206145024512ab869a103be9f0f51e20c1f9c7ae3442411219&searchId=S105241206155158512ab869a103be9f0f51e20c1f9c7ae3475748778&async=1552091525061586 15.

② 家計債務、アジアに重圧、中国、日本のバブル期並みに（チャートは語る）［N/OL］.日本経済新闻，2019-07-28［2024-12-06］. https://t21.nikkei.co.jp/g3/ATCD017.do? keyPdf=20190728NKMMM870108904%5CNKM%5C1%5C1%5C001%5C%5C1365%5CY%5C%5C2019%2F0728%2F20190728NKMMM870108904.pdf%5CPDF%5C20190728%5C9b26e457&analysisIdentifer=fromSearchArt&analysisPrevActionId=INGST01&chgTabId=105241206145024512ab869a103be9f0f51e20c1f9c7ae3442411219&searchId=S105241206155229512ab869a103be9f0f51e20c1f9c7ae3046016358&async=155245133537889800.

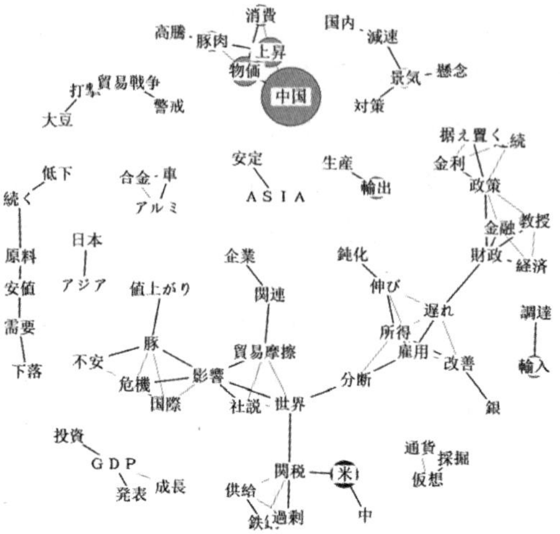

图 3-119 “收入政策”的语义网络图

位的人，也没有惠及大多数人”①。

第二，“就业保障不足”的人力政策。在人力政策上（如图 3-120），相关报道主要关注中美贸易战（“貿易戦争”）、新冠疫情以及人工智能（“AI、新興”）等背景下中国的就业（“雇用”“人員”“求人/招聘”）形势，建构出“就业保障不足”的人力政策形象。例如，有报道指出新冠疫情中的管控措施致使中国市场的劳动力短缺②；中国应届大学毕业生找工作相当困难③。

---

① 独アリアンツチーフ・エコノミック・アドバイザー、モハメド・エラリアン氏——米中、多国間で協調を（グローバルオピニオン）［N/OL］. 日本経済新闻，2019-08-22［2024-12-06］. https://t21. nikkei. co. jp/g3/CMNDF11. do.

② 中国産野菜、輸入 6 割減、新型コロナ、人手不足、出荷滞る、2 月前半、外食向け在庫手薄に［N/OL］. 日本経済新闻，2020-02-29［2024-12-06］. https://t21. nikkei. co. jp/g3/ATCD017. do? keyPdf = 20200229NKMQM880117932% 5CNKM% 5C19% 5C19% 5C001% 5C% 5C1288% 5CY% 5C% 5C2020% 2F0229% 2F20200229NKMQM880117932. pdf% 5CPDF% 5C20200229% 5C46b1dfae&analysisIdentifer = fromSearchArt&analysisPrevActionId = INGST01&chgTabId = 105241206145024512ab869a103be9f0f51e20c1f9c7ae3442411219&searchId = S105241206155756512ab869a103be9f0f51e20c1f9c7ae3184911034&async=155806605798570382.

③ 中国は「国進民退」改め安定成長めざせ［N/OL］. 日本経済新闻，2020-01-18［2024-12-06］. https://t21. nikkei. co. jp/g3/ATCD017. do? keyPdf = 20200118NKMEA170137960% 5CNKM% 5C2% 5C2% 5C001% 5C% 5C918% 5CY% 5C% 5C2020% 2F0118% 2F20200118NKMEA170137960. pdf% 5CPDF% 5C20200118% 5C23ac4390&analysisIdentifer = fromSearchArt&analysisPrevActionId = INGST01&chgTabId = 105241206145024512ab869a103be9f0f51e20c1f9c7ae3442411219&searchId = S105241206160008512ab869a103be9f0f51e20c1f9c7ae3623590182&async = 160014065891075832.

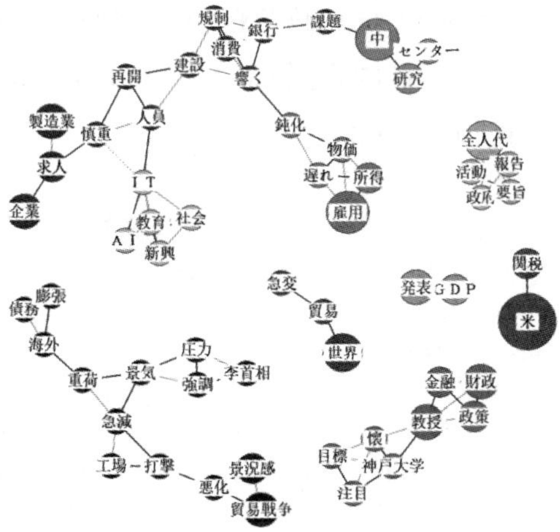

图 3-120　“人力政策”的语义网络图

四、中国经济理念形象

在“经济理念形象”这一维度，涉及“企业文化及经营理念”的报道最多，共 237 篇，占该维度样本总量的 56.56%；其次是体现“国家发展理念”的相关报道，有 154 篇，占比 36.75%；关注“消费理念”的报道有 101 篇，占比 24.11%。

(一)“困境中艰难探索”的企业精神

在“企业文化及经营理念”方面，如图 3-121 所示，《日本经济新闻》关注在中美贸易战（“貿易戦争”)、政策限制（“規制”)、新冠疫情（“新型コロナ”)等多重困境之下（“打撃、警戒、停止”)，中国企业谋求出路的努力，借助以“受挫型”为主的事件框架（如图 3-122)，“政府干预”和“地缘政治”并重的归因框架（如图 3-123)，呈现出“多重困境中艰难探索”的中国企业精神。例如，2018 年 6 月的报道称“因国内采购环境恶化，中国企业努力寻找新的出路”①；

① 中国、膨らむ債務不履行、1～6 月、4000 億円超へ、海外投資家にも影響［N/OL］. 日本経済新闻，2018-06-22［2024-12-06］. https://t21.nikkei.co.jp/g3/ATCD017.do?keyPdf=20180622NKMFF210164848%5CNKM%5C9%5C9%5C001%5C%5C1636%5CY%5C%5C2018%2F0622%2F20180622NKMFF210164848.pdf%5CPDF%5C20180622%5Ce9019087&analysisIdentifer=fromSearchArt&analysisPrevActionId=INGST01&chgTabId=105241206145024512ab869a103be9f0f51e20c1f9c7ae3442411219&searchId=S105241206160031512ab869a103be9f0f51e20c1f9c7ae3556007686&async=160048720503083562.

2018 年 9 月的报道称“因为业绩受到政策的直接影响，中国企业只能密切关注政府的政策动向”①；2020 年 7 月的报道称“受美国制裁的影响，中国企业开始寻找日本设备来取代美国制造的设备”②。

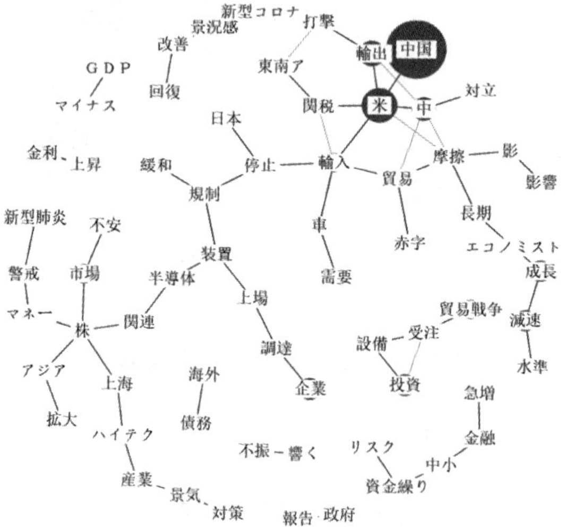

图 3-121 “企业文化与经营理念”的语义网络图

（二）“变局中冒进”的国家发展理念

在“国家发展理念”方面，《日本经济新闻》关注“一带一路”“中国制造 2025”“亚洲基础设施投资银行”等国家战略和倡议中体现的发展理念，借助

① 現場を歩く、景気対策 4 兆元の功罪、中国・西寧、陸の孤島から国際都市へ（リーマン危機 10 年）[N/OL]. 日本経済新闻，2018-09-11 [2024-12-06]. https://t21.nikkei.co.jp/g3/ATCD017.do?keyPdf=20180911NKMM1000083230%5CNKM%5C7%5C7%5C001%5C%5C3931%5CY%5C%5C2018%2F0911%2F20180911NKMM1000083230.pdf%5CPDF%5C20180911%5C97810b34&analysisIdentifer=fromSearchArt&analysisPrevActionId=INGST01&chgTabId=105241206145024512ab869a103be9f0f51e20c1f9c7ae3442411219&searchId=S105241206160110512ab869a103be9f0f51e20c1f9c7ae3663073082&async=160116120574879254.

② 輸出回復、まず中国向け、6 月 0.2%減に改善、鉄鋼・車けん引役 [N/OL]. 日本経済新闻，2020-07-21 [2024-12-06]. https://t21.nikkei.co.jp/g3/ATCD017.do?keyPdf=20200721NKMEA200123127%5CNKM%5C3%5C3%5C001%5C%5C1198%5CY%5C%5C2020%2F0721%2F20200721NKMEA200123127.pdf%5CPDF%5C20200721%5Ca9ce6870&analysisIdentifer=fromSearchArt&analysisPrevActionId=INGST01&chgTabId=105241206145024512ab869a103be9f0f51e20c1f9c7ae3442411219&searchId=S105241206160200512ab869a103be9f0f51e20c1f9c7ae3567786957&async=160216496951102233.

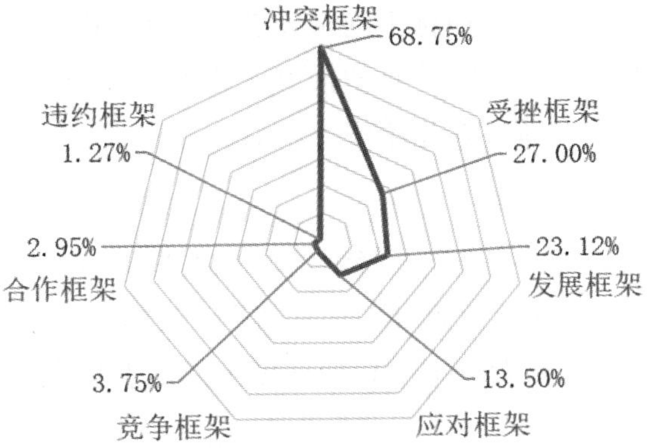

图 3-122　“企业理念”的事件子框架

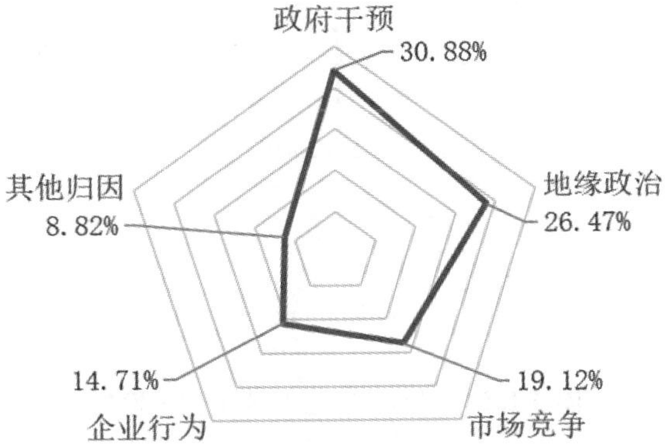

图 3-123　“企业理念”的归因子框架

“冲突和应对并重”的事件子框架（如图 3-124），相关报道建构出“变局中大胆冒进”的国家发展理念。例如，2019 年 5 月的报道关注“一带一路”峰会上中国领导人有关“中国不会让货币贬值，让邻国陷入贫困”的承诺，展现了中国的

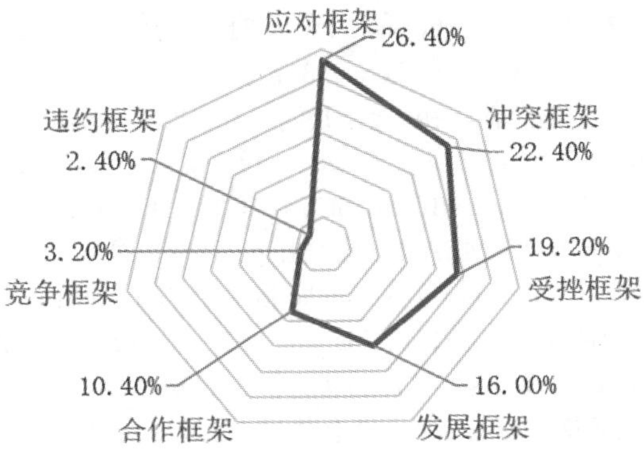

图 3-124　“国家发展理念”的事件子框架

大国担当①；2019 年 6 月的报道称中国希望借助亚洲基础设施投资银行增强其影响力和"带头作用"②；2020 年 10 月的报道关注中国政府有关 20 年内实现 GDP 翻一番的发展目标，并评价"这是希望很小的"③。

（三）"日趋保守"的消费理念

在"消费理念"方面，《日本经济新闻》相关报道借助以"受挫"为主的事件框架（如图 3-125），以及"低下""下落""鈍化（钝化）"等关键词（如图 3-126），建构出经济下行背景下"日趋谨慎"的消费理念形象。例如，2019 年

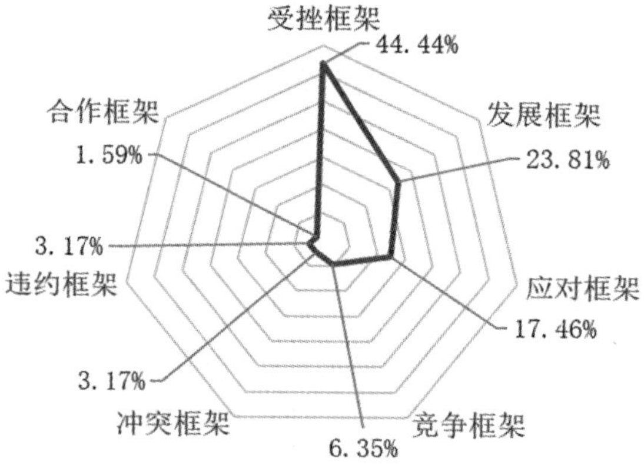

图 3-125 "消费理念"的事件子框架

① 中国、人民元安けん制、銀行監督トップ「投機筋に巨大損失」[N/OL]. 日本経済新闻，2019-05-28 [2024-12-06]. https://t21.nikkei.co.jp/g3/ATCD017.do?keyPdf=20190528NKMFF170129745%5CNKM%5C8%5C8%5C001%5C%5C1067%5CY%5C%5C2019%2F0528%2F20190528NKMFF170129745.pdf%5CPDF%5C20190528%5Cf13ec0c3&analysisIdentifer=fromSearchArt&analysisPrevActionId=INGST01&chgTabId=105241206145024512ab869a103be9f0f51e20c1f9c7ae3442411219&searchId=S105241206160232512ab869a103be9f0f51e20c1f9c7ae3872190356&async=160243095165458817.

② メキシコ関税を土壇場回避：中国とは長期戦も、米財務長官「協議予定なし」[N/OL]. 日本経済新闻，2019-06-09 [2024-12-06]. https://t21.nikkei.co.jp/g3/ATCD017.do?keyPdf=20190609NKMEA280098461%5CNKM%5C3%5C3%5C001%5C%5C514%5CY%5C%5C2019%2F0609%2F20190609NKMEA280098461.pdf%5CPDF%5C20190609%5C8bbc1dfc&analysisIdentifer=fromSearchArt&analysisPrevActionId=INGST01&chgTabId=105241206145024512ab869a103be9f0f51e20c1f9c7ae3442411219&searchId=S105241206160324512ab869a103be9f0f51e20c1f9c7ae3537915089&async=160336248029789627.

③ 習近平氏、長期政権へ着々、5 中全会閉幕、党幹部人事なし、後継者棚上げ、3 期目へ [N/OL]. 日本経済新闻，2020-10-30 [2024-12-06]. https://t21.nikkei.co.jp/g3/CMNDF11.do.

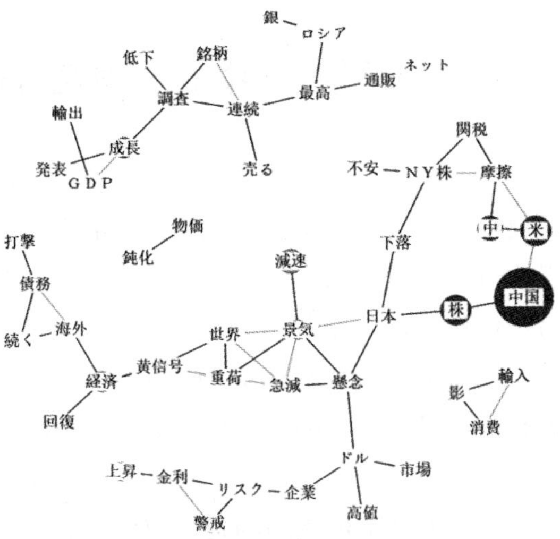

图 3-126　“消费理念”的语义网络图

2 月的报道称“中国人的口味变了”，中国消费者对外国品牌的渴望逐渐消退，越来越多的消费者选择中国本土公司的产品①；2020 年 6 月的报道称“面对收入停滞不前的现状，消费者的存钱欲望正在增加”②。

综上所述，《日本经济新闻》涉华经济报道聚焦金融市场动态、中美贸易战、国际经贸互动、中国企业动态等议题，借助以“受挫”为主的事件框架、“地缘政治、市场竞争、政府干预共存”的归因框架，以及以“利益受损”为主的影响框架，渲染了“发展受挫、陷入多重困境”的中国经济形象。

---

① 中国の嗜好変化、外資を揺るがす、地場のラッキン・蘇寧、急成長、スタバ・無印にライバル（Asia 300）[N/OL]. 日本経済新闻，2019-02-21 [2024-12-06]. https://t21.nikkei.co.jp/g3/ATCD017.do?keyPdf=20190221NKM9990013446A%5CNKM%5C11%5C11%5C001%5C%5C2751%5CY%5C%5C2019%2F0221%2F20190221NKM9990013446A.pdf%5CPDF%5C20190221%5C2e0f4600&analysisIdentifer=fromSearchArt&analysisPrevActionId=INGST01&chgTabId=105241206145024512ab869a103be9f0f51e20c1f9c7ae3442411219&searchId=S105241206160721512ab869a103be9f0f51e20c1f9c7ae3838653825&async=160727623435544568.

② 中国、続く利回り低下（アジア便り）[N/OL]. 日本経済新闻，2020-06-26 [2024-12-06]. https://t21.nikkei.co.jp/g3/ATCD017.do?keyPdf=20200626NKMFFJ50120613%5CNKM%5C8%5C8%5C001%5C%5C394%5CY%5C%5C2020%2F0626%2F20200626NKMFFJ50120613.pdf%5CPDF%5C20200626%5C6a6fadbe&analysisIdentifer=fromSearchArt&analysisPrevActionId=INGST01&chgTabId=105241206145024512ab869a103be9f0f51e20c1f9c7ae3442411219&searchId=S105241206160747512ab869a103be9f0f51e20c1f9c7ae3219826426&async=160754845696804515.

第五节 墨西哥媒体中的中国经济形象

墨西哥地理位置特殊，位于北美洲南部，拉丁美洲西北端，是南美洲、北美洲陆路交通的必经之地；北邻美国，是世界超级大国的近邻。与此同时，作为拉美第二大经济体，墨西哥与中美两国均有着紧密的经贸合作关系：墨西哥和美国互为对方的最大贸易合作伙伴；而中墨两国自 2013 年建立全面战略伙伴关系以来，双边关系发展进入快车道，墨西哥已成为中国在拉美地区第二大贸易伙伴、重要的工程承包市场和投资目的地，中国也连续多年成为墨西哥第二大贸易合作伙伴。

由此，中美两个全球最大经济体之间的贸易博弈，势必会对墨西哥这一中美双方的重要经贸合作伙伴产生直接且深远的影响。中美博弈背景下，墨西哥作为中美两国的重要经贸合作伙伴、拉丁美洲的重要经济体，其对中国经济的认识、理解与判断，关乎中墨两国经贸关系的未来走势。

一、样本构成

在墨西哥《金融家报》2018 年 3 月至 2020 年 11 月的 649 篇有效样本中，2018 年 10 个月共 304 篇，2019 年 12 个月共 262 篇，2020 年 11 个月共 83 篇。从各年度报道量的数据比较可以发现，2020 年中美贸易博弈进入新常态化阶段后，《金融家报》涉华经济报道的数量陡降。

（一）议题构成

如图 3-127 所示，《金融家报》涉华经济报道标题的高频词基本都是紧紧围绕中美贸易博弈的（China、EU 美国、guerra 战争、acuerdo 协定、comercial 商业、aranceles 关税），后经人工精读也再次证实，与美国、英国、日本、印度等传统大国和新兴大国的媒体不同，《金融家报》对中国经济问题的讨论主要是置于中美贸易博弈这一核心议题之下的。包括通过周报（semana）发布贸易战背景下证券市场（bolsas、bolsa、plaza）和货币市场（peso、dólar）的实时动态（188 篇，28.97%）；关注中美贸易战的主要进程（176 篇，27.12%）以及贸易战对中美墨间经贸往来（137 篇，21.11%）和企业发展的影响（109 篇，16.80%）等。

3-127　报道标题 Top 20 高频词云

（二）报道框架分析

在《金融家报》2018 年 3 月至 2020 年 11 月的涉华经济报道样本中，“影响框架”是其采用最多的报道框架，有 348 篇采用，占比 53.62%；其次是“事件框架”，有 266 篇，占比 40.99%；最后是“归因框架”，有 51 篇，占比 7.86%。

第一，以“利益受损”为主的影响类型。影响框架是《金融家报》涉华经济报道使用最多的报道框架，《金融家报》更为关注中美贸易战所带来的影响。进一步分析可以发现（如图 3-128），“利益受损”是其使用最多的影响子框架，有 183 篇，占使用影响框架的报道总量的 52.59%；其次是“破坏秩序格局”，有 77 篇，占影响框架报道的 22.13%；然后是“东道国获益”（32 篇，9.20%）和“共赢”（32 篇，9.20%）；“他方获益”“中方获益”以及“意识形态冲击”等其他子框架的使用则相对较少。由此可见，《金融家报》在涉华经济报道中呈现出

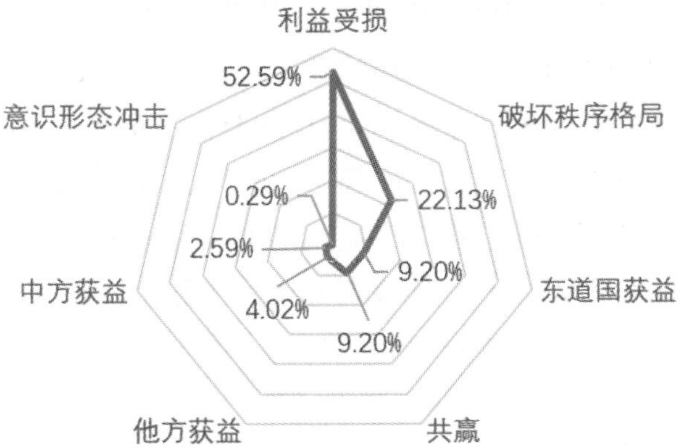

图 3-128　影响子框架占比情况

“利益受损、秩序破坏”的消极评价倾向。

第二，“合作为主，冲突与应对并存”事件框架。《金融家报》涉华经济报道中共有 266 篇样本采用了事件框架，占样本总量的 40.99%。进一步对应到事件框架的各类子框架可以发现（如图 3-129），七类子框架的使用频率从高到低依次为：“合作框架”（97 篇，36.47%）、“冲突框架”（54 篇，20.30%。）、“应对框架”（53 篇，19.92%）、“发展框架”（32 篇，12.03%）、“受挫框架”（20 篇，7.52%）、“竞争框架”（8 篇，3.01%）以及“违约框架”（2 篇，0.75%）。

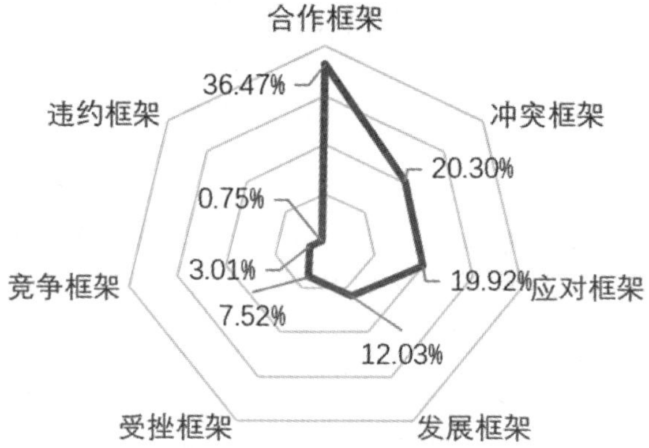

图 3-129　事件子框架占比情况

第三，以“政治归因”为主的归因框架。《金融家报》采用“归因框架”的报道较少，仅有 51 篇报道，占总样本量的 7.86%，体现出其“轻归因”的报道特点。其中（如图 3-130），“地缘政治”和“政府干预”是其主要使用的两种归因类型，分别有 25 篇和 20 篇报道，分别占到归因类报道的 49.02%和 39.22%；“市场竞争”“企业行为”等其他归因子框架则极少被采用。

（三）中国经济形象各维度的占比情况

在《金融家报》2018 年 3 月至 2020 年 11 月的涉华经济报道中，涉及“中国经济实力形象”的报道最多，有 404 篇，占样本总量的 62.25%；其次是涉及“中国经济政策形象”的报道，有 317 篇，占样本总量的 48.84%；涉及“中国经济理念形象”的报道最少，只有 46 篇，占样本总量的 7.09%。

需要说明的是，我们通过人工精读发现，尽管中美贸易战期间墨西哥《金融家报》较为关注中国经济问题，但其涉及中国的内容大多是以整篇报道中的“一部分”甚至是“只言片语”的形式存在的，换句话说，其报道的主要对象并不是中国，只是在报道中涉及中国而已。比如，2018 年 3 月 22 日的报道《贸易战可

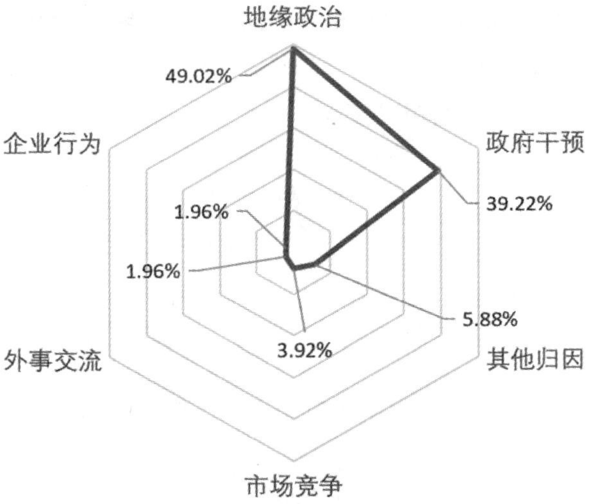

图 3-130　归因子框架占比情况

能有利于墨西哥的出口》，主要讲的是美国针对中国钢铁的关税政策会刺激墨西哥的工业增长，但美国所颁布的这一关税政策与中国有关，所以文中会有与中国钢铁产业及其进出口相关的语句①。

这些内容哪怕是"只言片语"，也是一种意义建构；但若是以整篇报道或者报道标题为语料进行分析，又会因大量的干扰内容而难以准确反映涉及中国的文本状况。因此，与对美国、英国、日本、印度等传统大国和新兴大国媒体的分析不同，我们在接下来分析《金融家报》中各维度中国经济形象的过程中，不将整篇报道的框架作为主要依据，也不将标题文本作为直接语料，而是先提取 649 篇样本中涉及中国的段落和语句作为语料，然后基于对这些语料的分析，考察《金融家报》中的中国经济形象。

二、中国经济实力形象

在"经济实力形象"这一维度中（如图 3-131），涉及"国际投资与贸易水平"的报道最多，共有 160 篇，占该维度样本总量的 39.60%；其次是涉及"生

① Guerra comercial podría favorecer a las exportaciones mexicanas [N/OL]. El financiero，2018-03-22 [2024-12-03]. https://gtyiqteemqj8w4qeejyzee77tejqe7ss9elk9-s-a2097.bj.tsgdht.cn/redir/default.aspx? P = sa&an = ELFINA0020180323ee3m000gt&drn = drn%3aarchive.newsarticle.ELFINA0020180323ee3m000gt&cat=a&ep=ASE.

产能力”（117 篇，28.96%）的报道；然后是体现“金融实力”（62 篇，15.35%）和“整体发展规模与速度”（61 篇，15.10%）的报道；涉及“消费能力”（36 篇，8.91%）的报道相对较少。

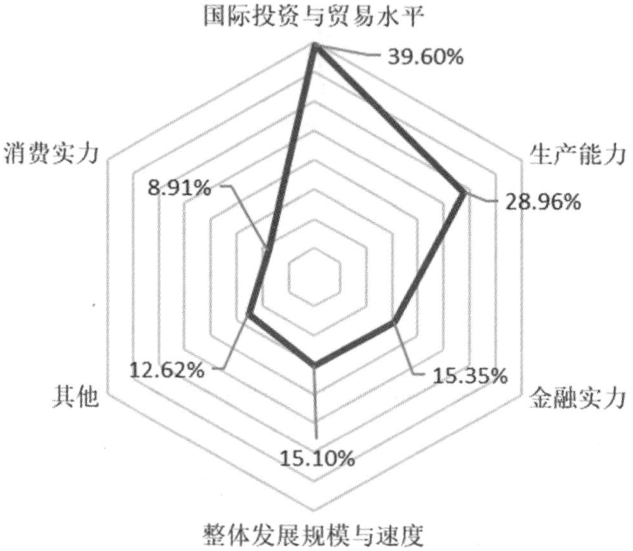

图 3-131 经济实力形象各指标的占比情况

（一）“规模大、韧性高、影响力强”的国际投资与贸易

在“国际投资与贸易水平”这一层面（如图 3-132），《金融家报》主要关注中国的进出口规模（importaciones、exportaciones），并借助“tensiones（紧张局势）”“nerviosos（紧张的）”“escalada（攀升）”“crecimiento（增长）”等关键

图 3-132 “国际投资与贸易水平”的语义网络图

词，建构出“规模巨大”，且在中美贸易争端的紧张局势中表现出“较强韧性”的贸易大国形象，并借助“mundial economía（世界经济）”“mayor（主要的）”等关键词强调了中国在国际市场中的重要地位。例如，相关报道指出，中国是美国第三大液化天然气进口国①；中国是世界上最大的原材料进口国②；中国是世界上最大的出口经济体③；如果中国对亚洲国家的进口减少，那么亚洲国家的出口也会减少④。2020 年 1 月的报道则指出，中美贸易摩擦下，以韧性著称的中国出口商转向其他市场，增加了在亚洲、欧洲和非洲的销售额⑤。

（二）“实力雄厚但发展受阻”的生产能力

在“生产能力”这一层面，《金融家报》主要关注企业能力（47 篇，40.17%）和行业能力（45 篇，38.46%），其次是生产要素水平（32 篇，27.35%），涉及供给能力的报道相对较少（4 篇，3.42%）。

第一，“实力强但发展受阻”的产业和企业形象。在行业产业以及企业能力层面，《金融家报》重点关注中国制造业（manufacturero、automoviles、acero、industrial）、服务业（sector servicios）以及华为（Huawei）等高科技企业的实

① Qué puede hacer China para que Trump 'se relaje' con los aranceles? [N/OL]. El financiero，2018-03-22 [2024-12-03]. https://gtyiqteemqj8w4qeejyzee77tejqe7ss9elk9-s-a2097.bj.tsgdht.cn/redir/default.aspx? P = sa&an = ELFINA0020180322ee3m001gw&drn = drn%3aarchive.newsarticle.ELFINA0020180322ee3m001gw&cat=a&ep=ASE.

② Barril de crudo borra ganancias ante posible alza en 'stocks' en EU [N/OL]. El financiero，2018-04-04 [2024-12-03]. https://gtyiqteemqj8w4qeejyzee77tejqe7ss9elk9-s-a2097.bj.tsgdht.cn/redir/default.aspx? P = sa&an = ELFINA0020180404ee44000ul&drn = drn%3aarchive.newsarticle.ELFINA0020180404ee44000ul&cat=a&ep=ASE.

③ Taxímetros y cabello humano，entre los productos chinos a los que EU quiere poner aranceles [N/OL]. El financiero，(2018-07-10) [2024-12-03]. https://gtyiqteemqj8w4qeejyzee77tejqe7ss9elk9-s-a2097.bj.tsgdht.cn/redir/default.aspx?P=sa&an=ELFINA0020180711ee7a0008k&drn=drn%3aarchive.newsarticle.ELFINA0020180711ee7a0008k&cat=a&ep=ASE.

④ FMI alerta sobre desventajas de acuerdo comercial entre China y EU [N/OL]. El financiero，2019-04-12 [2024-12-03]. https://gtyiqteemqj8w4qeejyzee77tejqe7ss9elk9-s-a2097.bj.tsgdht.cn/redir/default.aspx?P=sa&an=ELFINA0020190412ef4c001h3&drn=drn%3aarchive.newsarticle.ELFINA0020190412ef4c001h3&cat=a&ep=ASE.

⑤ Exportaciones chinas concluyen 2019 con avances，pese a guerra comercial con EU [N/OL]. El financiero，2020-01-14 [2024-12-03]. https://gtyiqteemqj8w4qeejyzee77tejqe7ss9elk9-s-a2097.bj.tsgdht.cn/redir/default.aspx?P=sa&an=ELFINA0020200114eg1e000rx&drn=drn%3aarchive.newsarticle.ELFINA0020200114eg1e000rx&cat=a&ep=ASE.

力状况（如图 3-133）。借助“mayor（最大的）”“negra（厄运）”“lento ritmo（节奏缓慢）”等关键词，建构出“实力雄厚”但因贸易战而“发展受阻”的行业和企业形象。比如，相关报道指出，中国工业生产的增速创下 17 年来的最低水平①；中国制造业活动大幅萎缩，官方指标达到有记录以来的最低水平②。

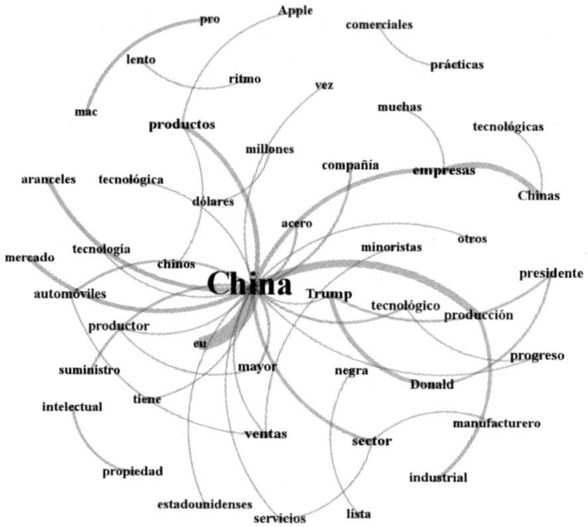

图 3-133　“生产能力”语义网络图

第二，“威胁型”的技术形象。在生产要素水平上，《金融家报》聚焦技术（tecnología）这一要素，在关注中国技术进步（tecnológico progreso）的同时，放大中国的知识产权（propiedad intelectual）问题，建构出“危险型”的技术形象。例如有报道声称“中国存在技术滥用行为”③，“美国需要采取一些措施来应

---

① ¿Por qué se habla de una recesión global [N/OL]. El financiero，2019-08-22 [2024-12-03]. https://gtyiqteemqj8w4qeejyzee77tejqe7ss9elk9-s-a2097. bj. tsgdht. cn/redir/default. aspx?P＝sa&an＝ELFINA0020190822ef8m000p1&drn＝drn%3aarchive. newsarticle. ELFINA0020190822ef8m000p1&cat＝a&ep＝ASE.

② COVID-19 empuja a la manufacturera global a su menor nivel desde 2009：JP Morgan [N/OL]. El financiero，2020-03-02 [2024-12-03]. https://gtyiqteemqj8w4qeejyzee77tejqe7ss9elk9-s-a2097. bj. tsgdht. cn/redir/default. aspx?P＝sa&an＝ELFINA0020200302eg32001bd&drn＝drn%3aarchive. newsarticle. ELFINA0020200302eg32001bd&cat＝a&ep＝ASE.

③ Se debe sacar del 'bache' a la manufactura para enfrentar la guerra comercial：CIE [N/OL]. El financiero，2018-05-07 [2024-12-03]. https://gtyiqteemqj8w4qeejyzee77tejqe7ss9elk9-s-a2097. bj. tsgdht. cn/redir/default. aspx?P＝sa&an＝ELFINA0020180507ee57001mj&drn＝drn%3aarchive. newsarticle. ELFINA0020180507ee57001mj&cat＝a&ep＝ASE.

对中国技术的快速发展”①。

（三）“不断受挫”的金融市场

《金融家报》的样本中仅有62篇报道涉及了中国的金融实力。如图3-134的高频词所示，相关报道主要关注中国上交所（Shanghai）、深交所（Shenzhen）的相关指数（ídices）和股票、债券的交易情况（acciones、bursátil），借助“caer”“cayeron”“cayó”等表示“下跌”的高频词，建构出因贸易战而“不断受挫”的金融实力形象。例如，2018年7月的报道指出中美贸易战的紧张局势致使香港和上海的交易指数均下跌了1%②；2018年9月的报道指出，中国股市出现了新一波抛售，进而引发了亚洲和新兴市场的股市暴跌③。

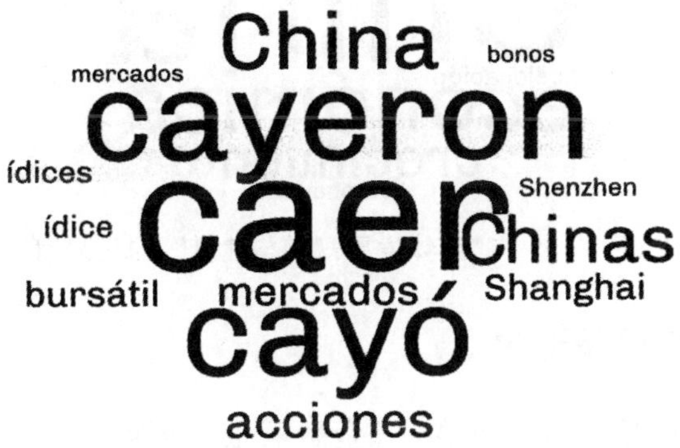

图3-134　“金融实力”的高频词

（四）“体量大、增长慢、影响力强”的整体经济

在“整体发展规模与速度”层面（如图3-135），《金融家报》主要关注中国

---

① Trump anuncia golpe comercial a China por 60 mil mdd [N/OL]. El financiero, 2018-03-22 [2024-12-03]. https://gtyiqteemqj8w4qeejyzee77tejqe7ss9elk9-s-a2097.bj.tsgdht.cn/redir/default.aspx?P=sa&an=ELFINA0020180322ee3m0015r&drn=drn%3aarchive.newsarticle.ELFINA0020180322ee3m0015r&cat=a&ep=ASE.

② Nikkei suma tercera jornada de pérdidas; Hong Kong y Shanghái caen 1% [N/OL]. El financiero, 2018-07-04 [2024-12-03]. https://gtyiqteemqj8w4qeejyzee77tejqe7ss9elk9-s-a2097.bj.tsgdht.cn/redir/default.aspx?P=sa&an=ELFINA0020180704ee74000uo&drn=drn%3aarchive.newsarticle.ELFINA0020180704ee74000uo&cat=a&ep=ASE.

③ Plazas europeas suben luego de registrar su peor racha bajista en 2 años [N/OL]. El financiero, 2018-09-10 [2024-12-03]. https://gtyiqteemqj8w4qeejyzee77tejqe7ss9elk9-s-a2097.bj.tsgdht.cn/redir/default.aspx?P=sa&an=ELFINA0020180910ee9a000p5&drn=drn%3aarchive.newsarticle.ELFINA0020180910ee9a000p5&cat=a&ep=ASE.

国内生产总值等整体经济指数的变化情况，借助“crecimiento（增长）”“desaceleración/desacelerando（减速）”“primer（首要的）”等关键词，建构出“增长虽然放缓，但体量大且影响力强”的整体经济形象，在突出中国经济呈现疲软态势的同时，强调了中国经济在世界经济中“牵一发而动全身”的重要地位。比如，相关报道指出，中国GDP因贸易战而下降2%，但弥补损失并不困难①；到2024年，中国将与印度一起成为世界GDP增长的主要引擎②。

图3-135 “整体发展规模与速度”的高频词

三、中国经济政策形象

在“经济政策形象”这一维度，《金融家报》重点关注中国政府在贸易战期间的“对外贸易政策”，相关报道共有264篇，占该维度样本总量的83.28%；涉及“需求管理政策”（51篇，16.09%）和“供给管理政策”（4篇，1.26%）的报道均很少。

（一）“应对型”的对外贸易政策

在“对外贸易政策”方面，《金融家报》主要关注中美博弈背景下中国为应对美国发起的关税战、贸易战而采取的应对性政策，包括应对性的关税政策

---

① La ‘gran lección’ de comercio para Trump: China no es México [N/OL]. El financiero, 2018-10-03 [2024-12-03]. https://gtyiqteemqj8w4qeejyzee77tejqe7ss9elk9-s-a2097.bj.tsgdht.cn/redir/default.aspx?P=sa&an=ELFINA0020181003eea3000jn&drn=drn%3aarchive.newsarticle.ELFINA0020181003eea3000jn&cat=a&ep=ASE.

② China e India serán los principales ‘motores’ del crecimiento económico para 2024: FMI [N/OL]. El financiero, 2019-10-21 [2024-12-03]. https://gtyiqteemqj8w4qeejyzee77tejqe7ss9elk9-s-a2097.bj.tsgdht.cn/redir/default.aspx?P=sa&an=ELFINA0020191022efal0002t&drn=drn%3aarchive.newsarticle.ELFINA0020191022efal0002t&cat=a&ep=ASE.

(141 篇）以及其他非关税政策（118 篇）。

其中，涉及“关税政策”的报道（如图 3-136）包括冲突升级期的反制措施，以及谈判期、冲突缓和期的关税减免政策，尤其是汽车（automóviles)、大豆(soja)、肉类（carne，cerdo）等商品的关税政策。比如，2018 年 4 月的报道指出，中国政府为回应特朗普的强硬立场，计划对约 500 亿美元的美国进口商品征收关税①；2018 年 12 月的报道指出，中国已同意降低或取消对美国汽车征收的关税②；2019 年 12 月的报道指出中国在贸易谈判中“迈出一步”，开始对美国的大豆、棉花、玉米、高粱和猪肉实行关税豁免③。

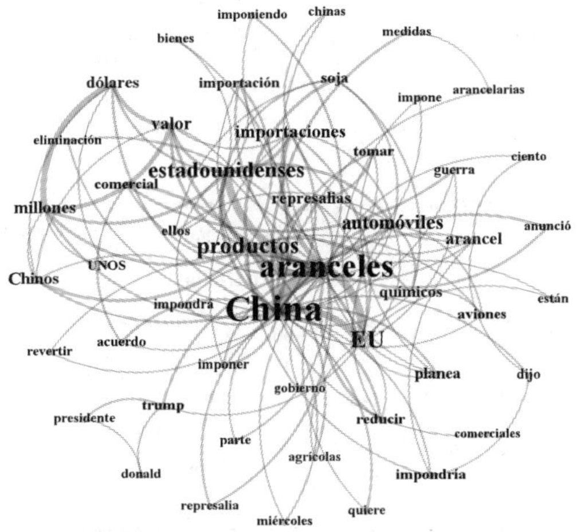

图 3-136　“关税政策”语义网络图

---

① Trump estudia aplicar medidas rigurosas para el etanol [N/OL]. El financiero，2018-04-10 [2024-12-03]. https://gtyiqteemqj8w4qeejyzee77tejqe7ss9elk9-s-a2097. bj. tsgdht. cn/redir/default. aspx?P=sa&an=ELFINA0020180410ee4a0010b&drn=drn%3aarchive. newsarticle. ELFINA0020180410ee4a0010b&cat=a&ep=ASE.

② China estudia reducir aranceles a los autos de EU en plena guerra comercial [N/OL]. El financiero，2018-12-11 [2024-12-03]. https://gtyiqteemqj8w4qeejyzee77tejqe7ss9elk9-s-a2097. bj. tsgdht. cn/redir/default. aspx?P=sa&an=ELFINA0020181211eecb00105&drn=drn%3aarchive. newsarticle. ELFINA0020181211eecb00105&cat=a&ep=ASE.

③ China da ‘un paso’ en diálogo comercial y tramita exenciones arancelarias a carne de cerdo y soya de EU [N/OL]. El financiero，2019-12-06 [2024-12-03]. https://gtyiqteemqj8w4qeejyzee77tejqe7ss9elk9-s-a2097. bj. tsgdht. cn/redir/default. aspx? P=sa&an=ELFINA0020191206efc600161&drn = drn% 3aarchive. newsarticle. ELFINA0020191206efc600161&cat=a&ep=ASE.

在除关税之外的其他对外贸易政策层面（如图 3-137），相关报道关注中国在推进中美贸易谈判（negociaciones）和签署贸易协定（acuerdo）方面的努力（resolución、procedimientos），比如增加对美国农产品的进口配额（agrícolas comprar）等。例如，2019 年 5 月的报道指出中国在中美谈判过程中做出重大让步，同意在两年内增加对美国农产品的购买①；2020 年 5 月的报道指出中美两国最高贸易谈判代表承诺为双边贸易协定的实施创造有利条件，中国在两周内增加美国大豆采购量 100 万吨②。

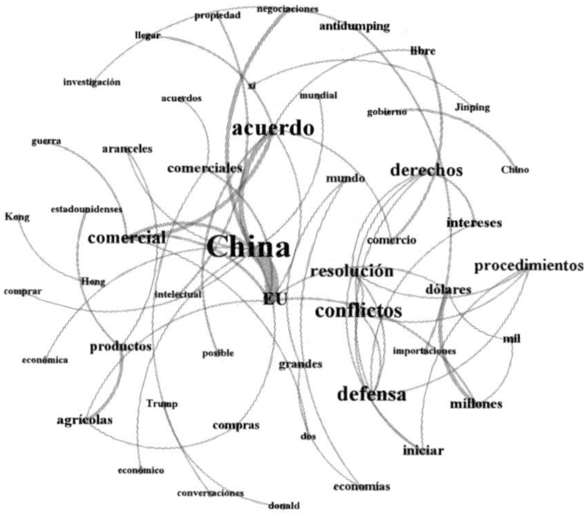

图 3-137 “非关税政策”语义网络图

（二）“调控型”需求管理政策

在“需求管理政策”层面（如图 3-138），《金融家报》主要关注人民币汇率（yuan、yuanes、cambio）等货币政策（moneda），以及政府支出等财政政策，借

---

① Ultimátum de Trump a China：tiene un mes para cerrar acuerdo o habrá aranceles para todo［N/OL］. El financiero，2019-05-10［2024-12-03］. https://gtyiqteemqj8w4qeejyzee77tejqe7ss9elk9-s-a2097. bj. tsgdht. cn/redir/default. aspx?P=sa&an=ELFINA0020190510ef5a001jm&drn=drn%3aarchive. newsarticle. ELFINA0020190510ef5a001jm&cat=a&ep=ASE.

② China aumenta compras de soya estadounidense con 1 millón de toneladas en dos semanas［N/OL］. El financiero，2020-05-12［2024-12-03］. https://gtyiqteemqj8w4qeejyzee77tejqe7ss9elk9-s-a2097. bj. tsgdht. cn/redir/default. aspx?P=sa&an=ELFINA0020200512eg5c000xi&drn=drn%3aarchive. newsarticle. ELFINA0020200512eg5c000xi&cat=a&ep=ASE.

助“estimular/estimulo（刺激）”“apoyar（支持）”“respuesta（响应）”等关键词，建构出积极介入的“调控型”的需求管理政策形象。例如 2019 年 12 月的报道指出，中国政府正在加大对经济的支持力度①；2020 年 3 月的报道指出中国在疫情得到控制后采取了更积极的财政政策②。

图 3-138　“需求管理政策”高频词

四、中国经济理念形象

《金融家报》中涉及中国经济理念形象的报道较少，仅有 46 篇。其中，国家发展理念是其关注相对较多的层面（27 篇），而涉及企业经营理念与个人消费理念的报道均较少。国家发展理念的相关报道（如图 3-139），借助“defender（防卫）”“difenrencias（不同）”“ruta”（道路）等关键词，建构出不同于西方的他者化的中国道路与中国理念。比如，将中国参与 WTO 新一任领导人选举抹黑成“通过在国际组织安插关键人员来扩大其影响力”③；将中国对美国的反制措施诋

① Una buena: el crecimiento mundial estará un poco mejor el próximo año [N/OL]. El financiero, 2019-12-18 [2024-12-03]. https://gtyiqteemqj8w4qeejyzee77tejqe7ss9elk9-s-a2097.bj.tsgdht.cn/redir/default.aspx?P=sa&an=ELFINA0020191218efci000rz&drn=drn%3aarchive.newsarticle.ELFINA0020191218efci000rz&cat=a&ep=ASE.

② COVID-19 empuja a la manufacturera global a su menor nivel desde 2009: JP Morgan [N/OL]. El financiero, 2020-03-02 [2024-12-03]. https://gtyiqteemqj8w4qeejyzee77tejqe7ss9elk9-s-a2097.bj.tsgdht.cn/redir/default.aspx?P=sa&an=ELFINA0020200302eg32001bd&drn=drn%3aarchive.newsarticle.ELFINA0020200302eg32001bd&cat=a&ep=ASE.

③ Así será el proceso para elegir al nuevo líder de la OMC, cargo al que aspira Jesús Seade [N/OL]. El financiero, 2020-06-09 [2024-12-03]. https://gtyiqteemqj8w4qeejyzee77tejqe7ss9elk9-s-a2097.bj.tsgdht.cn/redir/default.aspx?P=sa&an=ELFINA0020200609eg690015s&drn=drn%3aarchive.newsarticle.ELFINA0020200609eg690015s&cat=a&ep=ASE.

毁为“超级大国的掠夺性策略”等①。

图 3-139 “国家发展理念”高频词

综上所述，墨西哥《金融家报》涉华经济报道体现出了“关注点单一”“视角单一”的特征。在议题上，重点聚焦中美贸易战所带来的影响；在形象上，重点关注中国国际投资与贸易的实力及政策，建构出“虽然发展受阻”但“具有强大韧性和影响力”的中国经济形象。

本章我们分别考察了美国、英国、印度、日本、墨西哥五个经贸合作国主流媒体中的中国经济形象。比较来看，五国媒体对中国经济形象的建构具有一些共同特征，但也有一些显著的差异。在第七章中，我们还将对这些共同特征和显著差异进行梳理和总结。而在这之前，我们将先分别从国际格局、国家利益以及民族情感三个层面，探讨影响各国建构策略与建构结果的关键因素。

① Trump no cede y afirma：los aranceles a China están en marcha ［N/OL］. El financiero，2019-08-31 ［2024-12-03］. https：//gtyiqteemqj8w4qeejyzee77tejqe7ss9elk9-s-a2097. bj. tsgdht. cn/redir/default. aspx?P＝sa&an＝ELFINA0020190831ef8v000gq&drn＝drn%3aarchive. newsarticle. ELFINA0020190831ef8v000gq&cat＝a&ep＝ASE.

第四章　国际格局中的空间占位与国家经济形象建构

国际格局作为国际关系中的重要概念，是指在特定历史时期，由主要国际力量相互作用所构成的相对稳定的结构状态，它深刻反映了世界主要国家或国家集团之间的力量对比和错综复杂的战略关系。国际格局对国家构成制约，国际格局的变动和调整也会直接影响各国在国际事务中的战略选择。那么，大国博弈背景下一国主流媒体对他国经济形象的建构，作为反映国家意志、具备国家行为属性的实践，又是否以及如何受到国际格局的影响呢？本章将以美国、英国、印度、日本、墨西哥五个国家为例，探讨国际格局对国家经济形象国际建构的影响。

第一节　国际格局、空间占位及其对国家行为的影响

一、国际格局及其影响

国际格局是国际体系和国际秩序的重要构成①，是主要国际力量在一定时期内形成的结构状态和力量对比态势，它以国家实力为依托，反映了国家之间力量对比的结果②。对国际格局特征和走势的判断是国际关系研究的重要议题，也是各国制定对外战略的前提和基础③。

一方面，国际格局的类型会影响国际互动的规范和国际体系的管理。现实主义者用“极”的概念来描述国际格局中国家间的力量对比和权力分配。多极格局指权力的分配集中于多于两个国家的状态，比如第一次世界大战前英国、俄国、普鲁士、法国和奥匈帝国五个国家构成的多极格局。两极格局指权力的分配集中于两个国家或国家集团的状态，比如罗马和迦太基、雅典与斯巴达，以及冷战期

---

①　蔡拓. 全球主义视角下的国际秩序［J］. 现代国际关系，2014（7）：15-17.

②　刘长敏. 国际关系体系与格局（1618-1945）：理论框架与理论变迁［M］. 北京：世界知识出版社，2002.

③　周方银. 中国学者对国际格局的认识及争鸣［J］. 国际政治科学，2017（2）：1-32.

间以美国为代表的北约和以苏联为代表的华约之间的对立格局。单极格局指权力分配集中于单一国家的格局，1991 年海湾战争结束后，很多国家都担心国际格局会朝向单极的趋势发展。

不同的国际格局会限制不同的互动规范。现实主义的研究认为，多极格局中的国际规范会得到较大范围地分享和遵守，国家间结盟常表现为针对具体目标的、短暂的结盟；两极格局中的联盟则倾向以相对持久的利益为基础；而单极格局会导致国际体系的无政府状态遭遇挑战①。与此同时，在国际体系的稳定和管理方面，不同的国际格局亦存在差异化的特征。比如，华尔兹认为两极格局是最稳定的结构，因为两大阵营“都能够制约对方对暴力的使用，并承受可能破坏稳定的变革”②；而霸权稳定论者则宣称，近似单极的霸权或许足以创建和维持一个稳定的国际体系，因为霸权国愿意支付成本，在必要的时候单边地推行规范，以确保使其受益的体系得以延续③。

另一方面，国际格局也会因国际互动而发生变化乃至变革。现实主义观点认为，主要国家数量的变化或行为体之间相对权力关系的变化会导致国际格局的变化，而战争、不平衡增长以及技术等外在环境的变化，通常是导致权力重新分配、权力关系发生根本变革的原因④。比如，第二次世界大战导致了英国、法国的相对衰落，而美国和苏联则占据了主导地位，国际格局从多极转向两极。冷战结束后，伴随苏联的解体，国际体系中的两极格局被打破，并逐渐发展出“一超多强”的态势：美国作为超级大国，在经济、军事等领域持续保持领先地位，而其他国家如中国、俄罗斯、印度等则在不同领域展现出强大的竞争力。21 世纪以来，国际格局演变的曲折性和波动性更为显著⑤，以中国为代表的新兴大国和“全球南方”的群体性崛起，使得国际力量的对比发生了深刻的变化。新兴国家的群体性崛

① 明斯特，阿雷奎恩-托夫特．国际关系精要［M］．潘中岐，译．7 版．上海：上海人民出版社，2018：108-112.

② WALTZ K. International structure, national force, and the balance or world power ［J］. Journal of international affairs, 1967, 21 (2): 215-231.

③ 基欧汉．霸权之后：世界政治经济中的合作与纷争［M］．苏长和，信强，何曜，译．增订版．上海：上海人民出版社，2012.

④ 明斯特，阿雷奎恩-托夫特．国际关系精要［M］．潘中岐，译．7 版．上海：上海人民出版社，2018：115-116.

⑤ 姜跃春．国际经济格局新变化及其发展趋势［J］．人民论坛・学术前沿，2019 (1): 30-39.

起势不可挡，对西方价值体系、民主模式和美国的世界霸权发起了强有力的挑战，对以西方为中心的传统力量模式产生了结构性压力，西方国家不再拥有像以前一样集中的权力，力量对比“东升西降”的态势愈加明显。与此同时，美国政府挑起的中美博弈日益加剧，大国博弈成为当下国际格局的重要构成。

二、国际格局中的空间占位及其影响

如上所述，国际格局反映了国家间的力量对比与权力关系。而各国因其所拥有的相对权力的差异，在国际格局中处于不同的位置。我们用“空间占位”这一概念描述了各国在国际格局中所处的位置。

国际关系中与国家所处位置、国家角色、国家身份有关的探讨很多。列维·霍尔斯蒂（Kalevi J. Holsti）将角色理论引入国际关系研究，认为国家是在国际舞台上扮演不同角色及身份的行为体，并划分出地区领导者、积极独立者、国内发展者、调解者等 17 种国家角色①。之后，国际关系的研究者从不同视角出发，划分出了不同的国家类型。例如：基于国家间经济实力、科技水平、政治影响力及资源控制力的对比，将国家划分为新生国家、小国、大国与强国②；基于外交策略将国家划分为领导者、平衡者、不结盟者、发展者③；基于国家集团间重要资源的分配情况，将国家划分为发达国家、部分发达国家以及发展中国家④。而聚焦权力转移过程中的国家身份竞争的研究，则将国家划分为霸权国、守成国、崛起国、依附国⑤⑥。

基于当下大国崛起、大国博弈的战略背景和国际格局中的权力转移态势，我

---

① HOLSTI K. National role conceptions in the study of foreign policy [J]. International studies quarterly，1970，14（3）：233-309.

② THIES C. A social psychological approach to enduring rivalries [J]. Political psychology，2001，22（4）：708-709.

③ 张清敏. 中国的国家特性、国家角色和外交政策思考 [J]. 太平洋学报，2004（2）：47-55.

④ 明斯特，阿雷奎恩-托夫特. 国际关系精要 [M]. 潘中岐，译 . 7 版. 上海：上海人民出版社，2018：120.

⑤ 李奇前. 规避还是制衡：权力转移中的身份竞争逻辑 [J]. 印度洋经济体研究，2022（4）：20-45.

⑥ 唐扬，孙云. 霸权依附、极端民粹与台湾政治衰败：基于权力消解的视角 [J]. 台湾研究集刊，2018（6）：36-42.

们借鉴权力转移过程中国家身份的研究，将各国在国际格局中的空间占位划分为守成国（包括霸权国）、崛起国、依附国等类型。

国家在权力格局中的空间占位会对国家行为产生深刻的影响。符号互动主义的观点认为，国家所处的位置和所扮演的角色共同影响了国家对外行为，国家行为和对外政策是围绕着国家在国际体系中的身份和角色的定位和再定位而变化的①。国家在国际格局中所处的位置，界定了国家所属的群体，深刻影响国家的利益目标和行为模式。比如，“守成国和崛起国都格外偏好地位，守成国在意维护大国地位，崛起国则在意得到地位承认”②。守成国作为拥有一定国际地位和影响力的国家，它们倾向于维护现有的国际秩序和规则，通过强化同盟关系、推动国际规则制定等方式，维护大国利益和地位。而快速发展、实力不断增强的崛起国，往往寻求在国际舞台上发挥更大的作用，旨在得到地位承认。与守成国和崛起国不同，那些在国际关系中处于相对弱势地位的依附国，则往往需要依赖其他大国的支持和帮助来保障自身的利益。

综上所述，国际格局制约国家行为，而在国际格局中处于不同空间占位的国家，因其相对力量和权力的差异，会呈现出不同的战略选择和行为倾向。面对权力转移和权力再分配所导致的国际格局的变化趋势，处于不同空间占位的各个国家会审视自身的战略定位、调整自身的战略选择，以期维护已有占位或争取更高占位。国际格局中的空间占位因此是影响国家行为的重要因素。接下来，我们将以五个国家为例，分别探讨守成国、崛起国和依附国三种不同空间占位的特征及其对国家经济形象国际建构的影响。

第二节　守成国的占位特征及其对形象建构的影响

守成国指那些已经确立了自己在全球或地区层面上的影响力和地位，并且倾向于维护现有国际秩序和规则的国家，它们通常借助其政治、经济以及制度优势，影响他国经济政治结构进而实现国家利益③。21 世纪以来，新兴经济体的集

① 李翰林. 后脱欧时代英国的国家角色变迁：认知变化、动机驱动与外交选择［J］. 欧洲研究，2023，41（6）：144-170.

② 王梓元. 权力转移中的地位承认［J］. 国际政治科学，2021，6（4）：41-76.

③ 刘彬，明元鹏，陈伟光. 守成国与崛起国的贸易摩擦：基于中美和日美贸易摩擦的比较分析［J］. 国际贸易，2019（12）：12-18.

体崛起引发了全球力量的新一轮重组与再分配①。面对权力转移的挑战，守成国会竭力维护自己在国际格局中的空间占位，维护现有规则及自身利益。然而由于国家间权力转移的速度并非保持一致，守成国各国受到冲击的程度和机制也并不完全相同，所以各国维护自身空间占位的具体策略也会存在差异②。比如，美国作为超级大国，倾向"先发制人"，对崛起国进行打压和遏制，以期维护其全球霸权地位；英国作为老牌资本主义国家，希望通过均势战略来保持自身在关键领域的主导地位；日本作为经济强国，则希望通过积极参与国际事务，竭力避免自身沦为二流国家。本节我们将以美国、英国、日本为例，探讨守成国的占位特征及其对形象建构的影响。

一、霸权国的霸权护持与美国媒体的他者化策略

第二次世界大战后，美国在联盟体系、国际制度、美元主导权、民主价值观等核心要素的支撑之下，逐渐成为真正的全球性霸权国③。本部分我们考察美国的霸权国占位如何影响其主流媒体对中国经济形象的建构。

（一）美国的空间占位及其影响

霸权国是国际格局中最为强大且"有实力和意愿控制国际秩序"的国家④。对于霸权国而言，护持霸权地位是其根本利益和最高国家利益⑤。

自 1776 年以来，美国从偏居北美大陆东海岸的殖民地合众国一跃成为世界历史上最为强大的霸权国，在军事、金融、产业、资源、思想和国际制度六大方面均体现了强大的控制能力⑥。在军事方面，美国的军事基地和军事部署遍布全球；在金融方面，美元占据着全球货币体系的中心地位，具有操控全球货币体系

① 陈明琨. 百年大变局下世界权力的转移与国际秩序的复合型转向［J］. 教学与研究，2024（2）：70-84.

② 孟祥成真. 守成还是求变？权力转移背景下霸权国的制度调适策略［J］. 印度洋经济体研究，2023（4）：23-46.

③ 赵明昊. 美国霸权护持战略的调适与中美关系的未来［J］. 外交评论（外交学院学报），2023，40（5）：19-47.

④ KINDLEBERGER C P. The world in depression 1929-1939［M］. Berkeley：University of California Press，1973：28.

⑤ 秦亚青. 霸权体系与国际冲突：美国在国际武装冲突中的支持行为（1945-1988）［M］. 上海：上海人民出版社，2022：100.

⑥ 李巍. 美国霸权及其秩序的未来［J］. 国际政治研究，2023，44（6）：30-53.

的强大能力[①]；在产业方面，美国位于全球价值链的领导地位，拥有强大的“断链能力”[②]；在资源方面，美国通过产地控制、运输控制和价格控制，掌握着对全球资源的分配能力；在思想方面，美国在全球范围内持续输出其价值观和意识形态；在国际制度方面，美国通过其创立的全球性国际制度网络加强对全球公共事务的治理，进而维护其主导的国际秩序[③]。

美国作为当今国际格局中唯一的超级大国、国际政治中的霸权大国，通过对全球体系实施上述六大方面的强大控制，不断巩固自身的霸权地位。然而，要长期维护霸权地位也并非易事。面对来自其他国家的挑战和全球环境的变动，美国制定并实施了一系列的霸权护持策略，以确保自身的霸权地位和国家利益。增强军事力量是霸权护持最为直接的体现，美国一直致力于增强其在全球的军事实力，为霸权护持提供充足的战略底气[④]。外交政策也是霸权护持的重要手段，比如美国积极推行联盟战略，借助盟伴的力量和阵营的方式维持美国的主导地位[⑤]。除此之外，美国还谋求打造所谓的价值观联盟，极力强化价值观共识，企图以价值观共识塑造地区秩序、增强自身的国际动员能力[⑥]。

进入 21 世纪以来，以中国为代表的新兴大国，抓住战略机遇实现经济的快速增长，国际格局呈现出非西方国家群体性崛起的态势。2010 年，中国更是一跃成为世界第二大经济体。面对以中国为代表的非西方国家的群体性崛起，处于全球权力之巅的美国表现出对霸权衰落的极度敏感，对霸权衰落的忧虑成为“其（霸权国家）难以治愈的心病”[⑦]。为维持全球霸权地位，美国终结对华经济接触战略，特朗普政府出台的《美国国家安全战略报告》，将中国明确界定为最主要

---

① 李巍. 制衡美元：政治领导与货币崛起［M］. 上海：上海人民出版社，2015.

② 李巍，李玙译. 解析美国的半导体产业霸权：产业权力的政治经济学分析［J］. 外交评论，2022（1）：32.

③ IKENBERRY G J. After victory：institutions，strategic restraint and the rebuilding of order after major wars［M］. Princeton：Princeton University Press，2001.

④ 吴昊，张景全. 霸权护持视角下美国“印太同盟体系”的建构动因与战略举措［J］. 印度洋经济体研究，2022（6）：84-106.

⑤ 王帆. 基于优势理念的美国霸权战略及其局限［J］. 国际问题研究，2023（6）：35-50.

⑥ 凌胜利. 霸权护持与拜登政府的议题联盟［J］. 和平与发展，2024（2）：23-41.

⑦ 赵明昊. 美国霸权护持战略的调适与中美关系的未来［J］. 外交评论（外交学院学报），2023，40（5）：19-47.

的“战略竞争对手”①。

在“战略竞争对手”的定位下，美国试图整合包括军事、外交、经济等一切国家手段，来遏制打压中国。在军事上，自 2018 年以来，美国频繁派军舰在中国南海、台湾海峡等敏感地带巡游，给中国制造新的地缘政治压力②；在外交上，美国政府加力推动“印太战略”，试图扩大和深化美国与印度、日本及澳大利亚的四角关系，强化美国在印太地区的主导权；在经济上，美国单方面挑起对中国的贸易战、科技战、金融战，试图通过“压制”“脱钩”等措施，遏制中国的科技进步和经济发展。

（二）《华尔街日报》的他者化建构

如上所述，美国在国际格局中的霸权国占位催生出其霸权护持的根本目的，进而直接影响其对华战略和行为。除了上述军事、外交、经济等手段外，2018 年以来，美国政府还在舆论上对中国进行持续扭曲和抹黑，试图控制对中国经济问题的解释权和话语权，进而为其霸权行为争取合法性。这一特征亦深刻影响着美国主流媒体对中国经济形象的建构目的、建构策略和建构结果。对《华尔街日报》涉华经济报道的分析显示，《华尔街日报》借助将中国经济问题政治化、将与中国的经济关系阵营化、将中国利益与他国利益对立化的策略，渲染中国经济的“敌对性”“威胁性”，将中国经济建构为威胁“正统世界”的他者，进而服务美国政府在舆论上诋毁中国以及否定中国经济合法性的战略目的。

第一，将中国的经济问题政治化，渲染意识形态的敌对性。美国政府长期以来使用以意识形态和国家安全为核心的话语体系，通过赋予其意识形态“真理性”以获得其对外干预的合法性，即将异质意识形态及其政治观念斥为“异端”，以“真理”与“异端”对抗的价值逻辑创造出美国“施展正义的空间”，进而为干预他国提供合理说辞③。比如，时任特朗普政府国务卿的蓬佩奥曾发表题为《共产中国与自由世界的未来》的演讲，试图将中国共产党和自由世界建构为两种对立的意识形态，进而渲染中国政府的危险性。再比如，在就美国遏制华为事件的发言中，美国政府竭力将华为塑造成一个“众所周知”的对地缘政治造成巨大安全威胁

---

① 秦亚青. 美国对华战略转变与中美关系走向［J］. 人民论坛·学术前沿，2021（15）：61-71.

② 智艳，罗长远. 中美贸易摩擦的演绎：一个政治经济学的视角［J］. 东南大学学报（哲学社会科学版），2020，22（1）：49-59.

③ 李帅. 意识形态：美国对华战略竞争的重要武器［J］. 世界社会主义研究，2023，8（7）：94-103.

的“惯犯”，并将这种威胁直接归因为中国政府和中国共产党，进而将美国对华为的恶意打压标榜为“英雄式”的“救世之举”①。从意识形态层面渲染“敌对性”的建构特征，在《华尔街日报》涉华经济报道中亦有清晰的体现。

一方面，《华尔街日报》涉华经济报道借助“政府干预类”为主的归因框架，将中国经济问题政治化。如本书第三章所述，归因框架是《华尔街日报》涉华经济报道的主导框架，占到整体样本的 50.16%；其中，“政府干预”又是其使用最多的归因子框架，占到所有归因类报道的 52.62%，使用频率远远超过其余几个类型的归因子框架（参见图 3-2）。借助以“政府干预”为主的归因框架，《华尔街日报》在分析经济事实的深层原因时，多强调中国政府利用政策和法律手段进行的调控，将经济发展或受挫的事实均归因为中国政府的干预，由此将中国经济建构为“政府高度干预”的“非市场经济”，从而在意识形态层面消解中国经济发展的合法性。例如，将日本企业东芝芯片在中国发展受阻的原因归结为中国反垄断监管机构未予批准②；将通用汽车发展的疲软归因为中国政府对吉利等本地汽车制造商的倾斜性支持③。

另一方面，《华尔街日报》涉华经济报道高度关注中国新疆、香港等地区的发展情况，将中国经济活动与人权议题挂钩，服务美国政府企图以“人权大旗”消解中国经济合法性的目标，为美国政府干涉中国内政的行为寻找借口。2017 年 1 月特朗普上台以后，美国国会干涉新疆事务的一个重要变化是采取实质性活动（而非只表达立场和意见），这集中表现在以涉疆问题对华进行制裁的举措上④。2019 年 12 月 3 日，美国不顾中方的强烈反对和严正交涉，强行通过“2019 年维吾尔人权政策法案”，企图以“人权政策法案”干涉中国内政。

---

① 陈欧阳，张振宇．“崛起就要挨打？”：危机传播与组织合法性重构——基于美国制裁华为事件的案例研究［J］．新闻与传播研究，2023（5）：93-112.

② Sale of Toshiba chip unit stalls [N/OL]. The wall street journal, 2018-05-09 [2024-12-03]. https://gtyiqteemqj8w4qeejyzee77tejqe7ss9elk9-s-a2097.bj.tsgdht.cn/redir/default.aspx?P=sa&an=J000000020180509ee590000v&drn=drn%3aarchive.newsarticle.J000000020180509ee590000v&cat=a&ep=ASE.

③ Business news: GM aims to reverse slide in China [N/OL]. The wall street journal, 2020-07-15 [2024-12-03]. https://gtyiqteemqj8w4qeejyzee77tejqe7ss9elk9-s-a2097.bj.tsgdht.cn/redir/default.aspx?P=sa&an=J000000020200715eg7f0000k&drn=drn%3aarchive.newsarticle.J000000020200715eg7f0000k&cat=a&ep=ASE.

④ 郭永虎，熊小艳．美国国会涉疆立法活动的动向、特征及影响：2017—2020 年［J］．统一战线学研究，2020，4（5）：52-59.

《华尔街日报》亦高度关注此类事件，相关报道倾向给中国经济活动贴上“侵犯人权”的标签。例如 2019 年 10 月 8 日的报道声称特朗普政府把 28 个中国实体列入出口“黑名单”的霸权行为是因为“它们（28 个实体）涉嫌侵犯和践踏人权”①；2019 年 11 月 27 日的报道污蔑中国政府“利用先进的技术工具跟踪少数民族”，“正在建立一个用于穆斯林拘留营的全方位的数字监测系统”②。

而在香港事务上，美国国会于 2019 年 9 月强行通过“2019 年香港人权与民主法案”，将以“民主”“人权”为名的政治利益凌驾于经济利益之上③；特朗普对香港事务也多次进行公开评论，直接、公开地对香港地区违法暴力活动表示支持。相应地，《华尔街日报》也非常关注香港地区的经济活动，并倾向借助香港地区的经济问题影射中国经济的政治风险。如 2019 年 8 月 22 日的报道指出“抗议活动席卷香港，阿里巴巴因此暂停香港上市”，强调政治事件引发市场动荡④；又如 2019 年 9 月 4 日的报道指出国际原油价格因香港局势的缓解而大幅上涨，凸显香港局势对国际市场的巨大影响⑤。

第二，将与中国的经济关系阵营化，强调阵营的对立性和中国的他者身份。中美两个全球最大经济体之间的博弈，给国际经济交往带来了深刻影响，全球几

① U. S. blacklists Chinese firms, citing repression of muslims [N/OL]. The wall street journal, 2019-10-08 [2024-12-03]. https://gtyiqteemqj8w4qeejyzee77tejqe7ss9elk9-s-a2097. bj. tsgdht. cn/redir/default. aspx?P=sa&an=J000000020191008efa800025&drn=drn%3aarchive. newsarticle. J000000020191008efa800025&cat=a&ep=ASE.

② U. S. companies prop up China's surveillance network — Intel, Hewlett Packard Enterprise and others profited from the industry [N/OL]. The wall street journal, 2019-11-27 [2024-12-03]. https://gtyiqteemqj8w4qeejyzee77tejqe7ss9elk9-s-a2097. bj. tsgdht. cn/redir/default. aspx?P=sa&an=J000000020191127efbr0001a&drn=drn%3aarchive. newsarticle. J000000020191127efbr0001a&cat=a&ep=ASE.

③ 胡婷. 美国“全政府”对华战略中的香港政策：变化与特征 [J]. 统一战线学研究，2020，4 (2)：95-104.

④ Alibaba puts Hong Kong listing on hold as protests roil city [N/OL]. The wall street journal, 2019-08-22 [2024-12-04]. https://gtyiqteemqj8w4qeejyzee77tejqe7ss9elk9-s-a2097. bj. tsgdht. cn/redir/default. aspx?P=sa&an=WSJO000020190822ef8m000jh&drn=drn%3aarchive. newsarticle. WSJO000020190822ef8m000jh&cat=a&ep=ASE.

⑤ Volatility continues to jolt oil market; Signs of easing tensions in Hong Kong fuel another big move in crude [N/OL]. The wall street journal, 2019-09-04 [2024-12-03]. https://gtyiqteemqj8w4qeejyzee77tejqe7ss9elk9-s-a2097. bj. tsgdht. cn/redir/default. aspx?P=sa&an=WSJO000020190904ef940030d&drn=drn%3aarchive. newsarticle. WSJO000020190904ef940030d&cat=a&ep=ASE.

乎所有的经济体都不同程度地牵涉其中。无论是包括美国盟友在内的西方主要发达经济体，还是包括其他金砖国家在内的全球主要新兴经济体，抑或是“一带一路”共建的主要发展中国家，都面临在经贸往来和意识形态斗争中“选边站”的困扰。美国将其对中国的舆论攻击扩散到国际社会，以引导西方国家的舆论焦点和传播倾向，进而动员盟国加入遏制打压中国的行动中。追随美国的部分欧洲国家以及加拿大、澳大利亚、日本等国，都或多或少地卷入舆论战，在多个议题上抨击中国。与之相对，俄罗斯、古巴、巴基斯坦等国家的政府和媒体，则在涉及中国核心利益的问题上经常发表支持中国、批评美国的观点，呈现出一定的“阵营化”特征①。《华尔街日报》作为美国的主流媒体，其涉华经济报道亦呈现出“阵营化”的建构特点，通过“盟国发声-美国扩声”的策略，建构出“被广泛质疑和抵制”的中国经济形象，并将中国与他国的正常经贸合作行为归因为政治结盟，渲染中国经济的“敌对性”。

一方面，《华尔街日报》涉华经济报道高度关注美国盟友国对中国经济的限制性行动，以巩固阵线联盟，强化中国的他者身份。例如，相关报道关注加拿大对中国的贸易限制措施②；关注日本对华举措，强调日本正在研究对华为和中兴的限制措施③；声称美国、澳大利亚、日本正联合抵制中国华为参与建造的电缆项目④；强调日本、韩国都在计划将生产线转移出中国⑤；关注印度政府对中国

---

① 张文宗，胡畔．中美舆论战与中国的国际传播［J］．和平与发展，2022（1）：1-15.

② Canada set to block China deal［N/OL］. The wall street journal，2018-05-24［2024-12-03］. https://gtyiqteemqj8w4qeejyzee77tejqe7ss9elk9-s-a2097. bj. tsgdht. cn/redir/default. aspx?P＝sa&an＝J000000020180524ee5o0001z&drn＝drn%3aarchive. newsarticle. J000000020180524ee5o0001z&cat＝a&ep＝ASE.

③ Japan mulls China Telecom curbs［N/OL］. The wall street journal，2018-08-31［2024-12-03］. https://gtyiqteemqj8w4qeejyzee77tejqe7ss9elk9-s-a2097. bj. tsgdht. cn/redir/default. aspx?P＝sa&an＝J000000020180831ee8v0000t&drn＝drn%3aarchive. newsarticle. J000000020180831ee8v0000t&cat＝a&ep＝ASE.

④ U. S. to counter Chinese cable project in South Pacific; U. S.，Japan and Australia are preparing to counter a ＄200 million contract that Papua New Guinea recently awarded to China's Huawei［N/OL］. The wall street journal，2018-09-28［2024-12-04］. https://gtyiqteemqj8w4qeejyzee77tejqe7ss9elk9-s-a2097. bj. tsgdht. cn/redir/default. aspx?P＝sa&an＝WSJO000020180928ee9s001rx&drn＝drn%3aarchive. newsarticle. WSJO000020180928ee9s001rx&cat＝a&ep＝ASE.

⑤ An allied plan to depend less on China［N/OL］. The wall street journal，2020-05-01［2024-12-03］. https://gtyiqteemqj8w4qeejyzee77tejqe7ss9elk9-s-a2097. bj. tsgdht. cn/redir/default. aspx?P＝sa&an＝J000000020200501eg5100025&drn＝drn%3aarchive. newsarticle. J000000020200501eg5100025&cat＝a&ep＝ASE.

TikTok 软件的下载限制，声称“印度智能手机用户大量删除中国制造的软件”①。

另一方面，《华尔街日报》涉华经济报道着力强调中国与他国经贸合作的政治意义，渲染中国“寻求政治结盟”的意图。例如，有关阿里巴巴与俄罗斯科技企业合作的报道，强调“这笔交易代表着中俄之间非同寻常的高调的战略伙伴关系”②；有关中国与马来西亚合作的报道，声称这是因为中国想在与美国的亚洲影响力竞赛中将马来西亚争取为重要的盟友③。

第三，将中国利益与他国利益置于二元对立的框架，渲染中国经济发展的威胁性。如第三章中所述，在《华尔街日报》涉华经济报道的样本中，“利益受损”和“中方获益”是其使用最多的两大影响子框架（参见图 3-4）。也就是说，《华尔街日报》倾向从损害利益和中国自己获益两个方面解读中国经济发展的影响，建构出“损人利己”的中国经济形象，进而一方面消解中国经济发展的重要意义，另一方面煽动他国对中国经济发展的质疑与不满。比如 2020 年 3 月 31 日的报道声称，“中国利用斯里兰卡等国的债务来增加本国对其他国家的影响力，导致他国承担债务风险”④；2019 年 7 月 30 日的报道声称中国的网络规则令美国公司“感到恼火”，认为此类规则将阻碍美国思科等公司的发展，同时会使中国在

---

① China's tech firms feel backlash [N/OL]. The wall street journal, 2020-06-23 [2024-12-03]. https://gtyiqteemqj8w4qeejyzee77tejqe7ss9elk9-s-a2097. bj. tsgdht. cn/redir/default. aspx?P=sa&an=J000000020200623eg6n0000f&drn=drn%3aarchive. newsarticle. J000000020200623eg6n0000f&cat=a&ep=ASE.

② Alibaba teams up with Russian tech giant; deal represents unusually high-profile strategic partnership between Chinese and Russian tech giants [N/OL]. The wall street journal, 2018-09-11 [2024-12-03]. https://gtyiqteemqj8w4qeejyzee77tejqe7ss9elk9-s-a2097. bj. tsgdht. cn/redir/default. aspx?P=sa&an=WSJO000020180911ee9b001xh&drn=drn%3aarchive. newsarticle. WSJO000020180911ee9b001xh&cat=a&ep=ASE.

③ China offered bailout for deals-in return for helping Malaysia's troubled fund, it would get railroad, pipeline stakes [N/OL]. The wall street journal, 2019-01-08 [2024-12-03]. https://gtyiqteemqj8w4qeejyzee77tejqe7ss9elk9-s-a2097. bj. tsgdht. cn/redir/default. aspx?P=sa&an=J000000020190108ef180001q&drn=drn%3aarchive. newsarticle. J000000020190108ef180001q&cat=a&ep=ASE.

④ China's secrecy hides risk to nations in its debt [N/OL]. The wall street journal, 2020-03-31 [2024-12-03]. https://gtyiqteemqj8w4qeejyzee77tejqe7ss9elk9-s-a2097. bj. tsgdht. cn/redir/default. aspx?P=sa&an=J000000020200331eg3v0003c&drn=drn%3aarchive. newsarticle. J000000020200331eg3v0003c&cat=a&ep=ASE.

中美竞争中获取优势①。

二、传统大国的均势战略与英国媒体的“平衡式”建构

守成国是那些已经确立了自己在全球或地区层面上的影响力和地位，并且倾向于维护现有国际秩序和规则的国家。本部分我们以英国为例，探讨大国博弈背景下传统守成大国的空间占位如何影响其主流媒体对中国经济形象的建构。

（一）英国的空间占位及其影响

英国是世界上第一个工业化国家，并凭借工业革命带来的优势打造过强大的“日不落帝国”。18 世纪以来，英国在全球推动自由贸易、海上自由航行和金本位等国际经济制度，创建了现行国际经济秩序的雏形。时至今日，“日不落帝国”虽已不复存在，但英国仍然在国际政治经济格局中占据重要地位：英国是联合国安全理事会常任理事国之一，在国际事务中拥有重要的话语权和影响力；英国是高度发达的资本主义国家，是世界第六大经济体和欧洲第二大经济体，在全球价值链中处于重要位置。面对国际格局中权力转移的趋势，以及英国国内的各种危机，英国始终将维护自身的全球领导力以及在关键领域的竞争力作为其国家目标。2010 年，英国发布《国家安全战略》报告，声称在充满不确定性的时代，英国必须“在世界舞台上扮演一个强大的角色”，以快速有效地应对全球性挑战。2015 年，英国再次发布《国家安全战略》报告，将“向全球投射影响力”作为国家安全的主要目标之一。两份报告都彰显出英国维护全球性大国地位的筹谋②。

但与美国的遏制战略不同，均势战略是英国维持其国家地位的一个重要方式。均势理论是现实主义的核心理论。均势（balance of power），即力量均衡、势力均衡、权力平衡③。汉斯·摩根索曾指出，均势有两大功能：一是在直接对抗型的互动中维护国际体系的稳定性，二是在竞争型的互动中保护国家的独立

---

① China cyber rules vex U. S. companies [N/OL]. The wall street journal, 2019-07-30 [2024-12-03]. https://gtyiqteemqj8w4qeejyzee77tejqe7ss9elk9-s-a2097. bj. tsgdht. cn/redir/default. aspx?P＝sa&an＝J000000020190730ef7u0001b&drn＝drn%3aarchive. newsarticle. J000000020190730ef7u0001b&cat＝a&ep＝ASE.

② 孙志强，张蕴岭. 地位寻求、角色构建与英国脱欧后的对外政策调整 [J]. 欧洲研究，2022，40 (4)：106-134.

③ 张贵洪. 均势理论、均势体系与多极现实 [J]. 浙江社会科学，2002 (2)：72-77.

性。从历史上看，英国是欧洲大陆中最早和最善于运用均势原则来维护其利益的国家。英国长期实行“光荣孤立”的政策，不同其他国家订立长期盟约，以便随时按照自身需要变换对外关系，弹性地调整和维持均势，进而保持英国的主导地位。作为英吉利海峡另一边的外海小岛，英国认为如果整个欧洲大陆的资源全部汇集在一个统治者之下，则其生存势必受到威胁。所以英国希望借助其海权大国的实力在欧洲大陆实施均势战略，进而制衡欧洲大陆的强国，即“以海制陆”。为了制衡称霸欧洲的拿破仑法国，英国先后组织了7次反法联盟；为了制衡德国集团在中欧的崛起，英国先后参加第一次世界大战和第二次世界大战。正如丘吉尔1936年的一篇演讲所说：“英国400年来的对外政策，一向是反对大陆上出现最强大、最富于侵略性和最霸道的国家，特别是防止低地国家落入这个国家的手中。”①

虽然，随着国际格局中力量对比态势的变化，英国逐渐认识到依赖自身综合国力和海军实力来维护均势的策略，在当下的国际政治环境中显得越来越不切实际②。但均势制衡的思想已经深刻地融入英国的血缘中，作为一种基因渗入英国当下的外交战略。

为应对脱欧挑战、适应变化中的国际环境，英国保守党政府提出了“全球英国”战略。特蕾莎·梅在2016年10月保守党代表大会上对这一理念做了系统阐述：脱欧并不意味着英国在国际事务中走向内倾或封闭，脱欧后的英国仍将是全球性大国，将在更广阔的平台上加强与世界上所有国家间的深度合作，进一步推动全球贸易和市场开放的发展③。在均势思维的传统下，英国坚持捍卫二战后建立起来的国际秩序。和特朗普先后攻讦北约、联合国，退出巴黎协定等一系列单边主义举动不同，英国政府一直努力推动英美两国维护现存的多边主义制度、在现存多边制度框架内解决对国际秩序的挑战。与此同时，英国深知谋求全球地位的努力离不开与世界主要国家的深度合作，时任外交大臣拉布（Dominic Raab）更是直接警告英国不要被卷入中美冷战④。因此，英国一直努力在中美之间寻求动态平衡，以期借助关系的相互制衡，来维持英国在全球政治、经济和安全事务

① 朱听昌. 试论西方均势理论的合理内核［J］. 国际论坛，2004（6）：1-4.

② 丁胜. 英国脱欧的历史传统与现实政治［J］. 哈尔滨师范大学社会科学学报，2019，10（5）：38-40.

③ 王展鹏. 百年大变局下英国对华政策的演变［J］. 欧洲研究，2020，38（6）：32-50.

④ 朱锋，王笑天. 中美战略竞争中的欧洲角色［J］. 国际观察，2022（3）：97-126.

中的核心地位。

（二）《金融时报》的“平衡式”建构

如上所述，英国擅长运用均势原则，通过保持国际格局中的力量平衡，来维持英国在全球政治、经济和安全事务中的核心地位。面对中国的快速崛起、美国的强势施压以及英国自身的地位危机，英国仍试图在中美之间寻求一定范围内的动态平衡，以实现其谋求战略自主、凸显大国地位的目标。这一平衡的努力，在《金融时报》涉华经济报道中亦有明显体现。

以《金融时报》涉华经济报道中有关中美贸易战这一议题的报道为例，虽然英国采取在多领域追随美国以谋求支持的策略，英国驻美大使皮尔斯（Karen Pierce）甚至宣称将“全面配合美国政府的对华政策”，但英国也认识到保持中英产业链、价值链畅通对英国的重要意义，《金融时报》有关中美贸易战的报道也相应地呈现出其在一定范围内小心翼翼寻求平衡的努力——虽然有些努力存在掩耳盗铃之嫌。

第一，对中美贸易战博弈双方的“均衡式”呈现。中美贸易摩擦作为2018年以来重要的国际事件和国际战略环境，得到了《金融时报》的密切关注，相关报道有309篇，是其涉华经济报道样本的四大核心议题之一。在有关中美贸易战进展的事件型报道中，《金融时报》借助以“冲突”和“受挫”为主的事件框架（如图4-1），呈现了中美双方采取的多轮对抗性行动以及遭遇的打击。

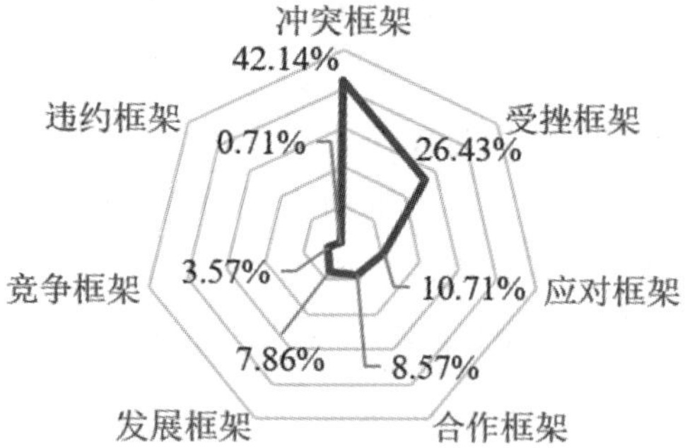

图4-1 “中美贸易战”议题报道中各事件子框架的占比情况

而进一步分析采用事件框架的报道中施动者、被动者比例可以发现（如图4-2），中美双方作为施动者出现的比例大致旗鼓相当，反映了《金融时报》在报道中美贸易战时的“均衡式”努力。比如：2018年3月23日的报道指出美国政府计划对中国600亿美元的进口商品征收25%的关税，并加紧阻止中国在战略部门的投资①；2018 年 3 月 24 日便有报道指出中国政府计划对约 30 亿美元进口商品征收关税，包括对美国钢管、新鲜水果和葡萄酒征收 15%的关税，对猪肉和再生铝征收 25%的关税②。

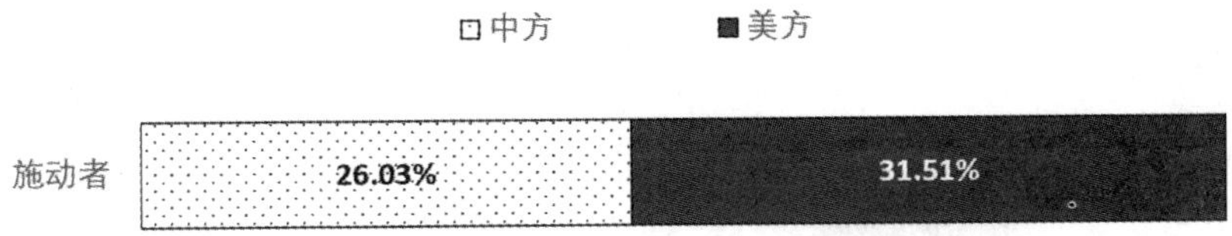

图 4-2　中美贸易战事件框架报道中施动者占比情况

第二，对中美贸易战的旁观式归因。除了关注中美贸易战进程中各方的行动和举措外，《金融时报》相关报道还涉及对中美贸易战原因的讨论。通过对该议题中使用归因框架的报道进行分析可以发现（如图 4-3），地缘政治是其使用的主要归因框架，占据绝对优势。这说明，虽然美国一再对英国施压，但《金融时报》仍然倾向将中美贸易战限定为中美两国间的地缘政治冲突，而尽量避免把英国捆绑进其中。比如，2019 年 1 月 23 日的报道将中美贸易战归因为美国希望"保持全球主导地位（remain global primacy）"，而中国希望"追求更大的经济利益（a higher value economy）"③。

第三，对中美贸易战影响的"客观式"分析。在分析中美贸易战所产生的影响时，《金融时报》主要采用了"利益受损"的影响框架（如图 4-4），强调中美贸易战所带来的负面影响。进一步深入分析"利益受损"的相关报道则会发现，这里面既包括对中方利益的影响，也包括对美方利益的影响，还包括对英国、塞尔维亚以及欧盟等第三方国家和组织利益的影响。比如，2019 年 8 月 12 日的报道指出

① Trump targets robots and drugs in latest swipe at Chinese imports [N/OL]. Financial times，2018-03-23 [2024-12-03]. https://gtyiqteemqj8w4qeejyzee77tejqe7ss9elk9-s-a2097. bj. tsgdht. cn/redir/default. aspx?P=sa&an=FTFT000020180323ee3n0004i&drn=drn%3aarchive. newsarticle. FTFT000020180323ee3n0004i&cat=a&ep=ASE.

② China prepares to hit trump with tariffs [N/OL]. Financial times，2018-03-24 [2024-12-03]. https://gtyiqteemqj8w4qeejyzee77tejqe7ss9elk9-s-a2097. bj. tsgdht. cn/redir/default. aspx?P=sa&an=FTFT000020180324ee3o000fh&drn=drn%3aarchive. newsarticle. FTFT000020180324ee3o000fh&cat=a&ep=ASE.

③ US and China race for technologies of future [N/OL]. Financial times，2019-01-23 [2024-12-03]. https://gtyiqteemqj8w4qeejyzee77tejqe7ss9elk9-s-a2097. bj. tsgdht. cn/redir/default. aspx?P=sa&an=FTFT000020190123ef1n000fm&drn=drn%3aarchive. newsarticle. FTFT000020190123ef1n000fm&cat=a&ep=ASE.

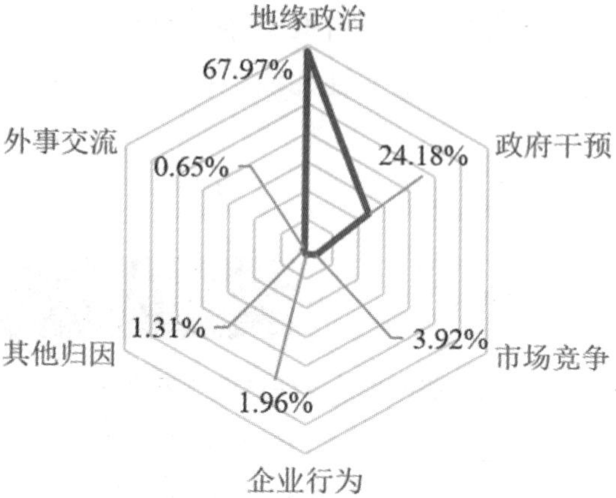

图 4-3 中美贸易战归因子框架占比

中国经济正受贸易战影响，认为如果中国的国际联系萎缩，其劳动力和资本的生产率都将会下降①；2018 年 7 月 5 日的报道则指出关税战引发了美国芯片制造商的焦虑，美国半导体集团担心与中国贸易中断后会影响自身发展②；2020 年 9 月 15 日的报道关注美国英伟达公司收购英国芯片设计公司的计划遭受英国强烈反对的事件，认为这场交易会使英国卷入中美技术战争③；2020 年 10 月 12 日的报道指出塞尔维亚正努力平衡中国与美国之间的关系，但鉴于中美间的紧张关系，达到平衡是很困难的④。这种强调中美贸易战对博弈双方乃至全球经济均造成利益损失

① Chinese economy caught in trade war crossfire [N/OL]. Financial times, 2019-08-12 [2024-12-03]. https://gtyiqteemqj8w4qeejyzee77tejqe7ss9elk9-s-a2097. bj. tsgdht. cn/redir/default. aspx?P=sa&an=FTFT000020190812ef8c000di&drn=drn%3aarchive. newsarticle. FTFT000020190812ef8c000di&cat=a&ep=ASE.

② Tariffs trigger anxiety for US chipmakers [N/OL]. Financial times, 2018-07-05 [2024-12-03]. https://gtyiqteemqj8w4qeejyzee77tejqe7ss9elk9-s-a2097. bj. tsgdht. cn/redir/default. aspx?P=sa&an=FTFT000020180705ee750009f&drn=drn%3aarchive. newsarticle. FTFT000020180705ee750009f&cat=a&ep=ASE.

③ Arm deal is drawing UK into US-China tech war [N/OL]. Financial times, 2020-09-15 [2024-12-03]. https://gtyiqteemqj8w4qeejyzee77tejqe7ss9elk9-s-a2097. bj. tsgdht. cn/redir/default. aspx?P=sa&an=FTFT000020200915eg9f0007f&drn=drn%3aarchive. newsarticle. FTFT000020200915eg9f0007f&cat=a&ep=ASE.

④ Serbia strives to balance ties with China and US [N/OL]. Financial times, 2020-10-12 [2024-12-03]. https://gtyiqteemqj8w4qeejyzee77tejqe7ss9elk9-s-a2097. bj. tsgdht. cn/redir/default. aspx?P=sa&an=FTFT000020201012egac0007l&drn=drn%3aarchive. newsarticle. FTFT000020201012egac0007l&cat=a&ep=ASE.

的“客观式”分析，在一定程度上折射出《金融时报》对中美贸易战的态度。

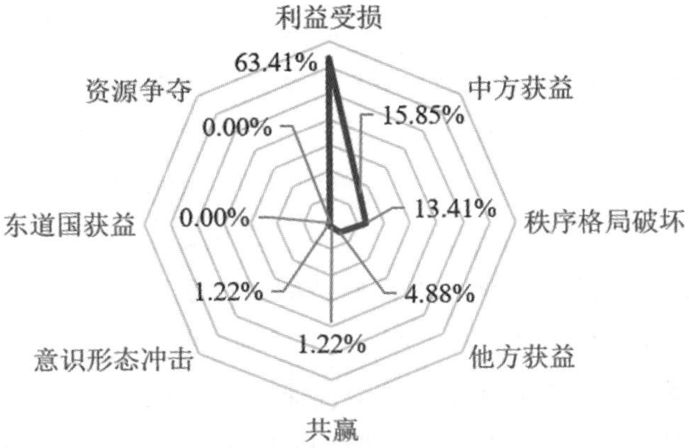

图 4-4　中美贸易战影响子框架占比

三、经济强国的强国战略与日本媒体的“威胁型”建构

二战后日本推行“重经济、轻武装”的吉田主义路线，大力发展国内经济，在 20 世纪 60 年代末超越联邦德国成为世界第二大经济体，奠定其经济大国的地位。本部分我们将探讨日本的空间占位如何影响其主流媒体对中国经济形象的建构。

（一）日本的空间占位及其影响

二战后，日本作为战败国失去了大量的海外殖民地，但依靠贸易立国战略，其经济却经历了近二十年的高速增长。至 1951 年，日本经济已恢复到战前水平；1968 年，日本经济超过西德，成为资本主义世界的第二经济大国①。20 世纪 60 年代中末期，日本相继成为关税与贸易总协定、国际货币基金组织、世界银行以及经济合作与发展组织的成员国，在经济层面逐步回归国际社会，承担“贸易自由化”和“对内直接投资自由化”等国际责任②。至此，日本从明治维新开始追赶欧美发达国家的历史任务基本完成。

20 世纪 70 年代初的第一次石油危机后，日本经济出现了战后的首次负增

① 钱娟，李金叶．经济大国增长动力结构演进路径与逻辑异质性分析及其对中国的启示：基于 1960—2015 年美、日发展经验［J］．税务与经济，2017（4）：12-20.

② 李慧敏，王忠．产业政策与竞争政策能否协调：日本产业政策与竞争政策协调机制及其启示［J］．日本学刊，2019（2）：98-116.

长，并面临通货膨胀、经济衰退、国际收支赤字的三重困境。为应对上述困境，日本于1980年正式提出科技立国战略，采取多种补贴政策鼓励科技创新，培育出一批具有国际竞争力的科技企业。在此背景下，精炼钢、运输机械、电气机械和一般机械成为日本新时期出口的中流砥柱，被称为“全球化四行业”①。至1987年，日本借助科技立国战略进一步巩固了其作为世界第二大经济体的地位，日本对外贸易收支高达937亿美元，一度取代美国成为世界最大的资本输出国、对外直接投资国和经济援助国②；外汇储备额超过联邦德国，跃居世界首位。至1988年，日本人均收入高达1.9万美元，全球排名前30位的企业中有22家是日本企业，日本还囊括了全球排名前十位的商业银行③。

虽然战后日本先后借助贸易立国和科技立国战略迅速发展成为全球经济强国，但其在政治和军事上仍始终受到美国控制及国际体系的限制。作为战败后被美国占领的国家，日本于1946年颁布了《日本国宪法》，其中第九条规定“放弃战争、不承认军备及交战权”。日本在军事发展上受到严格的限制，成为一个战后体制和战后秩序下的“非正常”国家。此后几十年，日本军费占国民生产总值的比重基本控制在1%以下，为世界主要国家中的最低水平。除此之外，自1951年9月8日美国与日本签订《美日安全保障条约》以来，美国便以“维护美日同盟关系、应对地区安全挑战、为日本提供军事支持”为由，在日本正式驻军，日本的主权和外交政策自主性因此受限。

国家经济实力的恢复和快速发展，刺激了日本国民的政治大国意识，日本希望谋求与经济实力相匹配的国际政治地位和影响力④。20世纪80年代，日本提出了成为“亚洲主导者”的主张。伴随冷战的结束和苏联的解体，日本政府认为“国际格局的变化给日本提供了一个千载难逢的绝好机会，是日本真正可以表露出心声和参与建立国际新秩序的时候了”⑤。在冷战结束后的很长一段时间里，日本试图借助经济优势在政治领域提升影响力，在军事领域突破和平宪法的限

① 刘昕禹，杨明洪，吴晓婷．百年未有之大变局下中国制造业转型解析与日本经验借鉴［J］．当代经济管理，2023，45（3）：49-59.

② 金凤德．经济大国的一般特征与日本经济大国［J］．日本问题，1988（5）：22-33.

③ 张艳红，黄泽民．日元作为主要国际交易货币的成因及其启示［J］．华东师范大学学报（哲学社会科学版），2019，51（4）：143-153.

④ 杨鲁慧，孟东怡．日本对外政策保守化成因探析［J］．2020（4）：20-36.

⑤ 徐世刚，肖小月．论日本“政治大国”战略［J］．东北亚论坛，2000（1）：37-38.

制，全面主导东亚。然而，政治失效、军事失能的双重短板使日本谋求全方位大国地位的目标始终未被国际社会认可①。

21 世纪以来，以中国、印度为代表的亚洲新兴经济体的快速崛起，世界经济政治重心的进一步东移，亚太、印太地区主导权争夺的进一步激化，使得日本面临空前的战略压力。一方面，日本深感其在东亚地区的区域领导力面临挑战。日本曾是率领东亚地区经济合作发展的“领头雁”，主导着东亚经济安全格局的构建②，但中国、东盟等经济体的快速发展使得地区力量格局发生了深刻变化，中日两国实力对比的结构性变化削弱了日本的对华战略自信③。另一方面，作为军事弱国和高度依赖进出口贸易的海岛国家，日本对其国家安全尤其是海上通道安全深感担忧④

基于上述空间占位的挑战，日本提出了“创造强大日本”的强国战略，以期维护日本国际地位，摆脱沦为“二流国家”的命运。

在政治和军事上，日本寻求突破“战后体制”，成为“正常国家”，以最大化地维护国家利益。2013 年，日本创设国安会，整合外交、安全保障和情报等机构，形成以首相官邸主导制定外交、安保政策的体制。2014 年，日本调整国家安保理念，出台《国际和平支援法》等一系列安保法（简称“新安保法”），以支援同盟国美国的全球性军事行动、维护日本国家利益的名义，与日本“安全相关的国家”共同行使集体自卫权。新安保法允许自卫队在有关国家“同意”的前提下，在他国领土上开展活动，并放宽自卫队的武器使用标准⑤。这一系列举措，旨在扩大日本自卫队海外军事行动的范围，增强日本防卫力量。

在外交领域，日本希望能发挥更积极的作用，进而维护国家利益、提升国际地位。2011 年，日本前外务次官谷内正太郎就曾表示，在经济实力相对下降的情况下，日本要通过积极发挥外交作用来提升国际地位。面对国际秩序前所未有

---

① 朱海燕. 中美战略竞争背景下日本对华政策新态势［J］. 现代国际关系，2023（10）：23-42.

② 杨鲁慧，孟东洽. 日本对外政策保守化成因探析［J］. 和平与发展，2020（4）：20-36.

③ 凌胜利，方寅旂. 共识下的游离：美日在对华安全政策上的分歧［J］. 日本学刊，2019（2）：46-68.

④ 宋德星. “多重秩序世界”中日本的基本战略选择［J］. 日本学刊，2024（1）：1-29.

⑤ 吕耀东. 日本对外战略：国家利益视域下的战略机制和政策取向［J］. 日本学刊，2019（S1）：110-114.

的转变，日本不再是被动地适应国际格局特别是中美关系的巨变，而是主动地积极作为，试图通过提升国际存在感来确保自己的国际地位。安倍内阁在“基于国际协调的积极和平主义”的外交方针下，大力推进“俯瞰地球仪”“印太战略”“价值观同盟”等外交战略①，积极参与印太地区秩序塑造，还着力推动美、日、澳、印四方安全对话机制，发展“亚洲民主安全菱形”，强化战略利益共同体。借助一系列外交战略，日本成为美国强化对华威慑的重要辅助者、联结西方国家与发展中国家的关键节点。

（二）《日本经济新闻》的“威胁型”建构

如上所述，作为经济强国、军事弱国和政治小国，日本希望借助“强国战略”提升自身国际地位。具体到对华战略上，为维护自身在东亚地区的领导地位，日本一方面把自己扮成中国崛起的“受害者”，渲染中国崛起给区域安全乃至国际秩序带来的威胁；另一方面积极推行“价值观外交”，强调中国在价值观上的“异质性”，将中国定义为修正主义国家②，并联合澳大利亚、印度等海洋国家，推动建立“海洋民主国家联盟”，共同制衡中国的崛起③。上述对华战略亦深刻地体现在《日本经济新闻》的涉华经济报道中。《日本经济新闻》借助“威胁型”建构，渲染中国对区域政治和经济安全的双重“威胁”，进而消解中国经济发展的区域“合法性”，并为其新安保法的实施和加强军备建设的诉求争取舆论支持。

第一，渲染中国对区域安全的所谓“威胁”，为其新安保法的实施争取舆论支持。改变战后非军事化体制，增强自卫队的军事力量，是日本“从长远角度审视国家利益并确保安全”的战略举措。根据新安保法的相关规定，位于日本海上通道周边的国家被界定为与日本“安全相关的国家”，日本可“行使集体自卫权”。若这些国家受到攻击危及日本的国家利益，日本自卫队在自身并未受到攻击的情况下也可以适时攻击。如此一来，日本海上力量可能随时“依法”海外用兵，甚至动武。新安保法出台后，针对中国在南海的正当海洋维权活动，日本以维护海上通道权益为由扩大联合训练。此外，日本还派遣自卫队舰船进入南海，

① 范强. 美日重塑印太地区秩序与日本的角色变化［J］. 南洋问题研究，2024（1）：100-114.

② 蔡亮. 南海问题中日深层次结构性战略矛盾的第四表象探析［J］. 亚太安全与海洋研究，2019（6）：59.

③ 杨鲁慧，孟东洽. 日本对外政策保守化成因探析［J］. 和平与发展，2020（4）：20-36.

维护所谓的海上通道“航行自由”①，并不断加强对在东海的中国军机和舰船的侦察②。为证明“改变非军事化体制”“解禁集体自卫权”“增强军事力量”“出台新安保法”等一系列举措的合理性，日本呈现出夸大中国“军事威胁”的倾向③。日本新版《海洋基本计划》10次点名中国，污蔑中国“试图在东海和南海地区通过实力单方面改变现状”，并声称由于中国军事力量的增强，“印太”地区的军事平衡正在迅速发生变化，“国际威胁在不断增大”。与之相应，《日本经济新闻》涉华经济报道也极力渲染中国对区域安全的所谓“威胁”。一方面，《日本经济新闻》涉华经济报道密切关注中国在东海和南海的动态④，污名化中国在南海的合法行动⑤，制造紧张的区域氛围；另一方面，《日本经济新闻》强调美国对中国军事实力的遏制决心与政策⑥，进而为其所谓的“安全担忧”提供侧面

① 吕耀东. 日本对外战略：国家利益视域下的战略机制和政策取向［J］. 日本学刊，2018（5）：18-34.

② 唐小松，张豪杰. 地区强国缘何配合美国地缘战略构想？以印度、日本为例［J］. 国际观察，2024（1）：95-127.

③ 曾向宏，李红洲. 地位焦虑和历史压抑：日本在与邻国岛屿争端中的政策差异及其影响因素［J］. 当代亚太，2017（2）：76-113.

④ 中国強硬、世界で摩擦、全人代へ国内アピール、東・南シナ海で活動活発、豪から食肉輸入を停止［N/OL］. 日本経済新闻，2020-05-17［2024-12-06］. https://t21.nikkei.co.jp/g3/ATCD017.do?keyPdf=20200517NKMEA260057570%5CNKM%5C3%5C3%5C001%5C%5C1029%5CY%5C%5C2020%2F0517%2F20200517NKMEA260057570.pdf%5CPDF%5C20200517%5C124c933&analysisIdentifer=fromSearchArt&analysisPrevActionId=INGST01&chgTabId=105241206145024512ab869a103be9f0f51e20c1f9c7ae3442411219&searchId=S105241206161910512ab869a103be9f0f51e20c1f9c7ae3382476606&async=161916958905519990.

⑤ 中国、豪の農産品狙い撃ち、食肉・大麦に加えワインも、香港・南シナ海…批判けん制［N/OL］. 日本経济新闻，2020-08-24［2024-12-06］. https://t21.nikkei.co.jp/g3/ATCD017.do?keyPdf=20200824NKM9993003600A%5CNKM%5C4%5C4%5C001%5C%5C1740%5CY%5C%5C2020%2F0824%2F20200824NKM9993003600A.pdf%5CPDF%5C20200824%5Ce5e2153e&analysisIdentifer=fromSearchArt&analysisPrevActionId=INGST01&chgTabId=105241206145024512ab869a103be9f0f51e20c1f9c7ae3442411219&searchId=S105241206162040512ab869a103be9f0f51e20c1f9c7ae3304022051&async=162048660977511066.

⑥ 香港国家安全法案を可決、中国、一国二制度骨抜き一米、香港に輸出制限、軍民両用技術、優遇見直し［N/OL］. 日本経済新闻，2020-06-30［2024-12-06］. https://t21.nikkei.co.jp/g3/ATCD017.do?keyPdf=20200630NKLAM100033488%5CNKL%5C18%5C18%5C001%5C%5C604%5CY%5C%5C2020%2F0630%2F20200630NKLAM100033488.pdf%5CPDF%5C20200630%5Cf67a2a2d&analysisIdentifer=fromSearchArt&analysisPrevActionId=INGST01&chgTabId=105241206145024512ab869a103be9f0f51e20c1f9c7ae3442411219&searchId=S105241206162324512ab869a103be9f0f51e20c1f9c7ae3022692364&async=162346188759529159.

支撑。

第二，渲染中国对区域经济秩序和经济利益的所谓“破坏”，以期消解中国经济发展的区域合法性，并凸显其联盟战略的必要性。二战后，日本一直奉行以美国为中心的自由主义国际秩序格局，希望依托美国的力量助推日本“一流大国”进程，实现国家正常化。然而当时的特朗普政府大推“美国优先”原则，无视既有的国际规则和国际秩序①，同时中国等新兴力量的崛起已经导致“国际力量平衡发生变化”②，日本的外部环境产生了极大的不确定性。在此背景下，日本安倍政府在深化日美同盟的基础上，采取了“基于国际协调的积极和平主义”的战略性外交理念③。一方面，安倍政府不断强调日美同盟是“日本外交及安保政策的基轴”，是“不变的原则”④；另一方面，日本以维护“亚太及世界和平和经济繁荣共同目标”的名义，积极构建基于共同价值观的所谓“海洋民主国家联盟”及政治和安全机制。“日本有意将所谓的普世价值观作为（东亚）共同体观念的基础，使日本得以重新定义东亚共同体成员的范围，将澳大利亚与印度包含在内，以抵消中国的影响力”⑤。受此影响，《日本经济新闻》也特别关注中国与澳大利亚和印度等联盟国家的利益冲突。有关澳大利亚的报道声称中国通过限制进口⑥、提

① 吴怀中. 日本谋求“战略自主”：举措、动因与制约［J］. 国际问题研究，2018（6）：12-31.

② 孟晓旭. 日本强化安保战略与东北亚安全［J］. 国际安全研究，2018，36（2）：91-116.

③ 吕耀东. 日本战略性外交中的海洋政策探析［J］. 东北亚学刊，2017（4）：16.

④ 吕耀东. 解析日本战略性外交的政治诉求［J］. 东北亚论坛，2018，27（2）：52-63.

⑤ SOHN Y. Japan's new regionalism：China shock，values，and the east Asian community［J］. Asian survey，2010，50（3）：516.

⑥ 中国強硬、世界で摩擦、全人代へ国内アピール、東・南シナ海で活動活発、豪から食肉輸入を停止［N/OL］. 日本経済新闻，2020-05-17［2024-12-06］. https://t21.nikkei.co.jp/g3/ATCD017.do?keyPdf=20200517NKMEA260057570%5CNKM%5C3%5C3%5C001%5C%5C1029%5CY%5C%5C2020%2F0517%2F20200517NKMEA260057570.pdf%5CPDF%5C20200517%5C124c933&analysisIdentifer=fromSearchArt&analysisPrevActionId=INGST01&chgTabId=10524120614502 4512ab869a103be9f0f51e20c1f9c7ae3442411219&searchId=S105241206161910512ab869a103be9f0f51e20c1f9c7ae3382476606&async=161916958905519990.

高关税①、进行反倾销调查等手段②，“损害澳大利亚的经济利益”，强调“两国关系已经恶化到严重的程度”。有关印度的报道则强调中印边界冲突给双边贸易带来的负面影响③④，以及印度对华为等中国产品的限制⑤。

---

① オーストラリア、6月対中輸出額最高に、中国、外交姿勢に「警告」[N/OL]. 日本経済新闻，2020-08-07 [2024-12-06]. https://t21. nikkei. co. jp/g3/ATCD017. do?keyPdf=20200807NKM9996014127B%5CNKM%5C9%5C9%5C001%5C%5C707%5CY%5C%5C2020%2F0807%2F20200807NKM9996014127B. pdf%5CPDF%5C20200807%5C483efce7&analysisIdentifer=fromSearchArt&analysisPrevActionId=INGST01&chgTabId=105241206145024512ab869a103be9f0f51e20c1f9c7ae3442411219&searchId=S105241206162506512ab869a103be9f0f51e20c1f9c7ae3231401666&async=162515486250795698.

② 豪州産大麦3年ぶり安値、輸出価格、中国向けが激減、関係悪化響く、国内飼料用に波及 [N/OL]. 日本経済新闻，2020-10-03 [2024-12-06]. https://t21. nikkei. co. jp/g3/ATCD017. do?keyPdf=20201003NKMQM820133079%5CNKM%5C17%5C17%5C001%5C%5C1159%5CY%5C%5C2020%2F1003%2F20201003NKMQM820133079. pdf%5CPDF%5C20201003%5C87aa315e&analysisIdentifer=fromSearchArt&analysisPrevActionId=INGST01&chgTabId=105241206145024512ab869a103be9f0f51e20c1f9c7ae3442411219&searchId=S105241206162644512ab869a103be9f0f51e20c1f9c7ae3890090194&async=162653574384196045.

③ 印新興投資に対中緊張余波、資金計画の練り直しも [N/OL]. 日本経済新闻，2020-06-24 [2024-12-06]. https://t21. nikkei. co. jp/g3/ATCD017. do?keyPdf=20200624NKMFFJ30114904%5CNKM%5C8%5C8%5C001%5C%5C1091%5CY%5C%5C2020%2F0624%2F20200624NKMFFJ30114904. pdf%5CPDF%5C20200624%5Cc230fd45&analysisIdentifer=fromSearchArt&analysisPrevActionId=INGST01&chgTabId=105241206145024512ab869a103be9f0f51e20c1f9c7ae3442411219&searchId=S105241206162555512ab869a103be9f0f51e20c1f9c7ae3980350659&async=162617306255511021.

④ 中印衝突、貿易にも飛び火、印、ファーウェイなど排除検討、経済混迷、深まる恐れ[N/OL]. 日本経済新闻，2020-06-29[2024-12-06]. https://t21. nikkei. co. jp/g3/ATCD017. do?keyPdf=20200629NKM9998003452A%5CNKM%5C4%5C4%5C001%5C%5C1356%5CY%5C%5C2020%2F0629%2F20200629NKM9998003452A. pdf%5CPDF%5C20200629%5Cc3ab119b&analysisIdentifer=fromSearchArt&analysisPrevActionId=INGST01&chgTabId=105241206145024512ab869a103be9f0f51e20c1f9c7ae3442411219&searchId=S105241206162718512ab869a103be9f0f51e20c1f9c7ae3520500312&async=162724360554543711.

⑤ インド成長率マイナス23.9%、4-6月、最悪水準—経済、脱・中国依存難しく、モディ氏の「自立圏」に危うさ [N/OL]. 日本経済新闻，2020-09-01 [2024-12-06]. https://t21. nikkei. co. jp/g3/ATCD017. do?keyPdf=20200901NKMFF810121124%5CNKM%5C9%5C9%5C001%5C%5C864%5CY%5C%5C2020%2F0901%2F20200901NKMFF810121124. pdf%5CPDF%5C20200901%5C7ecc506a&analysisIdentifer=fromSearchArt&analysisPrevActionId=INGST01&chgTabId=105241206145024512ab869a103be9f0f51e20c1f9c7ae3442411219&searchId=S105241206162824512ab869a103be9f0f51e20c1f9c7ae3997663047&async=162834515598470535.

与此同时，《日本经济新闻》涉华经济报道常从区域性层面讨论中国经济发展的影响，并倾向夸大中国经济对区域经济秩序和经济利益的“破坏性”，以期消解中国经济发展的区域合法性。以“亚洲”为例，在《日本经济新闻》涉华经济报道的标题中，“亚洲”（アジア）一词位列高频名词表的第 11 位，仅次于第 10 位的“贸易战”（貿易戦争）。例如，2018 年 12 月 5 日的报道指出中国机床等产品的生产停滞不前，导致股价大幅下跌和企业经营恶化，进一步抑制了消费，整个亚洲都将感受到这种压力①。2019 年 7 月 28 日的报道强调中国家庭债务的迅速扩张拖累了整个亚洲②。

第三，夸大美国对华制裁的区域性效应，试图引导东亚国家的对华战略立场。中美两个全球最大经济体之间的博弈势必会影响到其他经济体的战略选择。深化日美同盟、消解中国区域影响力的双重目标，决定了日本对待中美贸易博弈的基本立场。这一立场在《日本经济新闻》中亦有体现。《日本经济新闻》涉华经济报道倾向强调中美贸易博弈给东亚地区各国带来的机遇，夸大美国对华制裁的区域性效应，进而为其遏制中国经济的战略立场争取舆论支持。

通过对“中美贸易战”议题的框架分析可以发现（如图 4-5），《日本经济新闻》借助“利益受损”和“他国受益”框架，建构出中美贸易战对中国经济造成极大负面影响，但却在一定程度上可以给东南亚国家带来发展机遇的舆论氛围。比如，相关报道指出中美贸易摩擦背景下，许多生产中心从中国转移至

---

① 景気回復最長への関門（上）世界経済に頭打ち感—中国の変調、アジアに影［N/OL］. 日本経済新闻，2018-12-05［2024-12-06］. https://t21.nikkei.co.jp/g3/ATCD017.do?keyPdf=20181205NKMMM840167840%5CNKM%5C1%5C1%5C001%5C%5C1342%5CY%5C%5C2018%2F1205%2F20181205NKMMM840167840.pdf%5CPDF%5C20181205%5C39683447&analysisIdentifer=fromSearchArt&analysisPrevActionId=INGST01&chgTabId=105241206145024512ab869a103be9f0f51e20c1f9c7ae3442411219&searchId=S105241206162854512ab869a103be9f0f51e20c1f9c7ae3070349023&async=162925914964883189.

② 家計債務、アジアに重圧、中国、日本のバブル期並みに（チャートは語る）［N/OL］. 日本経済新闻，2019-07-28［2024-12-06］. https://t21.nikkei.co.jp/g3/ATCD017.do?keyPdf=20190728NKMMM870108904%5CNKM%5C1%5C1%5C001%5C%5C1365%5CY%5C%5C2019%2F0728%2F20190728NKMMM870108904.pdf%5CPDF%5C20190728%5C9b26e457&analysisIdentifer=fromSearchArt&analysisPrevActionId=INGST01&chgTabId=105241206145024512ab869a103be9f0f51e20c1f9c7ae3442411219&searchId=S105241206162951512ab869a103be9f0f51e20c1f9c7ae3840624061&async=163007940075772599.

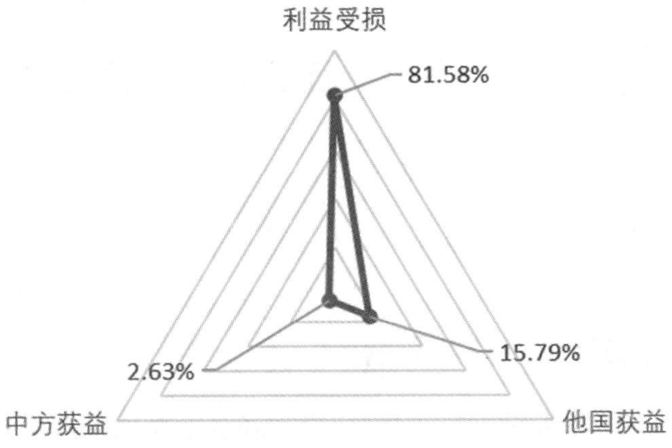

图 4-5　“中美贸易战”议题的影响子框架占比

东南亚国家①；东南亚制造业生产势头强劲，2018 年 1—6 月增长率接近中国②；孟加拉国和越南的服装出口大幅增加③。

---

① 中国玩具工場、貿易戦争が打撃、米関税上げ、輸出にブレーキ、東南アへの移転模索［N/OL］. 日本経済新闻，2019-02-19［2024-12-06］. https://t21. nikkei. co. jp/g3/ATCD017. do? keyPdf=20190219NKMFFJ80162594%5CNKM%5C8%5C8%5C001%5C%5C1804%5CY%5C%5C2019%2F0219%2F20190219NKMFFJ80162594. pdf%5CPDF%5C20190219%5C718928ea&analysisIdentifer=fromSearchArt&analysisPrevActionId=INGST01&chgTabId=105241206145024512ab869a103be9f0f51e20c1f9c7ae3442411219&searchId=S105241206163033512ab869a103be9f0f51e20c1f9c7ae3486691315&async=163039303913552878.

② 東南ア製造業、生産に勢い、1～6 月伸び率、中国に迫る、拠点シフトで恩恵［N/OL］. 日本経済新闻，2018-09-20［2024-12-06］. https://t21. nikkei. co. jp/g3/ATCD017. do?keyPdf=20180920NKM9999015364B%5CNKM%5C9%5C9%5C001%5C%5C1048%5CY%5C%5C2018%2F0920%2F20180920NKM9999015364B. pdf%5CPDF%5C20180920%5C98e7766a&analysisIdentifer=fromSearchArt&analysisPrevActionId=INGST01&chgTabId=105241206145024512ab869a103be9f0f51e20c1f9c7ae3442411219&searchId=S105241206163055512ab869a103be9f0f51e20c1f9c7ae3407886796&async=163107269624509784.

③ 米中摩擦、衣料大国に恩恵、バングラデシュやベトナム、拠点シフトで輸出増［N/OL］. 日本経済新闻，2018-12-13［2024-12-06］. https://t21. nikkei. co. jp/g3/ATCD017. do?keyPdf=20181213NKMFF120145578%5CNKM%5C8%5C8%5C001%5C%5C1349%5CY%5C%5C2018%2F1213%2F20181213NKMFF120145578. pdf%5CPDF%5C20181213%5C41d2124c&analysisIdentifer=fromSearchArt&analysisPrevActionId=INGST01&chgTabId=105241206145024512ab869a103be9f0f51e20c1f9c7ae3442411219&searchId=S105241206163130512ab869a103be9f0f51e20c1f9c7ae3091277928&async=163144032815776374.

第三节　崛起国的占位特征及其对形象建构的影响

作为快速发展的新兴经济体，印度已逐步崛起为国际体系中的关键力量。本节我们以印度为例，探讨印度的崛起国占位对其主流媒体建构中国经济形象的影响。

一、印度的崛起之争及其影响

崛起国通常被认为具备以下特征：一则在经济上表现出强劲的增长势头，经济规模不断扩大，对全球经济的影响力逐渐增强[①]；二则在国际事务中争取扮演更加积极的角色，试图通过参与多边合作和地区事务，推动乃至改革国际秩序，增长其国际声望，提升其国际地位[②]。

印度基本符合上述崛起国的特征。自 1991 年经济自由化改革以来，印度经济快速发展，GDP 增速多年保持在 7%以上，成为全球经济增长最快的主要经济体之一。2021 年印度 GDP 总量超过原宗主国英国，成为全球第五大经济体。与此同时，经济实力和综合国力的增长让印度不再满足于充当国际体系和国际秩序的普通参与者和改革者，转而追求“全球协同领导”的目标[③]，希望成为世界大国和全球体系的领导者[④]。莫迪政府宣称，要将印度建成“一个领导性大国”（a leading power），即成为和其他大国平起平坐的世界大国[⑤]，要“建设一个强大、自立和自信的印度”，要利用一切资源推动印度在国际事务中扮演更积极的角色，以在国际社会中获得应有的地位。

为了谋求“领导大国”的占位目标，印度一改独立后长期奉行的“不结盟”

---

① 涂明辉. 相对制度韧性：新兴大国差异化崛起的内在逻辑 [J]. 世界经济与政治论坛，2023（5）：1-34.

② 周子淙. 霸权遏制、实力认知与崛起国回应策略选择 [J]. 世界经济与政治，2023（10）：134-155.

③ 张立，辛逸伦. 印度莫迪政府的“全球南方”外交转向 [J]. 现代国际关系，2024（4）：77-95.

④ 高程，部彦君. 大国崛起中“以经稳政”的限度、空间和效力：对“经济压舱石”理论的反思与重构 [J]. 世界经济与政治，2022（10）：4-41.

⑤ 宋德星. 大国权势：印度外交战略的不改初心 [J]. 人民论坛 · 学术前沿，2018（1）：19-28.

政策，转向推行“多向结盟”的外交实践，一方面作为新兴大国倡导“改革的多边主义”；另一方面作为“民主大国”与西方国家开展价值观外交①，希望通过在不同力量间的多边下注，实现自身的崛起。比如，印度加入金砖国家，积极争取气候治理、国际金融机构改革、反恐及能源安全等全球治理重要议题的规则制定权和决策权②；同时参加由中国推动的“上合组织”和美日英澳的“四国集团”；在中俄印、美日印、金砖国家之间采取议题式结盟，就特定领域的共同利益达成伙伴关系③。

但是伴随中国的迅速崛起和国际影响力的日益增强，中印双方的地区竞争日趋激烈。中印作为在同一时代、同一地区、同时崛起的两个最大的发展中国家，均高度关注自身在亚太地缘政治和全球中的影响力，双方在共同崛起的过程中都需要足够的外部资源进行支撑，因而在周边地区会有意或无意地因争夺他国的支持而陷入对地区主导权的争夺④。与此同时，印度与中国之间的实力差距引发了印度的担忧。印度战略学家拉贾·莫汉曾言，“印度要追求多极世界，现在更担心的不是美国的‘一超独霸’，而是中国成为亚洲的主导力量”。印度已将中国视为印度崛起的“最大外部阻力”。在此背景下，印度积极参与“四方安全对话”，加强与美国“印太战略”的融合，寻求建设战略合作伙伴关系共同应对中国的崛起；并与美国联手诋毁和干扰中国在南亚地区的“一带一路”项目，避免中国主导亚洲地区⑤。

二、印度媒体的“消解型”建构

如上所述，印度的崛起国占位及其谋求“大国地位”的目标，使得其将中国这一位于同一区域内的另一个崛起大国界定为战略竞争对手，并借助外交博弈和

---

① 钮维敢．论当代世界格局中印度的中间游移力量角色［J］．南亚研究季刊，2020（4）：5．

② 林跃勤．完善金砖国家合作机制研究［J］．社会科学文摘，2017（9）：25-28．

③ 李莉．从不结盟到“多向结盟”：印度对外战略的对冲性研究［J］．世界经济与政治，2020（12）：77-95．

④ 聂姣．中印崛起的“邻国困境”与地区秩序的重塑［J］．南亚研究，2023（3）：1-27．

⑤ 李青燕．印度融入美国“印太战略”新动向：驱动因素与局限性［J］．国际论坛，2021，23（5）：140-154．

经济抵制等手段，阻挡中国成为区域主导力量。印度的上述目标和战略手段亦深刻地影响着其主流媒体对中国经济形象的建构。通过对《经济时报》涉华经济报道的分析可以发现，《经济时报》通过抹黑中国在南亚地区的经济活动，削减中国经济的区域合法性和影响力。

印度以争夺区域主导权为目标，因而极为关注中印在南亚地区的力量对比。数据显示，2022 年中国南亚贸易总额已接近 2000 亿美元，年均增长率高达 8.3%，中国是南亚国家的主要贸易伙伴，已连续多年成为巴基斯坦、孟加拉国、马尔代夫等国最大贸易伙伴。面对中国经济区域影响力的快速增长，印度深感南亚主导权遭遇“威胁”。而中巴经济走廊的建设，以及中国加强与尼泊尔、不丹等南亚国家间政治经济往来，进一步加深了印度对中国的猜忌和不满①。

与之相应，《经济时报》非常关注“中巴经济走廊”等中国在南亚地区的“一带一路”项目，以及中国与南亚各国的经济交往，并试图通过渲染中国经济活动对南亚国家利益的“破坏性”，以及中国指导经济活动的理念的“威胁性”，从现实利益和意识形态两个维度削弱中国经济的合法性和区域影响力。比如，涉及斯里兰卡的报道污蔑中国在斯里兰卡的投资损害了科伦坡的主权，引发了主权问题的讨论②；涉及孟加拉国的报道声称中国对孟加拉国纺织业的投资污染了孟加拉国的河流，中国的燃煤发电厂导致了孟加拉国人呼吸困难和皮肤病等问题③；涉及尼泊尔的报道声称中国对尼泊尔贸易政策“很严苛”④；而有关“中巴

---

① 朱清秀. 日印强化安全合作的动因及影响 [J]. 日本问题研究，2018，32 (6)：11-20.

② Chinese investments in Sri Lanka compromises Colombo’s sovereignty [N/OL]. The economic times，2019-12-27 [2024-12-03]. https://gtyiqteemqj8w4qeejyzee77tejqe7ss9elk9-s-a2097. bj. tsgdht. cn/redir/default. aspx?P=sa&an=ECTIM00020191226efcr0000k&drn=drn%3aarchive. newsarticle. ECTIM00020191226efcr0000k&cat=a&ep=ASE.

③ Et analysis: China’s economic muscle flexing globally set alarm bells ringing in Bangladesh [N/OL]. The economic times，2020-08-21 [2024-12-03]. https://gtyiqteemqj8w4qeejyzee77tejqe7ss9elk9-s-a2097. bj. tsgdht. cn/redir/default. aspx? P = sa&an = ECTIM00020200820eg8l00012&drn=drn%3aarchive. newsarticle. ECTIM00020200820eg8l00012&cat=a&ep=ASE.

④ China’s stringent trade policy on Nepal belies “communist friendship” [N/OL]. The economic times，2020-10-07 [2024-12-03]. https://gtyiqteemqj8w4qeejyzee77tejqe7ss9elk9-s-a2097. bj. tsgdht. cn/redir/default. aspx?P=sa&an=ECTIM00020201006ega700015&drn=drn%3aarchive. newsarticle. ECTIM00020201006ega700015&cat=a&ep=ASE.

经济走廊”的报道，则将巴基斯坦比喻为“中国包围世界的棋子”，声称“中巴经济走廊侵犯了印度主权”①，并用“中国专属殖民地”（Chinese only colony）的话语诋毁、污蔑中国在瓜达尔的城市建设项目②。

而《经济时报》有关中国经济理念的报道（参见第三章中的图 3-91），也主要围绕“中巴经济走廊”（China-Pakistan Economic Corridor，CPEC）和“一带一路”（Belt and Road Initiative，BRI）展开，并借助以“冲突型”为主的事件框架（参见第三章中的图 3-92），将“一带一路”框架下的“中巴经济走廊”等项目建构为“制造债务陷阱”③、“主导亚太”的战略工具④，声称这些项目“制造了大量的矛盾冲突”⑤，并“遭遇了很多的阻挠和抵制”⑥。

---

① China's BRI not Delhi's Indo-pacific vision is an encirclement strategy [N/OL]. The economic times，2020-06-19 [2024-12-03]. https://gtyiqteemqj8w4qeejyzee77tejqe7ss9elk9-s-a2097.bj.tsgdht.cn/redir/default.aspx?P=sa&an=ECTIM00020200618eg6j0000o&drn=drn%3aarchive.newsarticle.ECTIM00020200618eg6j0000o&cat=a&ep=ASE.

② As part of CPEC，"Chinese only" colony coming up in Pakistan [N/OL]. The economic times，2018-08-22 [2024-12-03]. https://gtyiqteemqj8w4qeejyzee77tejqe7ss9elk9-s-a2097.bj.tsgdht.cn/redir/default.aspx?P=sa&an=ECTIM00020180822ee8m0000h&drn=drn%3aarchive.newsarticle.ECTIM00020180822ee8m0000h&cat=a&ep=ASE.

③ China allows bonds for Belt and Road initiative to diversify funding options [N/OL]. The economic times，2018-04-10 [2024-12-03]. https://gtyiqteemqj8w4qeejyzee77tejqe7ss9elk9-s-a2097.bj.tsgdht.cn/redir/default.aspx?P=sa&an=ECTIM00020180409ee4a0006u&drn=drn%3aarchive.newsarticle.ECTIM00020180409ee4a0006u&cat=a&ep=ASE.

④ India sticks to its own path，says no to China's Belt & Road initiative [N/OL]. The economic times，2018-04-26 [2024-12-03]. https://gtyiqteemqj8w4qeejyzee77tejqe7ss9elk9-s-a2097.bj.tsgdht.cn/redir/default.aspx?P=sa&an=ECTIM00020180425ee4q0001v&drn=drn%3aarchive.newsarticle.ECTIM00020180425ee4q0001v&cat=a&ep=ASE.

⑤ Don't criticise CPEC，China tells Pak [N/OL]. The economic times，2019-11-09 [2024-12-04]. https://gtyiqteemqj8w4qeejyzee77tejqe7ss9elk9-s-a2097.bj.tsgdht.cn/redir/default.aspx?P=sa&an=ECTDEL0020181109eeb90000m&drn=drn%3aarchive.newsarticle.ECTDEL0020181109eeb90000m&cat=a&ep=ASE.

⑥ South Asian nations revisit BRI projects [N/OL]. The economic times，2019-02-13 [2024-12-03]. https://gtyiqteemqj8w4qeejyzee77tejqe7ss9elk9-s-a2097.bj.tsgdht.cn/redir/default.aspx?P=sa&an=ECTIM00020190212ef2d0001p&drn=drn%3aarchive.newsarticle.ECTIM00020190212ef2d0001p&cat=a&ep=ASE.

第四节　区域性依附国的占位特征及其对形象建构的影响

墨西哥在经济上高度依赖美国和北美自由贸易协定（美墨加协定的前身），在对外战略上长期受到美国这一霸权邻国的影响。本节我们将以墨西哥为例，探讨区域性依附国的占位特征对其主流媒体建构中国经济形象的影响。

一、墨西哥的依附性特征及其影响

国际权力格局中国家实力偏弱的一方往往会对强者产生某种程度的“依附性”①。依附性较强的国家一方面在经济上高度依赖外部市场，尤其是会与一两个主要的经济大国保持紧密的经贸联系；另一方面在政治权力上处于国际体系的边缘性地位，政治自主性受到主要大国的影响和制约，在国际事务中也难以独立发声。墨西哥的经济结构和地理位置决定了这个国家在经济和政治两个方面都对美国有着较强的依附性，国际关系学者通常在依附的框架下考察墨美两国的关系②。

1846 年到 1848 年的美墨战争使美国的版图大增，并帮助美国获得了在美洲的主宰地位；但战争却给墨西哥带来了深重的灾难。墨西哥在战争中失去了包括加利福尼亚、内华达、犹他、科罗拉多、亚利桑那、新墨西哥和怀俄明在内的约 230 万平方千米的国土，国家实力和国民心理均遭受重创。美墨战争后，墨西哥因无力向债权国支付借款利息而进一步遭遇债权国法国的军事入侵，彻底沦为积弱积贫的国家。

但墨西哥是连接北美洲与拉丁美洲的唯一大陆，借助毗邻美国的地理优势，墨西哥于 19 世纪后半叶开始实行飞地出口模式。依靠原材料出口和外资引入，墨西哥经济得到初步发展。二战后，墨西哥推行进口替代的工业化运动，逐步建立了工业化的国民经济体系。20 世纪 80 年代初，墨西哥加入美国主导的《北美自由贸易协定》，形成外向型经济模式，显示出较强的增长动力。至 20 世纪末 21 世纪初，墨西哥已成为拉美第二大经济体。

---

① 项昊宇. 美日同盟中日本对美战略依附性考察 [J]. 东北亚论坛，2022，31 (6)：72-86.

② 孙若彦. 依附理论对国际关系研究的影响 [J]. 山东师范大学学报（人文社会科学版），2005 (4)：113-117.

纵观墨西哥的发展历程可以发现，无论是19世纪的飞地出口，还是当下的外向型模式，墨西哥经济始终呈现出对美国高度依附的特征。美国是墨西哥最大的贸易伙伴和出口市场，是墨西哥外国直接投资的主要来源国之一。自《北美自由贸易协定》签署以来，墨西哥对美加两国的出口增幅进一步加快，至2017年出口额已经接近1340亿美元，其中1324亿为对美出口；至2022年货物出口总额已超过5777亿美元，其中对美国出口总额为4725.83亿美元，超过墨西哥全部出口的80%①。在大国博弈加剧、地缘冲突频发、全球供应链重构的背景下，墨西哥成为美国企业近岸外包的理想选择。2022年近岸外包为墨西哥带来约300亿美元的收入，有近70家汽车行业工厂将其制造业务从海外迁至墨西哥②。

墨西哥在经济上的对美依附，导致其在政治上也体现出对美依附的特征。墨西哥的内政外交往往需要以维护与美国的关系为核心。萨利纳斯执政后，奉行与美国“特殊接近”、与北美实现一体化的政策，强调墨西哥政府外交工作的重点之一就是建设“墨美新关系”。福克斯执政后，希望同美国、加拿大建立像欧盟一样的“北美联盟”“战略联盟”甚至“军事联盟”，一直以推动和加强与美国的关系作为墨西哥外交政策的重点③。卡洛斯·阿斯特兹（Carlos A. Astiz）曾一针见血地指出，墨西哥的外交政策“一直被美国控制折磨着”④。

墨西哥的对美依附，在一定程度上促进了墨西哥的经济发展，但同时也带来了不容忽视的弊端与风险。一方面，与美国经济的高度耦合使墨西哥在面对外部冲击时显得尤为脆弱。例如，2001年美国互联网泡沫破裂以及“9·11”事件直接拖累了墨西哥经济；2008年国际金融危机期间，墨西哥经济的表现相较于巴西、阿根廷等其他拉美国家而言更为疲软⑤。另一方面，墨西哥难以在涉及自身核心利益的问题上与美国保持平等对话。例如，在美墨共同关心的边境、毒品和移民议题上，美国动辄将议题的处理与《美墨加协定》联系在一起，以经济制裁

---

① 杨盼盼. 全球产业链调整下的墨西哥经贸发展［J］. 中国外汇，2023（17）：24-26.

② 谢佳宁. 墨西哥多举措促进经济增长［N］. 人民日报，2023-09-01（15）.

③ 谌园庭. 墨西哥与美国关系：变化与前景［J］. 拉丁美洲研究，2007（3）：23-27.

④ ASTIZ C A. Mexico's foreign policy：disguised dependency［J］. Current history，1974（66）：220-225.

⑤ 网易. 墨西哥经济专题报告：全球供应链变局的受益者［EB/OL］.（2024-04-02）［2024-12-3］. https：//www.163.com/dy/article/IUNTQJT80519NINF.html.

为手段对墨西哥实施胁迫[①]。而在“单边主义”“美国优先”等政策理念驱动下，美国弱化对墨西哥合作的趋势以及极端利己主义做法，已严重伤害了墨西哥的国家利益和民族情感。

面对长期依附美国所带来的风险，墨西哥也希望通过推动经济多元化，以及加强与其他国家的合作来减少对美国的依赖，进而为国家的发展开拓更广阔的路径。与此同时，面对国际格局的新趋势，墨西哥并不满足于美国“后院”这个身份，也渴望寻求与自身实力增长相匹配的国际地位，希望作为拉美国家的领头羊在与美国的博弈和较量中发挥桥梁作用，从而寻求更多的外交自主和独立空间[②]。

二、墨西哥媒体的“跟随型”关注

在国际关系中，依附性的弱国常常会采取跟随战略，即通过适应强国行为、追随强国模式，在强国庇护下维护自身利益和安全。通过上面的分析我们可以发现，墨西哥的战略体现出明显的跟随型特点：在政治上遵循美国的政策导向，以寻求政治上的稳定和安全；在经济上依赖美国的市场、技术和资金，通过融入美国的经济体系来推动自身经济发展；在外交上跟随美国的步伐，参与和支持美国主导的国际事务。

墨西哥的依附性特征和跟随型战略，在其主流媒体对中国经济形象的建构中亦有清晰的体现。通过对墨西哥《金融家报》涉华经济报道的分析可以发现，《金融家报》在报道内容、报道对象以及消息来源的使用上，都呈现出“跟随型”关注的特点。

第一，报道内容上的“跟随型”关注。如我们在第三章中所论述的（参见第三章中图 3-127），《金融家报》涉华经济报道的高频词基本都是紧紧围绕中美贸易博弈的（China、EU/ Estados Unidos），对中国经济的讨论也几乎都是置于中美贸易博弈这一个议题之下进行的。这种议题的单一性与美国、英国、日本、印度等国家的媒体存在显著差异。而随着中美贸易博弈进入新常态，《金融家报》对中国经济的关注也逐渐减少，涉华经济报道的数量从 2018 年的 304 篇，减少

① 仇华飞. 北美自由贸易协定与美墨关系［J］. 史学月刊，2002（2）：98-102.

② 张子琪. 特朗普“美国优先”政策视阈下的美国-墨西哥关系发展走向［D］. 长沙：国防科技大学，2021.

至2019年的262篇，再骤减至2020年的83篇。换句话说，中国经济之所以能够进入《金融家报》的视野，很大程度上是因为墨西哥的依附对象国美国与中国发生了频繁的互动。

第二，行为主体上的“跟随型”关注。通过对《金融家报》涉华经济报道内容的人工精读可以发现，虽然我们的样本是以“China”为关键词进行检索而得的，但相关报道中涉及中国的内容大多只是整篇报道中的一部分甚至只是只言片语，也就是说，相关报道的主要关注对象并不是中国，而只是在报道中涉及中国而已。与此同时，通过对《金融家报》涉华经济报道标题中施动者的分析可以发现（如图4-6），包括美国政府、美国官员、美国人民、美国组织等在内的美国行为主体，是报道中的主要施动者，美方行为体作为施动者身份出现的比例大大超过来自中国的行为主体。主位是信息的起点①，也是联想的起点，述位则是主位触发的联想②，主位的选择表征了信息的呈现顺序，反映了一种价值立场。《金融家报》更多地以美方行为体作为占据主位的施动者，反映了其对美国行为体的追随型关注，以及对美国权力的凸显和强调。

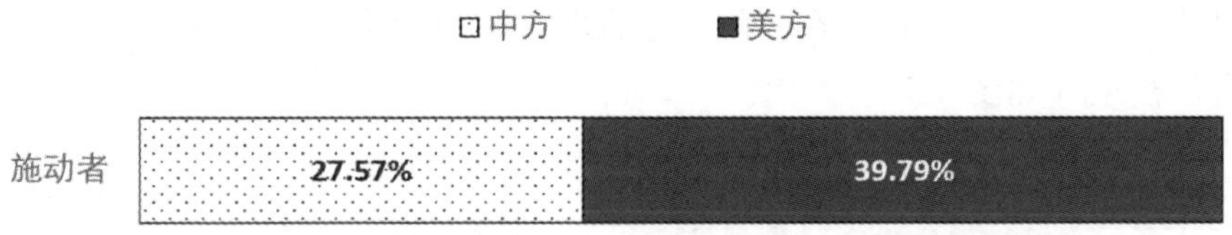

图4-6　《金融家报》报道标题中的施动者占比情况

第三，消息来源上的“跟随型”使用。消息来源使用偏向是新闻生产过程中媒体基于自身利益和价值判断做出的主动选择，通过对不同消息来源的选择性使用，媒体可以对不同群体的声音实现差异化赋权③。对《金融家报》涉华经济报道中消息来源的分析显示，来自美国的消息来源在报道中占据了绝对的优势地位。以《金融家报》2020年1月1日至11月30日的涉华经济报道样本为例④，

① 黄国文. 系统功能语法中的重合主位［J］. 现代外语，2001（2）：111-120.

② 郎天万. 主位结构与话语分析［J］. 外国语（上海外国语大学学报），1996（6）：37-41.

③ 臧国仁. 新闻媒体与消息来源：媒介框架与真实建构之论述［M］. 台北：三民书局，1999.

④ 有关消息来源使用偏向的统计方法，参见本书附录3：消息来源使用偏向的变量设计与分析方法。

有49%的报道均是直接转载的其他国家媒体的报道（这一点也与美国、英国、日本、印度的媒体具有显著差异），其中美国媒体是《金融家报》他国媒体类消息来源的主体，占到他国媒体消息来源的98%，主要包括彭博社和美联社。而在非直接转载类的报道中，来自他国的消息来源也是其使用最广泛的消息来源，使用广度（69%）远远高于来自墨西哥（13%）和中国（13%）的消息来源，而来自美国的消息来源在他国消息来源中亦占据绝对主导地位（65%）。《金融家报》涉华经济报道大量地转载美国媒体的报道、引用来自美国的声音，反映出墨西哥媒体对美国话语的“追随型”特征，以及与美国媒体之间的话语依附关系。

第五节　国家经济形象建构的空间占位模型

国际格局是国际关系中的核心议题，是解释国家行为的重要层次。本章我们以美国、英国、日本、印度、墨西哥五国为例，探讨国际体系中的国际格局对国家经济形象建构的影响，更具体地说，是探讨各国在国际格局中的空间占位对其主流媒体建构中国经济形象的影响，进而提出并初步检验了国家经济形象建构的空间占位模型（如图4-7）。

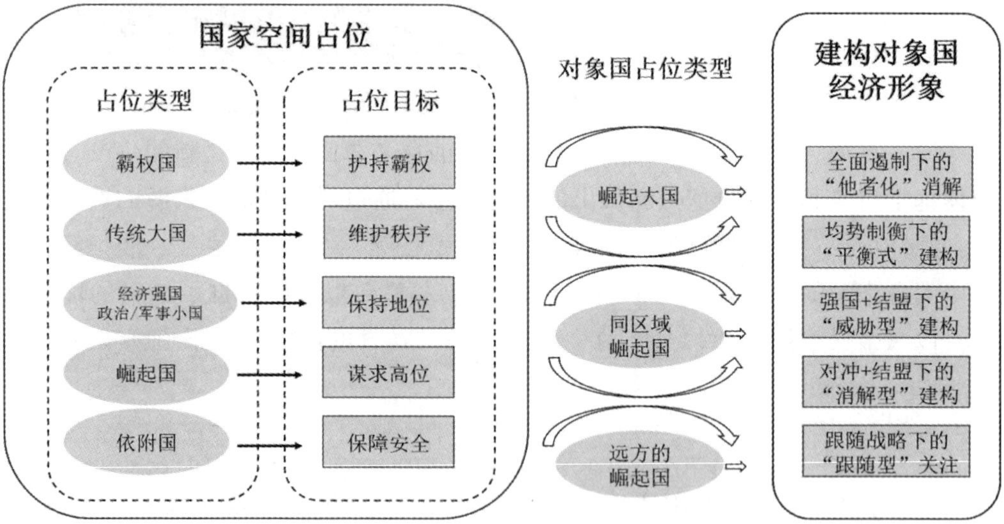

图4-7　国家经济形象建构的空间占位模型

国家经济形象建构的空间占位模型呼应了国际关系中现实主义的核心观点，即国家间的权力分配是国际体系中国家间互动模式的决定性因素。该模型关注各国家在国际格局中所处位置的重要影响，亦即各国在国际体系中所拥有的相对实力和权力对国家行为的影响。具体来说，该模型强调了以下几个观点：

首先，国家在国际格局中的空间占位类型会决定其占位目标，亦即国家所拥有的相对权力会决定其在权力追逐进程中的阶段性目标。现实主义认为，国家存在于一种无政府状态的体系，在这个体系中，没有任何一股单一力量可以将自己的意志强加给其他的国家，这个体系中的国家想要保护自己就只能依赖自助，而追逐权力是国家自助的唯一方式。因此，国际政治是一种为争取权力而进行的斗争①。自主且处于单一力量的国家不断卷入权力斗争，用权力抗衡权力，为保护国家利益进行相互回应。与此同时，现实主义还强调，相较绝对权力而言，国家最重要的关注点是增加它们自身的相对权力。一国的生存取决于比他国拥有更多的权力，因此所有权力以及权力所带来的收益，"都被国家以'相对'的术语看待"，影响国家决策的是其对"相对权力"的评估②。即使"我"和"你"之间的合作会使我们双方都获益，但如果"你"会因此积累更多的权力，就有可能会利用这种相对权力对"我"产生胁迫进而增加"我"的不安全性，对相对权力的评估导致"我"会拒绝参与合作。

国家在国际格局中的空间占位，从本质上说，就是反映的一国相较他国而言的相对权力状态。在国际格局中，因为每个国家都希望拥有比其他国家更多的相对权力，他们会基于自身的占位，制定不同的权力追逐目标。对霸权国而言，因为拥有最多的相对权力，其目标主要是保持相对权力的最大化，即维持霸权地位；对传统守成大国而言，因为拥有相较于大多数国家而言更多的相对权力，维持相对权力的优势地位是其最基本的目标；而处于相对权利增长期的崛起国，则会在保障已拥有的相对权力的基础上，追求更多的相对权力即谋求更高的空间占位，以确保自己有与"高位"国家讨价还价的资本，或者至少确保不会被"高位"国家"打回原地"；依附国因其主动性有限，维持已有占位是其基本目标，但也不排除它们会在国际权力变革中抱有夹缝中求上升的希望。

其次，各国会根据对象国的空间占位采取特定的战略来实现自身的占位目标，亦即国家会评估对象国与自己的相对权力的距离，采取行动来维护、扩大或

---

① 明斯特，阿雷奎恩-托夫特．国际关系精要［M］．潘中岐，译．7版．上海：上海人民出版社，2018：74-76.

② MEARSHEIMER J J. The false promise of international institutions [J]. International security, 1994, 19 (3): 5-49.

缩小相对权力距离。霸权国和守成大国的目标是维护其相对权力的优势地位，当它认为崛起国会挑战其优势地位时，就会采取行动来维护相对权力的优势；崛起国的目标是谋求更大的相对权力，因此会采取行动缩小与较高位崛起国的相对权力距离，或者扩大与较低位崛起国的距离；依附国的目标是维持已有占位，因此会对崛起国带来的权力分配变化保持密切的关注。而在具体采取什么样的战略来实现上述目标方面，防御性现实主义和进攻性现实主义给出了各自的指南。防御性现实主义者认为，当国家相对权力受到威胁时，国家应该通过均势、外交或经济渠道实施克制的政策来制衡威胁者；进攻性现实主义者则认为，依据“随强”（bandwagoning）逻辑，“你越是有权力，你越能获得更多的权力”，因此国家定期展示战争（权力）的意愿有助于增强信誉，实施扩张主义政策将会迫使那些威胁性国家和潜在对手与自己合作和结盟。

再次，国家主流媒体的建构实践因其国家属性而受到该国战略选择的影响。如我们在第一章中所论述的，大国博弈背景下，国家主流媒体对他国的经济形象建构是服务国家意志、具有国家属性的行为，相应地，这种建构就会受到国家战略的深刻影响。由此，国家在国际格局中的空间占位通过影响占位目标、占位方式进而影响其主流媒体对处于特定空间占位的对象国的经济形象的建构。

对美国、英国、日本、印度、墨西哥五国主流媒体涉华经济报道的分析初步检验了上述模型。维护霸权是处于全球霸权地位的美国的核心利益，面对中国崛起、美国霸权衰落以及全球权力转移的趋势，美国采取了对华全面遏制的战略，以期维护其在全球经济政治中的首要地位。受此影响，美国主流媒体在政府对华战略的引领下，采取他者化的消解策略，将中国的经济制度、经济利益、发展理念建构为与国际制度、他国利益、国际社会相对立的他者，进而从意识形态和国际利益两个层面消解中国经济的合法性，为美国的对华遏制战略提供舆论支持。

英国作为老牌资本主义国家、传统大国，常采用均势战略制衡国际秩序中的各方强大势力，进而实现捍卫国际秩序、维护自己空间占位的目标。英国主流媒体的涉华经济报道亦受英国均势制衡思想的影响，对中美博弈双方的“均衡式”呈现、对中美贸易战的“旁观式”归因、对中美贸易战影响的“客观式”分析，都体现出英国媒体小心翼翼的“平衡式”努力。

日本是区域性大国、经济强国，但日本在政治和军事领域处于相对较弱的地位，这一占位特征使得日本在面临同区域崛起大国时，会产生经济地位和国家安全的双重忧虑。为避免沦为“二流国家”，日本一方面希望借助新安保法、经济安全保障战略等一系列“强国战略”提升自我实力；另一方面希望通过强化同盟关系实现对同区域崛起大国的牵制。日本主流媒体的涉华经济报道因此借助“威胁型”建构，夸大中国在区域政治、经济、安全事务中的“威胁性”，进而消解中国经济的区域合法性，并为其“突破非军事化体制”和“强化同盟”的战略诉求获取舆论支持。

印度与中国同属亚洲最大的国家，同属快速崛起的新兴经济体，印度将中国视为其谋求区域领导国和全球大国地位进程中的“竞争者”和“威胁者”，希望借助“印太战略”、多向结盟等方式，避免中国主导亚太地区。与之相应，印度主流媒体通过抹黑“中巴经济走廊”等中国在南亚的经济活动和唱衰中国经济的方式，消解中国经济的区域合法性和影响力。

墨西哥作为区域性依附国，在政治、经济、外交领域都体现出明显的对美跟随战略。受墨西哥占位特征的影响，其主流媒体的涉华经济报道在报道内容、报道对象以及消息来源的使用上，也呈现出“跟随型关注”的特点。

综上所述，本章基于现实主义视角，探讨了国际体系层次的国际格局对国家经济形象建构的影响，在一定程度上检验了现实主义理论以及国际体系这一分析层次的解释力。但正如现实主义理论和国际体系层次具有其局限性一样，国际格局这一因素的解释力亦存在其局限，美国对印度的形象建构即可被视为一个典型的例子。本章中我们论述了美国的霸权国占位和中国的崛起国占位如何影响美国对中国经济形象的建构。但印度和中国同属崛起大国，已有的研究却发现美国对中印两国的形象建构呈现出明显的差异①。英国对中国的形象建构是另一个具有反驳力量的例子。国际格局中的权力分配以及空间占位的变化是一个长期的过程，在短时间内一般难以发生质的变化，但我们对英国媒体的分析却发现，英国媒体对中国经济形象的建构策略在两年甚至一年内都呈现出明显的变化（详见第五章）。为了寻求对上述问题的解释，我们将在下一章进行国家层次的原因分析。

① 徐明华，李丹妮，王中字.“有别的他者”：西方视野下的东方国家环境形象建构差异：基于 Google News 中印雾霾议题呈现的比较视野 [J]. 新闻与传播研究，2020，27（3）：68-85.

第五章　国家利益间的关系锁定与国家经济形象建构

国家是国际关系中最重要的行为体，国家利益作为国家制定、实施和调整各项政策的主要依据和基本着眼点，是国家行为的出发点和归宿①。国家会根据他国与本国之间的利益关系，调整国家战略和国家行为。本章我们将探讨国家间的利益关系对国家经济形象国际建构的影响。

第一节　国家利益、国家间利益关系及其影响

1648 年的《威斯特伐利亚合约》结束了欧洲的三十年战争，标志着世俗权威取代宗教权威成为国际关系舞台上的主角。《威斯特伐利亚合约》的一个重要成果就是确立了国家主权概念，国际关系的核心问题从“普世价值”、意识形态以及宗教之争，转向国家利益之争②。主权国家成为国际关系中的主导行为体，国家利益从此成为国际关系中的第一准绳。

一、国家利益

虽然当代国际关系的研究者都一致承认国家利益是国家行为的出发点，但对何为“国家利益”的认识，却存在范式间的差异。现实主义的观点认为，作为一个政治共同体，国家的核心问题是它的生死存亡，是维系、持续和扩展它的存在，因此，国家安全是国家利益的根本点。而在无政府体系中，为了保证国家安全，追求政治、经济、军事权力具有根本性的意义③。以此逻辑，国家对国家利益的追求，最终都将表现为国家间的权力之争，追求国家利益就是追求国家权力的最大化④。

---

① 阎学通. 中国国家利益分析［M］. 天津：天津人民出版社，1997.

② 基辛格. 世界秩序［M］. 胡利平，林华，曹爱菊，译. 北京：中信出版社，2015.

③ 邓春，赵海英. 西方国际政治学视野中的国家利益概念辨析［J］. 河北学刊，2012，32（2）：185-188.

④ 李少军. 国际政治学概论［M］. 上海：上海人民出版社，2005.

与现实主义的观点不同，建构主义学者认为，国家利益不是预先给定的因素，而是在互动中得以建构的。建构主义的代表性学者亚历山大·温特（Alexander Wendt）在《国际政治的社会理论》一书中，重点阐释了体系结构（文化）对国家利益的建构作用，认为体系结构不仅对行为体的行为产生影响，而且会塑造行为体的身份和利益，进而决定行为。比如，在霍布斯体系中，国家间的身份是敌人，国家利益是消灭和侵吞对方，战争由此成为国家的基本行为方式；在洛克体系中，国家间的身份是竞争者，国家的基本利益是寻求安全而不是寻求权力和征服，暴力不再是国家的主要行为方式；在康德体系中，国家间的身份是朋友，国家利益是共同安全，利他成为国家利益的一部分，国家因此不使用战争和暴力的方式解决问题，而是倾向于互助。以温特为代表的建构主义学者由此强调"国家利益内生于国家与结构的互动中"①，认为国家利益不是既定不变的，体系结构决定国家身份，国家身份决定国家利益，国家利益决定国家行为，从而体现了结构主义的倾向。

而与这种结构主义的取向不同，以海伦·米尔纳（Helen Milner）为代表的一批新自由主义研究者则致力于将国内政治（重新）引入国际关系理论，强调国家的内部特征在国家利益建构中的重要作用。帕特南（Robert Putnam）曾借助"双层博弈"的概念指出，政治领导人一直都是同时在国内和国际两个舞台上行动，"在国家层次上，国内集团通过迫使政府采纳合意政策来寻求自己的利益，而政治家则通过在这些集团间组建联盟以寻求权力。在国际层次上，国家政府寻求最大化提高满足国内需要的能力，而达到最小化外部变化的不利后果的目的。中央决策者不能忽视这两个博弈中的任何一个"，因此，"同以国家为中心的各种理论不同，双层博弈强调，有关'国家利益'到底是什么的问题，在国家内部会难以避免地存在争论"②。海伦·米尔纳以"双层博弈"概念为基础，进一步指出，国内政治中存在三类行为体：行政机构、立法机构以及社会利益集团。如果三类行为体的利益偏好相同，那么就存在单一的"国家利益"，但这一情形只在极端情况下出现，比如"房子失火或者国家被别国入侵"；通常情况下，三类行

① STERLING-FOLKER J. Competing paradigms or birds of a feather? Constructivism and neoliberal institutionalism compared [J]. International studies quarterly, 2000, 44 (1): 97.

② PUTNAM R. Diplomacy and domestic politics [J]. International organization, 1988 (42): 427-460.

为体存在偏好差异，所谓的“国家利益”是三类行为体在制度以及信息环境中博弈的结果①。

由此可见，现实主义、自由主义、建构主义基于不同的假设呈现出不同的利益观。现实主义视国家利益为“外生给定的”、既定不变的现实；自由主义和建构主义则分别强调国家内部博弈和国际体系结构对国家利益的建构作用。

本书第四章可视为对现实主义利益观的呼应：为了追求相对权力最大化进而保证国家安全利益，处于国际格局中不同权力位置的国家会采取征服、遏制、均势、追随等不同方式来维护或者提升自身的空间占位。但正如我们在第四章中所言，这一视角具有其现实解释力，但亦存在其局限。现实主义的批判者就曾指出，现实主义强调安全利益是最根本的国家利益，但在特定情况下，安全利益也可能让位于范围更加广泛的经济利益或社会文化利益②；现实主义关注对相对权力（及其带来的相对收益）最大化的追求，但在特定情况下，“对绝对收益的关注也可能取代对相对收益的忧虑”③。因此，本章结合建构主义和自由主义的利益观，将国家利益视为在国际体系互动以及国家内部博弈中建构的结果，进而弥补第四章的视角局限。

二、国家间利益关系及其影响

国家在追求自身国家利益时会与其他国家产生不同形式和性质的互动关系。新现实主义者和新自由制度主义者都利用博弈论和囚徒困境来分析国家间的互动关系，不同的是：前者强调博弈中的欺骗和背叛，以及博弈中的相对收益，进而认为国家间关系的本质是冲突；后者强调多次重复博弈下合作的可能性，以及博弈中的绝对收益，进而认为合作是国家间的最好关系。而建构主义则将符号互动论等社会学理论引入国际关系的研究，强调国家间关系的建构性，因此凸显了国家间关系的可变性。

具体来说，现实主义研究者以囚徒困境喻示国家间问题，认为国际关系就是国家在无政府状态下争夺权力的过程，结构性的利益冲突会使理性行为体将彼此

① 米尔纳. 利益、制度与信息：国内政治与国际关系［M］. 曲博，译 . 3 版. 上海：上海人民出版社，2021.

② 基欧汉. 霸权之后：世界政治经济中的合作与纷争［M］. 苏长和，信强，何曜，译. 增订版. 上海：上海人民出版社，2012.

③ 华尔兹. 国际政治理论［M］. 信强，译. 上海：上海人民出版社，2003：264.

伤害和背叛作为避免最坏结果的最佳互动战略。在这个互动过程中，每个国家都只关注自己的相对收益和权力，努力维护自己的安全，特别担心其他国家获得相对更多的利益进而变成对自己的威胁，这样的结果就使得国家间的合作很难实现。在一种相互背叛的互动中，所有的国家都更不安全，正如约翰·赫兹所描述的："国家致力于获得免遭攻击的安全，被驱使着获取越来越多的权力以逃避他国权力的影响。这反过来会使其他国家变得更不安全，并迫使它们为最糟的情况做准备。在这样一个各个单位彼此竞争的世界上，任何一个国家都永远不可能感到完全，因此权力竞争随之而来，安全与权力积聚的恶性循环便开始了。"①

新自由制度主义者则认为，上述的囚徒困境是可以通过反复博弈来解决的。尽管在博弈的开始阶段，行为体都会倾向选择背叛，但如果博弈能够重复，合作就会出现。依据"一报还一报"战略，在重复发生的互动中，行为体会根据对方的情形来进行自己的决策；在多次博弈后，当有一方做出让步，对方也会选择共同合作，而对方的合作又会反过来强化己方的合作意愿，这时就会形成互惠性的合作；当其中一方选择背叛而不是合作时，另一方也会以牙还牙。如果这种互惠合作或者相互背叛的互动重复发生，行为体就会发现，虽然在一次性的囚徒困境中背叛会非常有吸引力，但在长期博弈和重复互动中，背叛只会让自己得不偿失，共同合作才是最好的战略②。也就是说，博弈中的多次互动会促使理性的行为体选择合作以实现自身绝对收益的最大化，从而实现互惠。

博弈论为我们研究国家间的互动机制和互动关系提供了一种简约模式，指明了国家间关系性质的大体方向。但博弈论亦存在其局限性，即过于简化了国家行为体的性质、利益及行为。而如前文中所述，国家的身份是在互动中得以建构的，国家利益是多个层次上讨价还价的结果，国家间的互动是在多个领域间进行的，国家间的关系则是在多重领域的反复互动中形成的。现实中的两个国家往往会出现在某个领域倾向合作，在其他领域倾向对抗的情况，纯粹的合作或者背叛都是较少见的；两个国家还可能在一个阶段倾向合作，在另一个阶段倾向对抗，单一不变的关系也是较少见的。因此，虽然博弈论告诉了我们国家间利益关系性质的两个方向——冲突和合作，但我们还需要更好地描述和解释国家在不同时

① HERZ J. Idealist internationalism and the security dilemma [J]. World politics，1950，2 (2)：157-180.

② GRIECO J M. Anarchy and the limits of cooperation：a realist critique of the newest liberal institutionalism [J]. International organization，1988，42 (3)：496.

期、不同领域的具体关系。

依据国家利益的类型，国家间利益关系可以分为经济领域的利益关系、政治领域的利益关系、军事领域的利益关系、社会文化领域的利益关系等等。依据关系的性质，国家间的利益关系可以分布在从现实主义所强调的冲突以及自由主义所强调的合作之间的一个连续体上的不同位置。布尔认为在冲突与合作之间，还存在中立和毫不关心的关系①。威廉·汤普森（William R. Thompson）等一批研究者则在冲突和合作之间加入了竞争这一关系类型②。更进一步的研究还依据竞争中关系的紧张程度，将竞争进一步划分为几种层次。比如将竞争划分为非冲突性竞争和冲突性竞争，认为在非冲突性竞争关系中，双方虽然在某些领域存在竞争，但不涉及双方根本利益的冲突，如各国在教育、卫生、学术和环保等领域的竞争或竞赛等；在冲突性竞争关系中，双方的核心利益和目标在一定程度上相互抵触或完全不相容，竞争有转化为冲突的可能③。还有将竞争划分为良性竞争与恶性竞争，认为在良性竞争中双方以提高己方能力、增进己方福利为目的，竞争的结果可能是双赢；在恶性竞争中，双方着眼于削弱对方能力、阻止或妨碍对方实现其目标，其结果可能是零和甚至双输④。

我们借鉴上述国家间利益关系的相关研究，强调国家间利益关系是国家对自身与他国在多重领域中利益关系进行综合评估的结果，并因为国家利益本身的建构性，而处于变化中。国家间利益关系的性质是一个从冲突到合作的关系连续体，两国之间的利益关系可能处于以冲突和合作为两端的连续体中的任何一点位置（如图 5-1），且该位置具有在互动中移动的可能性。

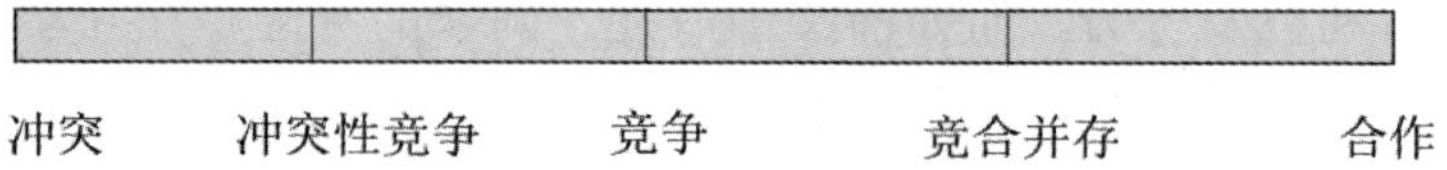

图 5-1　国家间利益关系连续体

冲突关系通常源于核心利益的直接对立，处于冲突关系的双方的目标“是压

① 布尔. 无政府社会：世界政治中的秩序研究［M］. 张小明，译. 4 版. 上海：上海人民出版社，2015.

② THOMPSON W R. Identifying rivals and rivalries in world politics［J］. International studies quarterly，2001，45（4）：560.

③ 俞正樑. 当代国际关系学导论［M］. 上海：复旦大学出版社，1996.

④ 吴心伯. 论中美战略竞争［J］. 世界经济与政治，2020（5）：96-130.

制、伤害乃至消灭对方”①，这种关系往往导致紧张和敌对状态，政治上相互隔绝、经济上相互封锁，甚至可能升级为军事冲突。合作关系源于共同的利益和目标，国家间通过协调行动和共享资源来实现共赢。竞争关系意味着国家间承认彼此在利益和目标上的分歧，并存在心理上的紧张关系，但愿意在一定程度上妥协，达成建设性的协议。当处于竞争关系的两个国家的利益分歧的范围变小、程度变低、合作的意愿增强，则会向竞合型关系的方向推移；而当处于竞争关系的两个国家的利益分歧的范围变大、程度变高，就会往冲突性竞争的方向推移。国家间的利益关系在连续体上的位置以及移动方向，会直接影响国家间的战略选择和行为方式。比如，当美国认为其与中国的利益关系在从竞争性向冲突性的方向推移时，就将其对华战略由接触转向了遏制。

接下来，我们将以美国、印度、英国、日本、墨西哥五个国家为例，探讨国家间利益关系对一国主流媒体建构另一国经济形象的影响。

第二节 冲突性竞争关系与美国的“冲突型”建构

新中国成立以来，中美关系经历了从冲突一端向合作一端推移，然后再一次向冲突一端转变的过程。1979 年中美恢复建交，结束了两国近 30 年的对抗、冲突状态，美国基于对华接触战略，加强与中国在经济、文化等领域的交流与合作；2020 年以来，美国“竞争性对华战略”逐步形成，中美关系进入以竞争和对抗为主线的历史时期。本节我们以美国为例，探讨冲突性竞争关系的形成原因及其对美国主流媒体建构中国经济形象的影响。

一、美国的竞争性对华战略及其形成原因

2017 年 1 月上台的特朗普政府在《美国国家安全战略报告》中将中国明确界定为最主要的战略竞争对手，从而确定了美国对华的冲突性竞争关系。

如前文所述，国家利益是在国际体系互动以及国家内部博弈中建构出来的，国家间利益关系是国家间多重领域多元化利益关系较量的结果。相应地，美国对华的冲突性竞争关系也是在多元权力和利益的博弈中形成的。在上一章中，我们探讨了国际格局中的空间占位对美国对华战略的影响，除此之外，美国竞争性对

① COSER L A. The function of social conflict [M]. New York: Free Press, 1956: 3.

华关系和战略的形成，还是其国内多元利益集团博弈的结果。

第一，美国政治极化背景下政党博弈的筹码。美国的民主、共和两党长期以来都存在意识形态和立场的分歧，而美国的选举制度意味着“选票才是真理”，因此，为争夺执政权，美国政党不惜以“选秀式”“极端化”的竞选活动拉拢选民。政客发表极端言论、主张极端政策，致使选民极化和政党极化的趋势不断加剧①。一些直观的表现如：国会议员投票以党派划线，府会斗争导致“政府关门”，总统选举中呈现红州和蓝州的固化与对峙……这一现象在特朗普竞选期间表现得尤为严重。“逐利自我”“好胜偏执”的人格特质，促使特朗普不断发表以美国利益为先、不顾及国际义务和责任的极端言论，“借助浅白、粗暴甚至略显偏执的话语，成功地激发了中下层白人群体心底潜藏已久的怀疑、愤怒和恐惧，使他们越来越相信必须坚决抵制全球化、外来移民和穆斯林”②，进一步催化出极端而紧张的政治氛围。

这一趋势在特朗普成功当选后不仅没有得到缓解，反而愈演愈烈。特朗普执政期间，两党继续围绕奥巴马的执政遗产、“禁穆令”、美墨边境墙、最高法院大法官提名等问题恶斗，民主党则通过“通俄门”“逃税门”“艳星门”等调查试图否定特朗普当选和执政的合法性。两党激烈的斗争甚至导致联邦政府停摆，联邦政府关门时长创下美国的历史记录③。

与此同时，近年来美国国内的经济问题也成为美国政治极化的催化剂④。一方面，不平等导致的贫富分化，引发了诸如教育、就业等一系列社会问题，从而导致不同阶层间政治立场的差异不断扩大，政治分歧不断加剧；另一方面，在2008年金融危机之后，中产阶层因为担心政府会“从已经缩小了的蛋糕上分一杯羹”，倾向支持右翼民粹主义。右翼民粹主义的崛起，进一步加剧了政治精英之间的对立，并进一步扩大了精英与民众之间，以及民众与民众之间的裂缝。

在上述各因素的综合作用下，美国国内政治达到超级极化的程度。面对极化的国内政治环境，对华政策成为国内两党政治的抓手和两党博弈的筹码，特朗普

---

① 范勇鹏. 政治极化之源：美国制度中的党争基因［J]. 人民论坛·学术前沿，2021（22）：72-87.

② 庞金友. 国家极化与当代欧美民主政治危机［J]. 政治学研究，2019（3）：44-56.

③ 张文宗. 美国政治极化与对华政策的极端化［J]. 和平与发展，2020（2）：40-55；136-142；131-132.

④ 张景全. 美国政治极化的深层根源［J]. 人民论坛，2021（35）：17-21.

政府试图通过对中国示强来树立权威、巩固权力，刺激美国形成跨党派共识，以推动贸易保护、严打非法移民等有争议的国内政策①。美国甚至出现了一种政治奇观：只要把国内政治议题用反华外衣包装起来，获得多数支持的概率就会大大增加②。2019 年 1 月到 2020 年 8 月第 116 届国会任期内，参众两院共提出 366 个涉华议案、76 个不具约束力的决议案，其中 12 个法案最终成为法律。

第二，美国去工业化危机的替罪羊。美国的经济发展史经历了工业化、去工业化和再工业化的过程。内战结束后，美国迅速推进工业化进程，到 19 世纪 90 年代中期，美国已经是世界上最大的工业强国。但在经历工业繁荣之后，以美国为首的西方发达国家普遍出现了去工业化的现象。从 20 世纪六七十年代开始，美国和英国等发达国家的制造业（以传统制造业为主）在国内生产总值中的比例和从业人员的比例均呈下滑态势③。去工业化导致了产业空心化、产业链断裂等经济问题，以及美国制造业就业人数大幅下降、大量工人失业等社会问题，并在某种意义上进一步催生了美国社会的分裂。

而在同一时期，中国的制造业快速发展，中美经济发展差距缩小，两国产业间直接竞争加剧。在美国政客和媒体的蓄意诋毁下，快速发展的中国成为美国去工业化危机的替罪羊，中国的工业制造业被视为美国工业制造业的重要威胁。振华重工美国海湾大桥项目的质量门事件就是一个鲜活的案例。上海振华重工中标美国旧金山-奥克兰海湾大桥的钢结构项目后，美国的工人团体响应“应在美国制造”（Should be made in America）运动，指责政府使用中国钢铁“损害了美国本土制造商的利益”，认为如果使用本土钢铁将会为美国工人提供数千个岗位④。而美国政府则指责中国的产业补贴，通过主导 WTO 改革，一再要求加大对中国补贴措施的规制，针对中国的反补贴调查数量不断增加。

---

① 张文宗. 美国政治极化与对华政策的极端化 [J]. 和平与发展，2020（2）：40-55；136-142；131-132.

② 牛新春. 政治极化与美国对华政策转型 [J]. 人民论坛·学术前沿，2022（6）：44-53.

③ 王曙光，王丹莉. 美国工业化、去工业化和再工业化进程对中国双循环新发展格局的启示 [J]. 山西师大学报（社会科学版），2021，48（4）：24-31.

④ 陈欧阳. 中国企业海外危机传播案例研究报告 [M]. 武汉：武汉大学出版社，2017：212.

二、美国媒体的“冲突型”建构

如上所述，在霸权衰落、国内政治极化和政党博弈，以及去工业化危机和再工业化需求的综合作用下，美国形成了冲突性竞争的对华关系认知。这一关系认知深刻影响着美国主流媒体对中国经济形象的建构目的、建构策略及建构结果。对《华尔街日报》涉华经济报道的分析显示，《华尔街日报》借助议题、框架、话语等策略，强化中美冲突，煽动对华恐惧和仇恨，营造“反华氛围”，进而实现转移美国国内矛盾的建构目的。

第一，借助竞争类议题和“冲突型”事件框架，渲染中美冲突氛围，煽动对华不满情绪。《华尔街日报》作为美国主流媒体之一，其涉华经济报道集中关注中美竞争性的议题，并暗示中国存在“不良竞争行为”，凸显美国在中美竞争中遭遇的“不公平待遇”，以此煽动对华不满情绪。例如，在报道中美贸易谈判时，强调中国的国有企业“主导着”电信、能源、银行、保险业等等美国企业想要进入的行业①。与此同时，“冲突型”框架是《华尔街日报》涉华经济报道普遍使用的事件框架类型，在七类事件子框架的占比中位居第二（参见第三章中的图 3-3）。借助“冲突型”事件框架，相关报道着力凸显双方的争端或摩擦，进而渲染冲突的氛围。例如，2019 年 5 月 10 日的报道关注美国对中国加征关税的措施②，2019 年 8 月 15 日的报道则称中国将对美国计划征收的关税进行回击③，凸

---

① U. S. news-the outlook: China's state firms lurk in trade talks [N/OL]. The wall street journal, 2019-01-28 [2024-12-03]. https://gtyiqteemqj8w4qeejyzee77tejqe7ss9elk9-s-a2097. bj. tsgdht. cn/redir/default. aspx? P=sa&an=J000000020190128ef1s00036&drn=drn%3aarchive. newsarticle. J000000020190128ef1s00036&cat=a&ep=ASE.

② U. S. slaps higher tariffs on China: levies on $200 billion in goods rise to 25% and Trump threatensmore as talks go on [N/OL]. The wall street journal, 2019-05-10 [2024-12-03]. https://gtyiqteemqj8w4qeejyzee77tejqe7ss9elk9-s-a2097. bj. tsgdht. cn/redir/default. aspx? P=sa&an=J000000020190510ef5a0001d&drn=drn%3aarchive. newsarticle. J000000020190510ef5a0001d&cat=a&ep=ASE.

③ China renews vow to retaliate against planned U. S. tariffs; Beijing says Trump's latest threat, which was partially dialed back Tuesday, violates earlier consensus reached between the two leaders [N/OL]. The wall street journal, 2019-08-15 [2024-12-03]. https://gtyiqteemqj8w4qeejyzee77tejqe7ss9elk9-s-a2097. bj. tsgdht. cn/redir/default. aspx? P=sa&an=WSJO000020190815ef8f00281&drn=drn%3aarchive. newsarticle. WSJO000020190815ef8f00281&cat=a&ep=ASE.

显了中美间层层加码、不断升级的关税冲突。

第二，高度关注中国制造业，借助“发展”与“受挫”并重的框架，凸显中国制造业给美国带来的威胁与机会，为美国“再工业化”战略争取舆论支持。2017 年 1 月特朗普上台后，将发展美国制造业、扩大制造业就业规模等作为施政纲领，发布《先进制造业领导力战略》，提出“在各工业行业保持先进制造业的领导力，以确保国家安全和经济繁荣”的总目标①。与之相呼应，我们可以看到《华尔街日报》涉华经济报道高度关注中国的制造业水平和科技创新能力。“产业市场波动”是《华尔街日报》涉华经济报道的主要议题之一（281 篇，占比 17.80%），且新能源汽车（auto、electric、car）等工业制造（factory、maker）是《华尔街日报》关注较多的行业（如图 5-2）。

图 5-2　“产业市场波动”语义网络图

而对该议题报道框架的分析显示，“发展”和“受挫”是该议题使用最多的两类事件框架（如图 5-3）。《华尔街日报》一方面借助“发展”框架，展现中国工业的迅猛发展，进而凸显美国再工业化战略的重要性与紧迫性；另一方面借助“受挫”框架，强调中国工业面临的技术瓶颈，进而凸显美国再工业化战略的相对优势与机会。比如，2018 年 12 月 27 日的报道结合中国钢铁产量 40 年来的增

① 新华社．美国“再工业化”成效不彰[EB/OL]．(2023-07-24)[2024-12-03]. https://baijiahao.baidu.com/s?id=1772261513852679276&wfr=spider&for=pc.

长情况，强调中国工业迅猛的发展势头①；2019 年 12 月 26 日的报道通过对中国高铁利润率的分析呈现了中国高铁产业的发展趋势②；2020 年 11 月 16 日的报道指出“中国 10 月份的工业产量超预期”，经济活动全面复苏；而 2018 年 3 月 29 日有关无人驾驶汽车的报道则认为，虽然中国已将自动驾驶汽车技术列为国家重点，但支撑中国自动驾驶系统的人工智能还不够先进，总体技术水平仍然受限③。

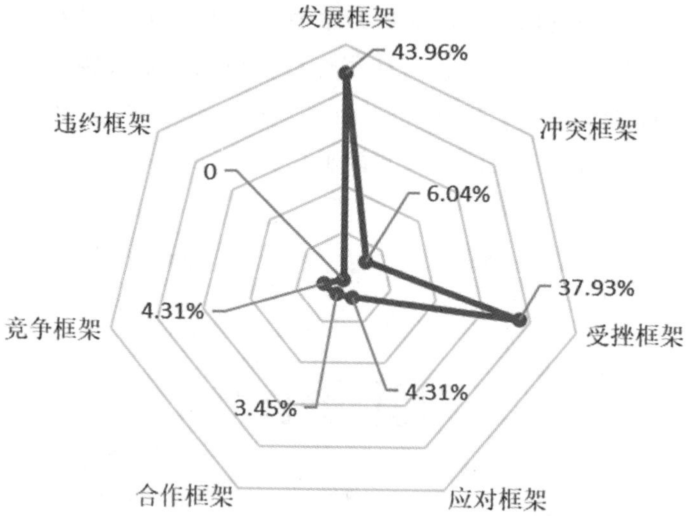

图 5-3 “产业市场波动”事件子框架占比情况

① Global steel market now bows to China - led by Baosteel, country's output has grown relentlessly over four decades [N/OL]. The wall street journal, 2018-12-27 [2024-12-03]. https://gtyiqteemqj8w4qeejyzee77tejqe7ss9elk9-s-a2097. bj. tsgdht. cn/redir/default. aspx?P=sa&an=J000000020181227eecr0000f&drn=drn%3aarchive. newsarticle. J000000020181227eecr0000f&cat=a&ep=ASE.

② China's high-speed, high-margin rail IPO [N/OL]. The wall street journal, 2019-12-26 [2024-12-03]. https://gtyiqteemqj8w4qeejyzee77tejqe7ss9elk9-s-a2097. bj. tsgdht. cn/redir/default. aspx?P=sa&an=J000000020191226efcq0001b&drn=drn%3aarchive. newsarticle. J000000020191226efcq0001b&cat=a&ep=ASE.

③ China auto exec on self-driving cars: “you can't just put some sensors on top”; The fatal self-driving uber crash in Arizona has become a cause for concern in China [N/OL]. The wall street journal, 2018-03-29 [2024-12-03]. https://gtyiqteemqj8w4qeejyzee77tejqe7ss9elk9-s-a2097. bj. tsgdht. cn/redir/default. aspx?P=sa&an=WSJO000020180329ee3t002p9&drn=drn%3aarchive. newsarticle. WSJO000020180329ee3t002p9&cat=a&ep=ASE.

第三节　竞争为主型关系与印度的“对抗式”建构

自1950年中印正式建交以来，两国关系先后经历了20世纪50年代的友好黄金时期，1962年中印边境冲突后的僵冷时期，1988年后的正常化时期。之后，在双方的共同努力下，两国于1996年建立“面向21世纪的建设性合作伙伴关系”，2005年进一步升级为“面向和平与繁荣的战略合作伙伴关系”①。但近年来，中印关系的竞争性和波动面上升，2020年的加勒万河谷事件进一步激化两国边境冲突，印度逐渐形成“竞争为主型对华战略”。本节我们以印度为例，探讨竞争为主型关系的形成原因及其对印度主流媒体建构中国经济形象的影响。

一、印度的对华战略及其形成原因

中印两国同属亚洲最大的发展中国家和发展最快的新兴大国，分别是全球第二大和第五大经济体，是东亚和南亚地区和平稳定的重要支柱，是影响亚洲地区繁荣与发展的重要力量②。但近年来，印度越来越倾向将中国界定为战略竞争对手③，印度对华策略逐渐从强调“平衡＋接触”的实用主义演变为“反华”“遏华”的极端民族主义④。2020年后，印度政府宣称“中国是印度战略自主的最大威胁”⑤，印度“竞争为主型对华战略”基本形成。

在第四章中，我们讨论了印度的崛起国占位以及印度争夺区域主导权的目标如何影响印度对华认知。这里，我们将进一步从国家层面讨论影响印度对华认知的其他因素。

第一，印度教民族主义强势复兴背景下对华态度的强硬化。自1947年印度

---

① 新华网. 习近平同印度总统科温德就中印建交70周年互致贺电，李克强同印度总理莫迪互致贺电. [EB/OL]. (2020-04-02) [2024-12-03]. http://www.xinhuanet.com/politics/leaders/2020-04/01/c_1125801070.htm.

② 曹鹏鹏，冯怀信. 重复博弈、复合竞争与中印边界的互动态势 [J]. 南亚研究，2022 (2)：63-85.

③ 冯传禄. 近期中印边境局势及双边关系走向探析 [J]. 印度洋经济体研究，2020 (6)：1-17.

④ 王文佳，汪伟民. 印度战略界对华策略论争研究 [J]. 社会科学，2021 (10)：28-46.

⑤ 蓝建学. 中印关系嬗变及出路 [J]. 国际问题研究，2023 (3)：55-73.

独立以来，印度政党格局经历了几个重要的发展阶段：一是 1952 年到 1967 年间印度国民大会党（简称国大党）的一党独大时期；二是 1967 年到 1989 年的多党竞争时期；三是 1989 年到 2014 年政党联盟联合执政的“悬浮议会”时期。之后，在 2014 年印度第十六次大选中，印度人民党（简称印人党）以 282 个席位单独获得人民院半数以上议席，组建了莫迪总理领导的全国民主联盟政府，从而结束了印度历时 20 多年的悬浮议会状态。2019 年的大选中，印人党进一步扩大绝对优势，呈现出从强势崛起向一家独大的发展趋势①。

印人党的强势崛起得益于其对印度低种姓和贫困阶层选民的成功吸引②。2022 年“福布斯印度”显示，印度最富有的 100 位富豪的财富总值超过了 8000 亿美元，其中，前 10 位富豪的财富总值超过了 3850 亿美元；而另一方面，印度有着庞大的贫困人口，根据世界银行统计数据，2019 年印度日均收入低于 2.15 美元的贫困人口占人口总数的 10%。在 2022 年全球饥饿指数排名中，印度在 121 个参评国家与地区中位列 107 位，被归为“严重”级别。处于金字塔顶的少数富人坐享红利，而广大贫民对国家政策失望、对政治精英绝望。面对种姓差序的价值导向和贫富悬殊的社会结构，印人党成功构建了“民粹型”的政党-选民关系，运用印度教民族主义的民粹话语进行政治动员，通过凸显中国对印度的威胁来建构印度的民族认同；通过强调印度政府强硬的对华政策，将印度政府塑造为“国家利益的坚决捍卫者”，并以此来获取民众的支持。

第二，“邻国困境”和地缘政治逻辑下中印边界局势的紧张化。受邻国困境和地缘政治思维的影响，印度对华战略选择始终无法超越安全困境。随着中国的快速崛起，印度与中国的实力差距加大，印度在对华边界问题上日益采取更具冒险主义的政策，将边界问题与双边关系挂钩，甚至将边界问题作为发展中印关系的前提条件③。从 1962 年的中印边境冲突，到 2017 年的中印洞朗对峙，再到 2020 年中印边境西段加勒万河谷事件，中印间的边境冲突呈现出更为密集且更为激烈的趋势。2020 年 6 月 15 日，在中印边境加勒万河谷地区，中印双方发生

---

① 张倩雨. 财政转移、国族建构与政党认同：央地关系视角下的印度政党格局演变 [J]. 南亚研究，2022 (1)：105-132.

② 童宇韬，陈利君. 印度人民党何以成功：从侍从主义到民粹主义 [J]. 云南社会科学，2023 (2)：44-53.

③ 楼春豪. 印度对华政策的转变与中国的政策反思 [J]. 现代国际关系，2020 (11)：26-34.

激烈的肢体冲突，中印关系遭受自1988年关系正常化以来的最严重冲击。加勒万河谷事件后，印度加快调整对华战略，从多方面对中国实行对抗性、报复性的政策，中印关系日趋紧张。莫迪政府亦明确将中国视为“最大外部阻力”，宣称未来较长时期内，印度政策须聚焦如何“确保印度不受中国强势崛起带来的力量投射的影响”①。

第三，贸易差额背景下中印经济从合作走向竞争。21世纪以来，伴随中印经济的快速发展，中印经贸合作日益壮大，中印贸易额从2001年的35.96亿美元上升到2020年的875.91亿美元，并于2021年首次突破1000亿美元，中国成为印度最大的贸易伙伴之一②。但是不断发展壮大的贸易交往也带来了贸易失衡等问题。在中印双边贸易中，中国长期处于相对优势的地位（如图5-4），中国成为印度贸易逆差的主要来源国。对贸易失衡问题的恐慌使印度萌生了强烈的经济自主意识，并主动选择对华部分脱钩。印度政府使用引导投资与设置贸易壁垒等

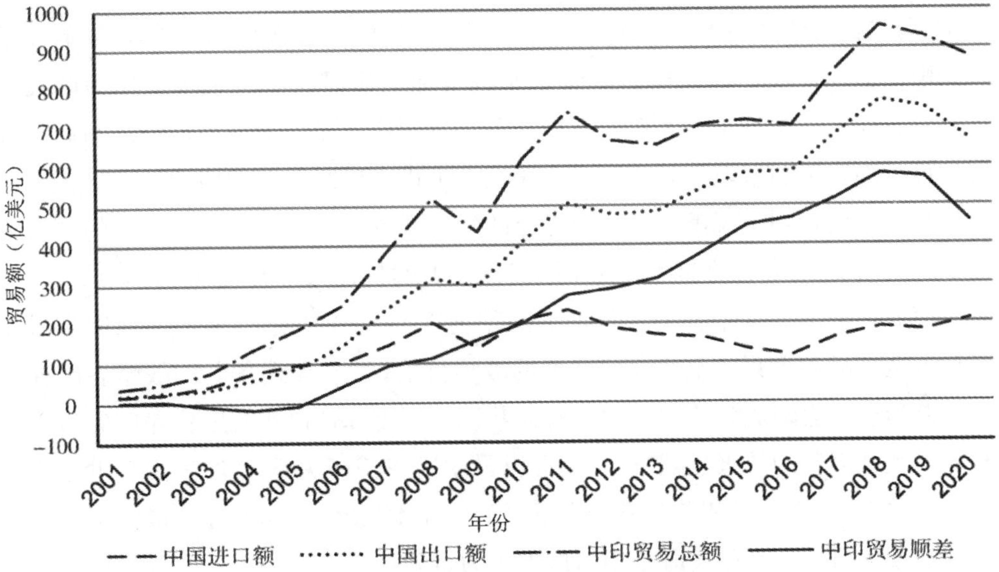

图5-4 2001—2020年中美双边贸易额③

---

① 蓝建学. 中印关系嬗变及出路［J］. 国际问题研究，2023（3）：55-73.

② 此为中方主管部门公布的数据，中印双方因统计口径不同，所公布的贸易额数字有所差异。2022年美国超过中国成为印度最大贸易伙伴，中国为印度第二大贸易伙伴。

③ 门洪华，汪婷. 中印伙伴关系复杂性的战略分析［J］. 探索与争鸣，2021（9）：32-43.

方式努力缩小中印贸易逆差，对中国产品发起多轮反倾销、反补贴调查①，并在全球范围内寻求“中国替代品”。2019 年 11 月，莫迪政府在最后关键阶段退出了全球规模最大的《区域全面经济伙伴关系协定》（RCEP），而转身与澳大利亚和阿联酋签署了临时自贸协定和经济伙伴关系协议。

第四，印度制造业升级中的“对华替代”目标。长期以来，中国在制造业和基础设施建设方面积累了经验与技术优势，在全球产业链中扮演着世界工厂的角色；而印度则在软件外包、信息技术等领域占据优势，被称为世界办公室，中印两国在产业结构上呈现出互补特性。但基于印度国内工业发展结构失调、对华产业依赖、与中国经济实力的差距日益增大等现实问题，以及自力更生的“新印度”愿景，印度政府于 2014 年推出“印度制造”计划。该计划以大力发展本土制造业、打造全球制造业中心为目标，致力于推动印度成为全球制造业中心。印度政府先后发起“生产挂钩激励计划”（Production Linked Incentive Scheme，PLI）和“自给印度”倡议（Atmanirbhar），以提供销售额增量 4%～6%的奖励作为财政激励手段，以放宽制造业企业裁员和工作时长等劳工规定作为政策支持，一方面大力扶持本土制造业发展；另一方面广泛吸引全球制造业厂商赴印投资建厂。而在美国采取一系列遏制手段试图推进全球产业链重构“去中国化”的背景下，印度特别重视承接从中国外流的资本和制造业，以实现对中国的“弯道超车”②，企图在中美博弈中成为中国经济发展的替代品，实现对华产业取代。

第五，美国“拉印遏华”背景下的印度野心。21 世纪以来，美国逐步将印度纳入全球战略视野，重新评估印度的战略价值，“拉印遏华”的战略思路在美国不断延展，逐渐成为美国两党少有的共识。从克林顿执政时期将印度定位为拥有“民主基因”的“天然盟友”，到奥巴马政府将美印关系定义为“21 世纪决定性伙伴关系”，再到特朗普政府着力推进的“印太战略”，印度逐步成为美国遏制中国的重要棋子。而印度既希望借助美国力量阻挡中国成为区域主导大国，又希望借助“印太战略”提升自身的地缘价值，还希望在美国对华遏制的进程中实现对华取代，因此日益呈现出向美靠拢、对华强硬的战略立场。

---

① 高程，部彦君. 大国崛起中“以经稳政”的限度、空间和效力：对“经济压舱石”理论的反思与重构［J］. 世界经济与政治，2022（10）：4-41.

② 王凯. 中美竞争下印度经贸战略动向及对中国的影响［J］. 国际经济合作，2023（4）：65-77.

二、印度媒体的“对抗式”建构

如上所述，在印度的崛起国占位以及印度教民族主义复兴、中印边界问题、印度产业升级、中印贸易差额、美国拉拢蛊惑等多重因素的综合作用下，印度的对华关系认知逐渐从合作为主走向竞争为主。这种以竞争为主的对华关系亦深刻地影响着其主流媒体对中国经济形象的建构。印度《经济时报》涉华经济报道凸显印度政府强硬的对华措施、泛化中印安全冲突、削弱中国制造影响力、夸大“去中国化”趋势，呈现出零和思维下的“对抗式”建构特点。

第一，凸显印度政府强硬的对华措施，强化“国家利益捍卫者”的印度政党形象。印度教民族主义强势复兴的背景下，印人党政府通过将自己树立为人民的“代言人”和国家利益的“捍卫者”，来获取民众支持。《经济时报》涉华经济报道也倾向在渲染“中国经济威胁”的同时，凸显印度政府强硬的对华措施，进而强化印度政府作为“国家利益捍卫者”的形象。比如，在企业动态的议题中，相关报道宣称来自中国的电信设备可能对印度的国家安全构成严重威胁①，并强调印度政府正在考虑修改许可范围，阻止华为和中兴参与印度的5G试验和部署②；在国际贸易往来的议题中，相关报道指出中国进口激增“导致了中印贸易失衡”③，并强调印度政府已经对中国进口产品实施反倾销举措④；在产业市场的议题中，相

① TEPC wants PowerGrid to cancel deal with fiber home [N/OL]. The economic times, 2020-05-28 [2024-12-03]. https://gtyiqteemqj8w4qeejyzee77tejqe7ss9elk9-s-a2097. bj. tsgdht. cn/redir/default. aspx? P = sa&an = ECTIM00020200507eg5800051&drn = drn%3aarchive. newsarticle. ECTIM00020200507eg5800051&cat=a&ep=ASE.

② Centre may amend license norms to bar sourcing of 'critical telecom equipment' from China [N/OL]. The economic times, 2020-11-19 [2024-12-03]. https://gtyiqteemqj8w4qeejyzee77tejqe7ss9elk9-s-a2097. bj. tsgdht. cn/redir/default. aspx? P=sa&an=ECTIM00020201118egbj0004y&drn=drn%3aarchive. newsarticle. ECTIM00020201118egbj0004y&cat=a&ep=ASE.

③ India seeks checks on 50% of Chinese imports in trade pact [N/OL]. The economic times, 2019-10-15 [2024-12-03]. https://gtyiqteemqj8w4qeejyzee77tejqe7ss9elk9-s-a2097. bj. tsgdht. cn/redir/default. aspx? P = sa&an = ECTIM00020191014efaf0000y&drn = drn%3aarchive. newsarticle. ECTIM00020191014efaf0000y&cat=a&ep=ASE.

④ India to probe circumvention of anti-dumping duty on imports of axle for trailers from China [N/OL]. The economic times, 2020-9-16 [2024-12-03]. https://gtyiqteemqj8w4qeejyzee77tejqe7ss9elk9-s-a2097. bj. tsgdht. cn/redir/default. aspx?P=sa&an=ECTIM00020200915eg9g0000t&drn=drn%3aarchive. newsarticle. ECTIM00020200915eg9g0000t&cat=a&ep=ASE.

关报道诋毁来自中国的应用程序从事“有损印度主权和完整、威胁印度国家安全和公共秩序的活动”，并强调印度政府已经禁止 118 个中国移动应用程序进入印度市场①。

第二，强调中印边界问题的紧张性，泛化中印安全冲突。中印间经济实力的差距加深了印度决策者对中国的疑惧，印度政府越来越倾向在地缘政治的逻辑下理解中印边界问题、渲染中印冲突，在中印边界问题上表现出了极强的进取心和冒险主义。与之相应，《经济时报》涉华经济报道也密切关注中印边界问题，在 2020 年 6 月中印加勒万河谷冲突之后，《经济时报》上密集出现了 39 篇涉及中印边界问题的报道。其中，有 31 篇报道使用归因框架，占该类报道总数的 79.49%。而“地缘政治”是其使用最多的归因类型，有 28 篇，占归因类报道总数的 90.32%。借助“地缘政治”为主的归因框架，《经济时报》将中印边界问题建构为影响中印经济关系的主导因素，进而将中印关系建构为“不可调和”的冲突关系。比如相关报道强调，中印边界冲突的升级激起了印度消费者的反华情绪②，印度政府因此禁止了中国企业的在印活动③。

第三，关注中国制造产业，并借助政治归因从意识形态层面削弱中国制造的影响力。在“印度制造”“对华产业替代”的战略目标下，《经济时报》高度关注中国产业特别是中国制造业的发展动态。如第三章中的数据所示，“产业市场动态”是《经济时报》涉华经济报道中的三大议题之一（169 篇，18.90%），且相关报道主要围绕制造业（manufacturing、steel 、aluminum、metals、great wall auto）与科技产业（tech、apps、phone）展开（如图 5-5）。

---

① Government bans 118 more Chinese apps including PUBG [N/OL]. The economic times，2020-9-03 [2024-12-03]. https://gtyiqteemqj8w4qeejyzee77tejqe7ss9elk9-s-a2097.bj.tsgdht.cn/redir/default.aspx?P=sa&an=ECTIM00020200902eg930001t&drn=drn%3aarchive.newsarticle.ECTIM00020200902eg930001t&cat=a&ep=ASE.

② Stocks shrugged off China border strife, but economic curbs will [N/OL]. The economic times，2020-06-25 [2024-12-03]. https://gtyiqteemqj8w4qeejyzee77tejqe7ss9elk9-s-a2097.bj.tsgdht.cn/redir/default.aspx?P=sa&an=ECTIM00020200624eg6p00058&drn=drn%3aarchive.newsarticle.ECTIM00020200624eg6p00058&cat=a&ep=ASE.

③ Under-the-radar ops help byte dance's resso skirt app ban [N/OL]. The economic times，2020-11-27 [2024-12-03]. https://gtyiqteemqj8w4qeejyzee77tejqe7ss9elk9-s-a2097.bj.tsgdht.cn/redir/default.aspx?P=sa&an=ECTMUM0020201127egbr0000s&drn=drn%3aarchive.newsarticle.ECTMUM0020201127egbr0000s&cat=a&ep=ASE.

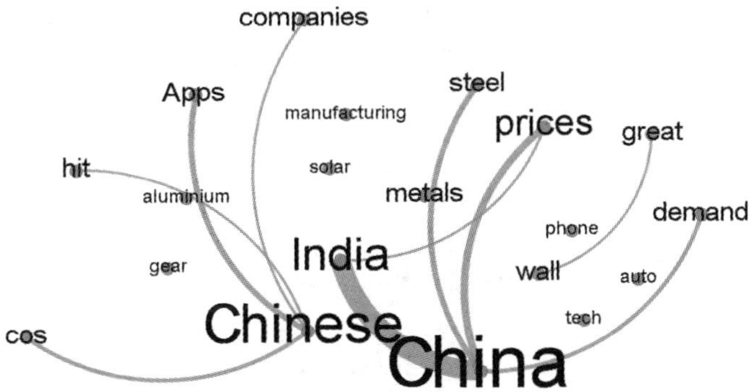

图 5-5　“产业市场动态”议题标题文本的语义网络图

与此同时，在“产业市场动态”这一议题的报道中，《金融时报》借助以“发展”为主的事件框架（如图 5-6）和以“政治归因”为主的归因框架（地缘政治和政府干预共占 55.55%，如图 5-7），以政治逻辑解读中国制造业的发展，进而强化中国“非市场经济”的意识形态偏见。比如：2018 年 4 月 29 日的报道声称，中国制造业在对印贸易中的优势是得益于“北京方面有选择地将成本与价格脱钩的政策”①。

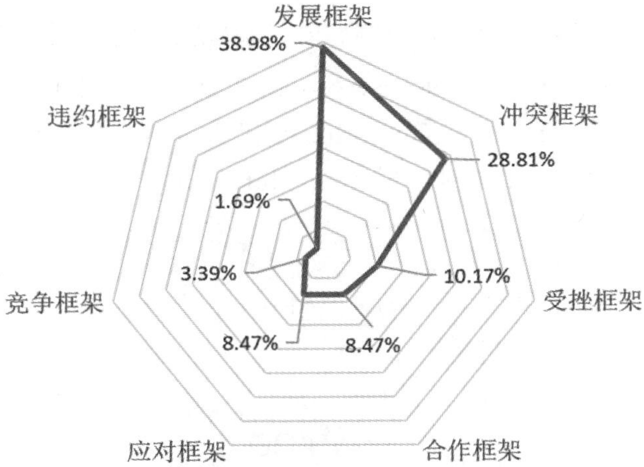

图 5-6　“产业市场动态”的事件子框架占比

① India-China bilateral trade: deflating the five most common myths [N/OL]. The economic times, 2018-04-29 [2024-12-03]. https://gtyiqteemqj8w4qeejyzee77tejqe7ss9elk9-s-a2097. bj. tsgdht. cn/redir/default. aspx? P = sa&an = ECTIM00020180428ee4t00027&drn = drn%3aarchive. newsarticle. ECTIM00020180428ee4t00027&cat=a&ep=ASE.

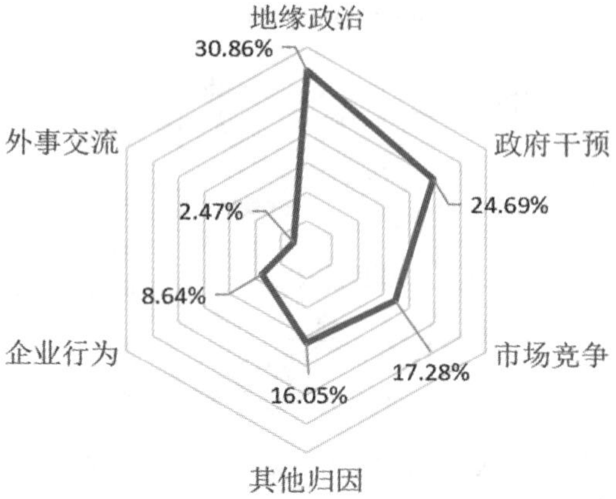

图 5-7 “产业市场动态”的归因子框架占比

第四，关注中国对外贸易，并借助影响框架夸大“去中国化”趋势和印度的发展机遇。印度对华贸易逆差使得印度一方面高度关注中国的贸易动态；另一方面借助反倾销、反补贴、贸易壁垒、吸引投资等手段，多力并举地实现对华部分脱钩。《经济时报》作为印度的主流媒体，亦高度关注中国的国际贸易，“国际贸易往来”是《经济时报》涉华经济报道的第二大议题（332 篇，37.14%）。对该议题报道标题文本的语义网络分析显示（如图 5-8），《经济时报》在关注各类商品进出口状况的同时（import、export 、goods、cotton、sugar），还尤其关注关税（duty）、反倾销（anti-dumpling）等政策（probe）以及中美贸易战（U. S.-China、trade、war）对中国贸易的消极影响（cut、hit、ban）。

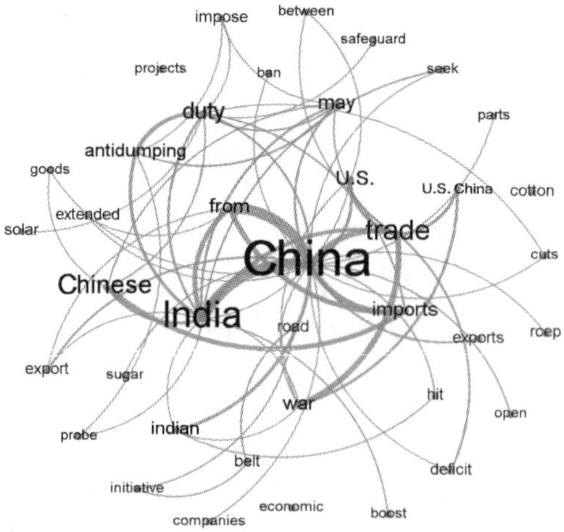

图 5-8 “国际贸易往来”标题文本的语义网络图

而对该议题报道框架的分析显示，“利益受损”和“东道国获益”是《经济时报》该议题报道使用最多的两类影响子框架（如图 5-9），说明《经济时报》一方面强调印度对华贸易打压和中美贸易战给中国经济带来的打击；另一方面强调相关环境和政策给印度带来的发展机遇，进而在两相对比之下，夸大全球产业链“去中国化”的趋势，渲染印度“对华取代”的前景。比如：2018 年 8 月 29 日报道称，在全球最大的两个经济体的贸易战中，印度可以占领美国出口所空出的中国大宗商品市场①；2019 年 9 月 23 日的报道称“美国公司会发现印度比中国更有吸引力”②；2020 年 5 月 27 日的报道称中美冲突的升级有助于提升印度珠宝市场的贸易额度③；2020 年 6 月 23 日的报道强调惠普将部分产能从

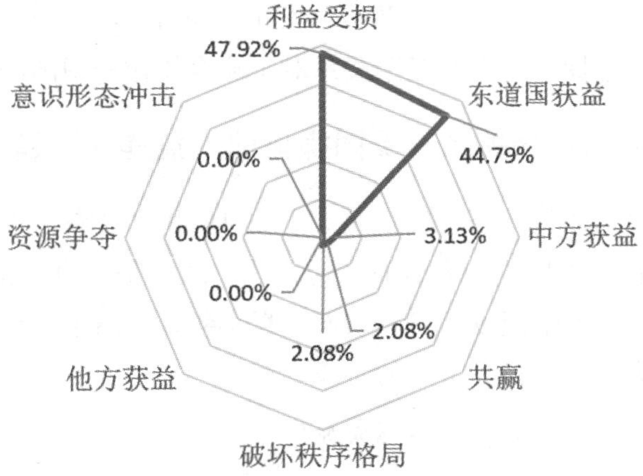

图 5-9 “国际贸易往来”影响子框架占比

① India can replace US exports to China amid trade war, finds study [N/OL]. The economic times, 2018-08-29 [2024-12-03]. https://gtyiqteemqj8w4qeejyzee77tejqe7ss9elk9-s-a2097. bj. tsgdht. cn/redir/default. aspx? P=sa&an=ECTIM00020180828ee8t0002n&drn=drn%3aarchive. newsarticle. ECTIM00020180828ee8t0002n&cat=a&ep=ASE.

② US companies will find India more attractive than China, Says FM [N/OL]. The economic times, 2019-09-23 [2024-12-03]. https://gtyiqteemqj8w4qeejyzee77tejqe7ss9elk9-s-a2097. bj. tsgdht. cn/redir/default. aspx? P=sa&an=ECTMUM0020190923ef9n0000c&drn=drn%3aarchive. newsarticle. ECTMUM0020190923ef9n0000c&cat=a&ep=ASE.

③ Gold prices today jump as sino-US hostilities escalate [N/OL]. The economic times, 2020-05-27 [2024-12-03]. https://gtyiqteemqj8w4qeejyzee77tejqe7ss9elk9-s-a2097. bj. tsgdht. cn/redir/default. aspx? P=sa&an=ECTIM00020200526eg5r0000d&drn=drn% 3aarchive. newsarticle. ECTIM00020200526eg5r0000d&cat=a&ep=ASE.

中国转移至印度①；2020 年 9 月 5 日的报道称一些服装公司将其生产基地从中国转移到了印度②。

第四节 竞合并存型关系与英、日、墨的“复杂性”建构

竞合并存型关系是介于竞争和合作之间的关系状态，是国际关系中最主要的关系状态，但也是最具变化性的关系，是一种动态平衡的状态。处于竞合并存型关系的两个国家，存在一定范围的利益冲突，但亦存在一定范围的共同利益，当冲突和分歧的范围和程度变小、共同利益的范围变大时，两国关系就会往合作的方向推移；反之，则有可能往竞争乃至冲突的方向推移。下面，我们将以英国、日本和墨西哥为例，探讨竞合并存型关系对主流媒体建构中国经济形象的影响。

一、“曲折”的伙伴关系与英国媒体的“摇摆式”建构

中英两国有着悠久且频繁的交往关系。自 19 世纪以来，两国关系经历了从陌生到了解、从敌对到友好、从不平等到平等、从竞争到合作的整体上升曲线。1998 年，中英建立全面伙伴关系③。然而，近十年来，由于国际国内多重因素的影响，两国关系进入“曲折”发展的阶段。

（一）“曲折”的中英关系及其形成原因

进入 21 世纪，中英关系向好发展，并取得了令人瞩目的成就。2015 年 10 月，习近平主席对英国进行国事访问，双方同意将双边关系从“全面战略伙伴关系”提升为“面向 21 世纪全球全面战略伙伴关系”，致力于建构中英关系的“黄金时代”。2016 年特蕾莎 • 梅接任英国首相，仍延续卡梅伦的对华政策。

---

① HP may shift some China manufacturing job to India [N/OL]. The economic times, 2020-06-23 [2024-12-03]. https://gtyiqteemqj8w4qeejyzee77tejqe7ss9elk9-s-a2097. bj. tsgdht. cn/redir/default. aspx? P = sa&an = ECTBAN0020200623eg6n0000d&drn = drn% 3aarchive. newsarticle. ECTBAN0020200623eg6n0000d&cat=a&ep=ASE.

② Garment companies shift base from China to India [N/OL]. The economic times, 2020-09-05 [2024-12-03]. https://gtyiqteemqj8w4qeejyzee77tejqe7ss9elk9-s-a2097. bj. tsgdht. cn/redir/default. aspx? P = sa&an = ECTIM00020200904eg9500014&drn = drn% 3aarchive. newsarticle. ECTIM00020200904eg9500014&cat=a&ep=ASE.

③ 门洪华，于永群. 曲折演进的中英全球全面战略伙伴关系 [J]. 中国浦东干部学院学报，2023，17 (3)：119-131.

2017年中共十九大闭幕后，特蕾莎·梅致贺信表示，期待将中英“面向21世纪全球全面战略伙伴关系”推向新的更高水平。同年11月特蕾莎·梅在伦敦金融城发表外交政策演讲，强调“英中可携手塑造世界格局”。2018年2月，特蕾莎·梅对中国进行正式访问，习近平主席在会见特蕾莎·梅时强调，中英双方应顺应时代潮流，结合两国各自发展阶段和合作需求，赋予中英关系新的时代内涵，共同打造“黄金时代”增强版①。

然而在英国脱欧陷入僵局，以及特朗普政府发起对华贸易战并不断给英国政府施压等内外部因素的影响下，有关中英合作议程的讨论和重大项目的实施均有所放缓甚至搁置；英国内部在关于中国崛起的认知上也出现了一定的分化和变化，英国政府对华政策的两面性增强。

第一，脱欧僵局下，英国国内政治斗争不断激化，长远经济利益让位于短期政治利益，英国对华政策的务实派遭遇压制。2013年以来，脱欧可谓英国政治的头等大事。面对欧债危机、移民和边境控制等因素带来的英国社会问题，英国民众对欧盟产生了强烈抵触情绪。2013年1月，英国时任首相卡梅伦为增加竞选胜算，发表脱欧公投演说，承诺如果保守党在下一届大选中获胜，将就英国是否继续留在欧盟举行全民公投。2016年6月，英国举行脱欧公投，将近52%的选民支持脱欧，投票结果超出政府控制，卡梅伦被迫辞职。此后，尽管接连两任首相特蕾莎·梅和鲍里斯·约翰逊均与欧盟达成了脱欧协议，但协议都未能获得英国议会批准，脱欧一度陷入僵局②。这一僵局直到2019年方得以突破。2019年7月，时任首相约翰逊以强势作风辞退17位内阁大臣，重组以硬脱欧派为主的新内阁，并于9月开除21名投反对票的保守党议员党籍，之后，约翰逊的脱欧协议终于获得下议院、上议院的投票通过。

英国脱欧进程之所以一度陷入僵局，很大程度上是源自英国政坛内部的分歧和政治斗争的激化。首先，各政党在脱欧议题上斗争激烈，出现了速脱欧、留欧以及骑墙派等多种声音③；其次，即使是在作为执政党的保守党内部，亦存在派别间的分歧，出现了以特蕾莎·梅为代表的软脱欧派和以鲍里斯·约翰逊为代表

---

① 张颖. 首脑外交与中英关系的“黄金时代”[J]. 现代国际关系，2018（3）：49-55.

② 李靖堃. “脱欧”、身份政治与英国政党政治格局的未来走向[J]. 当代世界，2020（2）：48-54.

③ 苗瑞丹. “脱欧时代”英国政党政治的演变趋势、深层动因与现实挑战[J]. 当代世界与社会主义，2020（4）：124-130.

的硬脱欧派，两派在很长时间内都未达成党内共识；最后，保守党因为并未获得议会半数以上席位，致使其需要与北爱尔兰民主统一党一起组建联合政府，而北爱尔兰民主统一党强烈反对关于北爱尔兰和爱尔兰的边界安排，增加了脱欧协议的通过难度。在整个脱欧进程中，执政党为争夺选举利益草率地运用全民公投作为重大决策手段，其协议既没有着眼国家长远利益和民众整体利益，也未能整合多元化、碎片化的利益诉求；在野党为反对而反对，却欠缺提出替代方案的政治智慧①。激烈的政治斗争加剧了英国国内政治的两极分化和社会分裂，执政党更加关注其选举利益和政治利益，甚至为此放弃国家的长远利益和国际义务，对华政策务实派的声音逐渐被压制，主张政治优先的强硬派逐渐占据上风②。

第二，在对欧关系受到削弱的情况下，英国对英美特殊关系的路径依赖有所加强，在对华政策上呈现出屈从美国压力的倾向。21 世纪以来，中英经贸合作成果丰硕。2015 年 3 月，英国不顾美国的反对，申请加入亚洲基础设施投资银行，成为西方大国中第一个申请加入的国家，随后又成为亚洲基础设施投资银行除中国之外的第一个注资国。2017 年、2018 年英国连续两年成为中国对欧投资的第一大目的国。除此之外，英国还是第一个发行人民币主权债券的西方国家，第一个成立中国在亚洲以外的人民币清算中心的发达国家，发布了欧洲第一支人民币市场基金。

但是在中美博弈背景下，美国对英国不断施压，甚至以“中断与英国的情报合作”“终止与英国的合作协议”等为威胁，要求英国跟随美国的对华政策。在英美贸易协定的谈判中，美国也要求设置“毒丸”条款，声称如果英国与中国等“非市场经济国家”建立自贸区、开展深度经贸合作，美国有权终止协议。而在脱欧后，美国将会是英国的第一大贸易伙伴、第一大投资国，巩固并发展英美经贸关系是英国政府工作的重中之重；且在脱欧进程久拖不决、英欧经贸谈判迟迟无法完成的情形下，约翰逊政府迫切需要与美国这一欧盟外的最大贸易伙伴达成贸易协定，为其强硬的脱欧政策赢得合法性支持。英国对英美特殊关系的路径依赖因此有所加强，英国政府的对华政策也因此日益呈现出屈从美国压力的倾向。

在经贸领域，英国改变长期标榜的经济自由主义维护者的形象，在贸易自由

① 吴韵曦. “脱欧”博弈背景下英国政党政治的演变逻辑和现实困境［J］. 当代世界与社会主义，2019 (4)：113-118.

② 王展鹏. 百年大变局下英国对华政策的演变［J］. 欧洲研究，2020，38 (6)：32-50.

和公平的争论中，强调需要优先解决贸易公平问题，以“对等”为名要求中国全方位接受西方的规则、规范，不考虑中国仍是发展中国家的现实，要求中国短期内全方位开放市场。中国广核参与投资建设的欣克利角核电项目，是中国在欧洲的最大单笔投资项目，也是中国在欧洲参与建设的第一个核电项目，其协议是2015年10月在中英两国领导人的见证下签署完成的，却也因英国启动投资审查立法面临业务限制。华为参与英国5G建设的计划，也在英国炒作安全威胁的声音中最终遭到禁止①。

第三，即使中英关系面临不确定性与波折，但中国无论在市场还是在资本方面仍然对奉行实用主义原则的英国具有巨大的吸引力。英国前首相约翰逊在就英国政府发布的《安全、国防、发展和外交政策综合评估报告》发表讲话时称，尽管中国对“开放社会构成了巨大挑战”，但毕竟中国是世界第二大经济体，而且“英国和中国有着价值约810亿英镑的贸易联系”“英国必须擦亮双眼接受这一事实”，在符合价值观与利益的条件下仍将与中国展开合作。中英两国在多个领域存在合作需求和互补优势，扩大中英经贸关系仍符合英国自身利益，因此中英两国的经贸合作仍然保持韧性、持续深化。2020年中英双边贸易总额突破900亿美元，达到923.7亿美元，同比增长7%；2021年中国成为英国的第三大对外贸易国和第一大进口国；2022年中英双向贸易首次超过1万亿人民币，中国成为英国第二大贸易伙伴，仅次于美国。

因此，尽管在内外部因素的作用下中英关系黄金时代的发展面临挑战，英国的对华认知在竞争与合作间摇摆，但两国间的贸易往来和投资合作仍一直保持着稳定增长，两国之间的交流也一直在继续，并就全球治理、气候变化、反恐等领域的合作达成了多项共识。

（二）英国媒体的“摇摆式”建构

中英关系在竞争合作间的动态变化深刻地影响并呈现于英国主流媒体的涉华经济报道中。通过对《金融时报》涉华经济报道的分析可以发现，《金融时报》建构中国经济形象时所采取的议题、框架、话语等策略均随着其对华认知的变化而呈现出明显的历时性、阶段性特征。

第一，从“旁观”到“参与”：华为议题中的立场转变。作为世界通信领域的有力竞争者，华为一直积极寻求与英国企业的合作。但在对华政策的影响下，

① 王展鹏. 百年大变局下英国对华政策的演变［J］. 欧洲研究，2020，38（6）：32-50.

英国政府对华为的态度却出现了多次转变，这一转变亦清晰体现在《金融时报》的相关报道中。从 2018 年 3 月至 2020 年 11 月，《金融时报》涉华经济报道中共有关于华为的报道 57 篇，相关报道的主导框架从 2018 年的事件框架，转变到 2019 年的事件与归因并重，再到 2020 年的事件框架（如图 5-10），对待华为事件的立场经历了从“这是他人的事”，到“这事事出有因”，再到“这是跟我有关的事”的转变。

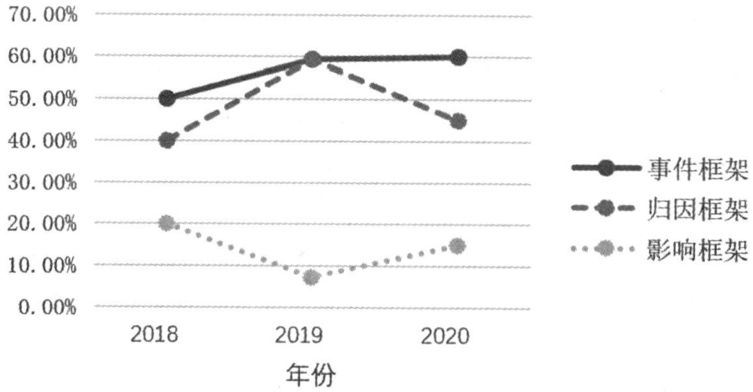

图 5-10 “华为”议题中的报道框架的时间走势图

具体来说，2018 年的报道倾向关注美国政府对华为的打压行为以及华为的反抗行动，在美国制裁华为事件中呈现出“旁观者”的立场，比如：2018 年 6 月 5 日的报道关注华为争取澳大利亚市场的努力①；2018 年 12 月 10 日报道的关注美国政府的出口禁令以及孟晚舟被捕事件②。

2019 年的报道在持续关注双方行动的同时，利用归因框架突出了美国所强调的安全风险，一定程度上反映了英国的担忧和犹豫，比如：2019 年 2 月 6 日的报道称来自美国的政治压力和对中国设备安全性的担忧动摇了华为与欧洲电信业

① Huawei asks Australia not to ban it over security concerns [N/OL]. Financial times, 2018-06-05 [2024-12-03]. https://gtyiqteemqj8w4qeejyzee77tejqe7ss9elk9-s-a2097.bj.tsgdht.cn/redir/default.aspx? P = sa&an = FTFT000020180605ee65000cj&drn = drn% 3aarchive.newsarticle.FTFT000020180605ee65000cj&cat=a&ep=ASE.

② US export ban threatens Huawei's 5G ambitions [N/OL]. Financial times, 2018-12-10 [2024-12-03]. https://gtyiqteemqj8w4qeejyzee77tejqe7ss9elk9-s-a2097.bj.tsgdht.cn/redir/default.aspx? P=sa&an=FTFT000020181210eeca0009e&drn=drn% 3aarchive.newsarticle.FTFT000020181210eeca0009e&cat=a&ep=ASE.

的关系①。

2020 年的报道除了关注美国对华为的行动外，还涉及英国对华为采取的行动，英国由此从早期华为事件的“旁观者”转变为“参与者”。比如：2020 年 7 月 14 日的报道用“从‘黄金时代’到‘冰点’”（from golden era to the deep freeze）的比喻形容华为在英国 5G 计划中的地位②；2020 年 11 月 30 日的报道指出，英国宣布将从 2021 年 9 月禁止在 5G 电信网络中安装新的华为设备③。

上述从“旁观者”到“参与者”的立场变化，在华为议题相关报道标题的高频词变化中亦有清晰呈现。通过对《金融时报》华为议题报道标题中高频名词的历时性比较可以发现（如表 5-1）：2018 年的高频名词中并未直接出现“英国”这一主体，但 2019 年和 2020 年却陆续出现了“UK”“Britain”，说明媒体逐渐倾向从英国国家视角和立场出发来解读华为事件。英国媒体逐渐“强烈”的态度为英国政府随后采取的对华措施营造了一定的舆论基础。

表 5-1　2018—2020 年“华为”议题报道标题 top10 高频名词对比表

	2018 年	2019 年	2020 年
位次	词元	词元	词元
1	Huawei	Huawei	Huawei
2	U. S.	China	U. S.
3	China	U. S.	Chinese
4	supplier	security	telecom

① Telecoms loath to break ranks with Huawei [N/OL]. Financial times，2019-02-06 [2024-12-03]. https://gtyiqteemqj8w4qeejyzee77tejqe7ss9elk9-s-a2097. bj. tsgdht. cn/redir/default. aspx? P=sa&an=FTFT000020190206ef260005a&drn=drn%3aarchive. newsarticle. FTFT000020190206ef260005a&cat=a&ep=ASE.

② From a ‘golden era’ to the deep freeze. The decision on Huawei’s role in the country’s 5G plans could mark a new low [N/OL]. Financial times，2020-07-14 [2024-12-03]. https://gtyiqteemqj8w4qeejyzee77tejqe7ss9elk9-s-a2097. bj. tsgdht. cn/redir/default. aspx? P=sa&an=FTFT000020200714eg7e0004q&drn=drn%3aarchive. newsarticle. FTFT000020200714eg7e0004q&cat=a&ep=ASE.

③ Huawei faces installation ban from September [N/OL]. Financial times，2020-11-30 [2024-12-03]. https://gtyiqteemqj8w4qeejyzee77tejqe7ss9elk9-s-a2097. bj. tsgdht. cn/redir/default. aspx? P=sa&an=FTFT000020201130egbu0004x&drn=drn%3aarchive. newsarticle. FTFT000020201130egbu0004x&cat=a&ep=ASE.

续表

	2018 年	2019 年	2020 年
5	ban	trade	ban
6	Chinese	ban	China
7	daughter	Beijing	decision
8	founder	company	role
9	group	boss	UK
10	market	UK	Britain

第二，从“经济利益”到“意识形态”：涉港报道上的政治化转向。中国香港与英国伦敦、美国纽约并称为世界三大金融中心①，受到全球金融界的关注；与此同时，香港曾在较长的时间内受英国的殖民统治，1997 年香港回归祖国以来，英国仍然以履行所谓“道德责任”为由通过一系列手段干涉香港事务，香港由此成为《金融时报》涉华经济报道的重要关注对象。数据显示，2018 年 3 月至 2020 年 11 月期间，《金融时报》涉华经济报道共有涉港报道 92 篇。通过对三年涉港报道标题高频词的历时比较可以发现（如表 5-2），其报道的关注点呈现出从“经济利益”向“意识形态”转变的显著特点。

表 5-2　2018—2020 年“香港”议题报道标题 top10 高频名词对比表

	2018 年	2019 年	2020 年
位次	词元	词元	词元
1	Hong Kong	Hong Kong	Hong Kong
2	China	China	China
3	IPO	protest	Beijing
4	share	mainland	billion
5	listing	Beijing	law
6	Chinese	ban	security
7	status	bank	U. S.
8	stock	IPO	listing
9	tech	London	tension
10	U. S.	watchdog	group

① 2023 年有报告称新加坡超过中国香港成为第三大金融中心。

2018 年的高频词主要是与科技股上市等经济事件有关的金融词汇（IPO、stock、tech），相关报道主要关注作为世界金融中心的香港的金融市场动态。比如，2018 年 4 月 28 日的报道关注平安好医生等中国医疗科技公司即将在香港上市的计划，以及香港证券交易所为吸引价值超过 10 亿美元的科技公司上市而发布的新的上市规则①。

2019 年的高频词则被“protest（抗议）”“Beijing（北京）”“London（伦敦）”“watchdog（监察者）”等政治性词汇取代，相关报道主要围绕香港“修例风波”展开，强调香港的政治性风险。这一报道倾向与英国政府以“监督《中英联合声明》实施”为借口加大对香港事务介入力度的行为相一致。比如，2019 年 7 月 6 日的报道强调香港抗议活动引发中英外交争端②；2019 年 8 月 14 日的报道强调政治危机席卷香港股市，香港恒生指数 8 月份下跌 9%，声称“香港股市的涨幅因警察和抗议者之间的冲突升级而付诸东流”③；2019 年 9 月 14 日的报道称香港与伦敦和纽约竞争，希望吸引计划上市或筹集资金的全球公司，但紧张的政治关系削弱了香港的竞争力④。

2020 年的高频词增加了“law（法律）”“security（安全）”“tension（紧张气氛）”等，体现了英国媒体从意识形态层面解读香港事件的立场倾向。比如，2020 年 5 月 30 日的报道称，如果中国不撤销有关香港安全法的计划，英国将为

① Hong Kong kicks off round of tech listings with ＄1. 1bn ping a good doctor IPO [N/OL]. Financial times，2018-04-28 [2024-12-03]. https://gtyiqteemqj8w4qeejyzee77tejqe7ss9elk9-s-a2097. bj. tsgdht. cn/redir/default. aspx? P=sa&an=FTFT000020180428ee4s000h4&drn=drn%3aarchive. newsarticle. FTFT000020180428ee4s000h4&cat=a&ep=ASE.

② UK and China trade accusations after Hong Kong protests [N/OL]. Financial times，2019-07-06 [2024-12-03]. https://gtyiqteemqj8w4qeejyzee77tejqe7ss9elk9-s-a2097. bj. tsgdht. cn/redir/default. aspx? P=sa&an=FTFT000020190706ef76000ir&drn=drn%3aarchive. newsarticle. FTFT000020190706ef76000ir&cat=a&ep=ASE.

③ This year's gains for Hong Kong's Hang Seng wiped out amid growing protests [N/OL]. Financial times，2019-08-14 [2024-12-03]. https://gtyiqteemqj8w4qeejyzee77tejqe7ss9elk9-s-a2097. bj. tsgdht. cn/redir/default. aspx? P=sa&an=FTFT000020190814ef8e000a8&drn=drn%3aarchive. newsarticle. FTFT000020190814ef8e000a8&cat=a&ep=ASE.

④ The obstacles to a London deal [N/OL]. Financial times，2019-09-14 [2024-12-03]. https://gtyiqteemqj8w4qeejyzee77tejqe7ss9elk9-s-a2097. bj. tsgdht. cn/redir/default. aspx? P=sa&an=FTFT000020190914ef9e000co&drn=drn%3aarchive. newsarticle. FTFT000020190914ef9e000co&cat=a&ep=ASE.

持有英国国民（海外）护照的 30 多万香港居民提供入籍途径①；2020 年 7 月 20 日报道指出随着中国紧张局势加剧，英国将加入盟友行列，准备暂停与香港之间的引渡条约②。

上述从关注作为“世界金融中心”的香港到强调作为“身处政治旋涡”的香港，从立足“经济利益”到渲染“意识形态”的转变，折射出英国对华政策中意识形态色彩进一步增强、屈从美国压力的倾向进一步增大的趋势。

第三，从关注“市场”到强调“安全”：话语变化背后的政策转变。通过对《金融时报》2018 年、2019 年、2020 年三年涉华经济报道标题中的高频名词进行比较可以发现（如表 5-3），“market（市场）”在 2018 年、2019 年分别位于高频词的第八和第十位，但在 2020 年却退出了前二十；与之形成鲜明对比的是，“security（安全）”一词在 2018、2019 年的高频词 Top20 表单中均未出现，但却在 2020 年跻身前二十。“安全”与“市场”这两个词汇的一进一出，也折射出英国对华政策中从强调“基于经济利益的合作”到突出“基于政治和意识形态的威胁”的转变。

表 5-3　2018—2020 年全部报道样本标题 Top20 高频名词对比表

	2018 年	2019 年	2020 年
位次	词元	词元	词元
1	China	China	China
2	U. S.	U. S.	U. S.
3	trade	trade	Beijing
4	Beijing	Beijing	Chinese
5	Chinese	tech	Hong Kong

① China vows fresh measures for US attack on HK security law [N/OL]. Financial times, 2020-05-30 [2024-12-03]. https://gtyiqteemqj8w4qeejyzee77tejqe7ss9elk9-s-a2097.bj.tsgdht.cn/redir/default.aspx?P=sa&an=FTFT000020200530eg5u0008s&drn=drn%3aarchive.newsarticle.FTFT000020200530eg5u0008s&cat=a&ep=ASE.

② UK ready to suspend extradition pact with Hong Kong as China tensions rise [N/OL]. Financial times, 2020-07-20 [2024-12-03]. https://gtyiqteemqj8w4qeejyzee77tejqe7ss9elk9-s-a2097.bj.tsgdht.cn/redir/default.aspx?P=sa&an=FTFT000020200720eg7k00079&drn=drn%3aarchive.newsarticle.FTFT000020200720eg7k00079&cat=a&ep=ASE.

续表

	2018 年	2019 年	2020 年
6	tech	war	tech
7	war	Chinese	group
8	market	Hong Kong	trade
9	tariff	group	fund
10	group	year	virus
11	fund	growth	sale
12	bank	bank	business
13	investor	market	bank
14	IPO	tariff	Huawei
15	Tencent	deal	ant
16	investment	fear	Asia
17	trump	Huawei	security
18	deal	investor	IPO
19	sale	business	deal
20	fear	sale	fear

二、“政经分离”的协调关系与日本媒体的“协调型”建构

自 1972 年中日邦交正常化以来，两国之间的力量对比和互动模式都发生了巨大变化。日本政府为维护自身利益，逐渐形成“政经分离”的对华外交战略，即在对华采取防范遏制策略的同时，持续保持经济上的合作交流①。本节我们以日本为例，探讨中日关系的形成原因及其对日本主流媒体建构中国经济形象的影响。

（一）“政经分离”的协调关系及其形成原因

1972 年 9 月 29 日，中日签署发表《中华人民共和国政府和日本国政府联合声明》，正式结束两国近代以来敌对冲突、相互隔绝的关系状态；1978 年，中日缔结《中日和平友好条约》，进一步巩固了两国的友好关系；进入 21 世纪后，中日两国在政治、经济、文化等领域的交流与合作不断深化。但是，2010 年中国

① 王向阳. 日本政府对华外交“政经分离”原则研究［D］. 锦州：渤海大学，2020.

超过日本成为世界第二大经济体，对日本产生了较大的心理冲击，钓鱼岛争端也进一步加剧了两国间的紧张态势，两国关系进入战略相持阶段。到 2018 年，中日关系重回正常轨道，开启“化竞争为协调”的新时代[①]。

日本的对华关系认知和战略选择受到国际国内多重因素的影响。一方面，日本是经济强国和区域性大国，但日本在政治和军事领域又处于相对较弱的地位，这一占位特征使得日本在面临中国这一同区域崛起大国时倍感战略压力；另一方面，日本在国家安全和经济发展等方面的利益诉求，也会影响其对华关系认知。在第四章中，我们重点探讨了日本在国际格局中的空间占位如何影响其对华战略。在这里，我们将进一步探讨多元利益诉求对日本对华认知和战略的影响。

第一，日美同盟的限制与依赖。二战结束后，日本虽然先后借助“贸易立国”和“科技立国”迅速发展成为全球经济大国，但其在政治和军事上仍始终受到美国的控制与限制。自 1951 年 9 月 8 日美国与日本签订《美日安全保障条约》以来，美国便以“维护美日同盟关系、应对地区安全挑战、为日本提供军事支持”为由，在日本正式驻军，日本外交政策的自主性因此受限。与此同时，日本作为军事弱国和政治小国，也希望以强化“日美同盟”为支点，寻求美国的安全庇护，以制衡中国的影响力。《日美共同声明》曾宣称，“日美同盟是地区和平与稳定的基石”[②]。因此，日本的对华战略在很大程度上受到美国对华战略的影响。

第二，贸易风险中的协调关系。美国发动的贸易战不仅针对中国，也对当前国际经济秩序造成冲击。美国的单边主义和贸易保护主义使得日本经济也面临很大压力。为此，日本需要拓展回旋空间，增加对美交涉筹码，而改善对华关系、深化中日经贸合作无疑对美国推行的单边主义、反全球化势头具有一定抑制作用[③]。因此，日本虽然在华为等涉及技术竞争的问题上与美国步调一致，但在贸易问题上日本并没有完全追随美国，而是实施了与美国有所区别的对华协调路线，通过加强与主要贸易伙伴的沟通和交流，维持中日达成的战略互惠关系[④]，

① 门洪华. 化竞争为协调的新时代中日关系 [J]. 日本学刊，2021 (S1)：141-142.

② 日米共同声明 ：アジア太平洋及びこれを越えた地域の未来を形作る日本と米国 [EB/OL].(2014-04-25)[2024-12-03]. http://www.mofa.go.jp/mofaj/na/na1/us/page3_000756.html.

③ 王珊，孟晓旭. 安倍执政后期日本政治走势与中日关系 [J]. 现代国际关系，2019 (2)：35-41.

④ 王向阳. 日本政府对华外交“政经分离”原则研究 [D]. 锦州：渤海大学，2020.

抵御和限制美国保护主义政策的影响①。

第三，日本经济团体的呼吁与施压。随着中国经济进入持续稳定的高质量发展阶段，中国关于区域合作及经济一体化的理念和构想不仅得到东亚国家的认同，也得到国际社会的普遍认可和积极参与，日本企业界也普遍看好中国“一带一路”，要求政府改善对华关系的呼声日盛②。以日本经济团体联合会、日本商工会议所和日本农业协同组合为代表的日本经济团体，联合强大的社会与政党影响力，向日本政府施压，呼吁日本政府保持与中国的经济联系③，维持和扩大对中国的出口和投资。

（二）日本媒体的“协调型”建构

如上所述，中日两国实力对比的结构性变化导致日本对来自中国的威胁认知增强，但美国的单边主义、贸易保护主义对国际经济秩序以及日本经济的稳定发展造成很大冲击，因此，日本政府既希望借助日美同盟制衡中国在亚太地区的影响力，又希望保持与中国的经济联系以维持日本经济稳定，日本的对华政策由“对华强硬”转变为“对华协调”④。2018 年 10 月，安倍晋三访华时刻意避开了历史认知、领土争端等敏感议题，正式提出了发展中日关系的三点“意见”：“根据国际标准从竞争走向协调”“互不构成威胁”“共同发展自由公正的贸易体制”⑤。

日本“政经分离”的对华协调关系亦体现在日本主流媒体对中国经济形象的

---

① 中間選挙後の米国政治（上）渡辺靖慶応義塾大学教授——共和党、「トランプ氏の党」に、党派対立・社会分断、一段と（経済教室）［N/OL］. 日本経済新闻，2018-11-14［2024-12-06］. https://t21. nikkei. co. jp/g3/ATCD017. do? keyPdf = 2018111４NKMKE830052757%5CNKM%5C24%5C24%5C001%5C%5C3027%5CY%5C%5C2018%2F1114%2F20181114NKMKE830052757. pdf%5CPDF%5C20181114%5Cd2b8fde4&analysisIdentifer = fromSearchArt&analysisPrevActionId = CMNUF10&chgTabId = 105241206145024512ab869a103be9f0f51e20c1f9c7ae3442411219&searchId = S105241206163538512ab869a103be9f0f51e20c1f9c7ae3968725513&async=1636432745062509１4.

② 吕耀东. 从日本内政看其对华政策调整［J］. 和平与发展，2018（3）：8-13.

③ 袁方成、郭申佑. 日本经济团体如何参与公共决策［EB/OL］.（2023-11-16）［2024-12-03］. https://m. thepaper. cn/newsDetail_forward_25252787.

④ 杨鲁慧，石敏. 安倍两次执政期间对华政策的调整演变及影响［J］. 和平与发展，2019（3）：66-84.

⑤ 蔡亮. 亚太三元结构下日本的角色定位与对华政策［J］. 日本学刊，2020（3）：45-75.

建构中。《日本经济新闻》涉华经济报道一方面在意识形态和国家安全领域紧跟美国论调，渲染“中国威胁”；另一方面，在经济议题中聚焦经济热点，以市场逻辑解读经济问题，体现出务实主义的倾向。

第一，意识形态和国家安全层面，紧跟美国论调，渲染“中国威胁”。《日本经济新闻》涉华经济报道在涉及意识形态、国家安全、技术发展等领域的相关报道中，紧跟美国步伐，呈现出渲染“中国威胁论”并夹杂“中国崩溃论”的主要基调。关于这一点，我们在第四章中已详细展开，这里不再赘述。

第二，兼顾市场类归因，倾向以市场逻辑解读经济问题。与其他四国媒体相比，《日本经济新闻》涉华经济报道有一个显著的差异，即较多地使用“市场竞争”类的归因框架。如图 5-11 所示，美国、英国、印度、墨西哥四国主流媒体在使用归因框架时，均以“政府干预”“地缘政治”为主，呈现出“强调政治归因、弱化经济归因”的特征，倾向以政治逻辑解读中国经济问题；但《日本经济新闻》在重视地缘政治归因的同时，也非常强调市场类归因，“市场竞争”类归因子框架的使用比例紧随“地缘政治”，位居各类归因子框架中的第二位，说明《日本经济新闻》会较多地以市场逻辑解读中国经济问题。而这种以经济逻辑解读经济问题的倾向在《日本经济新闻》建构中国经济实力形象时尤为突出。在中国经济实力形象的“整体发展规模与速度”“生产能力”“消费能力”三个指标中，“市场竞争”均是其使用最多的归因子框架，分别占到对应指标归因框架的39.72%、30.36%和43.69%。

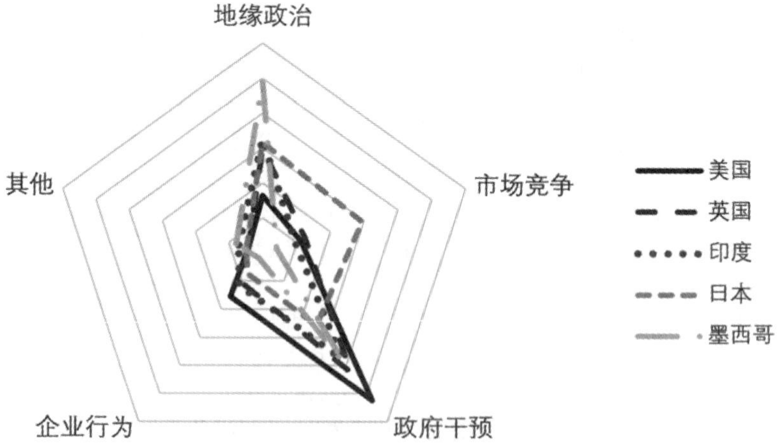

图 5-11　五国媒体涉华经济报道归因子框架对比图

第三，务实的关注焦点。一方面，日本的外向型经济发展模式使得日本对外部经济环境和经贸动态尤为敏感①；另一方面，为应对国内经济疲软，日本政府近年来陆续推出了多种宽松的货币政策以刺激经济增长。与之相应，《日本经济新闻》涉华经济报道除了关注“中美贸易战”这一显性议题外，也尤为关注“国际经贸互动”和“金融市场动态”这两大议题，体现出务实主义的特点。其中，“金融市场动态”是《日本经济新闻》涉华经济报道最为关注的议题（512 篇，44.14%），相关报道密切关注人民币汇率变化、股票市场波动、外汇市场变动的状况及其影响；“国际经贸互动”是跟随“金融市场动态”“中美贸易战”（234 篇，20.17%）之后的第三大议题（216 篇，18.62%），相关报道高度关注中国工业产品以及农产品的进出口情况以及中美贸易摩擦、中澳贸易摩擦背景下国际供求市场和价格的变化。

三、“远方的观望”与墨西哥媒体的“狭隘型”建构

自 1972 年中墨正式建交以来，中墨两国基于对彼此“第三世界国家”的身份认同，朝着伙伴关系快速发展②。2013 年，中墨两国建立了“全面战略伙伴关系”，旨在加强两国在多个领域的交流与合作。但是，尽管两国关系不断向前稳步发展，两国之间的交往范围仍然相对较小，交往形式仍然相对较少，彼此的关注度仍然相对较低，这在墨西哥主流媒体对中国经济的报道数量和篇幅上就有直接反映。如我们在第三章中显示的，《金融家报》中的涉华经济报道数量是同时段五国媒体中最少的，而且涉及中国的内容大多只是整篇报道中的“一小部分”甚至只是“只言片语”。

除此之外，受限于墨西哥作为区域性依附国的占位特征，以及墨西哥国内的政治经济环境，中墨关系也面临着新的挑战。

（一）墨西哥对华关系及其形成原因

在上一章中，我们重点讨论了墨西哥区域性依附国的空间占位及其影响，在这里，我们将补充讨论墨西哥国内政治经济环境在墨西哥对华关系认知与战略选择中的影响。

① 朱海燕. 日本经济安全保障战略及其对中国的影响 [J]. 国际问题研究，2022（3）：47-63.

② 谌园庭. 论 20 世纪 70 年代中国和墨西哥的关系：以国家身份为视角 [J]. 拉丁美洲研究，2014，36（3）：20-25.

第一，基于经济利益的贸易合作与商品竞争。贸易领域是中墨发展双边关系的重要突破口，也是中墨交往的主要领域。墨西哥是中国在拉美地区的第二大贸易伙伴，而中国也连续多年是墨西哥全球第二大贸易伙伴。至 2023 年，中墨贸易总额已经突破 1000 亿美元。但是，中墨之间相互出口的产品主要集中于电子技术产品，产品相似性很高①。相似的贸易出口结构难免会导致两国在第三方市场上的商品竞争②。在对外贸易加速发展的过程中，两国都高度关注对欧美市场尤其是美国市场的争夺。如我们在第四章中所说，墨西哥经济长期以来呈现出对美国高度依附的特征，美国是墨西哥最大的贸易伙伴和出口市场。但是自中国加入 WTO 以来，中国对美国的出口呈现出逐年增长的趋势，且在服装、汽车等多个领域取代墨西哥成为美国的第一大进口国③。如图 5-12 所示，中墨两国对美出口额在美国进口总额中的占比总体上都保持上升态势，但中国的占比更高。对美

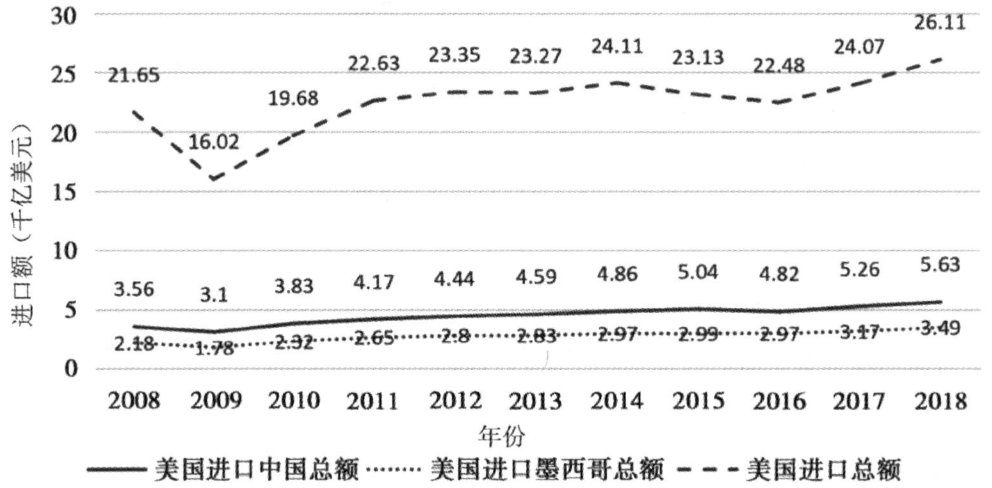

图 5-12　2008—2018 年美国进口额④

国市场依附性极高的墨西哥，由此将中国视为对美国出口的直接竞争对手。为保护自己免受中国贸易行为的影响，墨西哥对中国出口产品频繁发起反倾销调查并

① 王燕，范和生．中国与拉美太平洋联盟经贸合作［J］．国际研究参考，2021（6）：29-35.

② 吴国平．中国与墨西哥产业和贸易结构比较［J］．拉丁美洲研究，2009（5）：21.

③ 殷秀玲．中国与墨西哥加工贸易比较分析［J］．亚太经济，2011（2）：76.

④ 曾思敏，王奕婷．中国与墨西哥对美商品贸易关系及趋势分析［J］．北方经贸，2022（4）：17-23.

征收高额反倾销税。有数据显示，在遭受墨西哥发起反倾销调查前十位的国家和地区中，中国高居墨西哥反倾销案件数量的首位，频率之高、强度之大，都极为罕见①。

第二，经济利益上的渔翁得利心态。墨西哥将中国视为对美国出口的直接竞争对手，而中美博弈背景下美国对中国经济的遏制行为和“去中国化”目标，让墨西哥看到了对华替代的机遇。2019 年 1—6 月，美中货物贸易总额为 2710.4 亿美元，而美墨贸易额超过 3610 亿美元，这使墨西哥超过中国成为美国第一大贸易伙伴；2019 年，美国自中国制成品进口额同比收缩 17%，大幅减少约 900 亿美元，而自墨制成品进口额却实现了 130 亿美元的增长。2020 年 7 月以来，《美加墨协定》正式生效，其中的“原产地规则”规定，只有不低于 75%的价值增量在北美完成的进口制成品方可享受优惠关税，进一步削弱了中国在北美地区产业链中的参与度②。而墨西哥具有承接美国产业转移的天然优势和迫切需求，墨西哥与美国相邻的巨大地理优势可以帮助美国制造商节省营运资金，缩短供应链周期。由此，墨西哥在美国产业链回流以及近岸外包政策中逐渐占据优先地位③，并在中美博弈中抱有强烈的渔翁得利的经济期待。

第三，地缘政治上的对华期待。对墨西哥而言，中国是其依附对象国的强劲博弈对手。一方面，墨西哥希望能在中美博弈中坐收渔翁之利，取代中国在美国的贸易份额；另一方面，墨西哥对美国这一霸权强邻既敬畏又恐惧的复杂心理，又使得其对中国抱有地缘政治上的期待，希望能够借助中国实力制衡美国的影响。自美墨战争之后，墨西哥国内的反美主义便与亲美思想长期并存，而当时的特朗普政府强势推行的单边主义、美国优先政策，以及美国在边境问题、移民问题上的极端利己主义举措，都伤害了墨西哥的国家利益和民族情感，致使墨西哥国内反美主义思潮高涨④。墨西哥不甘心在地区事务中处于与美国不对等地位，

---

① 彭剑波，覃亦欣. 墨西哥频繁对华反倾销的深层次原因及中国的应对策略［J］. 对外经贸实务，2021（5）：47-51.

② 章婕妤，步少华. 美墨制造业产业链“近岸外包”的进展、动因和影响［J］. 拉丁美洲研究，2021，43（4）：96-114.

③ 舒晓婷. 墨西哥在美市场迎发展机遇中国“世界工厂”地位难撼动［N］.21 世纪经济报道，2023-06-06（5）.

④ 上海国际问题研究院中国 70 外交年课题组，杨洁勉. 中国外交 70 年专家谈（之三）：全球治理、军事外交、中东欧合作、中等国家关系［J］. 国际展望，2019，11（5）：1-32.

希望寻求一种平等和相互尊重的关系，墨西哥的国内精英似乎越来越期望中国在西半球能够扮演制衡美国影响力的角色①，从而帮助墨西哥走出美国霸权的阴影。

（二）墨西哥媒体的“狭隘型”建构

综上所述，地理上的遥远距离以及墨西哥的依附国特征，致使墨西哥对中国的关注相对较少。对墨西哥而言，中国最重要的两个身份可能是经贸领域的竞合者，以及依附对象国的强劲对手。在这两个领域中，墨西哥都呈现出复杂的关系认知：墨西哥既希望与中国保持良好的经贸合作，充分利用中国的市场和经济资源，又因贸易结构的相似性而呈现出对华商品竞争的倾向；既希望在中美博弈中借助美国对华遏制实现对中国的贸易取代，又希望借助中国力量实现对美国影响力的制衡。墨西哥对中国的这一关系认知，亦体现在墨西哥主流媒体对中国经济形象的建构中。墨西哥《金融家报》涉华经济报道体现了重点聚焦贸易领域的单一性视角、不参与归因的保守型立场以及高度关注利益得失的敏感性态度。

第一，只聚焦贸易领域的单一性视角。贸易是中墨间双边关系发展的突破口，也是中墨间交往的主要领域，墨西哥既期待与中国的贸易合作，又因为与中国贸易出口结构的相似性而存在商品竞争。相应地，对外贸易也是《金融家报》涉华经济报道主要关注的中国经济问题。

在经济实力形象层面（详见第三章中的图 3-131），《金融家报》最为关注的就是中国的国际投资与贸易实力，相关报道数量远高于其余五类；与之形成对比的是，美国、英国、印度、日本四国媒体最为关注的则都是中国的生产能力。

在经济政策形象层面（如图 5-13），《金融家报》也主要关注中国的对外贸易政策，对外贸易政策的报道占比高达 83.28%，而需求管理政策以及供给管理政策的报道都很少。除此之外，《金融家报》极少关注中国的经济理念形象，相关报道仅有 46 篇，占总样本量的 7.09%。由此可见，《金融家报》呈现出只聚焦贸易领域的单一性视角，而这种单一性视角也呼应了中墨交往领域相对集中、交往范围相对较少的关系特点。

第二，不参与归因讨论的保守型立场。如第三章中所述，《金融家报》649 篇

① 参考消息. 向美发出“信号”? 墨西哥外长访华寻商机 [EB/OL]. (2019-07-05) [2024-12-03]. https://baijiahao.baidu.com/s?id=1638191031805930117&wfr=spider&for=pc.

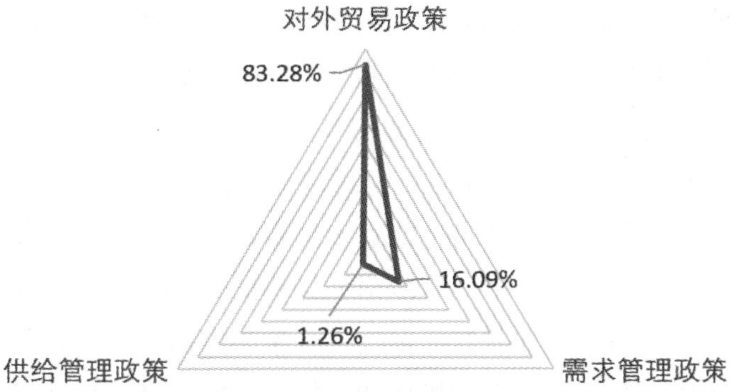

图 5-13　经济政策形象各指标的占比情况

涉华经济报道都是紧紧围绕中美贸易博弈的，对中国经济问题的讨论也主要是置于中美贸易博弈这一核心议题之下的，呈现出单一性的关注焦点。与此同时，《金融家报》在报道框架的选择上，也呈现出与其他四国的明显差异。美国、英国、日本、印度四国主流媒体的涉华经济报道均较多地采用了归因框架（归因框架占比分别为 50.16%、47.45%、26.55%、43.62%），在美国《华尔街日报》中，归因框架更是其使用最多的主导框架。而在墨西哥《金融家报》的涉华经济报道中，使用归因框架的报道却非常少，仅有 51 篇，仅占所有样本的 7.86%（如图 5-14）。这一框架使用特征也体现了墨西哥不参与国际事务的归因讨论、弱化价值判断的弱关系特征和保守型立场。

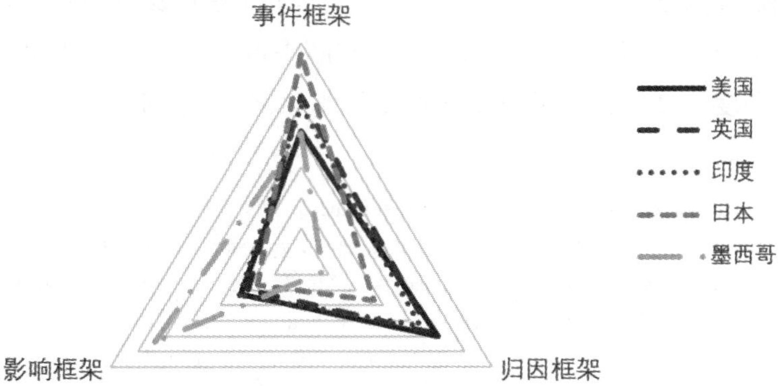

图 5-14　五国媒体涉华经济报道框架的占比情况

第三，高度关注利益得失的敏感性态度。墨西哥的对美经济依附性特征及其与中国间的贸易竞合关系，使得其极为关注中美贸易战的影响。这一点在《金融家报》涉华经济报道中表现为对“影响框架”的高频使用。如上面的图 5-14 所示，影响框架在《金融家报》涉华经济报道中占据了绝对优势地位，使用占比高达 53.62%，远超事件框架和归因框架。而进一步对各类影响子框架的分析显示（详见第三章中的图 3-128），"利益受损"是其使用最多的影响子框架，有 183 篇，占影响框架报道的 52.59%；其次是"破坏秩序格局"（77 篇，22.13%）。换句话说，《金融家报》尤其关注中美贸易战对各国经济的负面影响，以及对现有国际经济秩序和交往规则的冲击，折射出墨西哥对中美博弈下经济安全和经济利益的紧张与担忧，也呼应了墨西哥依附性经济的脆弱性和敏感性特征。

除此之外，东道国获益和共赢的影响子框架亦占据了一定比例，相关报道主要关注中美贸易战给墨西哥带来的机会和利好，一定程度上反映了墨西哥在中美贸易战中渔翁得利的心态。比如，墨西哥 2019 年 7 月的报道指出，得益于特朗普对中国的贸易政策，美国和墨西哥之间的贸易达到了 7 个月来的最高水平，墨西哥对美国的产品出口额达到了历史最高①；2019 年 11 月的报道指出墨西哥是中美贸易战的第二大获利国②；2020 年 1 月的报道称美国与中国的关税战给了墨西哥弥补非石油类出口逆差的机会，从 2016 年到 2019 年，墨西哥对美国的出口增长了 22%③。

第五节　国家经济形象建构的关系锁定模型

国家利益是国家行为的出发点，国家在追求和维护国家利益的过程中会基于对自身与其他国家之间利益关系的认知和判断采取不同的行为策略。本章以美国、英国、印度、日本、墨西哥五个国家为例，探讨国家间利益关系对各国主流

---

① Exportaciones de México a EU se benefician de las políticas de Trump [N/OL]. El financiero, 2019-07-05 [2024-12-03]. https://gtyiqteemqj8w4qeejyzee77tejqe7ss9elk9-s-a2097.bj.tsgdht.cn/redir/default.aspx?P=sa&an=NAFTES0020190706ef750000o&drn=drn%3aarchive.newsarticle.NAFTES0020190706ef750000o&cat=a&ep=ASE.

② México, el 2do país que más aprovechó la guerra comercial EU-China [N/OL]. El financiero, 2019-11-05 [2024-12-03]. https://gtyiqteemqj8w4qeejyzee77tejqe7ss9elk9-s-a2097.bj.tsgdht.cn/redir/default.aspx?P=sa&an=ELFINA0020191106efb5000gu&drn=drn%3aarchive.newsarticle.ELFINA0020191106efb5000gu&cat=a&ep=ASE.

③ México, el 'aprovechado' de la guerra comercial entre EU y China [N/OL]. El financiero, 2020-01-28 [2024-12-03]. https://gtyiqteemqj8w4qeejyzee77tejqe7ss9elk9-s-a2097.bj.tsgdht.cn/redir/default.aspx?P=sa&an=ELFINA0020200129eg1s00004&drn=drn%3aarchive.newsarticle.ELFINA0020200129eg1s00004&cat=a&ep=ASE.

媒体建构中国经济形象的影响，提出并初步检验了国家经济形象建构的关系锁定模型（如图 5-15）。

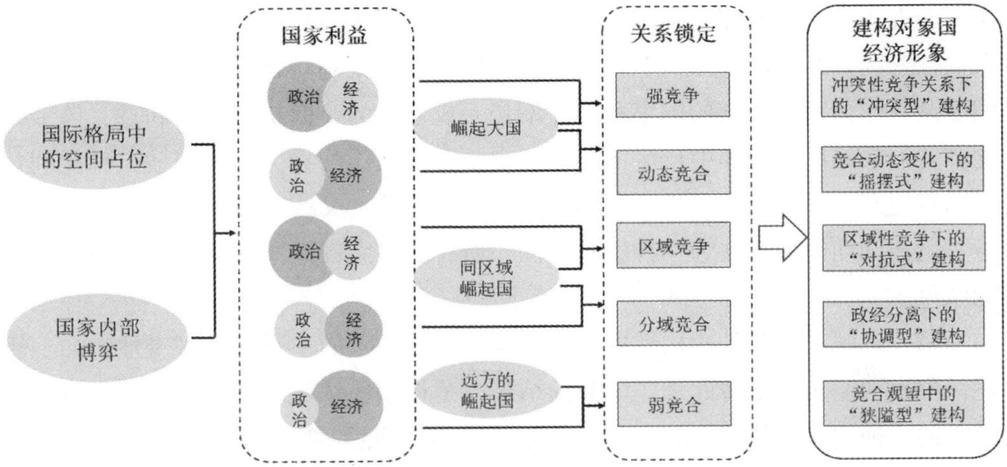

图 5-15　国家经济形象建构的关系锁定模型

国家经济形象建构的关系锁定模型在前一章空间占位模型的基础上，引入自由主义和建构主义的视角，强调国家间利益关系对国家间互动模式的影响，从而弥补了空间占位模型中现实主义视角的局限与不足。具体来说，该模型强调了以下几个观点：

第一，国家利益是被建构的，是国际国内多重互动的结果。虽然威斯特伐利亚会议之后国家利益被确定为国际关系中的第一准绳，但到底何为国家利益，却仍是一个值得讨论的话题。现实主义者强调安全是最核心的国家利益，马克思主义者强调发展是重要的国家利益，自由主义和建构主义则坚持国家利益不是一成不变的唯一的利益，而是多元化利益诉求在多重互动中博弈的结果。

我们前一章的空间占位模型呼应现实主义的观点，探讨了处于国际格局中不同空间占位的国家会如何追求能确保国家安全的相对权力。但是除了这种宏观层面的观察外，我们还不得不正视一些更为具体的细节，比如：大选中彼此竞争的两个国内政党可能会宣扬两种截然不同的政策主张，却都高呼是为了国家利益；大型跨国公司可能会坚决抵制政府的某项决策，质疑政策有损国家利益，而政府却反过来规劝跨国资本要以国家整体利益为重；2024 年美国大选中，当拜登在发表将如何维护美国利益的演说的同时，《纽约时报》却同步刊发社论，呼吁拜登总统为了国家利益退选。这些讽刺性的矛盾向我们揭示了一个真相：不同的利益团体基于不同的私人利益会对国家利益赋予不同的内涵，国家利益很多时候甚至会成为维护私人利益的借口和挡箭牌。

为了能更好地回应这些鲜活的细节问题，在本章中我们基于自由主义和建构主义的视角和相关研究，强调国家利益是多元化利益博弈的结果。一方面，我们承认国家利益是一个整体概念，国家具有统一的国家利益目标；但另一方面，我们强调，作为整体概念的国家利益并不是一成不变的，而是在多元利益主体多元化利益诉求的反复博弈中产生的。哪些利益会被强化凸显为国家利益，哪些利益会向其他利益妥协、让步进而退出国家利益的范畴，又或者哪些利益会和其他利益一起在互动中被发展为一种新的内涵？所有的答案都是激烈斗争或者讨价还价的结果。

第二，国家利益的建构性决定了国家间利益关系的主观性和可变性。如上所述，国家利益实则是多元利益博弈的结果，是将某些领域的某种利益视为更重要利益的一种优先级排序，这种结果和排序可能会随博弈进程和情境的变化而变化。比如，大多数国家都会认为领土完整是国家利益，但是在一些特殊的情境下，同意将周边领土分割出去的行为也可能被认为是符合国家利益的，苏联的解体或者捷克斯洛伐克的解散就是典型的例子①。又比如，在一些国家中，经济利益会优先于政治利益，而在某些时刻，国家的发展可能会因为政治利益而遭遇一定程度的牺牲。

当一国自身的利益观发生变化时，它对自身利益与他国利益之间的关系的认知和判断也会随之发生变化。当一个国家将发展视为首要国家利益时，就会倾向将能促进其经济发展的国家视为合作者，而愿意搁置意识形态乃至政治权力上的冲突；而当一个国家将安全视为首要国家利益时，就会将双方的地缘政治关系和军事实力差距作为评判双方关系的重要标准。正因为如此，一个强大的国家可能会被视为合作者，也可能会被视为竞争者；可能会在一个阶段被视为合作者，而在另一个阶段被视为竞争者，这在很大程度上取决于双方间的相互认知②。

第三，鉴于上述两点，我们提出“关系锁定”概念，强调影响国家行为的是国家在某一时期对自身利益与他国利益之间关系的认知、判断和确认，即国家对国家利益间的关系锁定。国家利益是在博弈中被建构的，国家间的利益关系也是

---

① 温特. 国际政治的社会理论［M］. 秦亚青，译. 上海：上海人民出版社，2014：229-230.

② 匡文波，任天浩. 国家形象分析的理论模型研究：基于文化、利益、媒体三重透镜偏曲下的影像投射［J］. 国际新闻界，2013，35（2）：92-101.

错综复杂的，不同领域存在不同的利益关系，即使是同一领域的关系，也会因国家的空间占位以及利益观的变化而发生变化。而对不同领域的关系性质的界定，以及将哪个领域的利益关系置于首要地位，都是博弈的结果，是一种基于认知和判断的主观选择。

因此，关系锁定意味着两个层面的锁定：一是，在某一个特定的时期，一个国家会基于博弈结果，将某种类型的利益锁定为处于优先地位的利益，纳入国家利益的范畴，从而在该时期内，更加关注其他各国与本国在该类型利益中的关系，即锁定利益关系的利益类型；二是，某一个特定的时期，一个国家会将自身与另一国之间的某种性质的关系视为主要关系，进而锁定利益关系的关系性质。关系锁定是产生于博弈的一种国内共识，国家会基于对利益关系类型和性质的国内共识即关系锁定的状态，产生不同的国家行为。从这个意义上说，一国主流媒体对他国经济形象的建构作为反映国家意志的行为，会受到该国对国家间利益关系锁定的影响。

与此同时，关系锁定是一个兼具相对稳定性和持续变动性的状态。在某一时刻或者稍长的一段时期内，一个国家会将他国与自身在某个领域的某种性质的关系锁定为主要利益关系，并依此做出行为选择；但如前面反复强调的，因为国家利益的建构性和利益关系的主观性，关系锁定的状态也会在博弈中因为认知的变化而变化。博弈的持续性，决定了关系锁定的变动性。当关系锁定的状态发生变化，主流媒体对他国经济形象的建构，也会发生变化。

对美国、英国、日本、印度、墨西哥五国主流媒体涉华经济报道的分析初步检验了上述模型。美国国内激烈的政治极化氛围，使得其政党将对华强硬作为政治博弈的筹码；美国去工业化所带来的经济和社会危机，使得其政府急需寻找一个转移矛盾的替罪羊，由此，美国国内政治经济领域的利益诉求与美国维护霸权国地位的空间占位目标相互强化，最终促使美国政府将对华关系锁定为冲突性竞争。在这一关系锁定状态下，美国主流媒体在建构中国经济形象时呈现出“冲突型”建构的特点。《华尔街日报》借助竞争类议题和“冲突型”事件框架，渲染中美冲突氛围，煽动对华不满情绪；高度关注中国制造业，借助“发展”与“受挫”并重的框架，凸显中国制造业给美国带来的威胁，以期转移国内矛盾并为美国再工业化战略争取舆论支持。

印度的对华关系锁定同样是在国内政治经济领域多元利益的互动中产生的。政治上，面对印度教民族主义强势复兴的背景，印度人民党倾向借助对华强硬策略、在中印边界问题中采取冒险主义的进攻型立场，来塑造“国家利益捍卫者”的执政党形象；经济上，印度对华贸易的巨额逆差、印度制造业升级中的对华替代目标，都使得印度将中国视为主要的竞争者；而印度崛起国的占位目标，使得其萌生出在美国“拉印遏华”战略中凸显地缘价值、积聚博弈资本的野心。竞争为主型的关系锁定，使得印度主流媒体在建构中国经济形象时呈现出“对抗式”建构特点。《经济时报》通过强调中印边界问题的紧张性、泛化中印安全冲突、凸显印度政府强硬的对华措施，强化印度政党的“国家利益捍卫者”形象；高度关注中国制造业，并借助政治归因从意识形态层面削弱中国制造业的影响力；高度关注中国对外贸易，并借助影响框架夸大“去中国化”趋势和印度的发展机遇。

日本作为经济强国、区域性大国和政治小国、军事弱国的空间占位特征，使得其在面对中国崛起时产生了较大的战略压力，而日本对日美同盟的安全依赖，以及日美同盟对日本自主权的限制，都使得日本倾向借助日美同盟寻求安全庇护、制衡中国在亚太地区的影响力。但是美国单边主义和贸易保护主义给日本经济带来的冲击和风险，以及中国经济的影响力，又使得日本希望保持与中国的经济联系以维持日本的经济稳定，日本逐渐形成从对华强硬到对华协调的关系认知。政经分离的协调性关系的锁定，使得日本主流媒体在建构中国经济形象时亦体现出“协调型”建构特点。《日本经济新闻》一方面在意识形态和国家安全等领域跟随美国论点，渲染“中国威胁”；另一方面聚焦经济热点、以市场逻辑解读经济问题，体现出了经济务实主义的倾向。

对墨西哥而言，中国主要在两个领域与其产生关系：一方面，中国是其依附对象国的强劲博弈对手，因此它既对两国博弈抱有对华替代、渔翁得利的期待，又对中国遏制美国影响力抱有地缘政治期待；另一方面，中国还是其重要的经贸合作伙伴和商品竞争对手，因此它与中国在贸易领域处于竞合交错的状态。关系的相对单一性使得墨西哥的主流媒体在建构中国经济形象时也呈现出“狭隘型”特点。《金融家报》涉华经济报道的视线高度集中于贸易领域，几乎不参与归因判断，却极为关注对各方利益的影响，呈现出遥远关系下的“单一性”视角、“保守型”立场和依附国的“敏感性”特征。

英国的案例则生动地说明了关系锁定的可变性，以及这种变化对国家经济形象建构的影响。英国政府在脱欧僵局下以短期政治利益取代长期经济利益的倾向，以及对欧关系削弱下强化对美特殊关系路径依赖的趋势，使得习惯采用均势战略的英国近年来逐渐呈现出屈从美国的态度，对华关系的两面性和不确定性增强。受此影响，英国主流媒体在建构中国经济形象时呈现出典型的“摇摆式”特征。《金融时报》在华为议题中呈现出从旁观者到参与者的立场转变，在涉港报道上呈现出从经济叙事到意识形态叙事的政治化转向；在话语策略上呈现出从关注市场到强调安全的政策转变。

综上所述，本章呼应自由主义和建构主义有关国家利益的基本观点，强调国家间利益关系的建构性与主观性，以及国家间利益关系对国家经济形象建构的影响，进而与前一章中基于现实主义的空间占位模型形成互补。一方面，国际格局会通过影响国家利益间的关系锁定而影响国家经济形象建构；另一方面，利益关系锁定不仅仅受到国际格局的影响，而且是国内外多元化权力主体和利益诉求博弈的结果。国家间利益关系的锁定状态会影响该国主流媒体对对象国经济形象的建构；而关系锁定的状态一旦发生变化，形象建构亦会随之变化。至此，我们分别从国际体系和国家两个层次探讨了国家经济形象建构的影响因素。在下一章中，我们将进一步展开个体层次的探讨。

第六章　民族国家间的情感投射与国家经济形象建构

共同的情感经历是一个民族或国家得以形成并长期维系的心理基础。不同国家所拥有的情感状态会对国家行为产生影响。本章我们将探讨民族情感以及民族国家间的情感投射对国家经济形象国际建构的影响。

第一节　民族国家间的情感投射及其影响

一、情感投射

情感投射是一个心理学的概念，指个体倾向于把自己的情感内在体验投射到他人或物上，并以此来处理和应对自身的情感。

弗洛伊德将情感投射视为一种心理防御机制，是“自我在解决可能导致精神疾病的冲突中所采用的手段”①。这种机制通过誊写或篡改他人或物的情感体验，减轻个体自身的痛苦、焦虑和不安全感等负面体验，进而达到维护健康和自尊的目的。比如，当个体的自我受到本我、超我的压抑而感到焦虑时，他可能将这焦虑的起因推诿于别人或客观方面，以缓解自身焦虑，维护自尊②。又比如，当人们发现自己身上可能具有某种非常讨厌的特征时，出于防卫的本能，就会强迫自己不去想它，从而让自己相信“我没有那种特征”；但这种思想压制同时将引起另一后果——该特征的概念很容易在意识中出现，结果导致在解释他人模棱两可的行为时，个人便潜意识地特别容易使用这些特征的概念，从而产生投射③。

---

① IHILEVICH D，GLESER G. Defense mechanisms：their classification，correlates，and measurement with the defense mechanisms inventory [M]. Owosso：DMI Associates，1986.

② 梁秀清，黄希庭. 自我防卫机制的某些研究趋向 [J]. 心理学探新，2001 (2)：48-53.

③ LEONARD S N，KIMBERLEY J D，BAUMEISTER R F. A new look at defensive projection：thought suppression accessibility and biased person perception [J]. Journal of personality and social psychology，1997 (72)：980-1001.

由此可见，情感投射往往意味着认知偏见，即个体倾向于将自己的优势和弱点、价值观和态度等应用到他人身上。有关偶像崇拜的大量研究就发现，偶像是粉丝进行自我情感投射的镜像①，是粉丝根据自我对理想他者的想象来建构的形象和人设，是对“理想化的自己”的心理投射②。

情感投射是一个复杂的心理机制，而情感投射的类型、力度、趋向与投射主体的历史经历、文化背景以及社会经验等因素密切相关③。

首先，情感投射作为一种心理现象，其形成和发展深受历史经历及记忆的影响。历史经历及记忆是构成个体情感世界的重要组成部分，对个体如何理解、体验和表达情感有着深远的影响。举例来说，原生家庭的影响在很大程度上正是通过基于历史记忆的情感投射而产生的。童年时期经历过家庭暴力的女性，会对亲密关系产生极度的恐惧和不信任，这种深刻的记忆在她的情感世界中留下了深刻的烙印，使得她在面对亲密关系时倾向将自己的恐惧和不信任投射到对方身上，从而表现出过度的警惕、敏感和敌意，影响她与他人建立健康亲密关系的能力。

其次，文化背景是情感投射形成和发展的重要土壤。不同的文化背景塑造了个体对情感、价值观和社会关系的独特理解和表达方式。这些理解和表达方式进而影响了个体在情感投射过程中的选择和倾向。例如，在集体主义价值观占据主导地位的文化中，个体可能更倾向于将自己的情感投射到集体或团体上，以寻求集体认同和归属感；而在强调个人主义的文化中，个体可能更注重个人情感的表达和投射。

最后，社会经验是情感投射形成和发展的重要基础。个体在成长过程中，通过与他人的交往、互动和观察，逐渐形成了对他人和事物的情感态度和认知模式。这些情感态度和认知模式在情感投射过程中发挥着重要作用，影响着个体对他人情感的解读和投射。社会经验包括个体在特定社会环境中的经历和体验，如家庭环境、教育经历、工作环境等。这些体验塑造了个体的性格、价值观和行为方式，进而影响了其情感投射的方式和倾向。

---

① 彭文波，邱晓婷，刘电芝，等．偶像崇拜量表的修订及其理论模型的验证［J］．心理发展与教育，2010，26（5）：543-548.

② KIM M，KIM J. How does a celebrity make fans happy interaction between celebrities and fans in the social media context［J］. Computers in human behavior，2020（111）：106-419.

③ 赵静蓉．论情感与形式［J］．南京师大学报（社会科学版），1998（4）：88-91.

二、国际关系中的情感与情感投射

我们将“情感投射”概念引入国际关系领域，强调情感投射不仅发生在个体层面，也会发生在民族国家之间，进而成为影响国际关系和国家行为的重要因素。

国际关系研究长期以来受理性主义范式的限制而呈现出对情感要素的忽视，但无论是现实主义的权力均势、自由主义的国际合作，还是建构主义的集体身份都包含着情感要素①。1996 年，国际关系情感研究的领军人物之一乔纳森·默瑟（Jonathan Mercer）在提交给国际关系研究协会的会议论文《论国际政治中的情感现象》里，首次明确提出了国际关系中的情感问题。2000 年，克劳福特（Neta C. Crawford）在《国际安全》杂志上发表了题为《国际政治的激情：情感和情感关系的假定》一文，进一步基于进化心理学、生理心理学、认知心理学以及社会心理学的情感理论，提出了国际政治中情感现象的相关假设。之后，情感在国际关系中的作用日益受到研究者们的关注。

第一，从情感的层次上看，存在于个体、国家以及国际体系中的情感都是影响国际互动的重要因素。诺尔曼·丹森（Norman K. Denzin）曾指出：“情感处于社会生活所有层次即微观的、宏观的、个人的、组织的、政治的、经济的、文化的以及宗教的等等的中心。”② 个体层面的国民情感和态度往往可以作用于政治人物的政策选择，并构成影响互动关系时最基本的国内政治要素③。而个体层面情感又可以通过共同情感经历的叙述转化为集体情感，并通过情感联系的不断加强演化成共同体认知④，进而影响民族国家间的相互认知和互动行为。与此同时，不同情感秩序下的体系文化也会对国际体系结构的变迁产生重要影响⑤，正如塞缪尔·亨廷顿（Samuel P. Huntington）所言，情感上的排他和排异是造成

---

① 聂文娟. 国际关系中的情感研究［J］. 国际论坛，2011，13（1）：45-51；80-81.

② 丹森. 情感论［M］. 魏中军，孙安迹，译. 沈阳：辽宁人民出版社，1988：1.

③ 朱锋. 中日相互认知的现状、问题与对策：兼议中日关系的未来发展［J］. 日本学刊，2018（1）：1-23.

④ 王云璇，董青岭. 大数据情感分析：数字时代理解国际关系的一种非理性范式［J］. 国际论坛，2020，22（6）：64-85.

⑤ 温特. 国际政治的社会理论［M］. 秦亚青，译. 北京：北京大学出版社，2005：246-370.

文明间冲突的深层根源，崇尚一种文明的同时贬低其他文明、归属一个民族的同时仇视其他民族以及弘扬一种文化的同时贬抑其他文化，正是世界文明冲突不断的重要诱因①。

第二，从情感的类型来看，不同类型的情感会对国际互动产生不同的影响。已有研究揭示了荣誉与民族自豪感在一战中发挥的作用②，愤怒与羞耻对巴以冲突的影响，以及不断加深的恐惧感如何促使美苏决策者寻求解决古巴导弹危机的方案③。郝拓德（Todd Hall）和安德鲁·罗斯（Andrew A. G. Ross）则将国际关系中的情感划分为基调情感与状态情感两个类别，并指出信念、忠诚、情感定向、情感氛围等基调情感，以及心境、指向情绪反应、泛化情绪反应等状态情感都会带来不同的政治结果④。

第三，从情感的影响路径来看，情感对国家行为的影响可以通过直接和间接等多种路径产生。亚里士多德曾言，情感是人类存在的有趣的侧面："它们改变着人们，影响着人们的判断，并且还伴随着愉快和痛苦的感觉。"⑤ 人的认知、行为以及社会组织的任何一个方面几乎都受到情感的驱动。在国际关系中，情感的作用同样也可以通过多种路径产生。理查德·内德·勒博（Richard Ned Lebow）在《理性、情感与合作》一文中指出，情感和情感关系是合作建立和维持的首要因素，是合作意愿形成的最原始动力，因此合作不仅是对外部刺激因素的一种反映，也是人类内部道德情感发展的表达。克里斯托尔·希尔（Christopher Hill）和安德鲁·林克莱特（Andrew Linklater）指出情感和直觉在决策过程中具有核心作用。有关声誉的研究认为，情感是隐藏在对他人的社会承诺背后的力量，良好声誉所引起的自尊感和不良声誉所激发的羞耻感恰恰是个体以及国家行为体追求良好声誉的内在动力，因此情感可以借助国家对良好声誉

---

① 亨廷顿. 文明的冲突与世界秩序的重建［M］. 周琪，刘绯，张立平，等译. 北京：新华出版社，2010：228-334.

② LEBOW R N. A cultural theory of international relations［M］. New York：Cambridge University Press，2008.

③ BLIGHT J G. The shattered crystal ball［M］. Savage：Rowan and Littlefield，1990.

④ 郝拓德，罗斯. 情感转向：情感的类型及其国际关系影响［J］. 外交评论报（外交学院院报），2011，28（4）：40-56.

⑤ 英炜. 人生情感哲学［M］. 北京：中华工商联合出版社，2007：11.

的渴望来促使国家遵循国际规范和国际制度。有关身份认同的研究则认为情感可以通过促进群体间的身份认同进而对国家间合作产生影响①。除此之外，还有一些研究深入探讨了创伤性事件、情感记忆、屈辱感等具体情感在形成政治认同中的作用以及情感在人道主义干涉和冲突解决机制中的作用②。

第四，民族国家也如个人一样，拥有激活情感投射机制的外在环境和内在动机。如前文中所述，情感投射是个体在减少负面体验或者解决冲突时的一种心理防御机制。与之相应，民族国家因其面临的冲突和压力也存在激活心理防御机制的动机和可能。情感社会学家舍夫（Thomas Scheff）和雷辛格（Suzanne Retzinger）在分析希特勒帝国和第二次世界大战的起源时指出，德国民众以及希特勒都受到疏离感的折磨，并且受困于羞愧—愤怒的循环之中，致使他们向外寻求解决痛苦的方式。要解释大规模战争以及战争中的大规模屠杀，就不能忽略情感危机下情感投射的影响③。对"9·11"事件的相关研究认为，基地组织对美国发动的恐怖袭击对美国人的安全认知和国家认同产生了强烈的情感冲击和心理创伤，在政府的情感呼吁下，美国民众的情感由强烈的恐惧感、不信任感逐渐转向对"邪恶"的全力打击，之后的阿富汗战争、伊拉克战争乃至酷刑的合法化等政治事件，都受到了这种情感投射的影响④⑤。

综上所述，情感是国际关系中的重要因素，民族国家间的情感会通过直接和间接的路径影响国家行为，而民族国家因其面临的冲突和压力存在激活情感投射机制的动机和可能。那么，在大国博弈的背景下，民族国家间的情感和情感投射又会如何影响各国的战略选择和行为举措，在各国主流媒体对中国经济形象的建构中又有无以及有何体现呢？接下来，我们将从情感投射的角度，探讨各国媒体对中国经济形象的建构特征及其原因。

---

① 聂文娟. 国际关系中的情感研究［J］. 国际论坛，2011，13（1）：45-51；80-81.

② ZEHFUSS M. Forget September 11［J］. Third world quarterly，2003（24）：513-528.

③ SCHEFF T，RATZINGER S. Emotions and violence：shame and rage in destructive conflicts［M］. Lexington：Lexington Books，1991.

④ LIBERMAN P. An eye for an eye：public support for war against evildoers［J］. International organization，2006，60（3）：687-722.

⑤ EDKINS J. Forget trauma? Responses to September 11［J］. International relations，2002，16（2）：243-256.

第二节　基于历史记忆的情感投射与中国经济形象的日、英建构

正如社会学家兰德尔·柯林斯（Randall Collins）所言，短期的情绪能够转化为长期的情感，对历史事件的情感体验会转化为民族国家的情感基调，进而影响民族国家对当前与未来类似事件的认知，以及民族国家未来的行为取向。例如，历史战败事件会被内化为一种耻辱感，影响民族国家对战争行为以及战争对象国的认知，甚至会为未来的复仇行为奠定基础①。被列强凌辱的历史经历，会产生对于主权与领土完整的强烈信念，以及在国家主权问题上“绝不妥协”的立场和态度②。那么，基于历史记忆的情感投射是否会影响一国对他国经济形象的认知和建构呢？这种影响又是以何种形式产生的呢？本节我们将以日本和英国为例，探讨基于历史记忆的情感投射及其影响。

一、基于中日历史的“双重忧虑”与日本媒体的“消沉式”建构

中日两国的相互认知是政治、经济、社会、历史、文化等诸多因素影响下沉淀起来的民众情感取向③。如果不考虑历史问题，就很难理解中日间的复杂情感。

（一）日本对华情感

我们常用“一衣带水”强调中日两国地理位置的接近性和历史交往的悠久性。作为近邻，中日两国有着长达2000年的交流历史。近代以前，日本长期服膺于中国的经济硬实力和文化软实力，表现出对中国的“尊崇”情感。近代以来，经历了明治维新的日本迅速跟上西方现代化的潮流。伴随中日之间实力对比的巨大转变，日本对华情感从“尊崇”逐渐转变为“质疑”。甲午战争后，面对软弱的清政府和列强入侵、满目疮痍的中国，日本对华情感进一步“从质疑到蔑

① HARKAVY R E. Defeat, national humiliation, and the revenge motif in international politics [J]. International politics, 2000, 37 (3): 345-368.

② 郝拓德，罗斯. 情感转向：情感的类型及其国际关系影响 [J]. 外交评论报（外交学院院报），2011，28（4）：40-56.

③ 朱锋. 中日相互认知的现状、问题与对策：兼议中日关系的未来发展 [J]. 日本学刊，2018（1）：1-23.

视”，再“从蔑视到无视”，并最终发动了全面侵华战争。

日本侵华战争是中日近代史上的重要事件，在中日两国的情感上都烙下了深刻的历史印迹。但战后几十年来，日本官方对于侵华战争始终维持一种想要翻案却又迫于国际社会压力不敢公开、明目张胆地否认历史的暧昧态度①。1972 年签署的《中日联合声明》是中日复交并指导其后两国关系发展的重要文件。在这份文件中，日本方面的表述是：“痛感日本国过去由于战争给中国人民造成的重大损害的责任，表示深刻的反省。”② 这里只提“战争”，对于是什么性质的战争，是否为侵略战争，都没有明确说明。而在战后 70 周年的谈话中，日本时任首相安倍晋三的表述是：“在与日本兵戎相见的国家中，不计其数的年轻人失去了原本有着未来的生命。在中国、东南亚、太平洋岛屿等成为战场的地区，不仅由于战斗，还由于粮食不足等原因，许多无辜的平民受苦和遇难。”③这里进一步用“战斗”取代了原先的“战争”。

日本政府对侵华战争的官方态度亦具有其民间基础，并在日本右翼势力的鼓噪和媒体的引导下，逐渐被塑造成一种集体情感。相关调查显示，大部分日本民众对南京大屠杀采取回避或遗忘的态度，他们甚至“希望中国人也忘掉南京大屠杀”④。在日本的国民心理中，有一种根深蒂固的“罪己”意识，即对个体造成的罪行进行自我惩罚。但日本的“罪己”是一种防御性措施，而非真正的忏悔⑤，“罪己者对自身行为将受到何种责罚心里早有估算。先自行罪己，其目的往往不是出于真诚的忏悔，而是防御先行，以退为进，自己先承认错误，请求宽恕。这样即使不能回避他罚，也有助于减轻他罚的程度”⑥。从日本民众的角度

① 朱锋．中日相互认知的现状、问题与对策：兼议中日关系的未来发展［J］．日本学刊，2018（1）：1-23.

② 中华人民共和国政府和日本国政府联合声明［EB/OL］．(1972-09-29)［2024-12-03］. https://www.mfa.gov.cn/gjhdq_676201/gj_676203/yz_676205/1206_676836/1207_676848/197209/t19720929_269810.shtml.

③ 朱锋．中日相互认知的现状、问题与对策：兼议中日关系的未来发展［J］．日本学刊，2018（1）：1-23.

④ 杨秀云．近 20 年来南京大屠杀历史在日本的传播及日本民众认知状况分析［J］．档案与建设，2020（5）：90-93.

⑤ 朱锋．中日相互认知的现状、问题与对策：兼议中日关系的未来发展［J］．日本学刊，2018（1）：1-23.

⑥ 张建立．换个角度看日本人的历史认知［J］．时事报告，2014（12）：32-33.

看，他们已经进行了“忏悔”，连宪法都改成了和平主义，他们认为自己已经“完成”自我惩罚却得不到受害国的原谅，认为“中国抓住二战历史不放，是为了让日本永远在中国人面前‘抬不起头来’”。“罪己”心理，以及害怕认错后受到屈辱、“低人一等”的心态，致使他们在侵华战争的历史问题中倾向采取逃避的态度，日本社会的主流观点是要“走出战败历史的阴影”，这种因害怕屈辱而引发的逃避态度，在日本右翼势力和政客的操弄之下，进一步发展成面对历史记忆的情绪性抵抗①。

（二）双重“忧虑”及其影响

近代以来，日本相对于中国的国力优势从明治维新算起已经保持了一百多年。即使遭遇了战败的影响，战后日本的经济也迅速得到恢复并实现高速发展，并在 1987 年超过西德，一度成为仅次于美国的世界第二经济大国。但是，20 世纪 90 年代以来，中国的综合国力迅速增强，并于 2010 年超越日本成为世界第二大经济体，中日间的实力对比自此发生了历史性转变。实力对比的这种历史性转变让日本基于历史的情感体验被激活并投射于对华的认知中。

第一，中国的快速崛起激活了日本的“尊崇”记忆，强化了日本对国家地位的忧虑。高度发达的中华文明对日本古代国家和传统文化的形成与发展发挥了架构作用。自乐浪郡朝贡西汉王朝之后，日本在东汉、三国、南北朝及隋、唐时期均遣使中国，一方面希望加深对中国的了解，进而取法中国；另一方面希望得到中国封建王朝统治者的认可，进而被纳入以中国为核心的东亚国际政治体系②。即使日本在 9 世纪之后停派了遣唐使，日本民众对于中国的“憧憬”情感却依旧存在。清朝的黄遵宪曾言“日本士夫，类能读中国之书，考中国之事”③，即可作为佐证。

至明治维新后，日本快速发展，而清王朝则日渐衰败，日本逐渐“将对中华文化的憧憬膨胀为对中国国土的野心”。崛起的日本走上了军国主义道路，借助侵华战争打破了以中国为中心的地区关系结构和地区秩序准则，并企图推动建立

① 朱锋. 权力变更、认同对立与战略选择：中日关系的战略未来 [J]. 世界经济与政治，2007 (3)：16-25.

② 蔡凤林. 试述古代中日两国间的国际认知及外交政策 [J]. 世界民族，2019 (5)：72-82.

③ 黄遵宪. 日本国志序 [M]. 天津：天津人民出版社，2005：4.

由日本掌控的“大东亚共荣圈”，确立日本在东北亚地区的主导地位[①]。侵华战争失败后，日本靠军事称霸亚洲的计划破产，但战后日本经济快速恢复，并逐渐在亚洲形成了日本主导的“雁阵模式”，日本作为经济强国和地区大国的地位得以确立。

20世纪90年代以来，中国经济在改革开放后持续发展，日益走近世界舞台的中心；而日本经济却持续低迷，并因2008年国际金融危机和2011年的大地震而遭受重创。2010年，中国超越日本成为世界第二大经济体，再一次向世界展示了大国实力与潜力；2018年中国经济总量已经达到日本的2.7倍[②]。

日本人对等级制有高度的信仰和信赖，也倾向用等级制的观念来认识国际关系[③]。日本一直将自己视为东亚秩序的金字塔尖，却“突然感觉到在东京的外交圈子里几乎所有人都在谈论中国”，日本的“独特性、重要性和影响力都在减退”[④]。中日间的“权力转移”，国际地位下降的“痛苦过程”，激活了日本的对华“尊崇”记忆，进而强化了日本对自身地位的焦虑。“地位焦虑”是一国害怕失去原有等级地位的一种情感倾向[⑤]，这使日本努力抵制被其视为对手的中国超越其地位，进而深刻影响了日本的对华关系认知。

第二，中国的快速崛起激活了日本的战争记忆，强化了日本对国家安全的担忧。虽然日本右翼势力长期以来通过各种手段淡化和遮蔽日本对亚洲各国的殖民侵略行径，但战争记忆仍然是横亘在中日两国间的历史心结[⑥]。伴随中国的崛起，日本的战争记忆再次被激活，并进一步强化了日本对自身国家安全的担忧。一方面，日本担心中国崛起之后会使用暴力手段，对昔日的侵华战争进行清算；另一方面，日本作为海洋国家，两头在外的经贸格局使得其对航路畅通的要求极其强烈，日本认为中国在南海维权维稳的行为将对日本在该海域的航行自由和航

① 张蕴岭．百年大变局下的东北亚［J］．世界经济与政治，2019（9）：4-23.

② 蔡亮．南海问题：中日深层次结构性战略矛盾的第四表象探析［J］．亚太安全与海洋研究，2019（6）：54-68.

③ 本尼迪克特．菊与刀［M］．孙扬，译．济南：山东文艺出版社，2017：40-46.

④ 莫伊西．情感地缘政治学：恐惧、羞辱与希望的文化如何重塑我们的世界［M］．姚芸竹，译．北京：新华出版社，2016：48.

⑤ 曾向宏，李红洲．地位焦虑和历史压抑：日本在与邻国岛屿争端中的政策差异及其影响因素［J］．当代亚太，2017（2）：76-113.

⑥ 陶赋雯．历史记忆视域下日本二战“受害共同体”的影像建构及其危害［J］．世界历史，2019（6）：13-17.

行安全产生严重的威胁①。日本把中国的崛起视为“自鸦片战争以来从未出现过的情况”，并将“中国威胁论”列入其官方文件中。自 2003 年起，日本《防卫白皮书》改变了关注对象国的排序，由延续多年的“朝、俄、中”变更为“朝、中、俄”，并以越来越多的篇幅论述中国的军事现代化、台海局势、海洋活动以及军事透明度等问题。自 2007 年起，《防卫白皮书》中对中国国防政策及军事力量的表述由以往的“关注”明确地转为“忧虑”，认为“中国在持续增加国防经费的情况下推进军事力量现代化，但其现状及未来景象并不明确，中国的军事力量将给地区形势及日本国的安全保障带来何种影响，是令人忧虑的”。

（三）日本媒体的“消沉式”建构

在前两章中，我们已经探讨了国际格局中的空间占位如何引发日本对自身国际地位和国家安全的强烈诉求，以及这一诉求如何通过影响日本对华关系认知进而影响其主流媒体对中国经济形象的建构。上面我们又分析了基于历史记忆的情感投射对日本国际地位和国家安全双重“忧虑”的强化作用。从这个意义上说，情感投射通过强化空间占位引发的关系认知，对其建构中国经济形象产生间接影响。

而除了这种基于强化作用的间接影响外，深重的“忧虑感”还对日本媒体建构中国经济形象产生了话语策略上的直接影响。《日本经济新闻》涉华经济报道中普遍使用“受挫型”框架和“消沉性”话语，弥漫着悲观主义的忧虑情绪；与此同时，日本对中国权力和自身地位的忧虑，也体现在涉华经济报道对中国声音“谨慎小心”的消解和对自身地位的“倔强坚持”中。

第一，“悲观消极”的“受挫型”框架与“消沉性”话语。通过对报道框架的分析可以发现（如图 6-1），在美国、英国、印度三国媒体的涉华经济报道中，“发展”框架都是使用最多的事件子框架，在墨西哥的媒体中“合作”框架为其使用最多的事件子框架。但与上述四国媒体非常不同的是，《日本经济新闻》涉华经济报道使用最多的事件子框架却是“受挫”，“受挫”框架的使用比例远远高于“发展”“应对”“合作”等其他事件子框架，反映出日本媒体在经济活动报道中的悲观主义色彩。

与此形成呼应的是，《日本经济新闻》涉华经济报道还高频次地使用“懸念（忧虑）”“警戒（警惕）”“恶化”“不安”等负面词汇，并常常将一个消极词汇与

---

① 蔡亮. 南海问题：中日深层次结构性战略矛盾的第四表象探析［J］. 亚太安全与海洋研究，2019（6）：54-68.

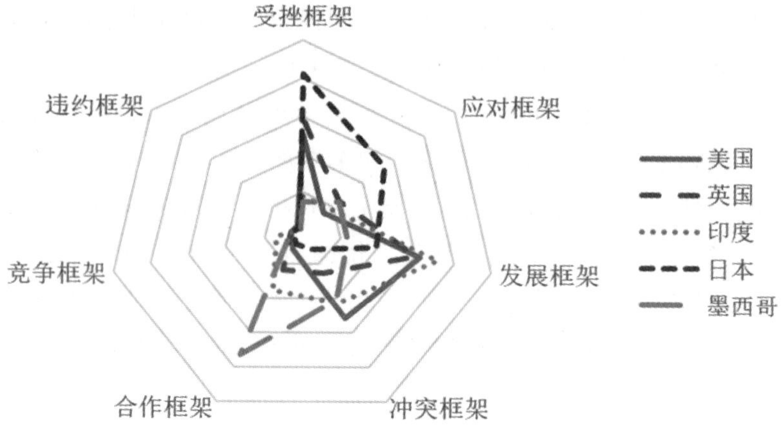

图 6-1 五国媒体涉华经济报道事件子框架的对比图

其他消极词汇一起搭配使用，进一步强化了“忧心忡忡”的消极氛围。举例来说，《日本经济新闻》会将“懸念（忧虑）”与“下落（下降）”“停滞”“急減（急减）”“悪循環（恶性循环）”等词汇搭配使用，凸显对日本受到中国经济下行影响的强烈担忧；将“悪化（恶化）”与“減速（减速）”“低下（下降）”“割れ（同比下降）”“失速（停滞不前）”等词汇搭配使用，凸显对日本经济前景的悲观情绪。比如，2018 年 10 月的报道指出，中国订单连续七个月同比下降，日本机床制造商的股价和盈利的下行风险正在增加①；2019 年 1 月的报道指出，中国和全球经济增长放缓的趋势加剧了短期内对日元升值的担忧②；2019 年 8 月的报道

① 対米輸出拠点、中国離れ、日本電産や中国企業も、制裁避け供給網再編［N/OL］. 日本経済新闻，2018-10-24［2024-12-06］. https://t21. nikkei. co. jp/g3/ATCD017. do? keyPdf=20181024NKMMM830155709%5CNKM%5C1%5C1%5C001%5C%5C1651%5CY%5C%5C2018%2F1024%2F20181024NKMMM830155709. pdf%5CPDF%5C20181024%5C2f826359&analysisIdentifer=fromSearchArt&analysisPrevActionId=INGST01&chgTabId=105241206145024512ab869a103be9f0f51e20c1f9c7ae3442411219&searchId=S105241206164117512ab869a103be9f0f51e20c1f9c7ae3553264979&async=164123720499569113.

② 円高「2016 年の再来」警戒、中国変調・米金利動向、105 円台予想も（ポジション）［N/OL］. 日本経済新闻，2019-01-24［2024-12-06］. https://t21. nikkei. co. jp/g3/ATCD017. do? keyPdf=20190124NKMEN230127179%5CNKM%5C19%5C19%5C001%5C%5C1174%5CY%5C%5C2019%2F0124%2F20190124NKMEN230127179. pdf%5CPDF%5C20190124%5Ccbc3155f&analysisIdentifer=fromSearchArt&analysisPrevActionId=INGST01&chgTabId=105241206145024512ab869a103be9f0f51e20c1f9c7ae3442411219&searchId=S105241206164155512ab869a103be9f0f51e20c1f9c7ae3308882809&async=164201452690383228.

指出，日本股市和投资者情绪均受到人民币汇率走势的影响①。

第二，“谨慎隐蔽”的“消音”策略。如前文中所述，中国的快速崛起激活了日本的尊崇记忆和战争记忆，强化了日本对中国实力以及自身安全和地位的忧虑。这种忧虑使得日本媒体在面对中国声音和中国话语时呈现出复杂的心态。通过分析《日本经济新闻》2020 年 1 月—11 月涉华经济报道中消息来源的使用偏向可以发现（如图 6-2）②，虽然来自中国的消息来源是其使用最广泛的消息来源，出现在 61% 的报道中，远远超出日本本国（29%）和他国消息来源（25%）；但其使用密度（1.93）却远低于日本（2.46）乃至他国消息来源（2.08），说明《日本经济新闻》虽然会在很大比例上选择中国消息来源，但却很少会让中国声音在一篇报道中多次出现。借助“广泛采用、分散使用”的选择偏向，《日本经济新闻》让中国消息来源在较大范围的报道中发出了较微弱的声音。

而对消息来源组合策略的进一步分析显示，《日本经济新闻》借助对不同消息来源疏密有别、性质各异的重组偏向，呈现了“团结一致”的日本声音和“孤立矛盾”的中国声音，从而实现了对中国话语“小心谨慎”的消解。如图 6-3 所示，日本（东道国）企业是点度中心度最高的节点（194），并通过与日本本国的专家智库、社团组织以及政府之间紧密且正向的互动（灰色的边表示两者话语的态度一致），强化扩大其声音；中国政府的点度中心度（134）虽然紧随日本企业及日本专家智库（153）之后位居第三，但却没有形成如日本企业和日本专家智库一样紧密的互动网络；中国公众是与中国政府共现频率最高的节点（边权重 30），但两者间的连线却以黑色为主（黑色边表示两者的态度不一致），说明《日本经济新闻》虽然会同时使用中国公众和中国政府的声音，但其目的是用中国公众的声音弱化消解中国政府的官方声音。例如有报道在引用北京市政府的消息“市内奥运相关工程全部恢复”的同时，引用工程建设工人的话语“今年真的很

---

① 新興国、緩和のジレンマ：人民元相場に日本株も翻弄［N/OL］．日本経済新闻，2019-08-08［2024-12-06］．https://t21.nikkei.co.jp/g3/ATCD017.do?keyPdf=20190808NKMEA270135418%5CNKM%5C3%5C3%5C001%5C%5C548%5CY%5C%5C2019%2F0808%2F20190808NKMEA270135418.pdf%5CPDF%5C20190808%5C7f3d545&analysisIdentifer=fromSearchArt&analysisPrevActionId=INGST01&chgTabId=105241206145024512ab869a103be9f0f51e20c1f9c7ae3442411219&searchId=S105241206164241512ab869a103be9f0f51e20c1f9c7ae3117900620&async=1642552854897711172.

② 有关消息来源使用偏向的数据统计和分析方法，详见本书附录 3：消息来源使用偏向的变量设计与分析方法。

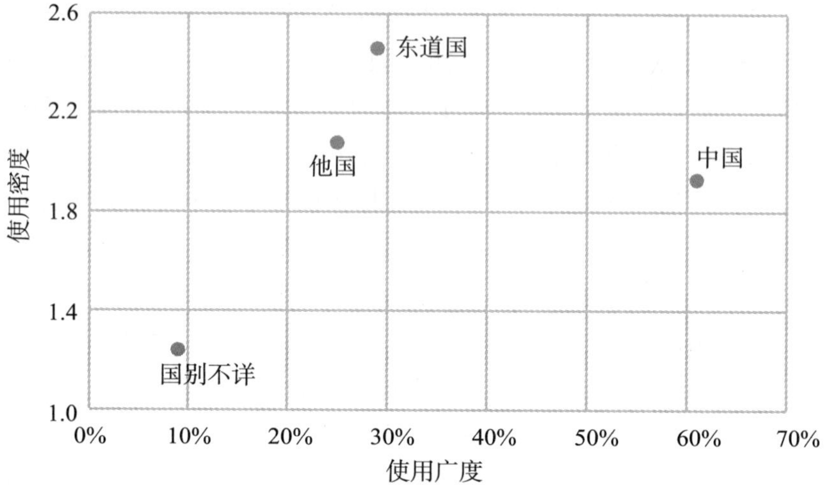

图 6-2　各国别消息来源使用度

辛苦”“已经 3 个月没有收入了”，实现对官方话语的消解和弱化①。

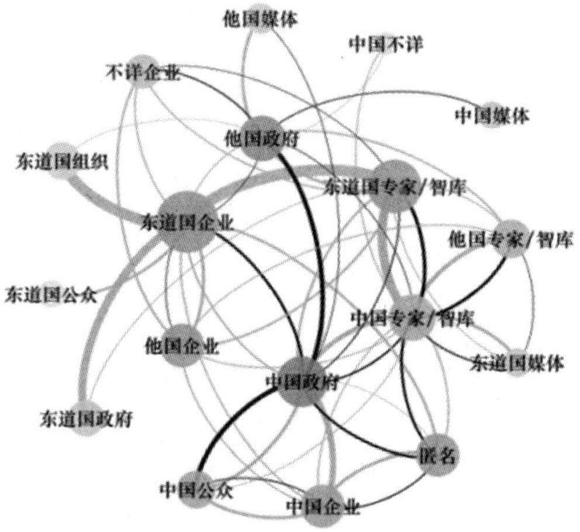

图 6-3　消息来源重组关系网络

① 北京、再開の建設現場ルポ、「人員、半分も戻らない」[N/OL]. 日本経済新闻，2020-04-18 [2024-12-06]. https://t21.nikkei.co.jp/g3/ATCD017.do?keyPdf=20200418NKMFF870148908%5CNKM%5C9%5C9%5C001%5C%5C1266%5CY%5C%5C2020%2F0418%2F20200418NKMFF870148908.pdf%5CPDF%5C20200418%5Caff35610&analysisIdentifer=fromSearchArt&analysisPrevActionId=INGST01&chgTabId=105241206145024512ab869a103be9f0f51e20c1f9c7ae3442411219&searchId=S105241206164345512ab869a103be9f0f51e20c1f9c7ae3492407432&async=164351011821925473.

第三，“倔强坚持”的“捆绑型”叙事。日本对“沦为二流国家”的担忧，也体现为日本媒体对日本地位的“倔强”凸显。《日本经济新闻》涉华经济报道高度关注中国经济对日本的影响，“日/日本”是《日本经济新闻》涉华经济报道的高频词之一（参见第三章中的图 3-93）。而借助 KH Coder 中对“日/日本”进行检索和词汇联想可以发现（如图 6-4），与“日/日本”共现的高频名词多为“中国”“米（美国）”“欧（欧洲）”“独（德国）”“北米（北美）”等国家或地区名，反映了日本媒体将日本置于与其他大国的关系中进行呈现的倾向，折射出日本害怕被边缘化的心态。

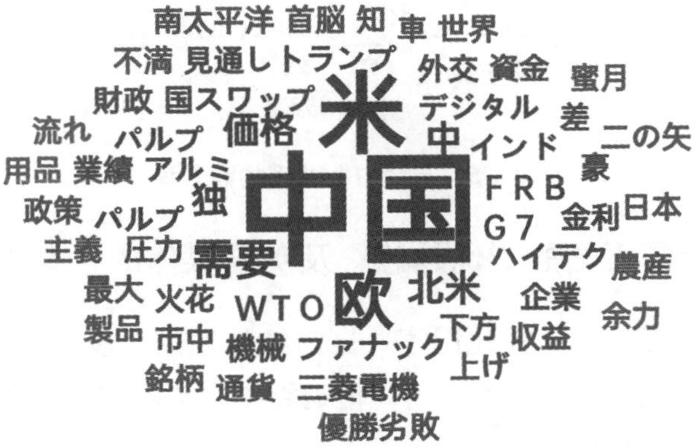

图 6-4 与“日”共现的高频词

与之形成鲜明对比的是，与“中/中国”共现的高频词除了“米（美国）”之外，则多为“関税（关税）”“市場（市场）”“世界”“安値（低价）”“企業（企业）”“銀（银）”“金利（利率）”等经济术语（如图 6-5）。“欧/欧州”在“中”“日”的词汇联想中都高频共现，但中国与欧洲/欧盟的关系更多被建构为消极的经贸关系，日本与欧洲/欧盟的关系则更多地被建构为同盟伙伴关系。例如，“中”“欧”共现的报道指出，受到中国经济放缓的拖累，意大利的财政风险加大，欧元区经济前景变得不明朗①；“日”“欧”共现的报道则强调，美国政府还

① ユーロ圏経済に暗雲、欧州委、来年 1.9％成長に下方修正、中国減速や伊財政が重荷[N/OL]. 日本経済新闻，2018-11-09 [2024-12-06]. https://t21.nikkei.co.jp/g3/ATCD017.do?keyPdf=20181109NKMFF280158454%5CNKM%5C11%5C11%5C001%5C%5C1574%5CY%5C%5C2018%2F1109%2F20181109NKMFF280158454.pdf%5CPDF%5C20181109%5C1c36ba48&analysisIdentifer=fromSearchArt&analysisPrevActionId=INGST01&chgTabId=105241206145024512ab869a103be9f0f51e20c1f9c7ae3442411219&searchId=S105241206164409512ab869a103be9f0f51e20c1f9c7ae3853153651&async=1644195354938441l6.

在寻求日本和欧盟的合作，以期支持总统实施贸易制裁①。

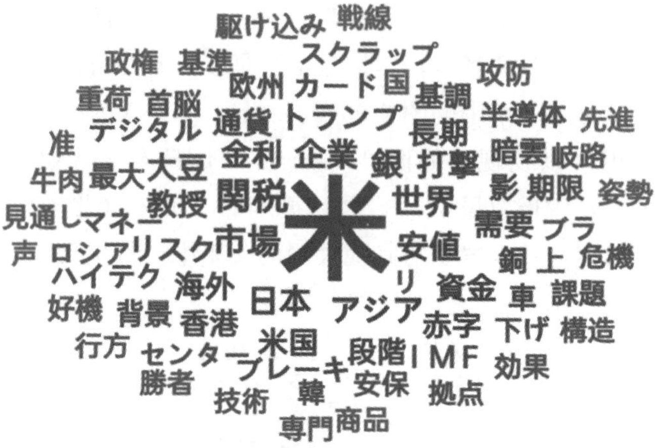

图 6-5 与“中”共现的高频词

二、基于帝国历史的“优越感”及英国媒体的“老成型”建构

英国是世界上第一个工业化国家，也曾经是世界上最大的殖民国。二战后，虽然昔日的“日不落帝国”已经瓦解，但近百年的殖民霸主地位使英国时至今日依旧保有一定的“大国情结”。

（一）帝国历史与“英联邦情结”

英国通过政治和技术革命奠定了崛起的基础，并在完成光荣革命后建立了君主立宪政体。社会结构和文化的变革促进了英国工业社会的发展，跟殖民地之间的贸易和殖民掠夺又为其工业革命提供了动力。19 世纪中叶，英国成为世界工业和金融中心，并建立了对殖民地、自治领等附属地实施殖民统治的庞大帝国②。正如美国学者托马斯·麦格劳所言：“到 1850 年，大英帝国已成为人类历史上最大的帝国之一……成为古罗马帝国以来势力最强的帝国。”③

英帝国一开始奉行的是“古老的殖民体系”，即殖民地与殖民母国是不平等

① 米輸入制限、知財で二の矢、中国製品、関税上げ検討、日欧に連携求める [N/OL]. 日本経済新闻，2018-03-14 [2024-12-06]. https://t21.nikkei.co.jp/g3/CMNDF11.do.

② 潘兴明. 英帝国向英联邦转型探析：基于二战后丘吉尔政府非殖民化政策的历史考察 [J]. 史学月刊，2011 (2)：83-92.

③ 麦格劳. 现代资本主义：三次工业革命中的成功者 [M]. 南京：江苏人民出版社，2000.

的主体，殖民地完全服务于殖民母国的利益[1]。自美国独立后，英帝国开始逐步调整其帝国政策。一战后，因为对海外殖民地的控制日显力不从心，英帝国逐渐将“古老的殖民体系”调整为“联邦共荣”的新殖民体系。1839 年的《达勒姆报告》标志着英帝国对殖民地的自治要求由镇压转为妥协，允许殖民地在条件成熟时获得自治；1926 年的《贝尔福报告》消除了宗主国与附属地的隶属关系；1931 年的《威斯敏斯特法令》标志着英联邦的诞生[2]，殖民地与母国之间不再是压迫与被压迫、征服与被征服的关系，而是以种族、宗教为连接的利益共同体，是处在“联邦”中的国家关系[3]。二战后，民族主义运动方兴未艾，各殖民地的独立呼声日益高涨，为了继续保持在英属殖民地的政治、经济和战略利益，英国不得不允许殖民地独立。英国政府希望通过承认殖民地自治，“保持殖民地对英国的好感，维持它们对大英帝国的情结”[4]，进而以条约和英联邦的形式继续维系英国在这些地方的利益。

虽然伴随英国实力的相对衰落和帝国殖民体系的解体，英国与英联邦国家在政治、经济和防务上的联系逐渐减弱，但在漫长的殖民历程中，被殖民国家与英帝国之间具有高度的文化共享，这些国家即使在领土独立后，依旧将英语作为官方语言，依旧保有从英帝国承袭而来的“盎格鲁-撒克逊”文明观和历史观[5]，英国也仍然具有强烈的“英联邦意识”，并将文化和历史传统的联系视为维系英联邦的重要力量。正所谓“帝国来了去了，而英联邦常在”[6]。

（二）民族文化的双重“优越感”及其影响

如上所述，英国借助工业革命、贸易扩张，从西欧的一个岛屿国家快速崛起

---

① 殷之光. 叙述世界：英国早期帝国史脉络中的世界秩序观［J］. 开放时代，2019（5）：113-128.

② 潘兴民. 英帝国向英联邦转型探析：基于二战后丘吉尔政府非殖民化政策的历史考察［J］. 史学月刊，2011（2）：83-92.

③ 殷之光. 叙述世界：英国早期帝国史脉络中的世界秩序观［J］. 开放时代，2019（5）：113-128.

④ DONALD J，MILLER B. The commonwealth in the world［M］. Cambridge：Harvard University Press，1965：19.

⑤ AMERY L S. The commonwealth of today［J］. Royal united service institution，1951（2）：96.

⑥ DUNCAN K S. The commonwealth at play［J］. Royal society for the encouragement of arts，manufactures and commerce，1976（6）：124.

为世界上最大的殖民帝国，经历了一个多世纪的“帝国辉煌”。二战后，英国的经济和军事实力明显衰退，曾经的“日不落帝国”退出了历史舞台，但英帝国向外扩张并获取殖民地的斗争记忆造就了“宏伟”的英格兰历史，成就了这个民族的“光荣史诗”①，并成为他们自我认同的重要组成部分，形塑了他们基于帝国历史的民族优越感和基于英联邦的文化优越感。

第一，基于帝国历史的民族优越感，强化了英国对维护全球影响力的执着追求。1588 年，英国击败西班牙的“无敌舰队”，奠定了英国海上霸权的基础；伊丽莎白一世的海外探险和殖民贸易政策进一步推动了大英帝国的海洋统治；维多利亚女王时期，英国达到了“日不落帝国”的巅峰；20 世纪 20 年代，英帝国的领土和人口分别占到世界领土和人口的近四分之一②。海上霸权和殖民帝国的相继确立，使得英国的民族自信心和自豪感不断增强。“辉煌”的帝国历史，塑造了其深远的全球视野，并在国民心中植入了一种深刻的“领导世界”的自觉③。尽管帝国的历史已经结束，但“英国人始终不能忘怀大英帝国的昔日荣耀，他们在迫不得已时可以做一些收缩势力范围的举动，但绝不愿丢弃曾经作为世界霸主而获得的荣誉感和尊严感”④。英国在战后因霸权衰落需要不断调整自身角色定位，但不论是选择加入欧盟，还是选择脱欧，英国都一直致力于追求全球性大国地位。脱欧公投后，英国政府提出的“全球英国”战略，也反映了英国不满足区域性大国或中等强国的现状，寻求扩大其国际影响力、瞄准全球性大国的目标。

第二，基于英联邦的文化优越感，强化了英国对巩固国际软实力的自信。英联邦成立于 1931 年，是由英国和已经独立的前英国殖民地或附属国组成的联合体，已有 90 多年的历史。英联邦是英语世界最大的国际组织，目前拥有 56 个成员国，覆盖了全球三分之一的人口⑤。但“英联邦并不是一个群体，而是以英国为中心的双边关系的体系”⑥，是英帝国的“遗产”。19 世纪末至 20 世纪初，英

① 计秋枫. 近代前期英国崛起的历史逻辑［J］. 中国社会科学，2013（9）：180-204.

② 汪世婷. 英国脱欧原因的政治文化视角分析［J］. 中学政治教学参考，2018（6）：14-16.

③ 冯存万. 构建全球新角色：退欧框架下的英国外交评析［J］. 国际论坛，2018，20（4）：37-43.

④ 计秋枫，冯梁. 英国文化与外交［M］. 北京：世界知识出版社，2002：27.

⑤ 沙中土. “日不落”的余辉：英联邦［J］. 地图，2006（5）：104-105.

⑥ MONROE A D. The British dilemma：commonwealth or common market?［J］. Current history，1962，43（7）：11.

国实力相对衰落，加拿大、澳大利亚、新西兰和南非等地区逐渐从英国的殖民地过渡到自治领；两次世界大战后，面对殖民地民族解放运动的高涨，英国不得不重新调整与原帝国成员的关系，最终以英联邦的形式取代了旧有的帝国结构。英联邦国家具有高度的文化共享：一是将英语作为官方语言；二是一定程度上承袭了“盎格鲁-撒克逊”文明观和历史观；三是在制度上深受英国式民主的影响；四是认可英国国王（或女王）为英联邦名义上的君主与元首，英国国王（或女王）在英联邦内部拥有显著的影响力；五是保留了相似的文化传统，比如每四年举办一次的英联邦运动会。语言和文化的相似性让英联邦成员国具有高度亲缘性，也让英国产生了基于英联邦的文化优越感，正可谓英帝国在“创建了一个帝国的同时也创建了一个文明”①。

因此，英国一直将文化和历史传统视为维系英联邦的重要力量，并希望借助其在英联邦的文化影响力提升其国际影响力。二战后英国确立的“三环外交”总战略就明确指出，英国与英联邦国家的特殊联系是保障英国大国地位的重要基础②，希望通过文化和贸易交流来巩固其在英联邦内部的影响力③。脱欧前，英国政府表示要使英联邦“回到英国外交政策的核心”④。宣布脱欧后，“重塑英联邦”进一步成为实现“全球英国”战略构想的重要切入点⑤。

（三）英国媒体的“老成型”建构

如上所述，英国基于帝国历史的民族优越感和基于英联邦的文化优越感，强化了其追求大国地位、维护全球影响力的目标，进而可以通过影响英国的战略认知对形象建构产生间接影响（有关战略认知对形象建构的影响详见本书第五章）。除此之外，英国的“英联邦”情结和民族文化优越感也同样对其主流媒体建构中国经济形象产生了策略层面的直接影响，《金融时报》涉华经济报道体现出“根深蒂固”的英联邦意识，以及“老成型”建构的“大国风范”。

---

① 徐波. 当代英国海外英语推广的政策研究：以英国文化委员会为中心［D］. 重庆：西南大学，2009.

② 杨娜. 英国文化外交评析［J］. 南开学报（哲学社会科学版），2013（5）：17-23.

③ 张飚. “全球英国”：脱欧后英国的外交选择［J］. 现代国际关系，2018（3）：18-25.

④ The commonwealth is “back at the heart of British foreign policy”［EB/OL］.（2011-07-27）［2024-06-30］. https://www.gov.uk/government/speeches/the-commonwealth-is-back-at-the-heart-of-british-foreign-policy.

⑤ 朱献珑，池胜阳. 英国“印太政策”的历史渊源与现实诉求［J］. 太平洋学报，2021，29（8）：23-34.

第一，根深蒂固的英联邦意识。印太地区是英联邦国家集中的区域，英国因此希望借助与印太地区英联邦国家的历史联系和文化共性，积极促进与印太地区国家之间的人文交流与合作，极力拉近与印太地区国家之间的文化亲密感，提升英国在该地区的文化影响力①，借助“重塑英联邦”的文化互动，塑造其“真正的全球角色”②。相应地，《金融时报》涉华经济报道在涉及国际经贸互动的议题中，亦特别关注中国与印太地区英联邦国家之间的互动情况，其中，又尤以印度、澳大利亚更为显著（如图 6-6）。

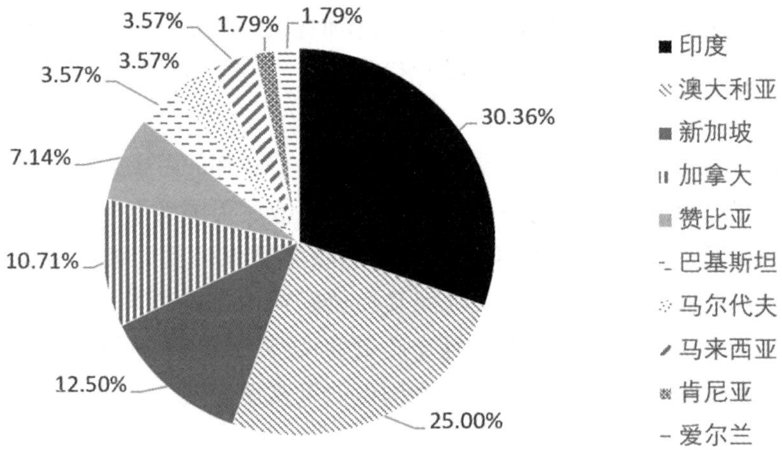

图 6-6 涉及“英联邦国家”的报道占比

虽然“发展”框架是《金融时报》涉华经济报道使用最多的事件子框架（参见第三章中的图 3-39），但在有关中国与英联邦国家经贸互动的报道中，《金融时报》则更倾向使用“受挫型”的事件框架（如图 6-7），突出中国与英联邦国家经济往来中的负面性事件或消极的一面，营造出中国与英联邦国家“合作欠佳”的假象，进而在舆论层面削弱中国在英联邦国家中的影响力。例如，2018 年 9 月 10 日的报道称马来西亚取消了三个中国主持的管道项目，并指责项目合同存在“不公平”的问题③；2019 年 6 月 5 日的报道指出中国的牛奶计划打击了澳大利

---

① 叶圣萱. 英国介入印太地区的新动向与中国的应对论析［J］. 区域与全球发展，2021，5（1）：30-46.

② 贾平凡. “全球英国”能重振英国吗［N］. 人民日报（海外版），2019-02-26（10）.

③ Malaysia cancels three China-backed pipeline projects［N/OL］. Financial times，2018-09-10［2024-12-03］. https://gtyiqteemqj8w4qeejyzee77tejqe7ss9elk9-s-a2097. bj. tsgdht. cn/redir/default. aspx? P=sa&an=FTFT000020180910ee9a000d6&drn=drn%3aarchive. newsarticle. FTFT000020180910ee9a000d6&cat=a&ep=ASE.

亚的奶粉生产商①；2020 年 8 月 25 日的报道指出印度正逐步淘汰中国的电信网络供应设备②。

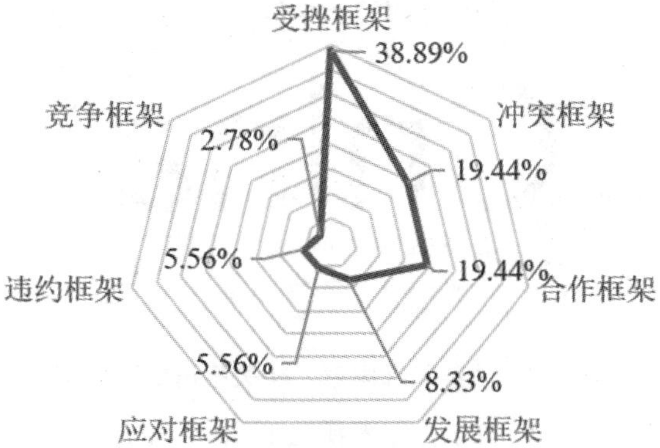

图 6-7　“英联邦国家”报道中事件子框架占比

进一步对涉及“英联邦国家”的报道文本进行分析可以发现（如图 6-8），相关报道借助“debt（债务）”“crisis（危机）”等高频词污蔑中国“一带一路”项目给英联邦国家“造成债务陷阱”，并借助“Beijing（指代中国政府）”“power（权力）”“improper（不道德的、不正派的）”等关键词表达对中国经济活动的价值判断。这与英国希望以价值观念为抓手强化英联邦体系，进而干预印太区域秩序主导权的文化外交策略相一致。

第二，“貌似公正”的大国姿态。在民族文化优越感的驱使下，英国媒体倾向以“公正客观”的态度展现一种大国的姿态。《金融时报》涉华经济报道中的消息来源使用策略可以作为一个佐证。以 2020 年 1 月至 11 月期间《金融时报》涉华经济报道的消息来源使用偏向为例③，在消息来源国别选择上，《金融时报》涉华经济报道呈现出明显的“局外人”特点（如图 6-9）：来自中国（53%、

① China milk plan hits Australia formula maker [N/OL]. Financial times，2019-06-05 [2024-12-03]. https://gtyiqteemqj8w4qeejyzee77tejqe7ss9elk9-s-a2097.bj.tsgdht.cn/redir/default.aspx?P=sa&an=FTFT000020190605ef65000hp&drn=drn%3aarchive.newsarticle.FTFT000020190605ef65000hp&cat=a&ep=ASE.

② India signals end of line for China suppliers with informal phasing out [N/OL]. Financial times，2020-08-25 [2024-12-03]. https://gtyiqteemqj8w4qeejyzee77tejqe7ss9elk9-s-a2097.bj.tsgdht.cn/redir/default.aspx?P=sa&an=FTFT000020200825eg8p0006q&drn=drn%3aarchive.newsarticle.FTFT000020200825eg8p0006q&cat=a&ep=ASE.

③ 有关消息来源使用偏向的数据统计和分析方法，详见本书附录 3：消息来源使用偏向的变量设计与分析方法

图 6-8　“英联邦国家”相关报道的高频词

2.95）和他国（57%、3.16）的消息来源在使用广度和使用密度上都基本处于平分秋色的主导地位（其中他国类消息来源以美国为主），而英国本国（东道国）消息来源的使用广度和使用密度（31%、2.29）则远远低于前两者。借助相对均衡的消息来源使用偏向，《金融时报》营造出“中立客观”的表象。

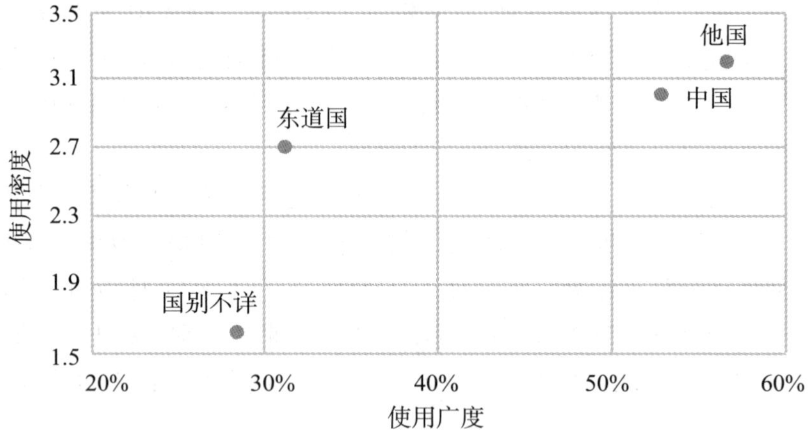

图 6-9　《金融时报》涉华经济报道各国别消息来源使用度

第三，“稳健持重”的话语风格。语言是一个民族文化的重要载体，最能体现一国国民的性格和情感特点①。英国的文化优越感塑造了“绅士风度”的国民性格和“严谨、含蓄”的话语风格②，这在《金融时报》涉华经济报道中亦有所

① 窦伟莉．从澳大利亚英语词汇看其国民性格［J］．四川警察学院学报，2016，28（5）：90-96．

② 许镇梅．浅析英国人的传统性格［J］．黑龙江史志，2015（9）：238．

体现。一方面，《金融时报》涉华经济报道倾向借助转折词委婉地表达真实立场。《金融时报》往往会同时呈现对经济行为或事件的正面评价和负面评价，以体现其严谨性与客观性；然后借助转折词，引出其真实立场和态度，从而将真实立场"含蓄地"隐藏于"客观中立"的假象背后。比如：2018 年 10 月 8 日的报道标题"China Funding is welcomed for infrastructure projects *but* many high-profile ventures have become headaches for Accra"，前半句指出加纳欢迎中国参与基础设施建设，紧接着用"but"这一转折词将话锋转向对中国项目的质疑，强调"许多知名项目已成为加纳头疼的问题"①。又如：2020 年 9 月 28 日的报道标题"China's emissions target is a leap forward; Neutrality by 2060 is a welcome step, *though* more detail is needed"，前半句指出中国有关 2060 年实现碳中和的目标是一个巨大的飞跃，紧接着用"though"一词强调"还有很多细节问题需要解决"，并指出中国的"一带一路"倡议仍在大力投资煤炭，表达对中国实现碳中和目标的怀疑态度②。

另一方面，《金融时报》会高频使用引号以凸显其严谨性。《金融时报》涉华经济报道常会使用引号这一标点符号，仅在报道标题中就有 111 处使用了引号。具体来看，其使用引号的情境大致可以分为以下几种：一是给专业词汇加引号，以体现其专业严谨性。比如 2018 年 9 月 8 日的报道给"Buy the dip"（逢低买入）这一股市投资策略的术语加上引号③。二是引用他人原话，借他人之口表达

---

① Beijing relations raise the emotional heat; China Funding is welcomed for infrastructure projects but many high-profile ventures have become headaches for Accra [N/OL]. Financial times, 2018-10-08 [2024-12-03]. https://gtyiqteemqj8w4qeejyzee77tejqe7ss9elk9-s-a2097. bj. tsgdht. cn/redir/default. aspx? P = sa&an = FTFT000020181008eea80001d&drn = drn%3aarchive. newsarticle. FTFT000020181008eea80001d&cat=a&ep=ASE.

② China's emissions target is a leap forward; Neutrality by 2060 is a welcome step, though more detail is needed [N/OL]. Financial times, 2020-09-28 [2024-12-03]. https://gtyiqteemqj8w4qeejyzee77tejqe7ss9elk9-s-a2097. bj. tsgdht. cn/redir/default. aspx? P = sa&an = FTFT000020200928eg9s00097&drn = drn%3aarchive. newsarticle. FTFT000020200928eg9s00097&cat=a&ep=ASE.

③ Foreigners hunt for bargains in China's bearish slide; analysis. equities; 'buy the dip' strategy looks to take advantage of share falls of a quarter from January's peak [N/OL]. Financial times, 2018-09-08 [2024-12-03]. https://gtyiqteemqj8w4qeejyzee77tejqe7ss9elk9-s-a2097. bj. tsgdht. cn/redir/default. aspx? P = sa&an = FTFT000020180908ee98000bm&drn = drn%3aarchive. newsarticle. FTFT000020180908ee98000bm&cat=a&ep=ASE.

自己的态度。例如 2019 年 6 月 8 日的报道，借俄罗斯总统普京之口警告贸易战是“通向冲突之路”（road to conflict）和“没有规则的全面争吵”（all-out brawl with no rules）①。三是在使用新兴概念时用引号强调其特殊性以避免产生歧义。如 2019 年 2 月 18 日的报道给“lawtech”一词加上引号②。四是加引号使词语含义临时产生变化，以服务于具体语境。如 2019 年 1 月 16 日的报道给“small seed”加上引号，将华为比喻成中美争端的“小种子”③。

第三节　基于文化价值的情感投射与中国经济形象的印度建构

心理文化学的研究强调由人所形成的社会文化对国民心理和行为的影响④。印度是一个极富多样性和复杂性的大规模文明社会，具有深厚的宗教底蕴和浓厚的宗教特色，在悠久的历史发展过程中，形成了独特的文化基因。本节我们以印度为例，探讨基于文化的情感投射对国家经济形象国际建构的影响。

一、阶序意识与“超自然中心”的心理取向

印度是世界上宗教信仰最为复杂和多元的地区之一，拥有众多的宗教和教派，如印度教、佛教、伊斯兰教、锡克教、耆那教等。其中，印度教是印度最大

① Putin warns of trade war's 'road to conflict'; Russia. economic conference; president cements close ties with China while warning US of 'all-out brawl with no rules' [N/OL]. Financial times，2019-06-08 [2024-12-03]. https://gtyiqteemqj8w4qeejyzee77tejqe7ss9elk9-s-a2097.bj.tsgdht.cn/redir/default.aspx?P=sa&an=FTFT000020190608ef68000oa&drn=drn%3aarchive.newsarticle.FTFT000020190608ef68000oa&cat=a&ep=ASE.

② China leads the way in 'lawtech' patents [N/OL]. Financial times，2019-02-18 [2024-12-03]. https://gtyiqteemqj8w4qeejyzee77tejqe7ss9elk9-s-a2097.bj.tsgdht.cn/redir/default.aspx?P=sa&an=FTFT000020190218ef2i00002&drn=drn%3aarchive.newsarticle.FTFT000020190218ef2i00002&cat=a&ep=ASE.

③ Huawei boss breaks silence to deny spying claim; Telecoms. Ren Zhengfei n wake of daughter's arrest，founder insists the group is a 'small seed' in US-China spat [N/OL]. Financial times，2019-01-16 [2024-12-03]. https://gtyiqteemqj8w4qeejyzee77tejqe7ss9elk9-s-a2097.bj.tsgdht.cn/redir/default.aspx?P=sa&an=FTFT000020190116ef1g0006i&drn=drn%3aarchive.newsarticle.FTFT000020190116ef1g0006i&cat=a&ep=ASE.

④ 尚会鹏. 心理文化学要义：大规模文明社会比较研究的理论与方法 [M]. 北京：北京大学出版社，2013：10.

的宗教，拥有悠久的历史、最为庞大的信徒群体和强大的社会影响力。印度教的起源可以追溯到公元前三千年左右的印度河流域文明时期，是印度最古老的宗教之一。据统计，超过 80％的印度人口信奉印度教，这使得印度教在印度社会中占据了主导地位。印度教深刻地影响了印度的信仰和道德观念，形成了以种姓制度为代表的阶序格局①。

印度的种姓制度基于“洁与不洁”的印度教意识将人分为四大种姓：婆罗门（Brahmins）是最高的种姓等级，主要由僧侣、祭司、牧师等组成，他们“从化身原人之口吐出”，拥有解释宗教经典和祭神的特权；刹帝利（Kshatriyas）是第二等级，主要由皇室、勇士和行政贵族组成，他们“从化身原人之双臂产生”，负责保卫国家和管理行政；吠舍（Vaishyas）是第三等级，主要由商人和手工业者组成，他们“从化身原人之双腿产生”，主要从事商业和贸易活动；首陀罗（Shudras）是最低的种姓等级，他们“从化身原人之双足产生”，主要由从事农业和各种体力及手工业劳动的普通劳动者组成。种姓制度从制度上固化了印度社会，形成种姓之间、社会群体之间在社会身份和权力上的阶序性对立与隔离。

对神的信仰成为阶序格局中日常生活不可或缺的一种仪式，印度人（印度教徒）在心理文化取向方面由此表现出了“超自然中心”的特性。美籍华裔心理人类学家许烺光用“心理文化取向理论”解释人们在选择情感投射的方向时所受到的社会和文化的导引力量②，认为印度人的情感控制机制是“障碍型机制”（the mechanism of impediment），即印度人的思想和行为总会受到一种超自然的外部力量的约束，这种约束成为其行为的一种禁忌或障碍。种姓制度和阶序格局可用以反映印度教徒接近超自然的努力程度，即人与终极实在的距离，而“洁与不洁”是测量这种距离的一个具体指标。印度人的自我认知更强调潜意识和超意识，趋于在一个基于宗教观念的阶序序列中界定自我。正如印度宗教哲学家拉达克里希南（Radhakrishnan）所言，印度教“是消极、静谧、顺应天命而偏好冥想的”③。

---

① 杜蒙．阶序人：卡斯特等级体系及其衍生现象［M］．王志明，译．台北：远流出版事业股份有限公司，1992：135.

② 尚会鹏，游国龙．心理文化学：许烺光学说的研究与应用［M］．台北：南天书局，2010.

③ RADHAKRISHNAN S. Recovery of faith［M］. London：George Allen & Unwin，1956：110-113.

二、“敏感”“神圣化”的民族情感及其影响

尽管印度自独立以来已废除了种姓制度的法律地位，但种姓背景在印度的社会运作和现实生活中仍扮演相当重要的角色，印度教形成的价值导向和社会意识仍在引领印度社会①。阶序意识和“超自然中心”的文化心理取向催生出“敏感”且“神圣化”的民族情感，深刻地影响着印度的对华认知。

第一，阶序意识与高度敏感的民族自尊心。在印度人看来，他者的存在与自我具有同样的合理性，这是一种自然秩序，因而自我认可并接受他者的存在；但自我与他者在通往神的阶序中所处的位置是不一样的，唯有强调这种差别，才能保证阶序秩序的有序与稳定，并进而保证自我与神的关系是独特且无可取代的②。与之形成呼应的是，新中国成立后，印度很快便予以承认，印度是第二个承认中国的非社会主义国家；但是印度一直高度关注中印两国的国家地位，在中印关系中体现出高度敏感的民族自尊心，并进而滋生出对华的“受害者心理”。在1962年的中印边境冲突中，中国在获得胜利后主动撤军，表明中方以和平谈判解决边界问题而反对以武力改变边界现状的一贯立场，但印度却因其敏感的自尊心而深感民族心理遭受重挫，并因此产生了对华的“受害者心理”，在对华认知上长期存在不信任感乃至仇恨心理。2012年1月，中国拒绝给所谓的“阿鲁纳恰尔邦”官员发放签证后，印度的反应非常激烈，印度政府“立刻取消了30人代表团的访华计划”，印度各大主流媒体也纷纷炒作中国向印度争议领土地区居民发放“另纸签证”的信息，直言“中国的行为刺痛了印度”③。

第二，“超自然中心”与“神圣化”的领土意识。在印度“超自然中心”的文化取向中，边界成为关乎“祖国神圣领土完整性”的问题，成为高度情感化的内容④。1947年印巴分治后，印度教民族主义者将领土与宗教相连，将来自内部或外部的任何领土挑战都看作对“神圣领土”的亵渎。独立初的印度政府在边界政策上可谓是“寸土必争、寸土不让”。新中国成立后，边界争端也一直是左右

---

① 吕庆春. 种姓社会阶序的对立和隔离［J］. 世界宗教研究，2023（5）：107-122.

② 蔡晶. 阶序人模型：印度教社会国民性研究的心理文化范式［J］. 世界宗教文化，2020（5）：129-136.

③ 尹锡南. 近期印度媒体对华负面报道评析［J］. 东南亚南亚研究，2012（4）：17-18.

④ LAMB A. Asian frontiers：studies in a continuing problem［M］. New York：Frederick publishers，1968：130.

中印关系的关键因素。1950 年尼赫鲁在议会强硬宣示“我们坚持这条边界线（即所谓的“麦克马洪线”），不让任何人跨过它”①。近年来印度教民族主义的强势复兴进一步强化了上述民族情感。印度教民族主义倾向从宗教文化视角看待印度与外围的关系，以宗教文化之名行地缘政治之实②，喜马拉雅山在广大印度教徒心目中的神圣地位被不断强调，领土和边界的“神圣化”情感被持续强化。

21 世纪以来，随着印度经济的快速发展以及国家实力和国际地位的提升，印度国民的民族自豪感再度回升和高涨。2015 年 2 月，莫迪提出印度要做“领导力量”而不是“制衡力量”的目标；2017 年莫迪政府提出要建立一个安全、繁荣、强大的“新印度”愿景。而印度与中国在经济规模、经济结构上存在的落差，以及中国在南亚地区乃至全球范围内影响力的逐步提升，都刺激了印度在国家地位和国家利益方面的“敏感性”。一个典型的表现是，实力处于明显下风的印度在中印互动中却表现出了极强的进取心，双方综合实力差距越大，印度压迫式的“问题外交”策略就越明显，在领土争端、边界问题上，印度都以“问题外交”的方式采取咄咄逼人的姿态③。

三、印度媒体的“强势表达”

综上所述，印度的崛起唤醒了印度民众的民族自豪感，以及随之而来的追求大国地位的心理诉求；但印度与中国之间的实力差距，再一次“刺痛了”印度敏感的“民族自尊心”；对领土和边界的“神圣化”情感，致使印度在边界问题上倾向采取冒进的态度。基于文化心理的情感投射强化了印度对华的强硬态度，并因此借助对关系认知的影响而对其主流媒体建构中国经济形象产生间接影响。与此同时，高度敏感的民族自尊心和“神圣化”的领土意识在印度主流媒体建构中国经济形象的话语策略中亦有直接体现。

第一，“被泛化”的边界议题。“敏感”“神圣化”的民族情感和领土意识使得印度对边界问题保持着高度的敏感性和强势的进取心。2020 年 5 月后，中印

① JETLY N. India China relations，1947—1977：a study of Parliament's role in the making of foreign policy [M]. New Delhi：Radiant publishers，1979：19.

② 陈小萍. 印度对华安全认知与政策选择：印度教民族主义的视角 [J]. 南亚研究季刊，2018 (3)：7-14.

③ 叶海林. 身份认知偏差对中印关系前景的影响 [J]. 印度洋经济体研究，2020 (3)：1-12.

在边界地区发生多起对峙和冲突事件，印方不仅没有低调、冷静处理，反而通过军政高层访问一线部队、向前线增派兵力、对华采取经济反制措施等一系列行为，进一步煽动国内民族主义情绪。加勒万河谷冲突以来，莫迪政府采取了海关暂停中国商品清关、禁用上百种中国移动应用程序、加快对华反倾销调查审理速度、禁止中国企业参与印度基建项目投标等诸多举措①。这种激烈的民族情感在《经济时报》涉华经济报道中表现为强烈的情感投射与情感转移。对涉及边界问题的报道文本的词频分析显示（如图 6-10），企业、品牌、产品、应用程序类词汇（BRANDS、COMPANIES/COMPANY、PRODUCTS、APPS、XIAOMI、HUAWEI、OPPO）构成了该类报道中主要的高频词群，《经济时报》在报道边界冲突时，会着重强调印度政府因为边界冲突而对中国企业采取的强硬措施，将边界冲突中的对抗性情绪（tensions、sentiment、anti、boycott），大幅地投射到中国的企业、品牌和产品上，着力煽动"反华情绪"和"对华产业替代"的舆论氛围。

图 6-10　边界议题报道文本的高频词

第二，"印度中心"的本位意识。伴随印度国家实力的发展，高度敏感的民族自尊心使得印度民众特别是印度中产阶级渴望看到印度在 21 世纪能够步入强国之列，能够跻身世界的中心。《经济时报》涉华经济报道的话语策略亦在一定程度上迎合了这种民族主义的诉求，体现出明显的"印度中心"的本位意识。

如我们在第三章中所呈现的（如图 3-70），"India"是《经济时报》涉华经

① 楼春豪. 印度对华政策的转变与中国的政策反思［J］. 现代国际关系，2020（11）：26-34.

济报道标题文本中频次仅次于“China”的高频实词。“China”之所以是频次最高的名词，是因为它是我们检索涉华经济报道样本时的检索关键词。而“India”紧随“China”之后，说明其在《经济时报》涉华经济报道中占据非常核心的话语地位。这种将本国置于高频核心地位的特点，与美国《华尔街日报》有相似之处，但与英国、日本、墨西哥的媒体形成显著差异。

而在《经济时报》涉华经济报道的第一大议题——“企业动态”议题中（327 篇，36.58%），“India”甚至远远超过了我们的样本检索关键词“China”“Chinese”，在话语网络中处于绝对的中心位置（如图 6-11）。相关报道或者关注中国企业开拓和经营印度市场的努力与困难，或者关注印度政府针对中国企业的禁令等政策，建构出“印度主导”“印度中心”的经济场景。比如，2018 年 6 月 15 日的报道指出中国汽车制造商发现中国汽车制造业想要进军印度市场并非易事①；2019 年 2 月 9 日的报道指出，对于美国和中国的应用程序来说，印度已经成为其争夺的关键战场②；2020 年 7 月 27 日的报道强调印度政府已经禁止国有运营商从中国的华为和中兴采购设备，敦促私营电信公司在不影响消费者服务的情况下逐步更换中国设备③。

第三，“一国独白”的话语权结构。印度敏感的民族情感和地位意识，还反映在其主流媒体对待各国声音的立场和策略中。对《经济时报》涉华经济报道中消息来源使用偏向的分析显示，《经济时报》对包括中国在内的所有外国消息来源均采取了“低广度、低密度”的使用偏向，呈现出印度“一国独白”的话语权结构。

---

① Not all Chinese firms are having easy time in India [N/OL]. The economic times, 2018-06-15 [2024-12-03]. https://gtyiqteemqj8w4qeejyzee77tejqe7ss9elk9-s-a2097. bj. tsgdht. cn/redir/default. aspx? P=sa&an=ECTKOL0020180615ee6f0000d&drn=drn%3aarchive. newsarticle. ECTKOL0020180615ee6f0000d&cat=a&ep=ASE.

② TikTok makes move to take bad content by the horns [N/OL]. The economic times, 2019-02-09 [2024-12-03]. https://gtyiqteemqj8w4qeejyzee77tejqe7ss9elk9-s-a2097. bj. tsgdht. cn/redir/default. aspx? P=sa&an=ECTIM00020190208ef2900023&drn=drn%3aarchive. newsarticle. ECTIM00020190208ef2900023&cat=a&ep=ASE.

③ Huawei's India unit employs 700 staffers [N/OL]. The economic times, 2020-07-27 [2024-12-03]. https://gtyiqteemqj8w4qeejyzee77tejqe7ss9elk9-s-a2097. bj. tsgdht. cn/redir/default. aspx?P=sa&an=ECTKOL0020200727eg7r00002&drn=drn%3aarchive. newsarticle. ECTKOL0020200727eg7r00002&cat=a&ep=ASE.

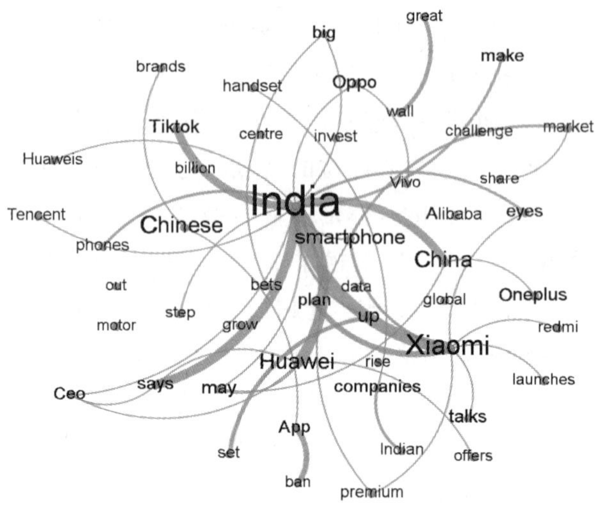

图 6-11 "企业动态"议题标题文本的语义网络图

以 2020 年 1 月 1 日至 2020 年 11 月 30 日的涉华经济报道为例（如图 6-12）①，《经济时报》涉华经济报道主要使用了印度（东道国）的消息来源（67%、2.62）；来自中国和他国的消息来源均仅在 17%的报道中被采用，且使用密度

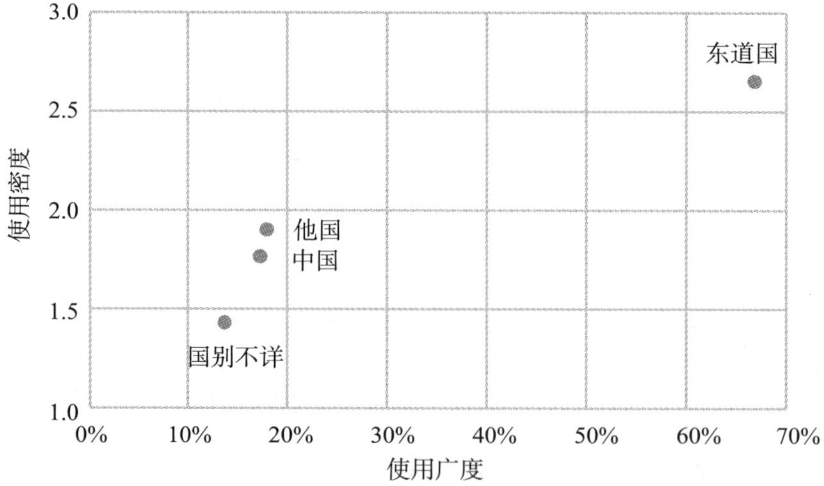

图 6-12 《经济时报》各国别消息来源使用度

（1.77、1.91）也远低于印度本国消息来源。这与美国、英国、日本、墨西哥四

① 有关消息来源使用偏向的数据统计和分析方法，详见本书附录 3：消息来源使用偏向的变量设计与分析方法。

国的媒体形成了鲜明的对比。美国《华尔街日报》和英国《金融时报》都给予了中国消息来源和美国消息来源较高且基本相当的关注（参见前文中的图 6-9），《日本经济新闻》中来自中国的消息来源具有最高的使用广度（参见图 6-2），墨西哥《金融家报》主要使用来自美国的消息来源（详见第四章），只有印度《经济时报》将本国消息来源作为唯一的主要消息来源。

进一步对《经济时报》涉华经济报道中各类型消息来源组合关系的分析显示（图 6-13），整个消息来源网络呈现出典型的“单中心”的特点。印度（东道国）企业是点度中心度最大的节点（391），并与印度本国的政府、社团组织、专家智库以及媒体形成相对紧密且正向的关系（边颜色灰色表示两者话语之间态度一致、相互支持的关系），印度之外的消息来源则全部处于网络的边缘位置。借助对印度声音广泛、密集的使用，《经济时报》建构出垄断型的经济话语。

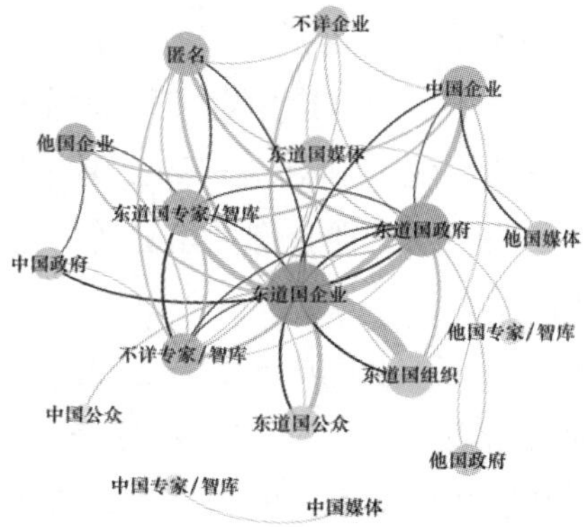

图 6-13　《经济时报》消息来源重组关系网络

第四节　基于社会经验的情感投射与中国经济形象的美国建构

基于社会经验的情感投射是社会互动不断重复的产物①，是社会网络中多重事件交互作用带来的连锁影响。美国从偏居北美大陆东海岸的殖民地合众国一跃成为世界历史上最为强大的霸权国，并借助军事、经济、价值观以及国际制度等多种手段，在相当长的时间内不断巩固自身的霸权地位，在实践中总结了一套美

① COLLINS R. Interaction ritual chains [M]. Princeton: Princeton University Press, 2004.

国式的经验。这些经验会影响其情感态度和认知模式。本节我们以美国为例，探讨基于经验的情感投射及其对国家经济形象建构的影响。

一、基于争霸经验的“安全警惕”

自 1607 年英国在北美洲建立第一块殖民地——弗吉尼亚殖民地，至两次世界大战后美国超越英国成为世界唯一超级大国，美国在约三百年的历史中，积累了从争取独立到争夺霸权的“成功”经验。这一经验塑造了美国的国家性格，也为美国认知世界的方式镀上了独特的底色。

1775 年到 1783 年的独立战争是美国与英国之间的第一次交战。借助这场长达八年的战争，十三个殖民地成功脱离英国的统治，美国实现了追求独立地位的目标。独立战争结束后，为了巩固战争成果，美国采取了一系列战略行动：一是逐步建立了一个稳定的政治体系，制定了《美利坚合众国宪法》；二是通过建立银行、征收关税、设立国债等一系列举措稳定和发展国家财政；三是积极寻求与欧洲国家的合作，扩大自身的影响力和利益；四是通过购买和战争掠夺的方式，从法国和西班牙手中获得了路易斯安那、佛罗里达等大片土地，将领土范围从大西洋沿岸扩展到了太平洋沿岸。

1812 年到 1815 年的美英战争是美国与英国之间的第二次交战，这次战争亦成为英美两国发展轨迹的转折点。独立战争后，英美之间的利益之争并未停止。英国为了维护自身利益、削弱法国的经济实力，借助强大的海军力量实施了大规模的海上封锁。英国的海上封锁限制了美国与法国的贸易，影响了美国的经济利益和航海自由。为了打击英国的海上霸权，削弱英国在北美的影响力，并占领作为英国殖民地的加拿大，美国决定采取军事行动来对抗英国。这场战争以 1815 年的停战协议而结束，极大地增强了美国人民的民族自豪感，也促使美国开始重视并加强国防建设和海军力量，并在经济上摆脱对英国的依赖，建立了独立的资本主义经济体系。

19 世纪后半叶美国工业生产超过英国，跃居世界首位，工业总产值接近于英、法、德三国的总和①；美国的军事实力，尤其是海军实力也已升至仅次于英国的世界第二位②。两次世界大战期间，美国不断投入资源研发新的军事技术，不

① 余志森. 崛起和扩张的年代 [M]. 北京：人民出版社，2001：83.

② 黄正柏，梁军. 从冲突到和解：近代英美关系考察 [J]. 史学集刊，2006（5）：37-46.

仅使得美国在军事上具备了无可匹敌的优势，而且借助出售军火为美国在全球经济中的地位奠定了坚实的基础。实力的不断上升和在经济上的绝对优势使美国开始重新审视自身与全球的关系，并期望能在国际舞台上扮演关键的大国角色①。美国军官豪斯上校曾明确向英国宣告："美国无论如何也不会再心甘情愿地屈从于大不列颠对海洋的独占统治。我们有更多的钱、更多的人、更多的自然资源。"②

美国通过建立北约等军事联盟以及积极介入战后欧洲秩序的重建，取代了英国在欧洲地区的主导地位；通过扶持亲美政权、加强军事合作等方式，扩大其在亚洲和拉丁美洲地区的影响力；通过推动联合国的成立、布雷顿森林体系的建立，确立了其在全球体系中的领导地位。与之相对，第二次世界大战后，英国虽获得了战争的胜利，但经济却遭受了重创，曾经的大英帝国再也无力承担殖民地的负担。至此，美国成功实现了从英国到美国的权力转移，成为全球经济实力、军事实力最为强大的国家。

1949 年，苏联成功试爆了自己的原子弹，打破了美国的核垄断。与此同时，苏联在欧洲地区寻求与美国"平起平坐"的目标，让美国感受到了挑战。美国迅速调整国家安全政策，发起与苏联之间的核军备竞赛乃至太空武器竞赛，以保证自身军事实力的领先地位；借助科技创新，保证自身的经济优势；并借助外交政策形成反苏联盟。1991 年，伴随苏联解体，美苏冷战结束，美国由此成为国际格局中的唯一超级大国。

美国从曾经的英国殖民地到取代英国成为全球霸主的亲身经历，使得美国一直奉行权力政治的逻辑，认同"修昔底德陷阱"的理论，认为"新兴大国必然会挑战守成大国的地位"。21 世纪以来快速崛起的中国，也因此被美国视为自身地位的挑战和威胁。美国的争霸经历，强化了其对中国崛起的"警惕"情绪，使得其对中国的战略意图浮想联翩，对中国无害或善意的举动疑虑重重。

二、基于霸权护持经验的"遏制信心"

成为国际格局中的唯一超级大国和霸权国后，美国采取了一系列的战略举措来维护其霸权地位，并在此过程中不断累积霸权护持的经验。美日贸易摩擦就是美国维护霸权的典型案例。

---

① 孙学峰. 地区安全秩序与大国崛起 [J]. 当代亚太，2018 (6)：4-44.

② 宋微. 美国对英战略与霸权转移 [J]. 美国研究，2015，29 (4)：47-68.

二战结束后，为削弱日本的军事实力，确保美国在日本的特权以及在亚太地区的利益，美国对日本进行了非军事化、民主化改革，推行了一系列社会改革政策。在美国的支持下，日本经济迅速恢复，与美国的经济联系也日益紧密。

在贸易立国战略的主导下，日本产业结构不断升级，制造业全面崛起，日本具有竞争力的商品大量进入美国市场。1965 年，日本首次出现对美国的贸易顺差；1968 年，日本对美贸易顺差已经达到 11 亿美元①。这让美国的经济地位遭受了冲击和挑战。美国国际关系学者罗伯特·基欧汉曾言："20 世纪 60 年代中期以后，美国在世界政治经济中的主导地位受到……日本经济快速发展的挑战。"②

为了逆转美国在对日贸易中的不利局面，消除日本经济发展对美国"全球最大经济体"地位的威胁，美国迅速采取对日强硬措施：先后迫使日本签署纺织品、钢铁、彩电、汽车、半导体等众多行业的贸易协定，要求日本"自愿限制出口"和进行价格控制；通过《广场协议》，迫使日元大幅升值来削弱其经济竞争力，从而缓解对日赤字；给日本经济体制和贸易体制打上异质论的标签，迫使日本与其达成《日美结构性障碍协议》③，要求日本必须重塑其政治经济体制，按照美国的要求向美式资本主义模式靠拢④。

在美国对日本的一系列遏制举措后，日本的经济增速和通胀水平双双下行。为了刺激经济，日本政府采取了宽松的货币政策。然而，这一政策导致大量资金涌入金融和房地产市场，加剧了日本经济泡沫化的趋势。同时，美国的施压也加剧了日本经济的衰退。从 20 世纪 80 年代末至 90 年代初，日本经历了一场极为严重的泡沫经济现象。泡沫破裂后，日本经济陷入了长达十年的衰退期⑤。美国通过各种贸易政策成功遏制了日本的发展，稳固了自己的经济霸主地位。

对日本经济的遏制经历给予了美国鼓舞和信心，使其习惯性地将经济遏制作

---

① 周泽红. 日本应对贸易摩擦的经验及启示：以日美贸易摩擦为例 [J]. 现代日本经济，2006 (1)：25-29.

② 基欧汉. 霸权之后：世界政治经济秩序中的合作与纷争 [M]. 苏长和，信强，何曜，译. 上海：上海人民出版社，2016：6.

③ 熊光清. 日美贸易战的起因及影响：从美国霸权护持战略角度的审视 [J]. 日语学习与研究，2019 (6)：1-7.

④ 樊勇明，贺平. 经贸摩擦与大国崛起：日美经济战对中国的启示 [J]. 日本学刊，2006 (3)：99-110.

⑤ 熊光清. 日美贸易战的起因及影响：从美国霸权护持战略角度的审视 [J]. 日语学习与研究，2019 (6)：1-7.

为维护其经济霸权的手段。自 2010 年起，中国对美国的贸易顺差呈现逐年增长的趋势，中国在技术和产业升级方面的快速发展，也对美国经济构成了一定压力。为维护其经济霸权地位，美国迅速采取对华遏制战略，不断推动经济和技术领域的对华“脱钩”，企图通过双边和多边自由贸易协定将中国排挤出自由贸易体系，以规则的方式对中国形成合围和遏制之势①。

三、美国媒体的“渲染型”叙事

美国基于争霸经验的“安全警惕”和基于霸权护持经验的“遏制信心”，强化了美国对中国的“竞争性”关系认知。而如第五章所述，关系的认知和锁定是影响国家经济形象建构的重要因素，由此，情感因素可以借助关系认知对国家经济形象建构产生间接影响。除此之外，上述情感因素亦在其主流媒体建构中国经济形象的话语策略中有直接体现。对《华尔街日报》涉华经济报道的分析可以发现，相关报道呈现出基于警惕的“紧张性”话语特征，以及基于信心和希望的“夸大性”叙事特征。

第一，基于安全警惕的“紧张性”话语。如前所述，美国自身的争霸经验，巩固了其“修昔底德陷阱式”的思维模式，加剧了其对崛起国可能带来的权力挑战的警惕。这种警惕型情绪在《华尔街日报》涉华经济报道中表现为“警觉型”“紧迫性”“对立型”的话语特征。

一方面，《华尔街日报》涉华经济报道高度关注中国经济对美国的影响，呈现出基于警惕的“警觉型”特征。对《华尔街日报》涉华经济报道标题文本的高频词分析显示（参见第三章中的图 3-1），“U. S. ”是紧随我们的样本检索关键词“China”后的第二大高频词，与“China”存在高度的共现关系，说明《华尔街日报》倾向在中美关系中解读中国经济，高度关注中国经济与美国的关系、对美国的影响。例如，在报道中国农业经济面临猪瘟困境的同时，指出这种波动对美国相关产业的影响和冲击②；在报道疫情下中国对跨国旅游的限制政策时，强调

① 沈伟. “修昔底德”逻辑和规则遏制与反遏制：中美贸易摩擦背后的深层次动因［J］. 人民论坛·学术前沿，2019（1）：40-59.

② U. S. hog futures soar as China continues to fight swine fever; Chinese pork production down roughly 30% from last year as farmers struggle to limit spread of illness in herds [N/OL]. The wall street journal, 2019-03-27 [2024-12-04]. https://gtyiqteemqj8w4qeejyzee77tejqe7ss9elk9-s-a2097.bj.tsgdht.cn/redir/default.aspx?P=sa&an=WSJO000020190327ef3r0025t&drn=drn%3aarchive.newsarticle.WSJO000020190327ef3r0025t&cat=a&ep=ASE.

该政策给美国企业的人力资源管理造成的困境①。

另一方面，《华尔街日报》涉华经济报道倾向借助表达紧迫性的副词，渲染中美之间关系的紧张性。比如 2018 年 3 月 21 日的报道《在美联储加息仅几小时后，中国央行上调了关键短期利率》(China's Central Bank raises key short-term interest rate; The move by the People's Bank of China comes just hours after the Fed raises rates)，在报道中国央行上调利率的政策举措时，强调这一举措的出台时间是“just hours after the Fed raises rates”(在美联储加息仅几小时后)，以凸显中美之间紧张的竞争关系。

除此之外，《华尔街日报》涉华经济报道还有一个明显的话语特征，即借助他指性转喻模式的高频词，渲染“强势政府”的隐性偏见，强化对立性情绪。如第三章中的图 3-1 所示，“Beijing”作为中国的政治中心，在《华尔街日报》涉华经济报道标题中的使用频次非常高，仅次于“China”“U. S.”“Chinese”“trade”，排名第五。而且“Beijing”常常被作为主语使用，例如，2018 年 6 月 6 日的报道《北京提出一项贸易协议》(Beijing Proposes A Deal On Trade)，以“Beijing”为主语点明中国政府在中美贸易战中的具体举措。这种用“‘北京’代‘政府’”的他指性转喻模式，会强化受众对处于意识形态体系不同阵营的国家的负面情绪②。《华尔街日报》大量采用该转喻，并将其作为主语使用，会激活受众对“北京”的心理表征和意识形态定型，渲染一种“强势政府”的隐性刻板印象以及对“强势政府”的对立性情绪。

第二，基于遏制信心的“夸大性”叙事。美国自冷战后多次借助经济手段成功维护其霸权地位的护持经验，强化了美国借助贸易战、科技战、金融战来打压、遏制中国经济的“信心”与“希望”。相应地，《华尔街日报》作为美国主流媒体，也密切关注中美贸易战，并借助框架策略，将美国发动对华贸易战的行为“合理化”，将贸易战的效果“夸大化”，进而为美国政府的遏制战略争取舆论支持。

---

① China's travel curbs wall off U. S. executives [N/OL]. The wall street journal, 2020-08-18 [2024-12-03]. https://gtyiqteemqj8w4qeejyzee77tejqe7ss9elk9-s-a2097. bj. tsgdht. cn/redir/default. aspx? P = sa&an = J000000020200818eg8i00001&drn = drn%3aarchive. newsarticle. J000000020200818eg8i00001&cat=a&ep=ASE.

② 陈敏，周宜珊，倪锦诚. 中美政治语篇地名转喻的意识形态研究 [J]. 外语学刊，2018 (3): 38-43.

“中美贸易战”是《华尔街日报》涉华经济报道的首要议题，报道量在各大议题中位居首位（469 篇，29.70%）。相关报道密切关注贸易战进程，并综合运用事件、归因、影响框架，凸显发动贸易战的“必要性”与“有效性”。

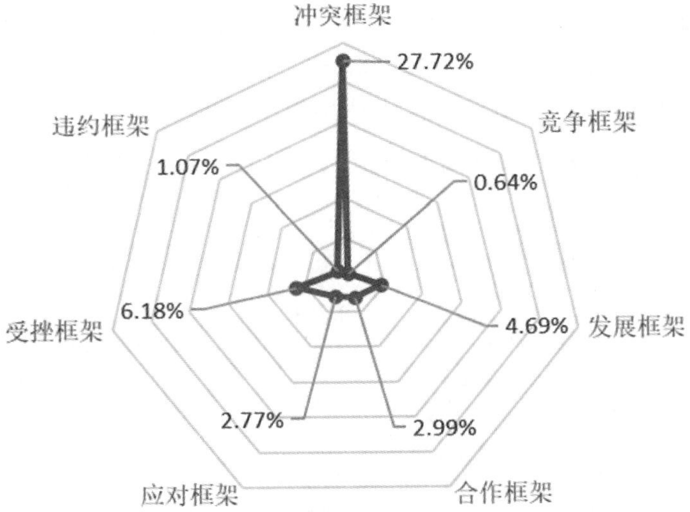

图 6-14　“中美贸易战”事件子框架占比

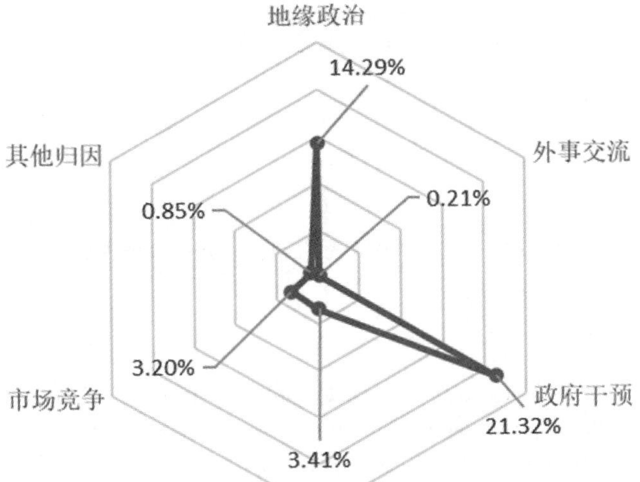

图 6-15　“中美贸易战”归因子框架占比

在事件框架中（如图 6-14），《华尔街日报》主要凸显冲突性事件或者事件的冲突性方面，通过高度关注中美间不断升级的关税战、科技战，夸大中美间的利益冲突。在归因框架中（如图 6-15），《华尔街日报》更多地采用“政府干预类”的归因类型，将中美贸易战归因为中国政府，从而为美国恶意打压中国的行为寻找借口。在影响框架中（如图 6-16），《华尔街日报》借助以“利益受损”为主的子框架，凸显中美贸易战对中国经济的打击，从而夸大对中国发动贸易战的效果。如 2018 年 9 月 30 日的报道声称日益激烈的中美贸易争端对中国经济造成沉重打击，中国制造商大幅削减产量，中国经济走势消极①；2018 年 10 月 31 日的报道则声称，美国有关芯片方面的供应禁令使得中国在半导体领域的发展面临威胁②。

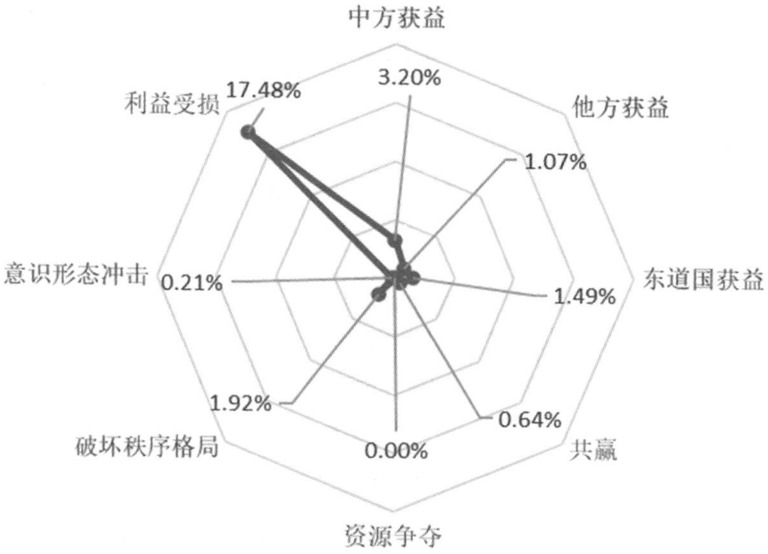

图 6-16　“中美贸易战”议题影响子框架占比

① China's economy losing steam as trade conflict with U. S. intensifies; manufacturing slowdown boosts likelihood that Beijing will step up economic stimulus measures [N/OL]. The wall street journal, 2018-09-30 [2024-12-04]. https://gtyiqteemqj8w4qeejyzee77tejqe7ss9elk9-s-a2097. bj. tsgdht. cn/redir/default. aspx? P=sa&an=WSJO000020180930ee9u0008d&drn=drn%3aarchive. newsarticle. WSJO000020180930ee9u0008d&cat=a&ep=ASE.

② U. S. blunts China's semiconductor push: Beijing-backed chip maker faces threat to its business because of supply ban [N/OL]. The wall street journal, 2018-10-31 [2024-12-03]. https://gtyiqteemqj8w4qeejyzee77tejqe7ss9elk9-s-a2097. bj. tsgdht. cn/redir/default. aspx? P=sa&an=J000000020181031eeav00013&drn=drn% 3aarchive. newsarticle. J000000020181031eeav00013&cat=a&ep=ASE.

第五节　国家经济形象建构的情感投射模型

克劳福特（Neta C. Crawford）曾指出，“国际政治中，情感无处不在，情感不言自明”①。以国际社会的对华认知为例，面对中国经济发展的客观数据，国际社会中产生了“中国威胁论”“中国崩溃论”“中国和平崛起”等不同的认知。面对同样的事实和信息，却得出了不一样的结论，“情感过程发挥了重要作用”②。本章我们将情感因素纳入国家经济形象建构的体系中，以日本、英国、印度、美国为例，探讨民族国家间情感投射的激活机制，以及情感投射在该国建构他国经济形象中的间接作用和直接影响，提出并初步检验了国家经济形象建构的情感投射模型（如图 6-17）。

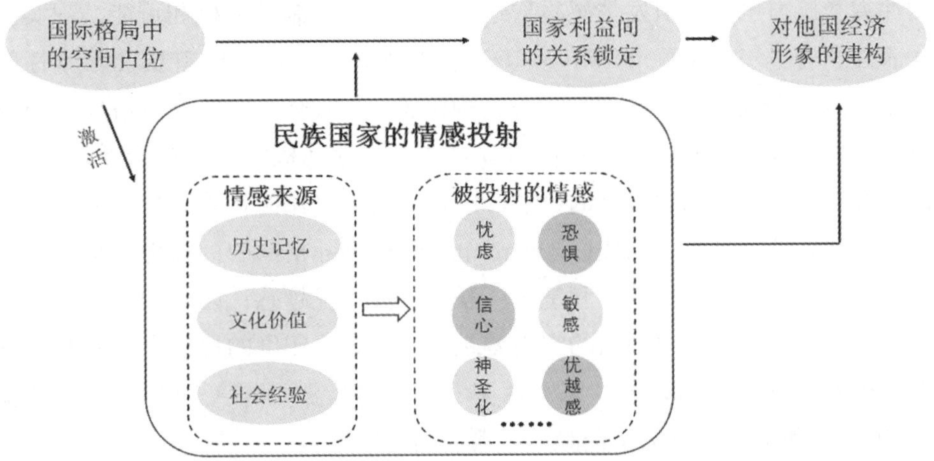

图 6-17　国家经济形象建构的情感投射模型

国家经济形象建构的情感投射模型强调民族情感在国家经济形象建构中的重要作用，亦即民族国家内部的民众情感因素在国际关系和国家行为中的重要作用。具体来说，该模型强调了以下几个观点：

第一，民族国家所经历的历史事件以及由此形成的集体记忆，民族国家的文化心理和价值取向，民族国家在互动中累积的社会经验，都会转化为该国家独特

① CRAWFORD N C. The passion of world politics [J]. International security，2000，24 (4)：116-120.

② MERCER J. Emotional beliefs [J]. International organization，2010，64 (1)：1-31.

的民族情感。集体记忆理论认为集体记忆反映了整个族群的发展历程和共享的历史经验，这些经验是族群情感的基本来源；心理文化学的研究强调由人所形成的社会文化会塑造出独特的国民心理和情感；社会互动理论强调人们在社会互动中形成的共同经验和认知会转化为一种群体性的情感。因此，我们看到，中日战争成为横亘在中、日两国间的情感阻碍；英国的帝国历史塑造了其根深蒂固的民族优越感和挥之不去的英联邦情结；宗教文化和阶序意识塑造了印度国民超自然中心的心理取向、高度敏感的民族自尊心以及对领土的神圣化情感；而美国从争取独立到争夺霸权的争霸经验，以及二战后成功维护经济霸权的遏制经验，强化了美国的权力政治逻辑和对遏制战略的“信心”与“决心”。

第二，国际格局中的空间占位，会激活民族国家的情感投射机制。情感投射是个体在减少负面体验或者解决冲突时的一种心理防御机制，而民族国家因其面临的冲突和压力也存在引发情感投射这一心理防御机制的动机和可能。现实主义的代表性学者华尔兹（Kenneth Waltz）曾明确指出，国家的首要和根本性的动机是生存以及表现为生存的国际权力结构位置①。国家在国际权力格局中的空间占位一旦面临挑战，就意味着其作为首要和根本性动机的“生存”面临了压力，进而具备了激活情感投射机制的可能。中日间实力对比的显著变化，激活了日本历史上的“尊崇”记忆和近代以来的战争记忆；国际格局中的权力转移激活了英国基于帝国历史的民族优越感和基于英联邦的文化优越感；印度的崛起激活了其民族自豪感，而印度与中国间的实力差距，又刺激了印度的民族自尊心和“神圣化”的边界情感；全球权力“东升西降”的趋势，激活了美国基于争霸经验的“安全警惕”和基于霸权护持经验的“遏制信心”。

第三，国际格局的空间占位会影响该国对国家间利益关系的认知和战略选择，而民族国家的情感投射会调节空间占位的这一影响，进而对建构他国经济形象发挥间接作用。修昔底德在阐述伯罗奔尼撒战争爆发原因时强调了“恐惧”这一因素的核心地位：“导致战争不可避免的原因是雅典人不断增长的权力在斯巴达人中间引起的恐惧。”② 换句话说，导致战争的直接因素并不是“雅典人不断增长的权力”这一客观事实，而是这一事实“在斯巴达人中间引起的恐惧”，是

① 华尔兹. 国际政治理论［M］. 信强，译. 上海：上海人民出版社，2003.

② CRAWFORD N C. The passion of world politics［J］. International security，2000，24（4）：116-120.

"恐惧"这一情感决定了斯巴达人对自己与雅典人之间权力和利益关系的认知，进而引发了战争这一行为。这一影响机制在日、英、印、美四国的案例中亦得到验证。日本对中国的"尊崇"记忆强化了日本对国家地位的忧虑，日本对中国的战争记忆强化了日本对国家安全的担忧；英国基于帝国历史的民族文化优越感，强化了其追求大国地位、维护全球影响力的目标；印度"敏感"而"神圣化"的民族情感强化了其对中国的"威胁性"认知和在边界争端中的极端、冒进态度；美国的"安全警惕"和"遏制信心"强化了其对中国的"竞争性"关系认知、促进了对华遏制战略的实施。从这个意义上讲，不是国家在权力格局中的空间占位本身，而是空间占位引发的情感投射，塑造了国家间关系的基调与发展轨道。而我们在第五章中已经论证了国家间利益关系的认知和锁定对国家经济形象建构的影响，因此，民族国家的情感投射可以通过调节空间占位对国家利益关系锁定的影响，进而对建构他国经济形象产生间接作用。

第四，除了上述间接影响的路径外，民族国家的情感投射也会对该国建构他国经济形象产生策略层面的直接影响。语言或者文字形式，是表达情感的重要方式①。因此，民族国家的情感投射也会直接影响其主流媒体的表达策略和话语风格。受日本双重"忧虑"的影响，日本媒体呈现出"消沉式"建构的特征；在民族文化优越感的熏陶下，英国媒体呈现出"稳健持重"的话语风格；印度"神圣""敏感"的民族情感，在印度媒体中表现为"印度中心"的强势表达；美国的"安全警惕"和"遏制信心"使得美国媒体一方面渲染"中国威胁"，另一方面夸大遏制效果。

需要说明的是，一国对另一国的情感投射可能不是单一类型的，而是颇为复杂的多类型交织状态。基于我们的研究目的，我们仅选择了各国最具特点的情感投射类型来论证情感投射对国家经济形象国际建构的影响路径。

---

① 郝拓德，罗斯，柳思思. 情感转向：情感的类型及其国际关系影响［J］. 外交评论报（外交学院院报），2011，28（4）：40-56.

第七章　国家经济形象建构的理论模型与实践路径

美国、英国、印度、日本、墨西哥在国际格局中占据不同的权力位置，与中国之间存在差异化的利益关系，并基于社会经验、历史记忆和文化价值拥有不同的民族情感，对五国主流媒体建构中国经济形象的比较研究，有助于揭示国家经济形象国际建构中的普遍性规律与特殊性差异，进而帮助我们形成对国家经济形象建构的理论思考和实践对策。

第一节　国家经济形象建构的国际互动模型

基于对五国媒体报道的分析，我们在前三章中分别提出并初步检验了国家经济形象建构的空间占位模型、关系锁定模型和情感投射模型。这三个模型共同构成了国家经济形象建构的国际互动模型（如图 7-1），本节我们将对模型中的概念与关系作进一步的解释与检验。

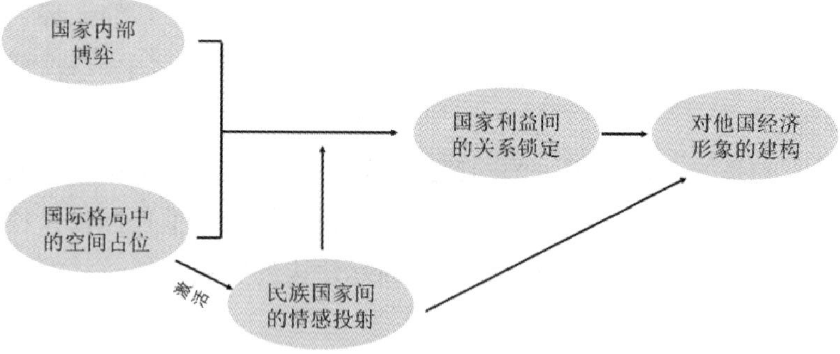

图 7-1　国际经济形象建构的国际互动模型

一、模型的再解释：关系的视角

包含国际体系、国家和个体的三层次框架是国际关系研究中用以解释国家行为的经典分析框架，不同范式下的大量研究强调和揭示了三个层次的作用机制，从而帮助我们形成了理解国家行为的互补性视角。大国博弈背景下，一国主流媒体对他国国家经济形象的建构是反映国家意志的行为，具有国家行为的属性，因此也会如其他类型的国家行为一样，受到国际体系、国家和个体层次的综合影响。

第一，国际体系中国家间的权力分配状态是影响一国主流媒体对他国经济形象建构的重要因素，但这种影响是借助利益认知这一中介因素而产生的。

国际体系是国际关系中现实主义和建构主义研究所强调的分析层次①。现实主义者关注国际体系中国家间的权力分配状态及其影响，认为在单极、两极、多极的权力体系中会产生不同的行为模式，新现实主义也因此被称为结构现实主义。建构主义则强调国际体系对国家行为的影响是借助其对国家身份和国家利益的建构而实现的，认为国际体系结构不仅仅影响行为体行为，更重要的是建构了行为体的身份和利益。不同的体系结构会建构出不同的身份认知、自我利益以及有关怎么实现利益的信念，而正是有关自我利益以及如何实现利益的认知和信念，指导了不同的国家行为②。

我们整合现实主义和建构主义对体系结构的理解，强调体系结构兼具现实主义所强调的物质性和建构主义所强调的观念性，并最终借助对何为国家利益以及如何实现国家利益的认知和信念产生实在影响。因此，国际经济形象建构的国际互动模型指出，国际体系中各国间的权力分配状态使得各国在国际权力格局中占据了不同的空间占位，这种空间占位会影响国家对国家利益以及国家间利益关系的认知和判断，进而影响国家主流媒体对他国经济形象的建构。比如，美国的霸权国占位使得其将霸权护持作为主要目标，并因此将崛起大国锁定为战略竞争对手，对崛起大国的经济形象进行全面遏制下的“冲突性”建构和“他者化”消解；印度的崛起国占位使得其将谋求更高占位作为主要目标，并因此将同区域的其他崛起国锁定为区域竞争对手，对同区域崛起大国的经济形象进行区域竞争下的“对抗式”建构；墨西哥的依附国占位使得其将维护稳定、保障安全作为主要目标，并因此对依附对象国的博弈对手保持警惕性关注。

第二，对国家间利益关系的认知和判断是影响一国主流媒体对他国经济形象建构的关键因素，而这种对利益关系的认知和判断是国际国内多元利益在动态博

① 明斯特，阿雷奎恩-托夫特. 国际关系精要［M］. 潘中岐，译 . 7 版. 上海：上海人民出版社，2018：108.

② 温特. 国际政治的社会理论［M］. 秦亚青，译. 上海：上海人民出版社，2014.

弈中形成的当下共识。

国家是国际关系中现实主义和自由主义研究所强调的分析层次①。现实主义者一般持国家中心主义的观点，认为国家是作为一种自治的单一行为体在一定的国际体系结构中采取行动的，并认为在无政府状态的国际体系中，追求相对权力的最大化进而保障国家安全，就是最核心的国家利益。在现实主义者看来，每个国家都在不断地追求相对权力的最大化，追求自身权力优势的最大化，因此，冲突必然会成为国家间的普遍关系。自由主义者则认为国家是一个多元舞台，其功能在于维持博弈的基本规则。这些规则确保多元化权力主体的利益诉求得以在政治博弈中公平而有效地竞争。在自由主义者看来，不存在清晰或一贯的国家利益，而是有很多类型的利益，这些利益在国际-国内双层次的博弈框架中彼此竞争，进而达成一种相对共识②。

我们承认国家安全在国家利益中的核心地位，但同时强调国家还存在其他类型的利益（比如发展）；将哪些利益纳入国家利益的范畴并置于相对优先的级别，既受到国际格局中权力分配状态的影响，也受到国内利益团体博弈的影响。而国家在追求国家利益的过程中会与他国的利益产生冲突、竞争、合作等不同性质的关系，这种关系会促使国家采取应对行为，进而生成不同的互动方式。因此，国家经济形象的国际建构模型，强调国家对国家间利益关系的认知和判断的重要性，指出对利益关系类型和性质的认知、判断以及进一步的锁定是影响国家主流媒体对另一国经济形象建构的关键因素，而这种利益关系的认知和判断既受到国际格局中权力分配状态的影响，也受到国内多元化利益博弈的影响，并因此具有主观性和可变性。

比如，日本将对华关系锁定为政经分离的分域竞合关系，因此日本媒体在建构中国经济形象时也体现出政治逻辑和经济逻辑并重的“协调型”建构特点，而政经分离的对华关系锁定是日本基于经济强国、政治小国、军事弱国的占位特征，以及日本经济发展困境和国内经济团体施压等综合因素所形成的战略认知。英国的守成国占位使得其将维护现有秩序和利益格局作为主要目标，并因此倾向借助均势战略在动态平衡中把握与大国之间的关系，但英国脱欧僵局所带来的政治经济风险，使

① 明斯特，阿雷奎恩-托夫特. 国际关系精要［M］. 潘中岐，译 .7 版. 上海：上海人民出版社，2018：134.

② 米尔纳. 利益、制度与信息：国内政治与国际关系［M］. 曲博，译 .3 版. 上海：上海人民出版社，2021.

得英国国内呈现出以短期政治利益取代长期经济利益、强化对美特殊关系路径依赖的趋势，进而增加了英国对华关系的不确定性，英国媒体对中国经济形象的建构也随着关系认知的动态变化而呈现出“摇摆式”特征。

第三，民族情感会因国际权力格局的变化而得以激活和强化，并通过介入形成利益共识的博弈，调节国际格局中空间占位对利益关系认知的影响。

个体层次是国际关系中自由主义研究所强调的层次。自由主义者认为，国家领导人和政治领袖因为直接参与国家决策，所以其个性特征和心理意象会在决策形成的博弈中发挥作用；私人个体则能够借助其资本或者资源优势，参与国家利益的博弈进程；而普通民众的主导性情绪和态度会对决策者造成舆论压力进而可以参与到国家决策的讨价还价中。我们在本书中重点关注的是国家内普通民众的主导性情感（即民族情感）对国家行为的影响。

首先，国家内的普通民众因为共同的历史和传统、共同的文化和习俗、共同的信念和价值观而形成共有的民族情感。其次，这种民族情感可以通过舆论压力的形式参与到有关何为国家利益的博弈进程中，进而强化或者削弱（即调节）各方博弈力量在利益关系锁定中的影响。比如美国蓝领工人的抗议情绪强化了美国政党的贸易保护主义思想和对“中国制造”的强硬立场；“9·11事件”后美国民众对恐怖组织的愤怒使得美国政府将对中国的定位从“潜在竞争者”转变为“反恐伙伴”。再次，民族情感往往会在特定的外在刺激下被激活，或者在精心的引导下被煽动和利用，比如在外敌入侵的情境下被激活的爱国主义情感，以及在政治斗争中被政党煽动的民粹主义。又比如，中日间实力对比的显著变化激活了日本历史上的“尊崇”记忆和近代以来的战争记忆，强化了日本对国家地位和国家安全的双重“忧虑”；全球权力“东升西降”的趋势，激活了美国基于争霸经验的“安全警惕”和基于霸权护持经验的“遏制信心”，进而强化了其对中国的“竞争性”关系认知，促进了其对华遏制战略的实施。

第四，除了通过参与形成利益共识的博弈过程进而对国家行为产生间接影响外，民族情感还会对国家媒体的表达方式和话语风格产生直接影响。语言或者文字形式，是表达情感的重要方式。比如当国家民众因感受到他国的蔑视和侮辱而产生屈辱性情感时，就会通过抬高自我和/或贬低他者的话语来补偿自我的负面认知和情感①。又比如，印度高度“敏感”的民族自尊心和“神圣化”的领土情

① 温特. 国际政治的社会理论［M］. 秦亚青，译. 上海：上海人民出版社，2014：231.

感使得印度媒体涉华经济报道建构出“印度中心”的经济场景和“一国独白”的话语权结构，体现了“强势型”的表达方式；英国的民族文化优越感使得英国媒体涉华经济报道呈现出“稳健持重”的话语风格；而日本的“忧虑型”情感则使得日本媒体的涉华经济报道体现出“消沉式”的叙事特征。

总体来说，国家经济形象建构的国际互动模型整合现实主义、自由主义和建构主义的取向，强调国家经济形象并非一个实体概念，而是一个关系概念；不仅取决于国家自身的经济实力和经济表现，而且在很大程度上取决于国家主体间的关系感知。物质性因素（比如国际格局中的权力分配）固然会影响一国对另一国经济形象的建构，但起到关键性作用的则是观念性因素，即一国对自身与他国之间利益关系的感知。正如奥林所言：“在一个不视对方为地位竞争者的国家眼中，即使国家实力出现相对下降，地位焦虑也将为零，比如美国并不会对卡塔尔产生地位焦虑，即使美国经济处于停滞状态而卡塔尔经历着全球最高的 GDP 增长率。”① 现实主义所关注的国际格局中的权力分配和相对权力位置、自由主义所关注的国内多元主体与利益的博弈，以及普通民众的共同情感，都会通过影响该国对自身与另一国之间利益关系的感知，最终影响该国媒体对另一国经济形象的建构。

这一模型基于国际关系的视角，尝试从国际体系、国家、个体三个层次揭示国家经济形象国际建构中的内在互动机制，从而为把握大国博弈这一战略背景下的国家经济形象建构的本质问题与深层规律提供了理论框架，并与已有的从新闻生产机制、个体信息与接收机制等微中观层次出发的国家形象生成机制研究形成了互补。

二、模型的再检验：五国媒体数据的横向比较

我们在第三章中运用国家经济形象的指标体系分别考察了美国、英国、日本、印度、墨西哥五国主流媒体中呈现的中国经济形象，在第四章到第六章中基于对各国媒体数据的实证分析，分别探讨了国际格局中的空间占位、国家利益间的关系锁定以及民族国家间的情感投射对各国建构中国经济形象的影响，进而提出并初步检验了国家经济形象建构的国际互动模型。这里，我们将对五国媒体数

① 杰维斯. 国际政治中的知觉与错误知觉 [M]. 秦亚青，译. 北京：世界知识出版社，2003：392.

据做一个整体的横向比较，基于五国数据间的共性与差异进行模型的再检验。

（一）五国媒体建构策略的比较

报道框架是媒体建构的重要策略，五国媒体对报道框架的使用偏向可以成为窥探各国媒体建构差异的窗口。

第一，主导框架中的空间占位差异。比较来看，英国、日本、印度三国媒体的涉华经济报道都以事件框架为第一大框架，而美国和墨西哥则分别以归因和影响为主导框架（如图 7-2）。主导框架的差异折射出美国引导国际舆论的强势意图。美国的霸权国地位，以及将中国视为“战略竞争对手”的关系认知，使得美国媒体倾向借助归因框架，强势引导国际社会对中美贸易战和中国经济活动的价值判断，强化在解释中国经济议题上的话语霸权。与之形成鲜明对比的是，墨西哥的媒体几乎不参与归因讨论，而主要关注中美贸易战的影响，折射出依附国的“小国心态”和对外界环境的敏感性与脆弱性。

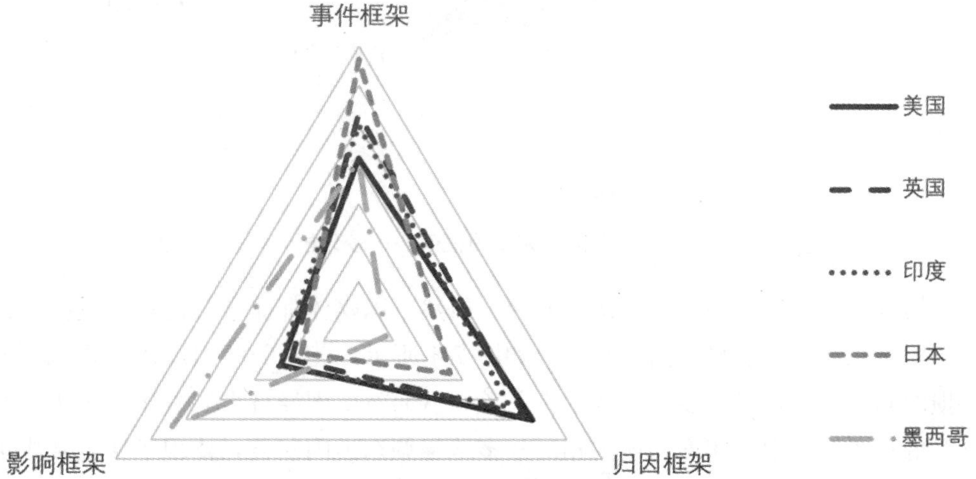

图 7-2 五国媒体报道框架的整体比较

第二，归因框架中的关系锁定差异。虽然美国、英国、日本、印度四国媒体的归因类报道都以政治类归因为主，但亦反映了价值立场以及关系认知上的显著差异。如图 7-3 所示，美国媒体尤其强调政府干预，有超过一半的归因报道将经济现象和经济活动的原因归为（中国）政府的干预和介入，从而将中国经济“高度意识形态化”，给中国经济贴上“非市场经济”的标签，服务其借助意识形态工具削弱中国经济合法性和影响力的遏制意图。与美国相比，英国和印度在强调政府干预的同时，也会强调地缘政治这一因素，说明两国媒体虽然在意识形态层面体现出紧跟美国论调的趋势，但仍会基于中美间地缘政治冲突的角度理解中美贸易战等经济事件，而没有一味地接纳美式归因，反映了英国、印度在中美问题中的第三方立场，以及它们对自身与中美两国利益关系的认知和权衡。而日本媒体在强调政治归因的同时，还会强调市场归因，体现出政治逻辑和经济逻辑并重的特点，这与日本政经分离的对华关系形成呼应。

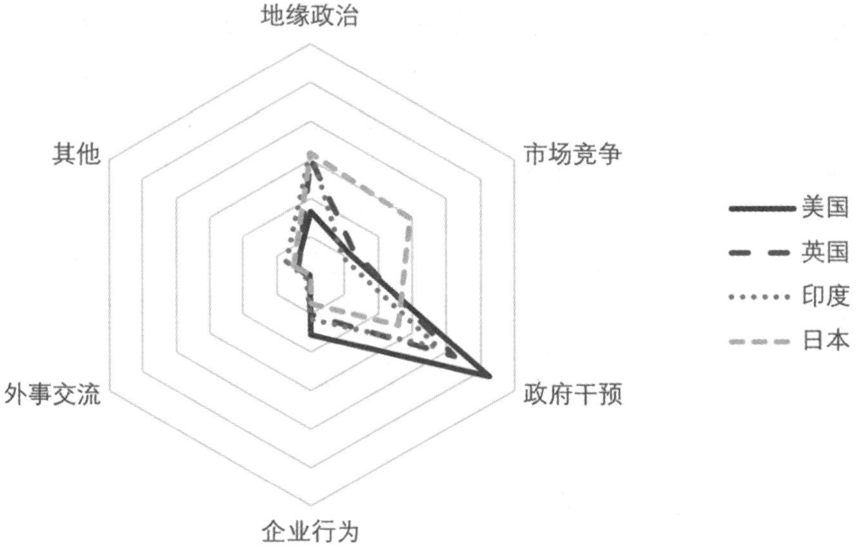

图 7-3　五国媒体归因框架的比较分析①

第三，影响框架中的利益认知差异。虽然五国媒体都非常关注利益受损类的影响，但也体现了明显的国家特色。如图 7-4 所示，英、美两国媒体在强调利益受损的同时，还相对较多地强调中方获益，从而将中国经济发展置于"损人、利己"的对立框架中。印度媒体则相对较多地强调东道国获益，体现了印度在中美贸易战中渔翁得利的心理和"对华产业替代"的期待，这与印度对华"崛起之争"的关系定位直接相关。日本媒体相对较多地关注他方获益，强调中美贸易战给东亚其他国家"带来的机遇"，呼应了日本对中国区域影响力的高度关切和削弱中国区域影响力的战略意图。墨西哥媒体则相对较多地关注对经济秩序格局的影响，反映了区域性经济依附国对现有经济秩序的高度依赖与担忧。

第四，事件框架中的国家情感投射。如图 7-5 所示，中国经济的快速发展是

① 墨西哥《金融家报》采用归因框架的报道较少，因此未在图中呈现。

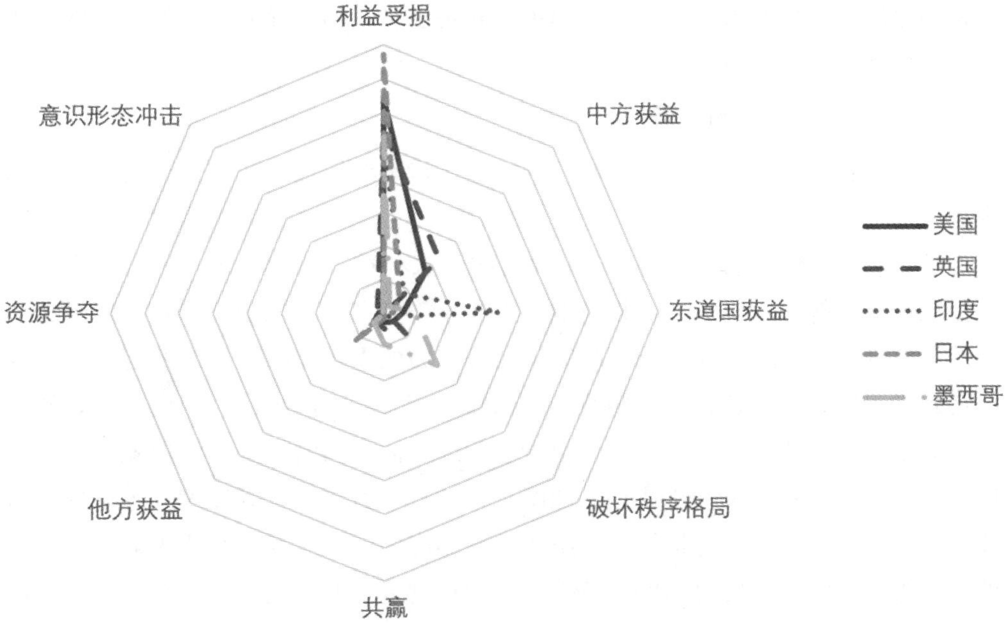

图 7-4　五国媒体影响框架的比较分析

全世界有目共睹的事实，“发展”框架也相应地成为各国媒体涉华经济报道的主要事件框架之一。即使美国、英国、印度媒体也会借助“冲突”“受挫”等子框架来夸大中国经济面临的风险与困境，以实现对中国经济发展事实的“舆论对冲”，但“发展”仍然是三国媒体使用最多的事件子框架。与之形成鲜明对比的是，日本媒体使用最多的事件子框架却不是“发展”，而是“受挫”，这一框架使

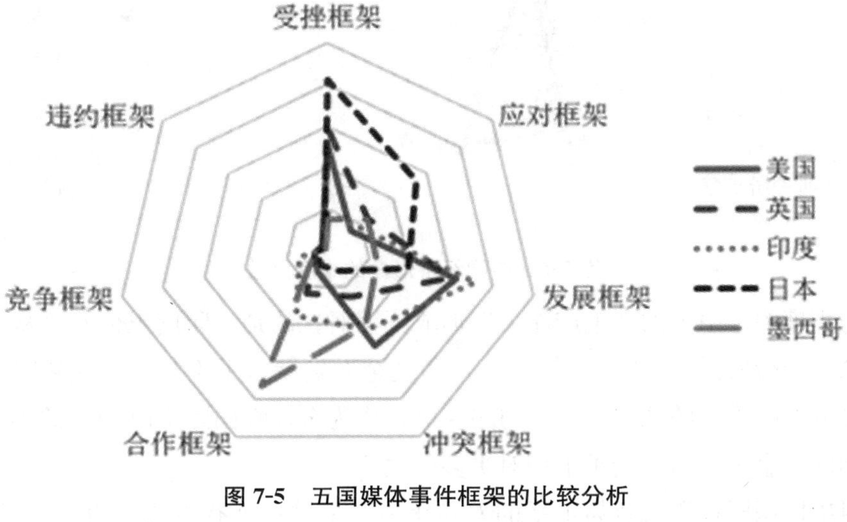

图 7-5　五国媒体事件框架的比较分析

用特征也反映了日本媒体在经济活动中的悲观主义色彩，呼应了日本当下的“忧虑型”情感。

（二）五国媒体建构结果的比较

借助议题、框架和话语等策略，五国媒体涉华经济报道建构出了同中有异的中国经济形象。

第一，“失衡”的形象维度与差异化的国家利益。长期以来，经济与军事一起被视为重要的国家硬实力，相应地，中国经济实力形象也是五国媒体都最为关注的形象维度。除此之外，经济政策是经济实力的重要保障，中国经济政策形象也得到了美国、英国、日本、墨西哥四国媒体相对较多的关注。与此相比，印度媒体对中国经济政策形象的关注却很少，印度媒体建构的中国经济形象呈现出高度集中于实力形象的单一化特点（如图 7-6）。产业升级、推动印度成为全球制造业中心，是“新印度”愿景的重要组成，而印度国内工业发展结构失调、对华产业依赖等现实问题都使得印度高度关注中印在制造产业中的实力对比。因此，印度媒体呈现出高度聚焦中国经济实力形象，相对忽视中国经济政策形象和中国经济理念形象的特点。而且在中国经济实力形象中，印度媒体也几乎只关注中国的“生产能力”（如图 7-7）。

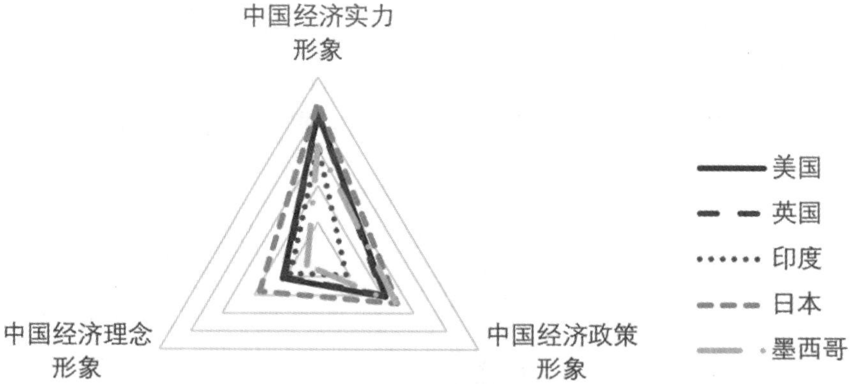

图 7-6　中国经济形象的维度比较

与高度关注中国的“生产能力”形成鲜明对比的是，印度媒体几乎从不关注中国的“金融实力”（如图 7-7），这与印度金融发展水平不高、金融暂时未成为印度经济战略重心的现实有关。与之相对，作为全球性国际金融中心的英国，则对中国的“金融实力”给予了相对更多的关注。

对中国国际投资与贸易水平的差异化关注是另一个有力的证明（如图 7-7）。

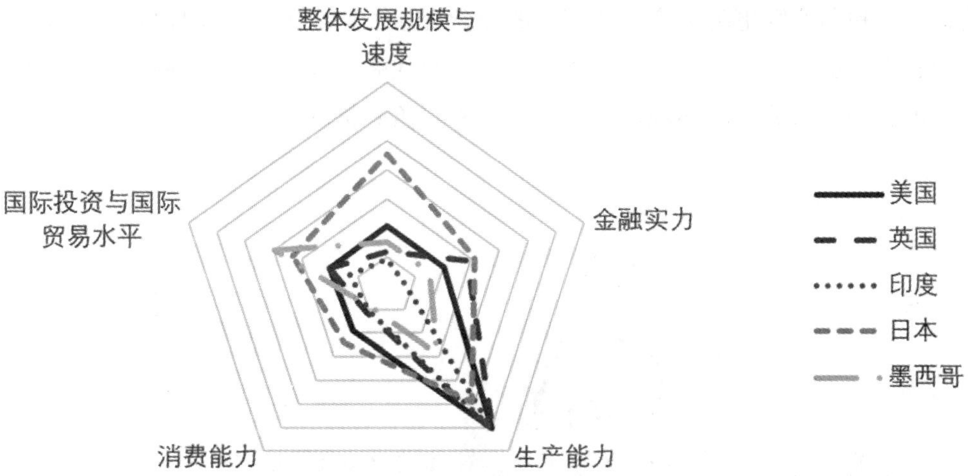

图 7-7 中国经济实力形象的指标比较

虽然中国的国际投资与贸易水平也与生产能力一起获得了各国媒体较多的关注，但与美国、英国、印度、日本四国媒体普遍更为关注中国生产能力的特征不同，墨西哥媒体在中国经济实力的各项指标中，第一关注的则是中国的国际投资与贸易水平。这是因为中墨间的互动交往主要集中于贸易领域，中美博弈背景下，墨西哥最为关注的也是中墨间的商品竞争和对华贸易替代的可能性。因此，墨西哥媒体不仅在经济实力维度最为关注中国国际投资与贸易水平，在经济政策维度，也最为关注中国的对外贸易政策，与美、英、日更为关注中国需求管理政策的特点也形成了显著差异（如图 7-8）。

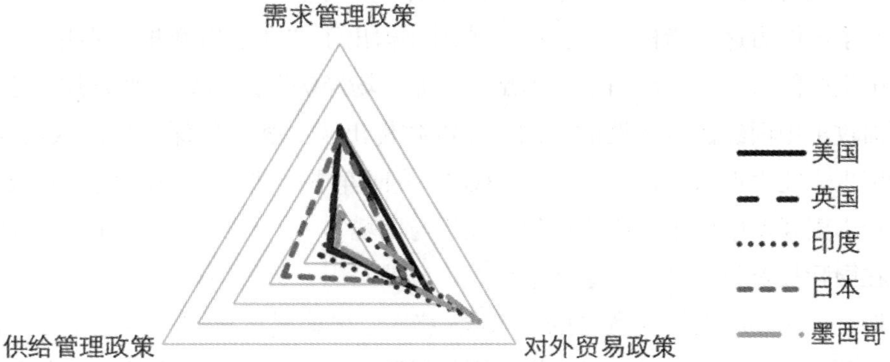

图 7-8 中国经济政策形象的指标比较

而在经济理念形象这一维度（如图 7-9），英美两国更为关注国家层面的发展理念，说明霸权国和守成大国高度重视对崛起大国意识形态和发展理念的战略评估；日本和印度则更为关注企业层面的经营理念，这与中日、中印间紧密的企业互动有关，也与日本、印度的经济结构和产业战略有关；而墨西哥则对各层次的经济理念都不太关注，体现出“狭隘型”的视角和依附国的小国心态。

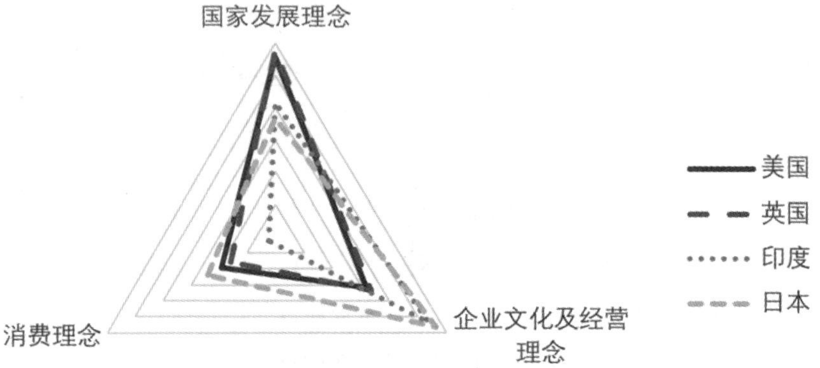

图 7-9　中国经济理念形象的指标比较①

由各国媒体在中国经济形象各维度、指标上关注程度的差异可以看出，失衡的形象背后实则反映了居于不同空间占位的国家对国家利益以及国家间利益关系的认知差异。

第二，同中有异的形象特征与差异化的关系认知。虽然整体上看，美国、英国、印度、日本、墨西哥五国的媒体都建构出了“强大但充满风险”的中国经济实力形象、“高度干预”的中国经济政策形象和“扩张型”的中国经济理念形象，但在这一粗略的线条之下，却也存在很多细节处的差异。

在生产能力这一指标上，美国、英国建构出了“在政府庇护下不稳定发展”的中国生产能力形象，试图给中国贴上“非市场经济”的标签，服务其从意识形态层面攻击中国经济合法性的目的。印度建构出了“强大但深陷地缘政治风险”的中国生产能力形象，折射出其希望在中美博弈中实现“对华取代”的战略野心。日本则强调中国生产所遭遇的“挫折与困境”，传导出悲观主义的忧虑情绪。

在国际投资与贸易水平这一指标上，虽然美国、英国、印度、日本四国媒体都强调了中国国际投资与贸易的“风险性”，但美国媒体将这一风险主要归因于政府干预，英国、印度以及日本媒体则将风险主要归因于地缘政治，从而分别建构出“具有中国政治风险”和“陷入中美冲突风险”的国际投资贸易形象，折射

① 墨西哥《金融家报》对经济理念形象的关注很少，因此未在图中呈现。

出中美博弈中英国、印度、日本不同于美国的第三方立场。

金融实力是美国、英国和日本媒体都较为关注的指标，但是美国媒体借助以“政府干预”为主的归因框架和以“利益受损”为主的影响框架，建构出“政府干预下的破坏性”形象，这与美国对华竞争战略具有一致性。英国媒体借助以“政府干预”为主的归因框架和以“发展”为主的事件框架，建构出“政府干预下的发展性”形象，这与英国政府寻求与中国在金融服务领域达成战略合作的目的相呼应。日本媒体借助以“受挫”为主的事件框架和以“利益受损”为主的影响框架，建构出挫折性金融形象，这与日本的忧虑型的情感以及日本希望削弱中国经济区域影响力的战略意图不无关系。

在“整体发展规模与速度”这一指标上，虽然各国媒体都建构出“增速放缓的疲软性”形象，但是美国媒体借助“政府干预”框架强调这是“受政府所累”的结果；英国和印度媒体则将其解读为政府干预和地缘政治综合作用的结果；而日本媒体借助“市场竞争”框架凸显了市场逻辑的归因。上述建构特点分别体现出美国在意识形态层面的攻击目的，英国和印度向美倾斜但未完全倾倒的立场，以及日本政经分离的对华认知。

“需求管理政策”是美国、英国、日本三国媒体更为关注的政策指标，但是美国和英国的媒体借助“政府干预”和“受挫”两大子框架，建构出“强势干预”的政策形象，体现出更为强烈的意识形态色彩，这与美英两国在价值观外交中的对华立场相呼应。日本媒体则借助“应对”和“受挫”的主要子框架，弱化价值立场，建构出“尽力应对”这一相对客观的形象，体现了日本政经分离的倾向。

在“对外贸易政策”这一指标上，虽然各国媒体都建构出应对型的形象，但是相对而言，美国和日本媒体更为强调政策的冲突性，以渲染中美间的紧张氛围；英国媒体更为关注政策出台的背景（即中美博弈）；印度媒体则兼顾政策的冲突性与合作性，体现出印度对中美贸易博弈各阶段进程的高度关注。

综上所述，五国媒体在承认中国经济实力的同时，亦因为国家在国际格局中的空间占位差异、国家间利益关系的认知差异以及民族国家的情感投射差异而体现出差异化的建构目的、建构策略以及建构结果。对五国媒体的实证比较，初步检验了国家经济形象建构的国际互动模型。与此同时，相关发现也可以为我们提升中国经济形象的实践提供参考与启示。

第二节 中国经济形象建构的实践路径

国家经济形象建构的国际互动模型，关注国家在国际权力格局中的空间占位、国家对国家间利益关系的认知和判断，以及民族国家间的情感投射对各国建构中国经济形象的影响，并重点强调利益关系认知和判断（即关系锁定）这一变量的关键性作用；而关系锁定是国内外多元利益在博弈过程中达成的一种相对共识，具有主观性和可变性。这一模型对中美博弈背景下提升中国经济形象的实践具有重要意义。

一、参与式建构：连通自塑与他塑的重要路径

长期以来，受现实主义主流观点的影响，国家行为被视为国家追求国家相对权力最大化的必然结果，一国主流媒体对他国形象的建构因其国家行为的属性也必然受到国家间权力关系和权力目标的影响。但是，在百年未有之大变局中，中国经济发展和崛起的步伐不会停止，美国维护霸权的意图不会改变，英国、日本等传统守成大国维护权力优势的意愿不会降低，印度等新兴大国谋求大国地位的目标不会轻易动摇，墨西哥等区域性依附国寻求经济安全和发展的需求不会改变，那么，中国经济形象的提升和优化又何以成为可能呢？

国家经济形象建构的国际互动模型承认国际权力格局中的空间占位对国家经济形象国际建构的重要影响，但是强调这种影响是通过关系锁定这一中介因素产生的，而关系锁定这一变量又受到国际-国内多元利益博弈的影响，并会受到情感因素的调节。因此，在一定时期内，即使各国在国际权力格局中的空间占位不会改变，我们也可以通过参与到影响关系锁定的博弈过程，通过影响各国对国家间利益关系的认知、判断和锁定，来提升和优化中国经济形象。循此逻辑，参与利益博弈、沟通利益诉求、影响关系认知的参与式建构应该成为提升中国经济形象的重要路径。

第一，参与式建构归根到底是要参与利益博弈的过程。就如国家经济形象建构的国际互动模型所指出的，他国对中国经济形象的建构取决于他国对国家间利益关系的认知和判断，而这种认知和判断是多元利益博弈的结果。因此，所谓参与式建构，不仅是要参与到他国对中国经济形象的建构和传播过程，更是要参与到会影响关系认知的利益博弈的过程。

第二，参与式建构体现了对国家经济形象的哲学反思。从本体论上说，参与式建构强调国家经济形象是一个关系性概念，只有在关系中才会存在形象，关系是形象存在的前提，也是形象存在的本质。从认识论上讲，参与式建构突破国家经济形象中自我-他者的对立性认知，强调国家经济形象建构是在主体间的互动中共同完成的。从方法论而言，参与式建构强调国家经济形象是互动的结果，互动的领域、频次、性质、形式、方法等都会影响国家经济形象建构的结果。

第三，参与式建构有助于突破自塑与他塑的实践藩篱。在国家形象建构（包括国家经济形象建构）的实践中，长期以来存在着自塑与他塑之间的藩篱。一方面，党的十八大以来，在推进国家经济高质量发展的基础上，我国大力推动国际传播守正创新，在讲好中国发展故事、建设中国经济形象方面做出了大量努力；另一方面，中美博弈背景下，以美国为首的部分西方国家持续在行动上打压遏制中国经济，在舆论上扭曲抹黑中国形象，试图以其建构的中国经济形象影响国际社会的对华认知；与此同时，广大的发展中国家因为权力不均衡、信息不对称等原因，对中国经济存在着或多或少的误解和偏见。中国经济形象的自塑与他塑存在各说各话，甚至相互对立的困境。参与式建构则有助于突破自塑与他塑的藩篱，推进自塑与他塑的对话，最终引导国际社会对中国经济形象的国际建构。

二、国际公共关系：参与式建构的主要策略

如前所述，参与式建构是要通过参与多元利益博弈的过程，进而影响他国对国家利益以及国家间利益关系的认知。而公共关系正是以多元利益相关者为对象，以多元利益的表达和协商为核心，以关系的建设和维护为目的的传播实践，与国家经济形象参与式建构具有对象、内容、目的上的高度一致性。因此我们认为，国际公共关系可以成为参与式建构的主要策略。

具体来说，将国际公共关系作为中国经济形象参与式建构的主要策略，就是要以调适关系认知为参与式建构的主要目的，以多元化利益主体为参与式建构的互动对象，以跨国企业为参与式建构的重要主体。

第一，以调适关系认知为参与式建构的主要目的。他国对中国经济形象的建构取决于他国对国家利益以及国家间利益关系的认知，因此，影响这种认知是中国经济形象参与式建构的目的。但是，影响这种认知并不是基于某一方认知的生硬灌输，也不是各执己见的强势指责，更不是互不妥协的坚决对抗，而是一种基于对话的调适，是寻求共识的努力。调适关系认知的前提，是充分地了解已有的关系认知，然后在此基础上，寻找达成共识的空间。以英国媒体对中国经济形象

的建构为例，《金融时报》在建构中国经济形象时呈现出明显的摇摆式特征，这是源于英国对华关系的两面性和不确定性。这种情况下，如果我们不针对其犹疑的原因进行深入了解和真诚地沟通，而是对其呈现出的摇摆态度进行指责、反击乃至“报复”，就可能会削弱双方对积极关系的期待，强化双方对紧张关系的感知，进而出现“亲者痛仇者快”的遗憾局面。

第二，以多元化利益诉求为参与式建构的互动对象。对国家间利益关系的认知和判断，首先基于对何为国家利益的理解。作为整体概念的国家利益并不是一成不变的，而是在多元化利益诉求的反复博弈中达成的基本共识。一方面，国家内的多元化利益主体会在反复互动中就“哪些利益应该被纳入国家利益范畴”“哪些利益应该被置于更加优先的位置”“哪些利益可以讨价还价和妥协”等问题达成基本共识；另一方面，他们也会推测其他国家进行利益界定和利益排序的可能结果。有了对本国核心利益和他国核心利益的基本判断，才会形成对国家间利益关系的认知。因此，对关系认知的调适，需要通过影响利益认知来实现。而要影响对何为国家利益的认知，必须先能全面识别并充分了解多元化的利益诉求。只有这样，我们才能有效地参与对方的利益博弈，也才能科学地形成对国家利益的自我认知。以墨西哥为例，墨西哥虽然在经济上呈现出对美国的高度依附性，但美国的霸权政策也催生出了墨西哥国内的反美思潮。在中美博弈中，墨西哥虽然存在“对华贸易替代”的期待，但也在一定程度上对中国遏制美国影响力抱有地缘政治期待。如果我们只看到墨西哥媒体在涉华经济报道中的“对美追随型”特征，而忽视其对华合作的利益诉求，就会错失争取良性互动的机会和空间。

第三，以跨国企业为参与式建构的重要主体。伴随“走出去”和“一带一路”倡议等构想的逐步推进，越来越多“走出去”的中国企业将成为中国连接世界、世界认识中国的重要载体。与此同时，跨国经营的企业与国外多元化利益主体之间存在着较高程度的利益依存性，并因其在地化传播而具备开展国际公共关系和参与式建构的独特优势。对美国、英国、印度、日本、墨西哥五国媒体报道的分析数据也显示，各国媒体都高度关注中国企业并建构出相对正面的中国企业形象：一方面，企业能力和企业经营理念分别是各国媒体最为关注的生产能力指标和经济理念指标；另一方面，中国企业的实力和拼搏奋进的精神得到了各国媒体的认可。因此，我们要充分重视跨国企业在国家经济形象参与式建构中的作用和价值，为跨国企业的经营管理和国际公共关系实践提供更科学的指导和更有效的保障。

附录1　二战后美国媒体中的德国经济形象变迁（1945年—1955年）

1945年5月8日德国签署无条件投降书，美国、英国、法国、苏联四个战胜国开始对德国实行战后分区管制和“去军事化、去工业化”战略，德国经济发展权被剥夺；但是短短十年内，德国经济又得以重新快速发展，1955年德国经济战后恢复基本完成。在这十年中，西方大国的主流媒体对德国经济形象的建构有无/有何变化？

课题组以1945—1955年为考察时段，搜集并分析了《纽约时报》十年内对德国经济的相关报道。在数据搜集上，课题组以“德国”和“经济”为关键词在《纽约时报》数据库进行检索，然后经相关度排序和人工精读，选择了相关度较高的520篇报道作为样本，并采用文本分析法对其进行了分析。

通过对520篇报道的分析可以发现，《纽约时报》在1945—1955年期间对德国经济的报道呈现出明显的阶段性特征。

(一)“敌人经济”(1945年5月—1945年9月)

二战给欧洲经济带来了惨重的损失。在意大利、德国相继投降后，轴心国战败已经是大势所趋，但二战并未完全结束，法西斯势力也并未被彻底根除。这一时期的美国与英国、法国、苏联为代表的同盟国仍具有战略目标和战略利益的一致性，即结束战争、彻底根除德国纳粹势力复活的可能性，以及在战后瓜分战果中尽可能多地索取德国资源用于本国发展。

为服务分区控制以及去军事化、去工业化的对德战略，《纽约时报》在本阶段也着重渲染德国经济的敌对性，包括强调德国在战争中犯下的罪行、强调战胜国和战败国之间的利益矛盾、强调德国经济和世界和平之间的矛盾，进而凸显了坚决遏制德国经济的态度和立场。

比如，在德国签署无条件投降书之前，1945年5月2日的一篇报道援引盟军高层的话，称“不可能与任何德国个人或团体达成停战协议，而必须是征服整个德国”（there might be no armistice with any German individual or group but instead simply the Allies’ conquest of all of Germany），“不可能会再存在德国政府，德国必须接受严格的盟军统治”（there would be no German government for an indefinite period but strictly Allied rule），并表示“控制德国工业是为了欧洲和平”（control of German industry is a surer guarantee of European peace）①。“any”“conquest”“an indefinite period”“strictly”等词语，都传达出零容忍、零退让的坚决态度。

1945 年 5 月 6 日的报道则强调战争给欧洲 3.3 亿居民带来了灾难，致使欧洲“沦为物质和精神的废墟”（the physical and spiritual wreckage），并称“德国人必须对他们给欧洲带来的灾难和痛苦进行赔偿”（for the pain and suffering they inflicted on Europe）②。

在无条件投降书签订后，1945 年 5 月 25 日的一篇有关战后对德、日政策的报道，则态度鲜明地表示“必须阻止这些（法西斯）国家重建工业和恢复贸易”（must keep these nations from re-establishing their great industries and their former places in the export trade）③。

（二）“拖共同体后腿的差生经济”（1945 年 10 月—1946 年底）

二战结束后，美、苏两国在战后政策协商中日益出现嫌隙，美国的联盟战略逐渐从二战时的同盟国转向寻求形成与苏联对立的联盟，实力不俗的欧洲老牌资本主义国家成为其联盟成员的首选。而要想拉拢欧洲老牌资本主义国家，美国就必须先处理好德国问题。于是美国借助马歇尔计划增强其在欧洲经济中的影响力，并极力主张将德国（联邦德国）纳入欧洲经济发展的框架。

相应地，这一时期《纽约时报》的对德态度也趋于缓和，倾向通过强调德国经济与战胜国以及共同体经济的紧密关系，将德国建构为“拖共同体经济后腿的差生”，表达了“破坏德国经济不利于世界经济的恢复”“让德国遭受灾难不利于

---

① France, too, to get reich surrender [N/OL]. The New York times, 1945-05-02 [2024-12-05]. https://www. nytimes. com/1945/05/02/archives/france-too-to-get-reich-surrender-big-three-agree-to-her-joining. html? searchResultPosition=1.

② The wake of war, problem of Germany [N/OL]. The New York times, 1945-05-06 [2024-12-05]. https://www. nytimes. com/1945/05/06/archives/the-wake-of-war-problem-of-germany. html? searchResultPosition=1.

③ A policy for post-war Germany and Japan [N/OL]. The New York times, 1945-05-25 [2024-12-05]. https://www. nytimes. com/1945/05/25/archives/in-the-nation-a-policy-for-postwar-germany-and-japan-a-summary-a. html? searchResultPosition=6.

世界和平”等观点。

比如，1946年4月15日的一篇报道在列举各类数据后指出，如果继续实行严格的对德遏制策略，德国将无力向战胜国偿还战争赔款（Germans can pay nothing），而且战胜国政府还必须继续承受对德战后援助代价（the victorious Governments must continue to pay）①。1945年11月30日的报道援引艾森豪威尔将军的评论，呼吁法国放弃对德强硬政策，强调相互妥协有助于同盟国利益最大化②。1946年9月23日的报道以荷兰为例，强调对德制裁严重阻碍了荷兰经济的战后恢复③。1945年9月16日的报道则担心对德国的过度惩罚可能会再次引发德国的复仇情绪④。

（三）“盟友经济”（1947年—1955年）

1947年美国的杜鲁门主义出台，美苏正式进入长达数十年的对峙和竞争时期。随着美苏冷战愈演愈烈，美国进一步加大对西德经济的干预力度，并致力将西德塑造为战后经济复苏的典范，从而吸引和说服其他欧洲国家加入与苏联对立的美国阵营。

《纽约时报》在这一时期的报道一方面继续强调德国经济发展对欧洲经济复苏的重要意义；另一方面凸显德国经济“在美国帮助下”的良好发展态势，从经济利益和意识形态两个层面将德国经济建构重要的盟友经济。

比如，1950年2月11日的报道称德国经济创造了一个复苏奇迹（Germany has received a tremendous moral and economic lift），并强调这一奇迹是源于（as a result of）盟军在柏林的立场（the Allied stand in Berlin）、德国新政府的成立

① Occupation costs of Britain to rise [N/OL]. The New York times，1946-04-15 [2024-12-05]. https://www.nytimes.com/1946/04/15/archives/occupation-costs-of-britain-to-rise-germans-truncated-economy-and.html? searchResultPosition=2.

② Eisenhower chides Paris on Germany [N/OL]. The New York times，1945-11-30 [2024-12-05]. https://www.nytimes.com/1945/11/30/archives/eisenhower-chides-paris-on-germany-says-france-blocks-progress-as.html? searchResultPosition=1.

③ Dutch resentful of German policy [N/OL]. The New York times，1946-09-23 [2024-12-05]. https://www.nytimes.com/1946/09/23/archives/dutch-resentful-of-german-policy-exclusion-by-us-and-britain.html? searchResultPosition=1.

④ More 1919 secrets revealed by U.S. [N/OL]. The New York times，1945-09-16 [2024-12-05]. https://www.nytimes.com/1945/09/16/archives/more-1919-secrets-revealed-by-us-state-department-book-tells-of.html? searchResultPosition=1.

(the formation of the new German government,)、货币改革 (the currency reform) 以及美国的经济援助 (our economic aid)①。

1951 年 1 月 3 日的报道称“德国经济的衰退迹象已经消失” (no indication of a recession in Germany)②。1951 年 11 月 4 日的报道称“西德正再次经历温和但惊人的经济繁荣”(enjoying another of the mild but spectacular economic booms)③。

1952 年 8 月 20 日有关德国经济复苏的报道称：“西欧国家，包括德国，都得到了美国的大量援助，没有美国的援助，德国和欧洲的经济不可能恢复。” (West-European countries, Germany have received substantial American aid, without which her recovery would have been impossible)，强调德国经济复苏是“在以美国为蓝本的更正统和自由的自由企业体系下实现的” (this recovery has been achieved under a more orthodox and liberal system of free enterprise modeled after the American)，是“值得其他国家借鉴”的模式 (a development which the latter countries might well restudy)④。

由此可见，从必须被严厉管控和坚决遏制的“敌人经济”，到应该得到帮助和扶持的“拖共同体后腿的差生经济”，再到阵线一致的“盟友经济”，《纽约时报》对战后德国经济形象的建构呈现出清晰的转变路线，直接呼应并服务于二战后美国在不同博弈阶段的战略需求。

(感谢中国传媒大学研究生王晓宇对此部分数据搜集与分析工作的贡献)

---

① Unemployment in Germany [N/OL]. The New York times, 1950-02-11 [2024-12-05]. https://www.nytimes.com/1950/02/11/archives/unemployment-in-germany.html?searchResultPosition=5.

② West Germany at recovery peak unless restrictions are relaxed [N/OL]. The New York times, 1951-01-03 [2024-12-05]. https://www.nytimes.com/1951/01/03/archives/west-germany-at-recovery-peak-unless-restrictions-are-relaxed.html? searchResultPosition=1.

③ Prosperity noted in west Germany [N/OL]. The New York times, 1951-11-04 [2024-12-05]. https://www.nytimes.com/1951/11/04/archives/prosperity-noted-in-west-germany-output-and-employment-rise-as.html? searchResultPosition=1.

④ Recovery in Germany [N/OL]. The New York times, 1952-08-20 [2024-12-05]. https://www.nytimes.com/1952/08/20/archives/recovery-in-germany.html?searchResultPosition=1.

附录 2　报道框架的类目建构与编码说明

在报道框架的类目建构上，我们借鉴臧国仁的有关事件、归因、影响的中层框架类型①，结合对报道样本的预研究情况，建构了三大类共 21 小类的报道框架类型（如表附 2-1）。

采用事件框架的报道往往以构成事件所需的时间、地点、参与者等要素为基础，强调事件本身涉及的动作或情节。根据动作和情节的性质，可以将经济活动和经济事件划分为冲突、竞争、发展、合作、应对、受挫、违约七种类型。

采用归因框架的报道侧重对新闻事件发生的原因进行分析和报道。根据经济活动产生的原因类型，可以划分为地缘政治、政府干预、市场竞争、企业行为、外事交流以及其他共六种类型。

采用影响框架的报道侧重对新闻事件所带来的后果的分析和报道。鉴于外国媒体涉华经济报道更多是关注经济活动在国际层面的影响，我们将影响框架划分为中方获益、他方获益、（媒体）东道国获益、共赢、利益受损、秩序格局破坏、意识形态冲击、资源争夺八种类型。

表附 2-1　报道框架类目表

一级类目	二级类目	示例
事件框架	①冲突	《经济时报》2020 年 1 月 25 日的报道关注印度对中国进口产品增加反倾销税的举措②。 《华尔街日报》2019 年 5 月 10 日的报道关注中美关税战层层加码、不断升级的态势③。

① 臧国仁. 新闻媒体与消息来源：媒介框架与真实建构之论述［M］. 台北：三民书局，1999.

② India extends anti-dumping duty on some Chinese products［N/OL］. The economic times，2020-11-28［2024-12-05］. https://gtyiqteemqj8w4qeejyzee77tejqe7ss9elk9-s-a2097.bj.tsgdht.cn/redir/default.aspx?P=sa&an=ECTIM00020201127egbs0000w&drn=drn%3aarchive.newsarticle.ECTIM00020201127egbs0000w&cat=a&ep=ASE.

③ U. S. slaps higher tariffs on China：levies on ＄200 billion in goods rise to 25% and Trump threatens more as talks go on［N/OL］. The wall street journal，2019-05-10［2024-12-05］. https://gtyiqteemqj8w4qeejyzee77tejqe7ss9elk9-s-a2097.bj.tsgdht.cn/redir/default.aspx?P=sa&an=WSJO000020190822ef8m000jh&drn=drn%3aarchive.newsarticle.WSJO000020190822ef8m000jh&cat=a&ep=ASE.

续表

一级类目	二级类目	示例
	②竞争	《华尔街日报》2018 年 5 月 18 日报道关注阿里巴巴和京东在物流和商品配送领域的竞争①。 《经济时报》2020 年 8 月 8 日的报道称韩国手机制造商三星在经历两个季度后超过中国的小米，重新夺回其在印度手机市场的领先地位②。
	③发展	《金融时报》2019 年 3 月 2 日的报道关注摩根士丹利资本国际（MSCI）对中国股市的认可，强调中国当前资本市场开放程度高，投资前景良好③。 《经济时报》2020 年 1 月 25 日的报道关注中国智能制造产业在印度的业务量增长情况④。

① Alibaba battles for delivery edge with new investment [N/OL]. The wall street journal，2018-05-18 [2024-12-05]. https://gtyiqteemqj8w4qeejyzee77tejqe7ss9elk9-s-a2097. bj. tsgdht. cn/redir/default. aspx?P=sa&an=J000000020180530ee5u0002k&drn=drn%3aarchive. newsarticle. J000000020180530ee5u0002k&cat=a&ep=ASE.

② Samsung regains top spot in overall handset space，narrows gap with Xiaomi in smartphones [N/OL]. The economic times，2020-08-08 [2024-12-05]. https://gtyiqteemqj8w4qeejyzee77tejqe7ss9elk9-s-a2097. bj. tsgdht. cn/redir/default. aspx? P = sa&an = ECTIM00020200807eg880000b&drn = drn% 3aarchive. newsarticle. ECTIM00020200807eg880000b&cat = a&ep=ASE.

③ MSCI hands Chinese stocks a bigger global role [N/OL]. Financial times，2019-03-02 [2024-12-05]. https://gtyiqteemqj8w4qeejyzee77tejqe7ss9elk9-s-a2097. bj. tsgdht. cn/redir/default. aspx?P=sa&an=FTFT000020190302ef32000my&drn=drn%3aarchive. newsarticle. FTFT000020190302ef32000my&cat=a&ep=ASE.

④ 2019 smartphone shipments grow 7%：Counterpoint [N/OL]. The economic times，2020-01-25 [2024-12-05]. https://gtyiqteemqj8w4qeejyzee77tejqe7ss9elk9-s-a2097. bj. tsgdht. cn/redir/default. aspx? P = sa&an = ECTDEL0020200125eg1p00017&drn = drn% 3aarchive. newsarticle. ECTDEL0020200125eg1p00017&cat=a&ep=ASE.

续表

一级类目	二级类目	示例
	④合作	《金融时报》2019年3月12日的报道关注全球时尚购物平台发发奇与京东整合中国销售平台的事件①。 《经济时报》2018年8月19日的报道关注阿里巴巴与印度大公司组建合资企业的进展②。
	⑤应对	《华尔街日报》2018年11月20日的报道关注中国政府为防止资本外逃而采取的宏观调控举措③。 《日本经济新闻》2019年8月21日的报道关注中国央行大力购买黄金以摆脱美元依赖的举措④。

---

① UK's Farfetch to merge China sales platform with www. JD. com [N/OL]. Financial times, 2019-03-12 [2024-12-05]. https://gtyiqteemqj8w4qeejyzee77tejqe7ss9elk9-s-a2097. bj. tsgdht. cn/redir/default. aspx? P = sa&an = FTFT000020190312ef3c0009f&drn = drn% 3aarchive. newsarticle. FTFT000020190312ef3c0009f&cat=a&ep=ASE.

② Alibaba eyes joint venture with big Indian companies; in talks with RIL, Tatas, Future Retail [N/OL]. The economic times, 2018-08-19 [2024-12-05]. https://gtyiqteemqj8w4qeejyzee77tejqe7ss9elk9-s-a2097. bj. tsgdht. cn/redir/default. aspx? P = sa&an = ECTIM00020180818ee8j0001e&drn = drn% 3aarchive. newsarticle. ECTIM00020180818ee8j0001e&cat = a&ep=ASE.

③ How China copes with capital flight [N/OL]. The wall street journal, 2018-11-20 [2024-12-05]. https://gtyiqteemqj8w4qeejyzee77tejqe7ss9elk9-s-a2097. bj. tsgdht. cn/redir/default. aspx? P = sa&an = J000000020181120eebk00010&drn = drn% 3aarchive. newsarticle. J000000020181120eebk00010&cat=a&ep=ASE.

④ 金高騰、買い手は中銀、購入量最高ペース、ロシアや中国、脱「米ドル依存」、6年ぶり高値 [N/OL]. 日本経済新闻，2019-08-21 [2024-12-06]. https://t21. nikkei. co. jp/g3/ATCD017. do?keyPdf=20190821NKMEA100136785%5CNKM%5C2%5C2%5C001%5C%5C1381%5CY%5C%5C2019%2F0821%2F20190821NKMEA100136785. pdf%5CPDF%5C20190821% 5Ccbfb5b30&analysisIdentifer = fromSearchArt&analysisPrevActionId = INGST01&chgTabId=105241206145024512ab869a103be9f0f51e20c1f9c7ae3442411219&searchId=S105241206164740512ab869a103be9f0f51e20c1f9c7ae3352909089&async=164750295933599591.

续表

一级类目	二级类目	示例
	⑥受挫	《华尔街日报》2019 年 1 月 9 日的报道指出中国国债收益率降至两年最低水平，债券市场呈现疲软状态①。 《华尔街日报》2018 年 7 月 10 日的报道聚焦小米筹备上市进程中所面临的融资困局②。
	⑦违约	《华尔街日报》2018 年 11 月 9 日的报道声称中国违反了三年前与美签署的不从事以经济间谍活动为目的的黑客活动的网络公约协议③。 《华尔街日报》2020 年 6 月 23 日的报道声称中国油田公司在美元债券上存在违约行为④。

① Chinese bond yields hit 2-year low [N/OL]. The wall street journal, 2019-01-09 [2024-12-05]. https://gtyiqteemqj8w4qeejyzee77tejqe7ss9elk9-s-a2097. bj. tsgdht. cn/redir/default. aspx? P＝sa&an＝J000000020190109ef190000p&drn＝drn% 3aarchive. newsarticle. J000000020190109ef190000p&cat＝a&ep＝ASE.

② Xiaomi's lackluster IPO sends warning [N/OL]. The wall street journal, 2018-07-10 [2024-12-05]. https://gtyiqteemqj8w4qeejyzee77tejqe7ss9elk9-s-a2097. bj. tsgdht. cn/redir/default. aspx? P ＝ sa&an ＝ J0000 00020180710ee7a00024&drn ＝ drn% 3aarchive. newsarticle. J000000020180710ee7a00024&cat＝a&ep＝ASE.

③ China said to violate pact on cybertheft [N/OL]. The wall street journal, 2018-11-09 [2024-12-05]. https://gtyiqteemqj8w4qeejyzee77tejqe7ss9elk9-s-a2097. bj. tsgdht. cn/redir/default. aspx? P＝sa&an＝J000000020181109eeb90000x&drn＝drn% 3aarchive. newsarticle. J000000020181109eeb90000x&cat＝a&ep＝ASE.

④ Chinese firms find way around defaults [N/OL]. The wall street journal, 2020-06-23 [2024-12-05]. https://gtyiqteemqj8w4qeejyzee77tejqe7ss9elk9-s-a2097. bj. tsgdht. cn/redir/default. aspx? P＝sa&an＝J000000020200611eg6b0000j&drn＝drn% 3aarchive. newsarticle. J000000020200611eg6b0000j&cat＝a&ep＝ASE.

续表

一级类目	二级类目	示例
归因框架	①地缘政治	《金融时报》2018 年 6 月 8 日的报道将亚投行发展受阻归因为中美间的紧张局势①。 《日本经济新闻》2020 年 10 月 3 日的报道将澳大利亚对华饲料出口锐减归因为中澳间的紧张局势②。
	②政府干预	《华尔街日报》2019 年 7 月 19 日的报道将中国股市的积极态势归因于政府为保护脆弱的市场复苏而放松监管③。 《华尔街日报》2020 年 7 月 15 日的报道强调通用汽车在华发展不顺是由于中国政府大力支持吉利汽车等本地汽车制造商④。

① Asia investment banking fees take hit; US-China trade tension and rising interest rates squeeze revenues [N/OL]. Financial times, 2018-06-08 [2024-12-05]. https://gtyiqteemqj8w4qeejyzee77tejqe7ss9elk9-s-a2097. bj. tsgdht. cn/redir/default. aspx? P=sa&an=FTFT000020180608ee680003c&drn=drn%3aarchive. newsarticle. FTFT000020180608ee680003c&cat=a&ep=ASE.

② 豪州産大麦 3 年ぶり安値、輸出価格、中国向けが激減、関係悪化響く、国内飼料用に波及 [N/OL]. 日本経済新闻, 2020-10-03 [2024-12-06]. https://t21. nikkei. co. jp/g3/ATCD017. do? keyPdf=20201003NKMQM820133079%5CNKM%5C17%5C17%5C001%5C%5C1159%5CY%5C%5C2020%2F1003%2F20201003NKMQM820133079. pdf%5CPDF%5C20201003%5C87aa315e&analysisIdentifer=fromSearchArt&analysisPrevActionId=INGST01&chgTabId=105241206145024512ab869a103be9f0f51e20c1f9c7ae3442411219&searchId=S105241206164815512ab869a103be9f0f51e20c1f9c7ae3927379861&async=164828291333812888.

③ Share buybacks surge in China as regulations ease [N/OL]. The wall street journal, 2019-07-19 [2024-12-05]. https://gtyiqteemqj8w4qeejyzee77tejqe7ss9elk9-s-a2097. bj. tsgdht. cn/redir/default. aspx? P=sa&an=J000000020190719ef7j00013&drn=drn%3aarchive. newsarticle. J000000020190719ef7j00013&cat=a&ep=ASE.

④ GM aims to reverse slide in China [N/OL]. The wall street journal, 2020-07-15 [2024-12-05]. https://gtyiqteemqj8w4qeejyzee77tejqe7ss9elk9-s-a2097. bj. tsgdht. cn/redir/default. aspx? P=sa&an=J000000020200715eg7f0000k&drn=drn%3aarchive. newsarticle. J000000020200715eg7f0000k&cat=a&ep=ASE.

续表

一级类目	二级类目	示例
	③市场竞争	《金融时报》2018 年 11 月 16 日的报道将中国人工智能行业失去投资者青睐的现象归因为之前过度的宣传和融资，以及创新不足①。 《华尔街日报》2020 年 3 月 10 日的报道将企业供应链的转移现象归因为中国劳动力成本的上升②。
	④企业行为	《华尔街日报》2018 年 4 月 5 日的报道指出阿里巴巴突破性的尝试是为了"构建汽车零售新模式"③。 《华尔街日报》2019 年 9 月 23 日的报道称滴滴用消费者数据来销售贷款和保险是为了寻找新的增长型市场，寻求从科技公司向金融服务的转型④。

① China's AI scene loses favour among investors [N/OL]. Financial times，2018-11-16 [2024-12-05]. https://gtyiqteemqj8w4qeejyzee77tejqe7ss9elk9-s-a2097. bj. tsgdht. cn/redir/default. aspx?P=sa&an=FTFT000020181116eebg00001&drn=drn%3aarchive. newsarticle. FTFT000020181116eebg00001&cat=a&ep=ASE.

② The coronavirus epidemic：China woes pressure companies' profits [N/OL]. The wall street journal，2020-03-10 [2024-12-05]. https://gtyiqteemqj8w4qeejyzee77tejqe7ss9elk9-s-a2097. bj. tsgdht. cn/redir/default. aspx? P=sa&an=J000000020200310eg3a0000x&drn=drn%3aarchive. newsarticle. J000000020200310eg3a0000x&cat=a&ep=ASE.

③ To buy a car in China，hit the vending machine；Internet giant Alibaba aims to disrupt China's auto retail landscape with an experiment that sidesteps car salesmen [N/OL]. The wall street journal，2018-04-05 [2024-12-05]. https://gtyiqteemqj8w4qeejyzee77tejqe7ss9elk9-s-a2097. bj. tsgdht. cn/redir/default. aspx? P=sa&an=WSJO000020180405ee45001rx&drn=drn%3aarchive. newsarticle. WSJO000020180405ee45001rx&cat=a&ep=ASE.

④ Chinese tech companies turn to financial services；in search of new growth markets，they hope to leverage their consumer data to sell loans，insurance and more [N/OL]. The wall street journal，2019-09-23 [2024-12-05]. https://gtyiqteemqj8w4qeejyzee77tejqe7ss9elk9-s-a2097. bj. tsgdht. cn/redir/default. aspx? P=sa&an=WSJO000020190923ef9n000gp&drn=drn%3aarchive. newsarticle. WSJO000020190923ef9n000gp&cat=a&ep=ASE.

续表

一级类目	二级类目	示例
	⑤外事交流	《日本经济新闻》2018 年 11 月 5 日的报道将日本股市遭遇大幅抛售归因为中美谈判受阻①。
	⑥其他	《金融家报》2020 年 2 月 6 日的报道将中国工业活动遭遇重创、国内石油需求下降归因为疫情影响②。
影响框架	①中方获益	《金融时报》2018 年 9 月 26 日的报道强调对俄罗斯的桥梁投资能促进中国的矿产出口③。 《金融时报》2019 年 10 月 2 日的报道强调中国企业收购秘鲁大型电力公司有助于缓解中国液化天然气的巨大需求④。

① 反落、輸送機器など下げ［N/OL］. 日本经济新闻，2018-11-05［2024-12-06］. https://t21. nikkei. co. jp/g3/ATCD017. do? keyPdf＝20181105NKEENI50030034％5CNKE％5C7％5C7％5C001％5C％5C97％5CY％5C％5C2018％2F1105％2F20181105NKEENI50030034.pdf％5CPDF％5C20181105％5Cd5b4f830&analysisIdentifer＝fromSearchArt&analysisPrevActionId＝INGST01&chgTabId＝105241206145024512ab869a103be9f0f51e20c1f9c7ae3442411219&searchId＝S105241206164850512ab869a103be9f0f51e20c1f9c7ae3257893032&async＝164858383205126757.

② China braced for 25％ slide in domestic oil demand as industrial activity hit［N/OL］. Financial times，2020-02-06［2024-12-05］. https://gtyiqteemqj8w4qeejyzee77tejqe7ss9elk9-s-a2097. bj. tsgdht. cn/redir/default. aspx? P＝sa&an＝FTFT000020200206eg2600066&drn＝drn％3aarchive. newsarticle. FTFT000020200206eg2600066&cat＝a&ep＝ASE.

③ Bridge-building a pillar of Sino-Russian detente［N/OL］. Financial times，2018-09-26［2024-12-05］. https://gtyiqteemqj8w4qeejyzee77tejqe7ss9elk9-s-a2097. bj. tsgdht. cn/redir/default. aspx?P＝sa&an＝FTFT000020180926ee9q000n9&drn＝drn％3aarchive. newsarticle. FTFT000020180926ee9q000n9&cat＝a&ep＝ASE.

④ Sempra's sale of Peru unit helps China tap LNG supply［N/OL］. Financial times，2019-10-02［2024-12-05］. https://gtyiqteemqj8w4qeejyzee77tejqe7ss9elk9-s-a2097. bj. tsgdht. cn/redir/def ault. aspx? P＝sa&an＝FTFT000020191002efa200091&drn＝drn％3aarchive. newsarticle. FTFT 000020191002efa200091&cat＝a&ep＝ASE.

续表

一级类目	二级类目	示例
	②他方获益	《日本经济新闻》2018年10月24日的报道指出，中美贸易冲突致使对美国的出口中心从中国转移至越南①。 《日本经济新闻》2018年12月13日的报道指出，中美贸易冲突使得孟加拉国和越南的服装出口大幅增加②。
	③东道国获益	《金融家报》2018年3月22日的报道指出美国针对中国的关税措施有助于整合北美地区的产品、刺激墨西哥工业出口的增长③。 《金融家报》2018年4月3日的报道指出中美贸易战有助于墨西哥的浆果和猪肉等产品进入中国市场④。

① 対米輸出拠点、中国離れ、日本電産や中国企業も、制裁避け供給網再編［N/OL］. 日本経済新闻，2018-10-24［2024-12-06］. https://t21. nikkei. co. jp/g3/ATCD017. do? keyPdf=20181024NKMMM830155709%5CNKM%5C1%5C1%5C001%5C%5C1651%5CY%5C%5C2018%2F1024%2F20181024NKMMM830155709. pdf%5CPDF%5C20181024%5C2f826359&analysisIdentifer=fromSearchArt&analysisPrevActionId=INGST01&chgTabId=105241206145024512ab869a103be9f0f51e20c1f9c7ae3442411219&searchId=S105241206164918512ab869a103be9f0f51e20c1f9c7ae3284826558&async=164937400011375074.

② 米中摩擦、衣料大国に恩恵、バングラデシュやベトナム、拠点シフトで輸出増［N/OL］. 日本経済新闻，2018-12-13［2024-12-06］. https://t21. nikkei. co. jp/g3/ATCD017. do? keyPdf=20181213NKMFF120145578%5CNKM%5C8%5C8%5C001%5C%5C1349%5CY%5C%5C2018%2F1213%2F20181213NKMFF120145578. pdf%5CPDF%5C20181213%5C41d2124c&analysisIdentifer=fromSearchArt&analysisPrevActionId=INGST01&chgTabId=105241206145024512ab869a103be9f0f51e20c1f9c7ae3442411219&searchId=S105241206165000512ab869a103be9f0f51e20c1f9c7ae3326574695&async=165005215457554871.

③ Guerra comercial podría favorecer a las exportaciones mexicanas［N/OL］. El financiero，2018-03-22［2024-12-05］. https://gtyiqteemqj8w4qeejyzee77tejqe7ss9elk9-s-a2097. bj. tsgdht. cn/redir/default. aspx? P=sa&an=ELFINA0020180323ee3m000gt&drn=drn%3aarchive. newsarticle. ELFINA0020180323ee3m000gt&cat=a&ep=ASE.

④ 'Guerra comercial' EU-China abriría la puerta a estos productos mexicanos［N/OL］. El financiero，2018-04-03［2024-12-05］. https://gtyiqteemqj8w4qeejyzee77tejqe7ss9elk9-s-a2097. bj. tsgdht. cn/redir/default. aspx? P=sa&an=ELFINA0020180404ee43000jj&drn=drn%3aarchive. newsarticle. ELFINA0020180404ee43000jj&cat=a&ep=ASE.

续表

一级类目	二级类目	示例
	④共赢	《金融家报》2018 年 9 月 13 日的报道强调，中美恢复贸易谈判的消息使得墨西哥、华尔街、欧洲、亚洲的股市连续三天上涨①。
	⑤利益受损	《华尔街日报》2019 年 7 月 31 日的报道声称中国网络管理规则会影响思科等美国公司的利益②。 《经济时报》2020 年 8 月 21 日的报道声称中国对孟加拉国纺织业和燃煤发电厂的投资给孟加拉国带来了环境污染问题③。
	⑥秩序格局破坏	《金融家报》2018 年 4 月的报道指出中美贸易冲突不断升级有可能使美国主导建立的世界贸易秩序边缘化④。
	⑦意识形态冲击	《金融时报》2019 年 10 月 15 日的报道以人权和法制为借口，强调相关行为对所谓“西方自由”的侵蚀⑤。

① BMV y wall street suben ante la expectativa de un diálogo comercial EU-China [N/OL]. El financiero，2018-09-13 [2024-12-05]. https://gtyiqteemqj8w4qeejyzee77tejqe7ss9elk9-s-a2097. bj. tsgdht. cn/redir/default. aspx? P=sa&an=ELFINA0020180913ee9d00137&drn=drn%3aarchive. newsarticle. ELFINA0020180913ee9d00137&cat=a&ep=ASE.

② China cyber rules vex U. S. companies [N/OL]. The wall street journal，2019-07-31 [2024-12-05]. https://gtyiqteemqj8w4qeejyzee77tejqe7ss9elk9-s-a2097. bj. tsgdht. cn/redir/default. aspx?P=sa&an=J000000020190730ef7u0001b&drn=drn%3aarchive. newsarticle. J000000020190730ef7u0001b&cat=a&ep=ASE.

③ China's economic muscle flexing globally set alarm bells ringing in Bangladesh [N/OL]. The economic times，2020-08-21 [2024-12-05]. https://gtyiqteemqj8w4qeejyzee77tejqe7ss9elk9-s-a2097. bj. tsgdht. cn/redir/default. aspx? P=sa&an=ECTIM00020200820eg8l00012&drn=drn%3aarchive. newsarticle. ECTIM00020200820eg8l00012&cat=a&ep=ASE.

④ ¿Cuáles son los 5 problemas a los que se enfrenta la OMC? [N/OL]. El financiero，2018-04-11 [2024-12-05]. https://gtyiqteemqj8w4qeejyzee77tejqe7ss9elk9-s-a2097. bj. tsgdht. cn/redir/default. aspx?P=sa&an=ELFINA0020180411ee4b000xh&drn=drn%3aarchive. newsarticle. ELFINA0020180411ee4b000xh&cat=a&ep=ASE.

⑤ China spreads its web of censorship [N/OL]. Financial times，2019-10-15 [2024-12-05]. https://gtyiqteemqj8w4qeejyzee77tejqe7ss9elk9-s-a2097. bj. tsgdht. cn/redir/default. aspx? P=sa&an=FTFT000020191015efaf00016&drn=drn%3archive. newsarticle. FTFT000020191015efaf00016&cat=a&ep=ASE.

续表

一级类目	二级类目	示例
	⑧资源争夺	《金融时报》2019 年 5 月 23 日的报道担心电动汽车产业的发展会引发各国对锂矿的争夺①。

在具体编码时，我们以报道的主导框架为依据进行编码。大部分报道以一个框架为主导，但亦有少量报道同时采用了几种并重的框架，因此各框架的占比之和有可能略大于 100%。

① Powering the battery supply chain [N/OL]. Financial times，2019-05-23 [2024-12-05]. https://gtyiqteemqj8w4qeejyzee77tejqe7ss9elk9-s-a2097.bj.tsgdht.cn/redir/default.aspx?P=sa&an=FTFT000020190523ef5n000j0&drn=drn%3aarchive.newsarticle.FTFT000020190523ef5n000j0&cat=a&ep=ASE.

附录 3　消息来源使用偏向的变量设计与分析方法

权力互动视角下的消息来源研究认为，一方面，各类行为主体会策略性地接近媒体，以消息来源的身份参与话语权争夺和真实建构；另一方面，媒体亦会策略性地使用消息来源以维护或挑战既有权力结构，因此，新闻报道中的消息来源使用偏向作为媒体与各类消息来源（行为主体）之间权力互动的结果，可以成为我们观察媒体建构中权力关系的一个窗口[①]。循此路径，中美博弈背景下各国主流媒体涉华经济报道中的消息来源使用偏向，可以折射出媒体建构背后国内、国际双重空间中的复杂权力关系：美国政府对中国经济的持续打压与抹黑、中国政府积极寻求与国际主流媒体对话以澄清误解的努力，以及各国内部的利益博弈和战略选择，都会影响并映射于各国主流媒体的消息来源使用偏向。

媒体借由新闻框架的选择和重组两大机制完成意义建构和权力实践[②]。选择机制，即媒体通过对真实世界中各种言说可能的不同选择和排除，框架出不同版本的社会真实；重组机制，即媒体通过对言说内容的排列方式和时空转换，强调和再现部分真实。与此相应，在与消息来源共同建构符号真实的过程中，媒体也可以借助选择和重组两种方式实现对消息来源的权力控制和调节，正如 Norman Fairclough 所说，新闻报道通过对各种不同声音的选择和重组次序，产生对社会行动的控制力[③]。

但国内外对消息来源使用偏向的大量实证观察，主要聚焦于消息来源的选择偏向，即各类消息来源是否以及在多大比重上被新闻报道采用，其基本假设是：被新闻媒体采用越多的消息来源具有（或被赋予了）越大的权力[④]。对选择的强

---

① 科特. 新闻、公共关系与权力［M］. 李兆丰，石琳，译. 上海：复旦大学出版社，2007：3-28.

② 臧国仁. 新闻媒体与消息来源：媒介框架与真实建构之论述［M］. 台北：三民书局，1999：13-18；45-50；107-109.

③ FAIRCLOUGH N. Media discourse［M］. London：Edward Arnold，1995：84.

④ BROWN J. D. et al. Invisible power：newspaper news sources and the limits of diversity［J］. Journalism quarterly，1987，64（1）：45-54.

调，使得消息来源使用偏向中另一个显著现象被忽略了，即：在同样被媒体采用的消息来源中，有的是以积极的状态被呈现在新闻报道中的，而另一些却是以消极的状态呈现的，这些被积极呈现的消息来源显然具有（或被赋予了）更大的权力①。因此，如果不考察媒体在重组消息来源时的偏向，而仅以选择频率、援引多寡论之，实则"过分简化了（偏向的）真实情形"，并使得偏向研究的主要论点极可能纯属误解②。

综上，既然媒体可以借助选择和重组两种机制完成其权力实践，对消息来源使用偏向的考察就不仅应该关注消息来源在多大程度上被选择的问题，而且应该关注消息来源以何种方式被重组的问题。因此，本书在已有消息来源选择偏向的基础上，增加对重组偏向的考察，以期从选择和重组两个维度，更深刻地揭示消息来源使用偏向及其背后的权力关系。

一、变量设计与类目建构

（一）消息来源类型

已有研究对消息来源的类目建构主要基于其身份类型（比如政府、企业、普通公众等），为深入揭示不同国家行为主体间的差异，本书引入国别维度，将消息来源按照国别、身份两个维度划分为 4×7 共 28 个类目。其中，从国别维度划分，包括：中国、媒体所属的东道国、他国（即第三方国家）、不详（即无法判断消息来源的所属国家）；从身份维度划分，包括：政府官方、企业、媒体、专家/智库、社会团体组织、普通公众、匿名（即无法判断消息来源主体身份）③。

（二）消息来源使用度

消息来源使用度用以考察消息来源在多大程度上被媒体选择和使用，参照已

---

① 有少量研究关注到了消息来源的呈现问题，比如 Reese 等人的研究关注了电视新闻中消息来源的共现现象，但正如研究者所说，相关研究并没有进一步考察共现的消息来源之间的关系性质。参见：REESE S D，GRANT A，DANIELIAN L H. The structure of news sources on television：a network analysis of "CBS News，" "Nightline，" "MacNeil/Lehrer，" and "This Week with David Brinkley" [J]. Journal of communication，1994，44 (2)，84-107.

② 臧国仁. 新闻媒体与消息来源的互动：系统理论的观点 [J]. "国科会"研究季刊：人文与社会学科，1995 (2)：264-284.

③ 在具体编码中，若国别不详但身份可以确认的，如"某专家表示"，则编码为"不详专家"；若知道国别但身份无法确认的，如"来自中国的消息人士称"，则编码为"中国不详"；若国别和身份均无法确认的，如"据透露""据可靠消息"，则编码为"匿名"。

有研究将其操作化为使用广度和使用密度①。使用广度用以衡量媒体在多大比重的新闻中选择某一消息来源，计算方法为：某一消息来源使用广度＝使用该消息来源的新闻篇数/总新闻篇数；使用密度用以衡量某一消息来源在其覆盖的每篇新闻中被使用的平均次数，计算方法为：某一消息来源的使用密度＝使用该消息来源的总次数/使用该消息来源的新闻篇数。比如：10篇新闻中，有3篇使用了某个消息来源，则该消息来源的使用广度为30%；该消息来源在三篇新闻中分别出现了1次、2次、3次，则该消息来源的使用密度为（1＋2＋3)/3＝2。使用广度越大表示该消息来源被越多的新闻采用，使用密度越大表示该消息来源在被采用的报道中发出的声音越大。

（三）消息来源重组关系

消息来源重组关系即考察消息来源在新闻报道中是被如何重组呈现的。本书按照重组关系的性质将其操作化为扩大型和消解型两种类型：扩大型即媒体在使用某一消息来源时将其与观点、立场、态度相近的其他消息来源组合在一起，从而实现对其声音和权力的放大；消解型即媒体在使用某一消息来源时将其与观点、立场、态度相反的其他消息来源组合在一起，从而实现对其声音和权力的消解。编码时，对同时出现在一篇报道中的几个消息来源的引述内容进行两两之间的比较，如果两者态度一致，则这两个消息来源之间的关系标为“＋”（扩大），反之，则标为“－”（消解）②。比如：一篇报道中同时使用了政府、企业、公众三个消息来源，其中政府和公众的立场相近，与企业的立场相反，则政府与公众之间的关系标为“＋”，政府与企业之间的关系标为“－”，企业与公众之间标为“－”。

二、分析方法

对消息来源使用偏向的分析主要采用内容分析和社会网络分析相结合的方

① 在同一篇报道中，一个反复出现了多次的消息来源和只出现了一次的消息来源所具有的权力显然是不平等的，陈先红等人据此指出消息来源使用度不仅应该关注消息来源是否被采用以及被多少篇报道采用（使用广度），而且应该关注消息来源在被采用的报道中发出声音的大小，即各类消息来源在其覆盖的每篇新闻中出现的次数（使用密度）。参见：陈先红，陈欧阳. 公关如何影响新闻报道：2001－2010年中国大陆报纸消息来源卷入度分析［J］. 现代传播，2012（12）：36-41.

② 此变量主要考察消息来源之间的相互关系，因此只对同时使用了几种消息来源的报道样本进行此变量的编码，忽略只使用了单一消息来源的报道样本。

法。内容分析能够实现对报道中消息来源使用情况的量化统计，社会网络分析则有助于直观地揭示消息来源之间的重组关系。需要说明的是，社会网络分析所考察的行动者之间的关系包括实在论和名义论两种取向①，前者关注社会行动者之间真实存在的关系，后者则关注社会行动者之间感知的、建构的关系。具体到本书中，虽然媒体所引用的各消息来源之间并不一定存在实际的直接互动关系，但当媒体将不同的消息来源组合呈现在一起时，便在他们之间建构出了一种可以被受众感知的关系（比如相互消解或相互支持），即名义论取向的关系。我们所关注的正是这种被媒体建构的关系，它们可能并不是社会行动者（消息来源）之间的实在关系，但能折射出关系建构背后的权力实践。

在操作步骤上，我们先随机抽取 10%的样本让两位培训过的编码员进行预编码，消息来源类型、消息来源重组关系两个变量的编码员间信度 Krippendorff's α 分别为 0.91 和 0.83，符合基本要求；对有争议编码进一步讨论直至达成共识后，编码员进行正式编码。

完成编码后，进行消息来源使用广度及使用密度的计算，以及同一篇报道中消息来源两两之间重组关系的统计；并根据消息来源重组关系的性质（扩大、消解）构建 28×28 一模有向邻接矩阵（如表附 3-1），然后导入 Gephi 软件生成消息来源重组关系的网络图。网络图中的节点代表消息来源类型，节点越大表示该节点的点度中心度越大，即该消息来源与其他消息来源共现的频率越高；两个节点间连线越粗表示这两个消息来源共现的频率越高；边颜色灰色意为两个消息来源是相互支持的强化扩大型关系，黑色则表示两个消息来源是相互对立的消解型关系。

表附 3-1 消息来源重组关系矩阵示意表

	中国政府	……	东道国政府	……	他国政府	……
中国政府			相互扩大的频次		相互扩大的频次	
……						
东道国政府	相互消解的频次				相互扩大的频次	
……						
他国政府	相互消解的频次		相互消解的频次			
……						

注：依据 28 个消息来源类型，构建出行与列为 28×28 的有向邻接矩阵，该邻接矩阵即为 Gephi 可视化的数据来源。

① 刘军. 整体网分析：UCINET 软件实用指南［M］. 上海：格致出版社；上海人民出版社，2019：7.